·人文社会科学经典文库·

行走的过客
高中语文教学论集

李跃庭 沈月明/著

东北师范大学出版社
·长春·

图书在版编目（CIP）数据

行走的过客：高中语文教学论集/李跃庭，沈月明著. -- 长春：东北师范大学出版社，2024.7. -- ISBN 978-7-5771-1663-1

I. G633.302

中国国家版本馆 CIP 数据核字第 2024X0V850 号

□责任编辑：吴永彤　　□封面设计：张　然
□责任校对：陈国良　　□责任印制：侯建军

东北师范大学出版社出版发行
长春净月经济开发区金宝街 118 号（邮政编码：130117）
电话：0431-84568147
网址：http://www.nenup.com
东北师范大学音像出版社制版
吉林市海阔工贸有限公司印装
吉林市恒山西路花园小区 6 号楼（邮政编码：132013）
2024 年 7 月第 1 版　2024 年 7 月第 1 次印刷
幅面尺寸：170mm×240mm　印张：26.75　字数：417 千

定价：78.00 元

本书由东北师范大学附属中学"元晖工程"（第三批）项目基金之"元晖教学名师"科研经费资助出版

本书为长春市教育科学"十四五"规划2024年度课题"高中语文教材思政资源分析及教学研究"（编号：JKBLX20240719）的阶段性成果

序 言 一

知己者一起行走

李跃庭老师在读大学二年级时，就给时在北大中文系任教的我写信，我也立即回复。以后他在东北师大附中教语文，现在成为吉林省骨干教师，也一直和我保持联系。——我在全国各地中学语文界有不少这样的交往不多却心心相印的朋友。

这一次李老师要我为他的《行走的过客：高中语文教学论集》作序，我也欣然应允，尽管我已经远离中学语文教学了。这是出于我的一个好奇心：我和李老师之间的心灵相通之处究竟在哪里？我这一辈子和跃庭这样的中学语文老师的关系，有什么意义？或许正可以借此机会，作一番思考与讨论。

跃庭在书中提到，2003—2006年他曾在东北师大文学院攻读现当代文学硕士研究生，以后才到中学教语文。读到这里，我眼前一亮：我是在贵州教了17年的中专学校的语文，1978年考上北大研究生，攻读现代文学的。以后当上了北大教授，又深度介入了中学语文教育改革。这样，跃庭和我，都同时和现当代文学研究与中学语文教学两个领域发生了联系；而且这样的联系都在我们的人生角色上打上了烙印。很多人都称我为"教师型的学者"，跃庭在自我介绍中也提及他曾被评为"科研型"教师。——这就对了：学术与教育的结合，正是我和跃庭的心心相印之处。

这也正是李跃庭老师这本《行走的过客：高中语文教学论集》引人注目的最大特点。书中"教学篇"的文章：《"三美"视域中的"常"与"变"——〈苤苢〉文本解读》，《文史互证，显隐交融——〈鸿门宴〉精读细品》，《眷恋与洒脱的矛盾背后——〈再别康桥〉解读中的三个关键问题》，《史诗时代的抒情声音——走近〈百合花〉中的两个"我"》等等，既是独到的文本解读，也自有独立的学术探讨,而且都有教育学意义的概括。"研究篇"里的文章,更是语文教育学研究的自觉努力。李跃庭老师除教学外,还是吉林教育学院张玉新导师工作室和孙立权语文名师工作室的成员,进行了"深度语文"教学的探讨。跃庭对孙立权先生的三大语文教学理念——"参较式阅读""文献意识"和"非教学性备课",张玉新先生的"减法式教学""批注式阅读""文本诵读",都进行了创造性的阐释,极富教学与学术启发性。

跃庭书中另外的"考试篇""教案篇""评论篇"与"感悟篇"的文章,具有更强的教育实践性,但也时有理论性、学术性的思考,如《萧公权〈问学谏往录〉阅读札记九则》《类聚参较,别行立法——以〈雷雨(节选)〉〈答司马谏议书〉为例》等,也都发人深省。

我注意到跃庭书中多次引述我的有关论述,并有自己的理解与发挥,这自然引起了我的兴趣:这或许更能显示我们之间教育思想的共通之处。在我看来,大概有三个方面。

跃庭书中多次说到我所提出的"精致的利己主义"的概念,还写了《"利己与利他"的取舍之道》,进行阐释和发挥,并特地介绍给自己的学生,引起讨论,产生了很大影响:这是我没有想到的。其实,"精致的利己主义"的概念恰恰是在与中学语文老师的讨论中提出的。我记得很清楚,南师附中的王栋生老师和湖北某县中学的梁卫星老师都谈到对中学应试教育下培养出来的"尖子学生"的担心:他们中为数不少的人既有极高的智商,并不困难地就考上北大、清华这样的重点大学,但却"惊人的世故,老到,在权力面前,故意作出真诚姿态,很懂得配合、表演,利用体制的力量达到自己的目的",而要求"一切服从"的现行体制正需要这样的"接班人"。精致利己主义者和既定权力的结合,彻底暴露了现行中学应试教育的危害:只注意知识的灌输,忽略人格塑造,学生没有了信仰,就必然将个人私欲作为唯一追求。我注意到,这样的担忧引起跃庭的强烈共鸣。他特意引用我对鲁迅《破恶声论》里提出的"伪士当去,迷信可存"命题的分析。在他看来,"精致的利己主义者"就是"伪士";我们的教育需要的是培育学生"发自内心的信仰","既'信'且'迷'",就"表现出了坚定性"。而语文教育本身的人文性,决定了其在为学生的信仰打造基础方面能够发挥更大的作用。跃庭自己也是高度自觉地这样做的。他之所以能够成为在学生中颇有影响力的老师,这是一个基本原因。我因此特别欣赏学生献给他的诗："啊,船长,我的船长。你立在讲台之上,蓝色的背景闪烁着知识的光芒。自由的思想是白色的船帆,独立的人格是棕色的船桨。"向着"未来"的理想、"彼岸"的信仰,一路领航,这才是中学语文教育和中学语文老师真正迷人之处。

可以说引起我思想震撼的,是跃庭书中对我的一个学术追求的引述与肯定。我在一篇自述里强调,史料工作是学术研究的基础和前提;但如果走到极端,把史料的发掘、梳理作为学术工作的全部目标,就会陷入"爬行现实主义","在现实材料基础上,还需要推论、想象、假设、直觉、灵感,有一个思想的飞跃、提升"。我把它称为学术研究中的"浪漫主义":不仅文学,学术上我也主张和追求"现实主义和浪漫主义的结合"。这就犯了大忌。我也因此不断受到学术界的质疑、批判,一直背着"不严谨"的骂名。但万万没有想到,我竟然在跃庭这里,在中学语文界得到理解与支持。

仔细想来,也不是偶然。因为语文教育也存在着"想象""感悟"的问题。跃庭书中讨论到的"非教学性备课"就涉及这个问题。语文教学引导学生对课文的阅读,确实需要"文献意识",强调解读的知识依据与支撑;但也同样不能走向极端。语文阅读需要"多解",更要有"个性化"的解读。这就需要发挥每一个学生的想象力。跃庭书中一再讨论"参较式阅读",在"对话""感悟"中"走向经典",这都和学术研究一样,需要"推论、假设、直觉、灵感",需要"想象力",这才会有"创造力"。而想象力的产生,又来源于"好奇心"。在我看来,这也是我的教学经验,即语文教育中的文本阅读,要真正把学生吸引到文本的解读中来,变被动到主动参与,最根本的,就是唤起学生对"文本"(语言文字)背后的"秘密"(作者为什么这么写,其神妙之处在哪里?——等等)的好奇心。从根本上说,语文教育,以至整个教育的最神妙之处,不也在焕发、培育学生的"好奇心、想象力与创造力"吗?跃庭在书中意味深长地说,"教育家"不同于一般的"教书匠",就是因为"他们不是向学生灌输知识,而是最懂得让学生如何自己做学习的主人"。而能不能成为学习的主人,不正取决于学生有没有学习的"好奇心、想象力与创造力"吗?而今天的中国教育(中小学、大学教育)的问题,不正出在这样的"好奇心、想象力、创造力"的削弱与丧失上吗?教育,也和学术研究一样,一切创造性的劳动,都需要"理想主义和现实主义的结合"啊!

跃庭书中好几篇文章都谈到"在诵读中走近经典",还有对学生们一起朗读作品的美好回忆,如《一群男生的朗诵,一个女孩的赠言》等等。这都引起我的共鸣。我无论在中学教语文,还是在大学讲中国现代文学都非常重视朗读教育,我的现代文学研究也突出了作品的朗读。2023 年出版的我编著的《中国现代文学新讲:以作家作品为中心》,就是一部"有声音的文学史",不仅讲述现代诗歌、散文、小说、戏剧,还朗读经典作品,也因此吸引了许多年轻读者。这是中国现代文学研究与教学的一个新尝试,其背后的理念是:文学的研究与教学最终要落实到语言上,而中国文学语言的研究与教学又必须突出汉语的特点。这也是跃庭在书中多次引述的闻一多的观点,汉语的最大特点就是它的"三美"——音乐美、绘画美、建筑美。我在教学中也经常谈到周作人所说的汉语的音乐性、装饰性等特性。可以说,中小学的语文教育,大学的文学教育,就是一种语言美的欣赏、感悟,老师与学生都必须"对文学有感觉",关键是语言美感的熏陶与培育。这也是跃庭在他的书中所强调的沉醉于语言之美中的"诗意的栖居"——这也是文学研究与语文教育的本义与本意。

　　这样,我和跃庭的三大共鸣,背后就有了三大语文教育观。语文教师的根本职责,就是为学生终生信仰打基础,培养学生的好奇心、想象力与创造力,引导学生感悟汉语之美,学习、运用汉语。这也正是我和跃庭心心相印之处。

　　跃庭将他的高中语文教学论集命名为"行走的过客",自是大有深意:我们都是人生道路上的"过客",向着选定的前方目标,不断走,走,走。这也是我想对跃庭和中学语文界的"知己者"说的话:让我们携起手来,一路"行走"!

钱理群
2024 年 2 月 21—23 日

　　钱理群,祖籍浙江杭州,1939 年生于重庆。1960 年毕业于中国人民大学新闻系,在贵州任中专语文教员 18 年。1981 年毕业于北京大学中文系,获硕

士学位，留校任教。后为北京大学资深教授、博士生导师。主要从事中国现代文学史研究、鲁迅和周作人研究、20世纪中国知识分子精神史研究，近年关注语文教育和现代民间思想史研究。

钱理群先生是曾由北京大学学生评出的最受学生欢迎的十佳教师之一，也是1980年代以来中国最具影响力、最受关注的人文学者之一。他对20世纪中国文学和社会的研究，对20世纪中国知识分子历史与精神的审察，对20世纪中国经验和中国道路的总结和反思，对当代社会及文化思潮的批判，受到海内外高度重视。主要著述有《中国现代文学三十年》（合著）、《心灵的探寻》、《20世纪中国文学三人谈》（合著）、《周作人传》、《周作人论》、《丰富的痛苦——堂吉诃德与哈姆雷特的东移》、《大小舞台之间——曹禺戏剧新论》、《名作重读》、《压在心上的坟》、《1948：天地玄黄》、《拒绝遗忘：钱理群文选》、《话说周氏兄弟》、《走近当代的鲁迅》、《与鲁迅相遇》、《鲁迅作品十五讲》、《钱理群中学讲鲁迅》、《语文教育门外谈》、《重建家园：我的退思录》、《我的精神自传》、《经典阅读与语文教学》、《中学语文教材中的鲁迅作品解读》、《岁月沧桑》、《鲁迅与当代中国》、《论志愿者文化》、《有承担的学术》、《中国现代文学新讲》等。

序 言 二

静躁浮沉，一念如初

17年前，硕士毕业、初涉教坛的李跃庭和我在东北师大附中的拜师仪式上师徒互赠一句话，我记得当时化用了叶圣陶先生的名言赠予跃庭，即："教，是为了不需要教；学，是为了更好地教。"

17年后的今天，跃庭的《行走的过客：高中语文教学论集》出版，我观览他的多篇教学设计、教研论文、随笔感悟以及师生互赠的感怀，不禁感慨10多年来跃庭在教学上的孜孜以求，在教研中的精进不倦，在才情上的任意挥洒，亦如17年前那个意气风发的青年——静躁浮沉，一念如初。

跃庭在语文教学上有着天然丰盈的热情和执着不辍的追索，从他13篇教学课例的解读和他数篇的教案设计可窥教学成效的全貌。无论是他在导语艺术上的雕琢、经典重读中的深度诠释、文史互证的通权达变，还是在类聚参较中的别行立法、"整本书阅读"的实践探索，篇篇都可见跃庭独具慧眼的个性化解读以及匠心独运的锐意创造。《煽动新的背叛——舒婷〈神女峰〉教学设计》是我工作室成立十周年纪念呈现的经典课例之一，反响甚大，也足看出跃庭在新诗教学领域的钟情与擅长。因为他对教学有热爱，古诗新诗、古文今文，他都潜心备课，钻研剖析的苦他甘之如饴；因为具才学，古今中外文艺理论家的理论他信手拈来，爬罗剔抉的路他左右逢源。

跃庭在语文教育上有着探赜索隐的自觉和卓有成效的表达。入职以来，跃庭笔耕不辍，将自己阅读和教学上的所思所悟及时整理，教学与研究方骈并路，因教而研，以研促教，使得其教学教研兼具感性的率直表达和理性的冷静客观。本书"研究篇"中收录了多篇他对《孙立权语文教育札记》研究的文章及他个人在课堂教学中的实践典例和个性生发。从"非教学性备课"

"参较式阅读"到"文献意识"等,也使得我本人对这诸多问题有了新的思考和审慎辨析,这也是我们师徒多年来除却共同执教多项公开课之外同声相应的范例之一。"考试篇"中收录了他对数年高考真题的评析,所论多平允,述考俱谨严,《"利己与利他"的取舍之道——高考作文的主题导写与适应训练》以及《"生活在树上"的作文是否存在"落差"与"错位"——浅议2020年浙江省高考语文满分作文》尤见他深厚的功力和对高考阅读与写作规律的精准把握。"评论篇"中收录跃庭多篇书评影评,对所读之书、所观之影,皆能提其要、钩其玄,用他评价《曾文正公家书》的六字来概括我读后的感受,即"有志""有识""有恒"。他在文学研究和思想探究上有笃行不息之志向,有高远灵慧之识见,有焚膏继晷之恒心。

跃庭为师为文有着亦师亦友的魅力和语文人纯粹的深情,所以他惜才爱才,更深得学生爱戴。"感悟篇"里记录的师生互答的妙语趣事,是余音绕梁的青春旋律和悠哉游哉的精神盛宴。苏州诗会撷趣、北大燕园问道、开学典礼讲话,妙语连珠,诗意盎然;做他的学生,是幸运更是幸福的。

跃庭由一位潜心教学的青年才俊成长为东北师大附中的语文梁柱、吉林省语文界颇具影响力的学者型教师,是他在语文上的天赋使然,更是其孜孜矻矻、上下求索结的硕果。愿跃庭在语文教学的沃土上频传捷报,桃李累累荫前庭。

孙立权
草于东北师大文学院
岁在 2024 年甲辰之春

孙立权,53 岁,辽宁省新民市人,曾先后毕业于沈阳市新民师范学校和东北师范大学中文系。著名语文特级教师,国家"万人计划"教学名师,东北师范大学文学院教授,东北师大附中原正高级教师,吉林省文科二级教授。吉林省写作学会副会长,吉林省全民阅读协会副会长,中国教育学会中学语文教学专业委员会学术委员,教育部"国培计划"专家,教育部首批万人创新创业优秀导师。从教近 30 年来,在全国各地执教公开课上百节,为全国各

地的中小学教师做专题报告数百场。他从1999年开始探索的"语文教育民族化"教改实验（主要包括"两年教背古诗词300篇""批注式阅读""读整本的书""札记体作文"等）影响广远，曾获得国家级教学成果二等奖。他提出的语文的"言语/文化观"，语文教育发展的"三阶段说"，"表现性教学"与"再现性教学"、"教学性备课"与"非教学性备课"的概念，"自养为主，外铄为辅"的教师发展理念，"让理性以感性呈现"的教学主张，"从游式教研"的理论，均切中肯綮、富有创见。著有《孙立权语文教育札记》《孙立权语文教学实录》等书。

目　　录

教学篇

"知识"表达与"情境"创设——篇章教学之导语的艺术 / 003

别出手眼，通古今之不变——经典重读中的深度诠释 / 009

"三美"视域中的"常"与"变"——《芣苢》文本解读 / 015

文史互证，显隐交融——《鸿门宴》精读细品 / 021

"预设"与"生成"的双重缺失——《伶官传序》课堂观察 / 034

眷恋与洒脱的矛盾背后——《再别康桥》解读中的三个关键问题 / 041

说不尽的经典——《雷雨》研究与教学现状述评 / 046

类聚参较，别行立法——以《雷雨（节选）》《答司马谏议书》为例 / 056

明月装饰了你的窗子——从意象品赏《百合花》的抒情特质 / 066

史诗时代的抒情声音——走近《百合花》中的两个"我" / 072

数风流人物，还看今朝——《喜看稻菽千重浪》再解读 / 081

"整本书阅读"学习任务的深度解读——以费孝通《乡土中国》为例 / 092

"整本书阅读"的理念、实践、探索
　　——关于"《乡土中国》读书会"课程设计的思考与延伸 / 104

研究篇

所论多平允，述考俱谨严——评《孙立权语文教育札记》/ 117

"非教学性备课"与课堂教学实施策略
　　——《孙立权语文教育札记》研究之一 / 123

语文教学中的"参较式阅读"典例举隅
　　——《孙立权语文教育札记》研究之二 / 136
"参较式阅读"的方法领悟和个人尝试 / 142
"文献意识"的基本内涵与实践典例
　　——《孙立权语文教育札记》研究之三 / 148
"文献意识"的学术视域和教学方法
　　——《孙立权语文教育札记》研究之四 / 153
在对话与诵读中走近经典——对张玉新教授教学智慧的感悟与思考 / 158
母语诗教的赓续与探求——东北师大附中第二届语文学术节侧记 / 162

考试篇

独具慧眼，切中肯綮
　　——2019年高考语文全国卷Ⅰ论述类文本阅读命题评析 / 175
赏名家手笔，析高考真题
　　——2019年高考语文全国卷Ⅱ论述类文本阅读命题评析 / 182
稳扎稳打，继往开来
　　——2020年高考语文全国卷Ⅱ现代文阅读命题评析 / 189
"利己与利他"的取舍之道
　　——高考作文的主题导写与适应训练 / 194
"生活在树上"的作文是否存在"落差"与"错位"
　　——浅议2020年浙江省高考语文满分作文《生活在树上》/ 201

教案篇

煽动新的背叛——舒婷《神女峰》教学设计 / 209
"没大没小"的境界——汪曾祺《多年父子成兄弟》教学设计 / 217
朱湘《书》课例实录·执教感言 / 225

别开生面，细大不捐——《谏太宗十思疏》教学设计 / 232

走近名家，妙笔生花——高中语文写作类校本教研个案 / 240

评论篇

有志，有识，有恒——品读《曾文正公家书》的三重感悟 / 253

"述学"与"论政"的二重变奏——读《胡适之先生晚年谈话录》随感 / 259

心声尽吐，一念如初——季羡林《留德十年》断章批注 / 266

萧公权《问学谏往录》阅读札记九则 / 273

静躁浮沉一任天——《孙立权语文教学实录》跋 / 282

走近钱学森——张纯如《蚕丝：钱学森传》读后随感 / 287

想和这个世界谈点什么——韩寒《1988：我想和这个世界谈谈》简评 / 290

雾中风景——观影笔记两篇 / 293

感悟篇

吾侪亦悲精魂落——我所认识的许烁 / 299

学子三题 / 303

同人三题 / 308

入乎其内，出乎其外——语文教学札记十则 / 315

岂因"荣辱"趋避之——2010级高二6班语文辩论赛初赛观感 / 323

吃，还是不吃，这是一个问题——关于"嗟来之食"的课堂讨论 / 330

苏州诗会撷趣——2011年首届全国中学生校园诗会散记 / 334

我所了解的李天航——忆东师附中2016届优秀学子李天航 / 339

三重来往意，六载师生情 / 344

师生互答，此乐何极 / 350

大智若愚，秀外慧中——一对师生在毕业季的真情告白 / 354

余音绕梁的青春旋律
　　——对 2016 级高一 21 班诗歌朗诵的倾听与感悟 / 358

我们一直在努力，我们永远在一起
　　——由三个笔记本、一场演唱会引发的回忆 / 361

我对北大"培文杯"活动的点滴感悟 / 363

虽已至，心犹向往之——香港中文大学游记感怀 / 365

未名侧畔闻奇语，燕园问道摘星辰
　　——例谈在北大新语文研修班收获的多重感悟 / 368

圆数载求学梦，做"三有"附中人
　　——东师附中 2022 级高一年级上学期开学典礼教师代表讲话 / 372

三载相伴，不见不散
　　——东师附中 2024 届初三年级下学期开学典礼暨中考百日砺志大会家长代表发言 / 375

附　录

《栋栋小事记》选粹 / 381

长庆街这条河 / 394

一群男生的朗诵，一个女孩的赠言——来自文科实验班的节日大礼 / 403

后　记 / 405

教学篇

JIAOXUE PIAN

"知识"表达与"情境"创设
——篇章教学之导语的艺术

英国小说家、评论家戴维·洛奇（David Lodge）在《小说的艺术》（*The Art of Fiction*）一书中曾说："小说的第一句（或第一段、第一页）是设置在我们居住的世界与小说家想象出来的世界之间的一道门槛。因此，小说的开局应当如俗语所说：'把我们拉进门去。'"正所谓"万事开头难"，在新课程高中语文的篇章教学中，导语的作用同样是不容忽视的。顾名思义，导语就是用来激发学生的篇章阅读兴趣，引导学生进入篇章阅读情境，深化学生对篇章内容的理解而设计的教学语言。在篇章解读的过程正式展开之前，导语营造出特定的教学语境或文化氛围，来消解学生阅读篇章的心理隔膜，降低其理解篇章的认识难度。

首先，我们可以将篇章置于文学史、学术史的宏阔视野中，对文学（学术）史发展脉络进行重溯和爬梳，借鉴古今中外的名家名作，通过对（于学生而言）具有一定的新颖性和语言陌生化效果的名人名言的引介，凸显导语的知识性和厚重感，增加其文化内涵。

这一类导语，笔者称之为"知识型"导语。

如曹雪芹《红楼梦·林黛玉进贾府》一课的导语——

著名女作家张爱玲在《红楼梦魇》中曾提及前人有"三恨"——鲥鱼多刺、海棠无香、红楼未完。在一部《石头记》诞生的年代，所谓"开谈不说红楼梦，纵读诗书也枉然"，多少人为之感叹唏嘘、声泪俱下，多少人为之抑郁终生、痴狂疯癫！中国近代学术大师王国维、蔡元培、胡适、鲁迅，哪个不曾钻研红楼？中国现代大作家巴金、曹禺、张爱玲、白先勇，哪个不受红楼影响？时至今日，《红楼梦》研究已然成为当世的一门显学，是为"红学"。研究著作汗牛充栋、层出不穷，红学专家数不胜数、前仆后继。然而，作者曹雪芹曾发出这样的喟叹——"满纸荒唐言，一把辛酸泪，都云作者痴，谁解其中味"。今天，就让我们走近曹雪芹和他的《红楼梦》，以管窥蠡测的方式，品一品他的辛酸之泪，解一解他的心中之味。

上述导语，需要教师对《红楼梦》作品自身，对"红学"发展史，对二十世纪中国文学的作家作品都要具有一定的了解，才能化繁为简、举重若轻。

再如贾谊《过秦论》一课的导语——

有学者认为：中国文学有两大传统，一个是由《诗经》《离骚》所奠定的"诗骚"传统，再有就是以《左传》和《史记》所发端的"史传"传统。诞生于"史传"传统中的作品既有历史价值，又不乏文学魅力。在中国文学史上，有这样一篇散文，它问世不久即被全文收入司马迁的《史记》，到南朝又被昭明太子萧统所编的《文选》收录。这两部书，前者被称为"史家之绝唱，无韵之离骚"，后者更是被李杜等一代文宗推崇备至的文学经典。这篇散文就是西汉文学家贾谊的代表作，被鲁迅称为"西汉鸿文"的《过秦论》。

上述导语借鉴北京大学陈平原教授在其名著《中国小说叙事模式的转变》中提出的"诗骚""史传"两大传统的说法，同时引介在史学和文学两大领域中的里程碑式的著作《史记》和《文选》，突出了《过秦论》的文学史地位，易于激发学生的学习兴趣。

再如海明威《老人与海》一课的导语——

1982年诺贝尔文学奖得主、小说《百年孤独》的作者加西亚·马尔克斯曾说："对我写作影响最大的两位文学大师都是美国人，一位是《喧哗与骚动》的作者福克纳，另一位是《永别了，武器》的作者——海明威。"海明威这个名字大家并不陌生。作为具有世界性影响的文学大师，能把个人的传奇生涯与文学创作结合起来的作家，海明威堪称独一无二。1954年，海明威获得诺贝尔文学奖，授奖词是"因为他精通叙事艺术，突出地表现在近作《老人与海》中，同时也因为他在当代风格中所产生的影响"。下面就让我们走进《老人与海》。

上述导语，通过诺贝尔文学奖得主马尔克斯的自述，在《百年孤独》《喧哗与骚动》等文学经典的铺垫下，引出《永别了，武器》的作者海明威，并结合1954年诺贝尔文学奖的颁奖词来凸显中篇小说《老人与海》在其创作中的地位，此时再来解读篇章，可谓水到渠成。

再如柳永《词两首》一课的导语——

　　词这种体裁，发展到宋代，渐成气候，蔚为大观。身居宰相的晏殊、范仲淹、王安石都有名作传世，作为文坛领袖的欧阳修、苏轼更不必说，但是写词乃至文学创作在他们乃是一种副业，或借此遣兴娱情，或借此抒发苦闷，他们的理想都是"治国平天下"。在北宋，几乎只有一个人以写词为业、以写词为生，还把毕生的经历和心血灌注在词的创作上，每一首词都是他生命的足音、灵魂的喟叹。他是北宋第一位专业词人，堪称辉煌的宋词的奠基人、北宋的词坛教父，他就是——柳永。

　　上述导语，将柳永置于词的发展流变历程中加以定位，从纵向上说明他是"第一个专业词人"，从横向上指出他与北宋词坛其他大家的差异之所在，在对比中凸显柳永生命与创作的独特性，肯定其词作的艺术价值。

　　再如选修课本《中国古代诗歌散文欣赏》"诗歌之部"中《长恨歌》一课的导语——

　　自古以来，中国就是诗的国度。虽然钱钟书先生说"中国诗是文艺欣赏里的闪电战"，但中国诗歌里也不乏伟大的长篇佳构。"长太息以掩涕兮，哀民生之多艰。亦余心之所善兮，虽九死其犹未悔"，这就出自中国古代最长的抒情诗——《离骚》。"君当作磐石，妾当作蒲苇。蒲苇纫如丝，磐石无转移"，这就出自中国古代最长的叙事诗——《孔雀东南飞》。话说中唐时期，宣宗皇帝曾御笔题诗，表达了他对一位刚刚辞世不久的"文章已满行人耳"的大诗人的无限伤悼之情。诗中这两句"童子解吟长恨曲，胡儿能唱琵琶篇"，恰如其分地描述了这位诗人在他生前、身后的巨大影响。这位大诗人就是我们熟知的——白居易，白乐天，白香山。下面就让我们走进白居易生平的第一首长诗——《长恨歌》，感受它的风情和魅力。

　　上述导语，首先从人教版高中必修第五册教材中第三单元收入的课文——钱钟书《谈中国诗》——切入，从作者对"中国诗"的定位"闪电战"引出与之迥然相异的"长篇佳构"。其次围绕人教版高中必修第二册教材中第二单元收入的长诗《离骚》和《孔雀东南飞》中的传世名句，来唤醒学生对类似篇幅的经典之作的直观感受。最后结合唐宣宗御笔题诗的事例，从"童子解吟长恨曲，胡儿能唱琵琶篇"两句入手，切中肯綮地点出即将学习的长诗的作者——白居易，以及这首传世之作——《长恨歌》。

其次，我们也可以结合作者的生平经历和创作背景，以"知人论世"的方式来想象和创设一种情境。这种情境的创设一般应借鉴小说的写作笔法，以描述性语言勾勒出一种历史（现实）场景，使小说的三要素（人物、情节、环境）得到较为全面的体现，以潜移默化的方式将学生带入某种文化氛围（或篇章的教学语境）。这种导语设计以生动性和形象性见长，往往会给学生带来一种在地的"现场感"，或引人深思、发人深省的悬念，以及恍然大悟的收获的欣喜，易于使学生在特定情境中走近创作主体的内心，尝试设身处地地体验他的感受。这就为后续的深入解读提供了一种心理预设，使"精神的对话"（心灵的沟通）成为可能。

这一类导语，笔者称之为"情境型"导语。

如苏轼的《定风波》一课的导语——

请大家思考这样一个问题：你的心情、心境是否会受到天气的影响？如果风和日丽、万里无云、鸟语花香，你心情怎样？如果阴云密布、黄沙漫天、狂风大作、电闪雷鸣，又会如何？（生答）也许你会心旷神怡、快然自足，也许你会抑郁憋闷、焦躁不安，但很少有人会泰然自若、无动于衷。就在苏轼创作《念奴娇 赤壁怀古》的同一年，公元1082年3月，他在前往黄州东南三十里的沙湖购置田产的途中，遭遇一场猝不及防的暴雨。对于别人，也许是一次晦气难堪的经历，而东坡先生在事后的反思却值得我们细加品味。

上述导语试图通过对学生人生经验的质询，使其从自身感悟走进古人心境，再反观自我，进而提升境界。这是一个由"我"及"他"，再由"他"返"我"的过程。正所谓"学而不思则罔"，在学生细加思量并回应后，再来呈现苏轼创作《定风波》的特定情境，悉心鉴赏，可能会令学生在古今对比、人我分殊中获得更多启发，从而开阔视野、涵养品性。

再如辛弃疾的《永遇乐 京口北固亭怀古》一课的导语——

当35岁的辛弃疾登上建康赏心亭时，其内心深处那种怀才不遇的痛苦、壮志难酬的悲愤，是如此强烈而又溢于言表。三十年的岁月是否会抚平他内心的创伤？是否会改变他曾经的志向？当已然66岁的老英雄再度来到另一座亭台之上，他的"登临意"又会是一番何等模样？这一年他作了一首词，堪称平生得意之作，置酒请客，令歌伎演唱该词，自己击节伴奏，请宾客指出其中的瑕疵弊病，大多数来客都谦逊辞让，只有一名少年——岳飞的孙子——岳珂直言不讳地说："用典太多。"辛弃疾大喜，说："真是一针见血、一语中的。"辛弃疾曾在事后尝试修改，却又难上加难。这首词，就是被后人称为稼轩词压卷之作的《永遇乐 京口北固亭怀古》。

上述导语的妙处可能在于将《辛弃疾词两首》一课中两首词之间做了一个顺理成章的过渡和转换。前文言及《水龙吟》，可谓承上；后文细说《永遇乐》，可谓启下，也对两首辛词在情感基调上的相似性进行了含蓄的暗示。教师通过辛弃疾对岳珂评点的回应一事的情境还原，增加了词作诞生的趣味性，也易于引发学生鉴赏的热情。

再如韩愈的《师说》一课的导语——

公元802年，35岁的韩愈任职国子监四门博士，这是一个从七品的学官，职位不高。作为"古文运动"的领袖，他在文坛上早已声名鹊起。在此前后，他曾教授多名青年学习古文，向他请教的青年也与日俱增。他以热情、礼貌的态度对待一切求教于他的青年，并在回信中提示他们如何做人、怎样为文，很多青年因此被视为韩门弟子，而韩愈的好为人师也为政敌所忌恨。在他刚刚任职监察御史的第二个月，关中地区天旱人饥，他上书请求宽民徭役，免民租税，触怒当权者，被贬至广东阳山做县令。他的犯颜直谏、关心民间疾苦自不必说，但是在好友柳宗元看来，韩愈这次被贬，和他一年前写的一篇文章息息相关，这也是他被人视为眼中钉、肉中刺的关键所在。这篇文章就是千古名文——《师说》。

上述导语较长，用客观写实的笔法叙述韩愈作为"古文运动"领袖的"声名鹊起"与"好为人师"，为后文引出柳宗元对其遭贬的见解以及千古名文《师说》做了充分的铺垫。这种细说背景的引介方式也会引起学生探究的兴趣。

再如曹禺的《雷雨》一课的导语——

1933年的酷暑，一位23岁的清华大学西洋文学系的三年级学生，坐在学校图书馆杂志室一个固定位置上，沉浸在一种文学生命的创造之中，竟然感觉不到夏风的吹拂、窗外蝉声的聒噪。废寝忘食的他当然无法预料到：当此时此刻成为历史以后，他和他所孕育的这个生命已然谱写出中国现代文学中最华彩绚丽的乐章。今天，就让我们走进堪称世界文学经典的现代话剧《雷雨》，走进作者曹禺的心路历程。

当然，上述导语的设计借鉴了北京大学钱理群教授的《知识者与文学"被改造"的标本——曹禺戏剧生命的流程》一文中的相关内容。通过一种充满青春气息和生命喜感的笔触，以谜面—谜底的方式来描述戏剧家曹禺和经典剧作《雷雨》的双重诞生，可能会起到调动学生阅读积极性的作用。

毋庸置疑，无论是所谓"知识型""情境型"抑或是其他各种形态的导语设计，只有准确把握学生的知识结构和理解能力，善于抓住学生的阅读兴趣和期待视野，辅之以精巧细腻的构思、凝练优美的语言、自然流畅的表达，才会使篇章教学的导语产生一定的艺术魅力，从而为后续的阅读教学打下基础，做好铺垫。

（本文发表于《中学语文教学参考》2011 年第 6 期）

别出手眼，通古今之不变
——经典重读中的深度诠释

"别出手眼"一词，是笔者最初于陈平原在《从文人之文到学者之文：明清散文研究》一书中阐释明代思想家、文学家李贽的为人与为文时所见。当然，向前追溯，郑振铎也曾在《插图本中国文学史》中说："卓吾所著书，于上下数千年之间，别出手眼，在思想界上势力甚大。"

至于"通古今之不变"，则是笔者有感于历史学家余英时近著《论天人之际：中国古代思想起源试探》的书名。众所周知，司马迁晚年在《报任安书》中表达了自身对编修《史记》的内心期许："亦欲以究天人之际，通古今之变，成一家之言。"笔者之所以把"变"改为"不变"，是有感于胡适曾坦言：我们无论研究什么书籍，都宜要寻出它的脉络，研究它的系统。我们是要从从前没有系统的文学、哲学、政治里面，以客观的态度，去寻出系统来的。而余英时也是在其史学研究中提出内在理路（inner logic）这一学术观念潜移默化的影响。

"善刀而藏"的道理

《庄子·庖丁解牛》（选自人教版选修课本《中国古代诗歌散文欣赏》第四单元《创造形象 诗文有别》）一文的第三段的第三层告诉了我们什么道理呢？

虽然，每至于族，吾见其难为，怵然为戒，视为止，行为迟。动刀甚微，謋然已解，如土委地。提刀而立，为之四顾，为之踌躇满志，善刀而藏之。

一个人即使技艺非凡、卓尔不群，也不能事事妄自尊大、掉以轻心，尤其在面对艰险和困苦时，一定要聚精会神、小心谨慎。在收获了成功的喜悦后，我们自然会"踌躇满志"，但也要懂得月满则亏、急流勇退的道理。谦逊内敛，应时而动，方可全身而退，得其善终。

《曾文正公家训》中的两段文字，可谓从人情事理的角度对上述文字恰如其分的诠释：

余决计此后不复做官，亦不作回籍安逸之想，但在营中照料杂事，维系军心。不居大位享大名，或可免于大祸大谤。目下官虽无恙，须时时作罢官衰替之想。

凡有盛必有衰，不可不预为之计。望夫人教训儿孙妇女，常常作家中无官之想，时时有谦恭省俭之意，则福泽悠久，余心大慰矣。

《礼记·中庸》上说过：凡事预则立，不预则废。处于晚清的曾国藩正是懂得"善刀而藏之"的道理，在完成中兴大业并位极人臣之宠时，依然保有谦敬之心，产生罢官之念。

正因为"别出手眼"，我们才有可能领会"解牛"的出入与"官位"的取舍之间那实则相通的内在理路。

"功成弗居"的表现

《〈老子〉五章》（选自人教版选修课本《中国文化经典研读》第二单元《儒道互补》）一文中第二章里的这句话应该如何理解？

生而不有，为而不恃，功成而弗居。夫唯弗居，是以不去。

在生活中，人应该产生创造的动力，而非积存占有的欲望，这一句阐发的即是这一道理。

老子认为，人类社会一切争端的根源，都在于一己的私欲。因此，他极力阐发的正是"功成而弗居"的精神。此前在解读李白的古体诗《蜀道难》时，笔者曾经给学生呈现过一段李白在《代寿山答孟少府移文书》中表达自身人生理想的文字。再度回顾，有助于深入理解其与老子观念内在理路上的融通：

申管、晏之谈，谋帝王之术。奋其智能，愿为辅弼，使寰区大定，海县清一。事君之道成，荣亲之义毕。然后与陶朱留侯，浮五湖，戏沧州，不为难矣。

圣人知行合一，最终大功告成。那么，如何看待这种成功呢？为什么"夫唯弗居，是以不去"？其中的道理显而易见，即绝不居功自诩天下第一。恰如美国当代著名导演斯皮尔伯格执导的电影《辛德勒的名单》中的一句经典台词：

我们有足够的理由可以杀死一个人，而我们不去杀他，那才是权力。

这同样可以理解为圣人对待成功的态度，正所谓不可"贪天之功以为己有"。

<h3 style="text-align:center">"格物致知"的韵味</h3>

《〈大学〉节选》（选自人教版选修课本《中国文化经典研读》第四单元《修齐治平》）一文中第一段里的"致知在格物，物格而后知至"这句话应该如何理解？

显而易见，这两句属于《大学》提出的"八条目"中的三个关节之一，有必要认真分析。它们共同强调的一个重要前提，正是格物。

在学习本课之前，笔者曾和学生共同品赏过苏轼的《文与可画筼筜谷偃竹记》（选自人教版选修课本《中国古代诗歌散文欣赏》第五单元《散而不乱 气脉中贯》），此时也可以借此来切身感受先"格物"后"致知"的那番境界提升的妙处。

苏轼画竹的非凡之处，正在于超越常规。竹子原本是青绿色的，但他曾用朱砂来画竹。苏轼画出的竹，就有竹影婆娑的丹竹。他用红色画出的竹子，堪称彰显自身人格的一片丹心之竹。

借助苏轼笔下的《书鄢陵王主簿所画折枝二首》一诗中的部分语句，我们也可以参悟：

论画以形似，见与儿童邻。赋诗必此诗，定知非诗人。诗书本一律，天工与清新。

文与可画竹，与苏东坡不同，同样有诗为证，如《书晁补之所藏与可竹三首》中曾说：

与可画竹时，见竹不见人。岂独不见人，嗒然遗其身，其身与竹化，无穷出清新。庄周世无有，谁知此疑神。

文与可的特立独行之处，是常画弯竹。众所周知，竹是一竿直上苍天、中正挺拔，自有其虚心境界、高风亮节。而文与可的"弯竹"表明：知识人哪怕是被压倒在巨石之下，也要挺身而出，昂扬向上；这种虽九死其犹未悔的蕴涵，自有一种不屈不挠的风格气度。

而作为清朝"扬州八怪"之一的郑板桥，他画竹也与众不同。我们同样可以从郑板桥的诗中有所体悟，其诗《无题》就别具匠心：

衙斋卧听萧萧竹，疑是民间疾苦声，些小吾曹州县吏，一枝一叶总关情。

在竹子枝叶婆娑的影像里，郑板桥感受到"情为民所系"，从清风吹过竹林的声响中,郑板桥体悟到"利为民所谋"。

当然,我们由此也可以领悟寓居海外的历史学家余英时书房中悬挂的郑板桥写的"小书斋"匾额以及自家屋后的那片葱茏劲拔的茂林修竹,它们被主人青睐有加的原因所在。

笔者按照历史发展的顺序,尝试从北宋、清朝、当代等不同的时间节点切入,围绕以上分析苏轼、文与可、郑板桥的画竹、写竹以及余英时的爱竹等多重与"竹"相关的艺术追求,来充分感受"格物致知"一句的价值所在,这正是力图以此"通古今之不变"的又一重努力。

"童心既障"的结果

李贽《童心说》(选自人教版选修课本《中国文化经典研读》第七单元《天理人欲》)一文的第二段是如何定位"童心"失去的后果呢?

童心既障,于是发而为言语,则言语不由衷;见而为政事,则政事无根柢;著而为文辞,则文辞不能达。

而对于"言假言""事假事""文假文"这一道理的阐发,在身处现代中国的鲁迅笔下更为真切扼要,也即鲁迅的《破恶声论》一文中的传世名言:

伪士当去,迷信可存,今日之急也。

对鲁迅这一观点的诠释,文学史家钱理群的分析切中肯綮:

外界灌输给人的信仰是可以动摇的,发自内心的信仰则很难动摇,它表现为一种执着、痴迷状态。既"信"且"迷",此之为"迷信"。在鲁迅看来,"迷信"所表现出来的信仰的坚定性,是应当受到尊重的。

当我们把审视的目光置于当代,哲学家冯友兰的一段话同样引人深思:

如果自己没有真实的见解或有而把它隐蔽起来,只是附和暂时流行的意见,以求得到某一方面的吹捧,这就是伪,这就叫作哗众取宠。

毋庸置疑,在这一问题的分析上,我们围绕来自古代、现代、当代的不同表述,做出了"通古今之不变"的尝试,这有助于我们领会去伪存真的价值所在,进而对《童心说》一文的意义有了更深切的领悟。

"出乎其外"的理念

王国维《〈人间词话〉十则》(选自人教版选修课本《中国文化经典研读》第十单元《人文心声》)的第十则中的"入乎其内""出乎其外"的含义能否超越词学研究的范畴呢?

诗人对宇宙人生，须入乎其内，又须出乎其外。入乎其内，故能写之；出乎其外，故能观之。入乎其内，故有生气；出乎其外，故有高致。美成能入而不能出，白石以降，于此二事皆未梦见。

事实上，从其他的文学体裁着眼，笔者同样可以体会到这一入一出中蕴含的至理。

例如，所谓的世界三大戏剧表演体系，大体来自俄国斯坦尼斯拉夫斯基、德国布莱希特、中国梅兰芳三位戏剧大师创建的戏剧理论。从前两者着眼，斯坦尼斯拉夫斯基提出的"体验式"表演，接近于"入乎其内"；布莱希特提出的"间离式"表演，类似于"出乎其外"；而梅兰芳提出的"程式化"表演，对于"入乎其内""出乎其外"可谓执两用中、兼而有之。

戏剧表演如此，文学研究亦如此。我们可以了解一下钱理群先生是如何充满深情地回顾1980年代初期自己在北京大学中文系读书深造时受导师王瑶指点、教诲的收获和创见的：

根据对学术研究过程这样的理解，我提出了一个看法，说有两种研究路子。一种是现实主义的，每一句话必须有材料依据，强调客观的、冷静的观照，这自然是有道理的；但如果发展到极端，不允许有一个推理、想象、假设的过程，完全排斥研究中的直觉、灵感，甚至排斥理论分析，没有飞跃，完全依附于材料，就变成了爬行现实主义。还有一种研究路子，就是重视在现实材料基础上的推论、想象、假设、直觉、灵感，强调飞跃，强调研究者主体精神的注入，可以说是研究中的浪漫主义。理想的状态是现实主义与浪漫主义的结合，但不同的学者会有不同的倾向。

显而易见，钱理群先生认为"理想的状态是现实主义与浪漫主义的结合"的观念，和王国维的"须入乎其内，又须出乎其外"的论断有异曲同工之妙。笔者以为，若能从词学、戏剧、文学研究等多元领域入手，打通近百年来中外文学研究的藩篱，也是一种难得的尝试。

【参考文献】

[1] 陈平原. 从文人之文到学者之文：明清散文研究 [M]. 北京：三联书店，1997.

[2] 胡适. 胡适的声音：1919—1960：胡适演讲集 [M]. 桂林：广西师范大

学出版社，2005.

［3］余英时. 论戴震与章学诚：清代中期学术思想史研究［M］. 北京：三联书店，2012.

［4］曾国藩. 曾文正公家训［M］. 北京：中国书店，2011.

［5］钱理群. 与鲁迅相遇：北大演讲录［M］. 北京：三联书店，2003.

［6］冯友兰. 三松堂自序［M］. 北京：三联书店，1984.

［7］钱理群. 大学人文（第5辑）［M］. 桂林：广西师范大学出版社，2006.

（本文发表于《语文教学通讯》2016年第10期）

"三美"视域中的"常"与"变"
——《芣苢》文本解读

作为中国新诗流派中新月派的代表诗人，闻一多在其诗论《诗的格律》一文中强调："诗的实力不独包括音乐的美（音节）、绘画的美（词藻），并且还有建筑的美（节的匀称和句的均齐）。"由此，所谓"三美"原则也成为新诗格律派创作和研究的理论基础，其在借鉴并发扬传统的流风余韵上影响深远。

《芣苢》这首诗是统编版高中语文教材（必修上册）第二单元第六课收入的第一篇作品。这篇作品的主题不同于学生在初中时通过人教版或长春版语文课本学习的《关雎》《蒹葭》以及在高中人教版课本中收入的《氓》和《采薇》。统编版教材编者选入这首诗的主要原因可以从两个角度审视。其一，如单元提示中的表达：从不同角度彰显劳动的伟大意义，体现劳动精神的传承和发展。其二，如单元学习任务中的说法：古代人民热烈的劳动场面，彰显了劳动的崇高与美丽。

笔者尝试借助新月派诗人倡导并遵循的"三美"原则，结合不同时期包含名家注释、翻译、评点、考释的经典文献，对《芣苢》一诗进行深入解读。

首先，初读者可以从语言层面入手，围绕字音和译文进行整体的感知和了解，体会《芣苢》一诗的"音乐美"。

采采芣苢（fú yǐ），薄言采之。采采芣苢，薄言有之。

采采芣苢，薄言掇（duō）之。采采芣苢，薄言捋（luō）之。

采采芣苢，薄言袺（jié）之。采采芣苢，薄言襭（xié）之。

而来自不同名家笔下的《芣苢》一诗的白话译文，也呈现多种形式相似、风格各异的样态：

其一（余冠英译）：
车前子儿采呀采，采呀快快采些来。车前子儿采呀采，采呀快快采起来。
车前子儿采呀采，一颗一颗拾起来。车前子儿采呀采，一把一把捋下来。
车前子儿采呀采，手提衣襟兜起来。车前子儿采呀采，掖起衣襟兜回来。

其二（周振甫译）：
采呀采呀车前子，赶些快快来采它。采呀采呀车前子，赶些快快占有它。
采呀采呀车前子，赶些快快拾取它。采呀采呀车前子，赶些快快捋取它。
采呀采呀车前子，翻过衣襟装着它。采呀采呀车前子，插好衣襟藏着它。

其三（骆玉明、顾伊译）：
采呀采呀采芣苢，采呀采呀采起来。采呀采呀采芣苢，采呀采呀采得来。
采呀采呀采芣苢，一片一片摘下来。采呀采呀采芣苢，一把一把捋下来。
采呀采呀采芣苢，提起衣襟兜起来。采呀采呀采芣苢，掖起衣襟兜回来。

其四（周啸天译）：
车前子儿粲粲明，采呀采呀采不停；车前子儿粲粲明，摘呀摘呀摘不赢。
车前子儿粲粲明，拾呀拾呀拾不停；车前子儿粲粲明，捋呀捋呀捋不赢。
车前子儿粲粲明，揣呀揣呀揣不停；车前子儿粲粲明，兜呀兜呀兜不赢。

从以上列举的名家译文中，读者也可以从"采""来"，或"它"，或"明""停""赢"等不同的韵脚用字中，感受到轻盈明快的节奏感与柔和婉转的韵律美。

当然，从不同名家对于全诗中出现频率最高的"采采"一词的理解和译介看，周啸天的译本更为合理，后文将详细辨析。

其次，初读者可以从结构层面入手，把握本诗的形式特点，从宏观角度领略《芣苢》一诗的"建筑美"。

反复品读，本诗中运用的重章叠句的手法清晰可感。从第一章的四句着眼，其中第三句重复第一句，第四句基本重复第二句，只改动一个字。第二、三章属于第一章形式上的重复，只改动每章二、四两句中的动词。全诗三章十二句，只有包含的六个动词——采、有、掇、捋、袺、襭——是不断变化的，其余的语句全数重叠。所谓"节的匀称"和"句的均齐"显而易见，而且读起来简洁明快、往复回环。

再次，初读者也可以从文学层面入手，发掘本诗的主题、内容，尝试从微观角度领略《芣苢》一诗的"绘画美"。

在统编版教材中，为这首诗提供的注释共 7 则，便于学生理解部分关键词的含义。但有些词语的含义，依然有必要结合名家的剖析和阐释来深入把握。

理解《芣苢》一诗的主题，应该首先从题目——《芣苢》——入手。

所谓"芣苢"，即车前，也称当道、牛舌草、车轮草、蛤蟆衣等。全体光滑或略有短毛。生于路边、沟旁或山野、荒地。嫩叶可作菜蔬食用，有些地区用作饲料。全草与种子均可入药。此类植物在《本草纲目》中被如此描绘：春初生苗，叶布地如匙面，累年者长及尺余。中抽数茎，作长穗如鼠尾。花甚细密，青色微赤。结实如葶苈，赤黑色。

而在古今学者眼中，作为本诗核心意象的"芣苢"蕴含着别样的深意。这番深意也提示后人从不同角度领会古人采摘"芣苢"的可能的原因。

朱熹在《诗集传》中针对"芣苢"认为，"采之未详何用，或曰其子治难产"。

闻一多也在《诗经通议》中强调，"或以为草，或以为谷，或以为木，传闻异辞。然宜子之效，则仍与此《传》'宜怀妊'之说不异"，"各家所说诗中本事，或伤无子，或乐有子，或矢忠而不去，或求去而不得，其详穗不可考，其皆缘芣苢宜子以立说，则不误"。在闻一多看来，芣苢可以写成"芣苡"，而"芣苡"在古时的本字是"不以"，而"不以"正是今词"胚胎"的本字。由此可见，选择"芣苢"作为核心意象，的确有可能与其穗状花序结籽较多从而与上古时人的多子信仰有关。

正因为出于以上的观念和认识，闻一多在《匡斋尺牍》中尝试通过诗化的想象营造出的意境也格外形象生动："现在请你再把诗读一遍，抓紧那节奏，然后合上眼睛，揣摩那是一个夏天，芣苡都结籽了，满山谷是采芣苡的妇女，满山谷响着歌声。这边人群中有一个新嫁的少妇，正捻那希望的玑珠出神，羞涩忽然潮上她的靥辅，一个巧笑，急忙地把它揣在怀里了，然后她的手只是机械似的替她摘，替她往怀里装，她的喉咙只随着大家的歌声啭着歌声——一片不知名的欣慰，没遮拦的狂欢。不过，那边山坳里，你瞧，还有一个佝偻的背影。她许是一个中年的硗确的女性。她在寻求一粒真实的新生的种子，一个祯祥，她在给她的命运寻求救星，因为她急于要取得母亲的资格以稳固她的妻的地位。在那每一掇一捋之间，她用尽了全副的腕力和精诚，她的歌声也便在那'掇''捋'两字上，用力地响应着两个顿挫，仿佛这样便可以帮助她摘来一颗真正灵验的种子。但是疑虑马上又警告她那都是枉然的。她不是又记起以往连年失望的经验了吗？悲哀和恐怖又回来了——失望的悲哀和失依的恐怖。动作，声音，一齐都凝住了。泪珠在她眼里。"从上述文字中，读者一定能够体会到时为西南联大教授的闻一多在古典文学研究中依然葆有自身早年作为新月派诗人的一番诗心与诗情。

当然，观念与之相反者亦不乏其人。如钱钟书在《管锥编》中引述《毛诗序》里的"和平则妇人乐有子矣"和《毛诗正义》中的"若天下乱离，兵役不息，则我躬不阅，于此之时，岂思子也"等古人的评点，以及杜甫的《兵车行》《宋书·周朗传》和法国作家雨果的诗歌、乔奥诺的文章，表达《芣苢》一诗"乱离不乐有子"的"反战"观念。

诚如明清之际王夫之在《周易外传·系辞上》中所说"君子常其所常，变其所变，则位安矣。常以制变，变以贞常，则功起矣"，理解《芣苢》一诗的内容，读者可以从"常"与"变"这两个角度切入，并探讨二者之间的有机联系。

在笔者看来，就本诗而言，所谓的"常"，是指贯穿全诗、出现六次的"采采芣苢"四字，而其中的"采采"二字尤其值得重点解析。

"采采"二字属于典型的叠词。一种理解是"采而又采"，但按照动词解释，偏于重复；同样，用另一种所谓"各种各样"的含义来修饰"芣苢"同样不合事理。《诗经》中出现的绝大多数叠词，尤其是"采采"这个在《诗经》全书中收入的4首诗歌里出现过的词，按照形容词理解更为恰切。这样既避免与下文的"薄言采之"重复，又表现了芣苢之美。闻一多在《风诗类钞》中说"采采，犹粲粲"，陈子展在《〈诗经〉直解》中说"采采，花叶色彩鲜明的样子"，均是基于以上认识。事实上，把"采采"按照课下注释中给出的"茂盛的样子"理解的确相对稳妥。如陶渊明的诗歌《荣木》中有一句"采采荣木，结根于兹"，而谢灵运的诗歌《缓歌行》中有一句"习习和风起，采采彤云浮"，这两句诗中"采采"的含义都侧重突出光彩。本诗中"采采"二字一共出现了6次，是一再赞美芣苢种子（或果实）外壳的光彩夺目、惹人喜爱。"采采芣苢"这句正是对劳动对象的状貌的歌咏，也可以理解为触物生情，属于运用《诗经》起兴笔法描绘形象，饱含劳动者收获的快乐，朴素而富于感染力。

至于本诗中的所谓的"变"，是指贯穿全诗出现的六个动词——采、有、掇、捋、袺、襭。

在《芣苢》一诗中，来自劳动者灵巧的手的一系列动作，成为即兴歌唱取材的对象。这六个字可以分为三组。其一，"采、有"。这是对采集这一行为的一般性描述，偏于概括但不太具体。其二，"掇、捋"。这是对手取芣苢的动作的具体描写，或一颗一颗地拾，或一把一把地抹，写来很真切很生动，是没有劳动经验者难以把控的动词。其三，"袺、襭"。这两个"衣"部的字，是对用裙襟盛取芣苢的动作的具体描写，或是手提衣襟而往里揣，或是掖起衣襟来兜着。从采写到盛的动词，是完全暗合劳动实际操作程序的，它来自生活，属于不必刻意雕琢的神来之笔。以上一系列动词在《芣苢》一诗字里行间巧妙的运用，无疑凸显了"常"中之"变"：通过动词的变换，将劳动的细节和劳动的过程真实地表现出来；又通过反复叠唱，将劳动者的精神和情绪自然地吟唱出来。《芣苢》一诗从节奏、意境、韵味等多方面，显示出相当高的艺术性和感染力。

读者也可以结合自古及今不同时代的学者从不同角度入手对本诗进行合理的诠释来全面、深入地感受本诗符合单元学习任务的关键——文质彬彬。

诚如宋人朱熹在《诗集传》中认为《芣苢》一诗"化行俗美，家室和平，妇人无事，相与采此芣苢，而赋其事以相乐也"，清人方玉润在《诗经原始》中描述："读者试平心静气，涵泳此诗，恍听田家妇女，三三五五，于平原绣野、风和日丽中群歌互答，余音袅袅，若远若近，忽断忽续，不知其情之何以移而神之何以旷，则此诗可不必细绎而自得其妙焉。"

游国恩在《中国文学史讲义》中评价此诗"第就其辞观之，极似趁韵之民歌"。傅斯年在《〈诗经〉讲义稿》中认为此诗是"女子成群，采芣苢于田野，随采随歌之调"，"这样章节自有他的激越之音，不可仅以平铺直叙看作他是诗歌之'原形质'"。而余冠英也在《诗经选》中强调"这篇似是妇女采芣苢子时所唱的歌。开始是泛言往取，最后是满载而归，欢乐之情可以从这历程见出来"。

从古今名家的评述中可见，一系列形象的劳动情态、动人的劳动画面呼之欲出，这也正是《芣苢》符合单元学习任务的关键所在。

【参考文献】

[1] 教育部. 普通高中教科书 语文 必修 上册［M］. 北京：人民教育出版社，2019.

[2] 余冠英. 诗经选［M］. 北京：中华书局，2012.

[3] 周振甫. 诗经译注［M］. 北京：中华书局，2002.

[4] 姜亮夫等. 先秦诗鉴赏辞典［M］. 上海：上海辞书出版社，1998.

[5] 周啸天. 诗经楚辞鉴赏辞典［M］. 成都：四川辞书出版社，1990.

[6] 闻一多. 诗经研究［M］. 成都：巴蜀书社，2012.

[7] 钱钟书. 钱钟书集·管锥编（一）［M］. 北京：三联书店，2012.

[8] 细井徇. 美了千年，却被淡忘：诗经名物图解［M］. 北京：中国画报出版社，2016.

[9] 游国恩. 游国恩中国文学史讲义［M］. 天津：天津古籍出版社，2005.

[10] 傅斯年. 诗经讲义稿［M］. 上海：上海古籍出版社，2011.

（本文发表于《语文教学通讯》2020 年第 5 期）

文史互证，显隐交融

——《鸿门宴》精读细品

近读语文教育名家、福建师范大学教授孙绍振先生的文章《史家实录和审美想象的交融——读〈鸿门宴〉》，回首自身执教人教版高中必修一课本第二单元的《鸿门宴》一课时的感发和体悟，诚如东汉史学家、《汉书》的作者班固对《史记》一书的评价，"其善序事理，辨而不华，质而不俚，其文直，其事核，不虚美，不隐恶，故谓之实录"。笔者也多次尝试从"文史互证，显隐交融"的角度来探寻作者司马迁史家笔法的精湛与绝佳。

犹记现代作家郁达夫在《怀鲁迅》一文中为去世的鲁迅先生所写："没有伟大的人物出现的民族，是世界上最可怜的生物之群；有了伟大的人物，而不知拥护、爱戴、崇仰的国家，是没有希望的奴隶之邦。"这段对于鲁迅先生的评价，同样可以移用到被鲁迅先生称之为"史家之绝唱，无韵之离骚"的《史记》一书的作者司马迁身上。

正所谓文如其人，对于少年时代博览群书、青年时代遍游天下的司马迁而言，他始终葆有一种在后人看来难能可贵的人格或风格，诚如文史学家李长之先生所言："至于司马迁在所爱的才之中，最爱的是哪一种？一般地说，是聪明智慧，是才能，是不平庸，或不安于平庸，或意识到自己是不平庸的。但尤其为他所深深礼赞的，则是一种冲破规律，傲睨万物，而又遭遇不幸，产生悲壮的戏剧性结果的人物。"毋庸置疑，围绕选自《史记·项羽本纪》的《鸿门宴》一文进行精读细品，针对司马迁笔下的刘、项等人展开分析和探讨无疑切中题旨。

进入本篇课文的解读之前，对《史记·项羽本纪》的传主——项羽——入关之前的生命历程进行一番以点带面的回顾，对全面理解其人的性格大有裨益。

通过以下呈现的三段文字，观者可以了解项羽其人成长历程中的几个关键节点：

项籍少时，学书不成，去学剑，又不成。项梁怒之。籍曰："书足以记名姓而已。剑一人敌，不足学，学万人敌。"于是项梁乃教籍兵法，籍大喜，略知其意，又不肯竟学。

秦始皇帝游会稽，渡浙江，梁与籍俱观。籍曰："彼可取而代也。"梁掩其口，曰："毋妄言，族矣！"梁以此奇籍。籍长八尺余，力能扛鼎，才气过人，虽吴中子弟皆已惮籍矣。

项羽已杀卿子冠军，威震楚国，名闻诸侯。乃遣当阳君、蒲将军将卒二万渡河，救钜鹿。战少利，陈余复请兵。项羽乃悉引兵渡河，皆沉船，破釜甑，烧庐舍，持三日粮，以示士卒必死，无一还心。于是至则围王离，与秦军遇，九战，绝其甬道，大破之，杀苏角，虏王离。涉间不降楚，自烧杀。当是时，楚兵冠诸侯。诸侯军救钜鹿下者十余壁，莫敢纵兵。及楚击秦，诸将皆从壁上观。楚战士无不一以当十，楚兵呼声动天，诸侯军无不人人惴恐。于是已破秦军，项羽召见诸侯将，入辕门，无不膝行而前，莫敢仰视。项羽由是始为诸侯上将军，诸侯皆属焉。

上引三段文字，不仅交代了"取而代之""力能扛鼎""破釜沉舟""作壁上观"这四个成语的出处，也有助于观者对项羽其人的性格与能力葆有一定了解。

清代文论家刘熙载在《艺概·经义概》中说："起、承、转、合四字，起者，起下也，连合亦起在内；合者，合上也，连起亦合在内；中间用承用转，皆兼顾起合也。"观者可以从"起、承、转、合"的角度对本文进行巨细靡遗的分析和探讨。

一、起：箭在弦上，一触即发

结合《史记·项羽本纪》的另一段文字，观者可以了解本课开篇记载的这段历史的背景：

行略定秦地。函谷关有兵守关，不得入。又闻沛公已破咸阳，项羽大怒，使当阳君等击关。项羽遂入，至于戏西。

至于首段中出现的沛公左司马曹无伤，在课文中共出现三次——"沛公左司马曹无伤使人言于项羽曰""此沛公左司马曹无伤言之""沛公至军，立诛杀曹无伤"——贯穿全篇。通过对曹无伤这个人物的分析,观者对刘、项的性格会拥有更为全面的认知和理解。曹无伤其人也的确堪称本文的叙事线索之一。

对于曹无伤所说的三句话,可以结合《史记·高祖本纪》的原文进行拓展、延伸理解:

汉元年十月,沛公兵遂先诸侯至霸上。秦王子婴素车白马,系颈以组,封皇帝玺符节,降轵道旁。诸将或言诛秦王。沛公曰:"始怀王遣我,固以能宽容;且人已服降,又杀之,不祥。"乃以秦王属吏,遂西入咸阳。欲止宫休舍,樊哙、张良谏,乃封秦重宝财物府库,还军霸上。召诸县父老豪杰曰:"父老苦秦苛法久矣,诽谤者族,偶语者弃市。吾与诸侯约,先入关者王之,吾当王关中。与父老约,法三章耳:杀人者死,伤人及盗抵罪。余悉除去秦法。诸吏人皆案堵如故。凡吾所以来,为父老除害,非有所侵暴,无恐!且吾所以还军霸上,待诸侯至而定约束耳。"乃使人与秦吏行县乡邑,告谕之。秦人大喜,争持牛羊酒食献飨军士。沛公又让不受,曰:"仓粟多,非乏,不欲费人。"人又益喜,唯恐沛公不为秦王。

显然,不杀子婴、约法三章、不受犒赏,刘邦在这三方面的表现完全符合他自己坚信的"吾与诸侯约,先入关者王之,吾当王关中"。这足以证明曹无伤所谓沛公"欲王关中"说法的合理性。

而首段中项羽所说的两句话"旦日飨士卒,为击破沛公军"可谓言简意赅、直截了当,既可见项羽性格中的心浮气躁、妄自尊大,也可见他的背信弃义、急功近利。

首段第一句中的"旦日",也引领下文即将出现的两个"夜",以及另一个"旦日"和"即日"等时间词,以上这些时间词同样可以连缀构成本文的另一条叙事线索。

首段中的人物范增尤为值得关注。在秦末农民战争中,作为安徽桐城人的范增劝说项梁立楚国王族后裔为楚怀王。在秦军包围巨鹿后,楚怀王派遣宋义、项羽救援,任命范增担任末将。后来范增追随项羽,成为他的主要谋士,也被尊称为"亚父"。

从首段结尾处范增所说的一番话看,范增的关注点和项羽截然不同。他用今昔对比、望气观象来启发项羽警惕刘邦。范增担心的是"此其志不在小",而项羽愤怒的是"珍宝尽有之"。由此亦可见亚父、项王二人政治眼光的远、近之别,功利诉求的高、低之分。这也为鸿门宴的结局,乃至整个楚汉战争的成败埋下伏笔。

二、承:柳暗花明,千钧一发

从第二段开始,项伯、张良等人物依次进入观者的视野。张良,字子房,是安徽亳州人。他的祖父、父亲相继担任过韩国王侯将相,秦国攻灭韩国后,张良图谋恢复韩国,曾经结交刺客,试图在博浪沙狙击行刺秦王,没有成功。传说他逃亡到下邳后,结识了黄石公,获得《太公兵法》。在秦末农民战争中,张良曾经聚众归附刘邦。此后,他游说项梁立韩国此前的贵族做韩王,后来韩王被项羽杀死,张良重新投奔刘邦,成为其重要的谋士,立功无数。在汉朝建立后,张良也被封为留侯。

通过这一段开篇中项伯的行为和张良的言辞,观者会对这两人的性格有所了解。项伯对张良的知恩图报,张良对刘邦的尽忠职守,无不清晰可感。联系张良此前曾经劝说入关后的刘邦不要留住秦宫,而应该还军霸上,正所谓"良药苦口利于病,忠言逆耳利于行",这番举动对于后来刘邦酝酿、构思独一无二的"鸿门说辞"至关重要。出于张良之口的"不可不语",也诚如北京大学的王瑶先生所说的那三句话:不说白不说,说了也白说,白说也要说。

结合《史记·高祖本纪》来理解第二段中"鲰生说我曰"这一句的实际内容很有必要。

或说沛公曰:"秦富十倍天下,地形强。今闻章邯降项羽,项羽乃号为雍王,王关中。今则来,沛公恐不得有此。可急使兵守函谷关,无内诸侯军,稍征关中兵以自益,距之。"沛公然其计,从之。

据说,此处所谓"函谷关"的得名,存在两方面原因。其一,因为山形如函,所以称之为函关;其二,它地处河南灵宝西南十二里,向西距离长安四百余里,路途大都在山谷中,所以称之为函谷关。

刘邦其人在本段进入观者的视野,对其身份和个性进行适当了解同样必要。《史记·高祖本纪》介绍,刘邦的父亲叫"太公",母亲叫"刘媪"。而刘邦本人的小字是"季",即在伯、仲、叔、季中排行第四。他是在称帝以后改名为"邦"。用作者司马迁的话来讲,刘邦原本是一个"好酒及色"的人。曾经担任泗水亭长的刘邦，有幸见到巡行江南的秦始皇后也说"大丈夫当如是也"。起事以后，刘邦在楚怀王的命令下率先攻入函谷关。其驻军所在地——霸上——正是当下陕西省西安市长安区的白鹿原，也就是已故的荣获第四届茅盾文学奖的当代著名作家陈忠实先生所写的那部小说使用的题目的所在地。

从第二段中刘邦反复说出的"为之奈何""君安与项伯有故"及"君为我呼入，吾得兄事之"这几句话，观者可以充分感受到刘邦性格的不同侧面。例如，其虚怀若谷、开诚布公从他言简意赅地回应张良所问"谁为大王为此计者"的那句话"鲰生说我曰"可见。对于那小人的进言，刘邦没有文过饰非、固执己见，这从刘邦解释时用"鲰生"这一典型的蔑称定位那个献计的人可见。正可谓见机行事，恰到好处。

事实上，出于刘邦之口的"为之奈何"这句问话，在本课中出现三次，从这句话说出的场合、对象、时机等多个角度来分析，结合《史记·高祖本纪》中一段经典文字，我们可以对刘邦的知人善任拥有更为准确的定位：

夫运筹策帷帐之中，决胜于千里之外，吾不如子房（即张良）。镇国家，抚百姓，给馈饷，不绝粮道，吾不如萧何。连百万之军，战必胜，攻必取，吾不如韩信。此三者，皆人杰也，吾能用之，此吾所以取天下也。项羽有一范增而不能用，此其所以为我擒也。

当然，从"君安与项伯有故"这句话，观者也可以品出此时已经接近知天命之年的刘邦在审时度势上老谋深算、滴水不漏。进而，通过刘邦"君为我呼入，吾得兄事之"这句话，观者既可以发现他性格中的知人善任，也能够体会到他的八面玲珑。当然，本段中出于张良之口的这句"今事有急，故幸来告良"，也帮助观者从侧面感受项伯其人的知恩图报、肝胆相照。而项伯其人，还会在后文中一而再、再而三地出现，我们可以多侧面地理解其人性格。

为什么在项伯入见之后，刘邦立刻"奉卮酒为寿，约为婚姻"？这个举措值得品赏。

举酒祝寿，结为亲家，堪称司马迁塑造面对千钧一发危机时刘邦的曲意逢迎的点睛之笔，由此可见刘邦能屈能伸、相时而动的气魄。项羽败亡后，刘邦封项伯为射阳侯，赐给他刘姓，封地在江苏淮安。因为古人有同姓不婚的禁忌，刘邦赐项伯姓刘，不排除是借故取消鸿门宴前的亲家约定。毕竟当年霸上结亲原本就是刘邦随机应变的手段。项伯在受封三年后死去，其子项睢后来也因为罪过而被剥夺爵位和名号。

回首刘邦对项伯所说的三句话，无疑可以使观者对刘邦其人的个性具有深入的认识。

首先，入关后刘邦秋毫无犯，登记官吏百姓，封闭公府库存，其真正的目的是等待由项羽接管吗？结合《史记·高祖本纪》中"吾与诸侯约，先入关者王之，吾当王关中""且吾所以还军霸上，待诸侯至而定约束耳"两句，可见这是出于刘邦之口的第一句谎言。其次，刘邦派遣将领把守关隘，的确是出于防备盗贼进入和意外变故的考虑和需要吗？结合《史记·高祖本纪》中"今闻章邯降项羽，项羽乃号为雍王，王关中。今则来，沛公恐不得有此。可急使兵守函谷关，无内诸侯军，稍征关中兵以自益，距之。沛公然其计，从之"，可见这是刘邦的第二句谎言。最后，刘邦坦言自己日日夜夜都盼望将军到来，哪里敢于反叛呢？希望对方一定转告项王自己不敢忘恩负义。"岂敢反乎"一句中的"反"字用得恰到好处，显然他有意把项羽作为君王，自身作为臣子来定位。对于这句话的可信度，通过后来史上所载的垓下之围、十面埋伏、四面楚歌、乌江自刎等等事件可见，这是刘邦的第三句谎言。刘邦的三句谎言多侧面、立体化地呈现自己性格中能够忍辱负重、长于虚与委蛇的某些特质。

从项伯回应刘邦的"旦日不可不蚤自来谢项王"一句，观者也可见整个事件的巨大转机。行文至此，叙事也从紧张渐趋平缓，为后文蓄势。

第二段的结尾呈现了项伯和项羽的对话。为了便于深入理解项伯、项羽的个性，可以参看《史记·项羽本纪》中的这段文字：

为高俎，置太公其上，告汉王曰："今不急下，吾烹太公。"汉王曰："吾与项羽俱北面受命怀王，曰'约为兄弟'，吾翁即若翁，必欲烹而翁，则幸分我一杯羹。"项王怒，欲杀之。项伯曰："天下事未可知，且为天下者不顾家，虽杀之无益，只益祸耳。"项王从之。

通过这段文字，观者对项伯其人假公济私的个性心领神会。无论是课文中的"今人有大功而击之不义也"，还是此处的"虽杀之无益，只益祸耳"，无不呈现出他对曾经"约为婚姻"的刘邦的暗中包庇。

回首项羽其人。作为具有普适价值的伦理原则，义，是项羽精神境界中的最高追求。乌江自刎时，项羽有意将自己的项上人头赠给追杀他的故人吕马童，也正是为了显示他重义气。毕竟，曾立兄弟之约，又兼战友之谊，这一切都使得项羽降低了对刘邦应有的警惕。从项羽在两次对话中的"许诺""从之"也可见他个性中的寡谋轻信、任人唯亲。这也从一个侧面回应了课文首段中范增劝说他出兵并渴望"急击勿失"的良策，已经在转瞬间化为泡影。

　　课文的第三段，首先呈现的是出于刘邦之口的由三句话构成的所谓"鸿门说辞"。通过首句中使用的"谢曰"一词，观者可以充分感知刘邦在此时此地表现出的卑微和谦恭，这与《史记·高祖本纪》中多次出现的"高祖骂曰""汉王骂曰""沛公骂曰"截然不同。首先叙旧，刘邦强调分别在黄河以北、以南作战的彼此"戮力攻秦"，他并不提及当下彼此已经明显成为相互敌对的军事集团的事实，而是先入为主地诱使对方意识不到或暂时忽略彼此关系的巨大转变。其次逢迎，刘邦通过"然不自意能先入关破秦"有意地贬低自己、抬高对方，顺理推求能够率先入关破秦的唯其项羽，别无他人。这无疑将使作为听者的项羽的自尊和自负得到最大限度的满足。最后化必然为偶然，运用"令将军与臣有郤"的所谓"小人直言"掩盖两者之间已经存在的带有根本利害冲突的事实，有意避重就轻、化大为小。这也从侧面印证了英国前首相丘吉尔的名言：没有永远的朋友，也没有永远的敌人，只有永恒的利益。

　　刘邦的"令将军与臣有郤"这句话，有意暗示项羽警惕那番"小人之言"，恰如其分地引蛇出洞，让项羽自然而然地说出"此沛公左司马曹无伤言之"。后人公认项羽这句话自伤耳目，在为自己开脱责任的同时也断送了曹无伤的性命，尽显自己在政治上的无知和幼稚。这也是司马迁刻画项羽性格很深刻的一笔：胸怀坦荡，光明磊落，心口如一。这种个性对于争天下，也许是致命的缺点；对于为人，却也属于正直的德行。司马迁有意将其与巧言令色的刘邦对比，结尾还补上一笔"沛公至军，立诛杀曹无伤"，刘邦的当机立断、心狠手辣由此显而易见。至于后一句"不然，籍何以至此"中的"籍"，格外巧妙地使关注本课的课下注释第①条的观者了解从"说名道字"的角度体会古人称谓中反映出的"名贱字贵"的谦敬问题，从而深入体会中国古代姓氏文化的丰富内涵。

　　事实上，从"项王、项伯东向坐"到"张良西向侍"这一系列详细介绍鸿门宴上不同人物座席位置的语句关乎刘、项双方的不同身份、地位。分析这个问题，需要了解关于中国古代座次的常识性知识。笔者曾经尝试通过著名历史学家余英时先生的观点进行分析：

刘邦居北向席而不居西向席，乃因北向坐是最卑的臣位，而西向坐尚是"等礼相亢"的朋友地位也。张良虽据西向之位，但史文明说他是"侍"，身份次第一丝不紊如此，斯太史公之笔所以卓绝千古欤？

在余先生看来，刘邦所坐的位置，呈现出客者最卑微的地位；而张良所坐的位置，似乎比刘邦更为尊贵。而东北师大附中的孙立权老师参照杨树达先生《秦汉座次尊卑考》一文，对这个问题的回应给予了更为准确的回答。

余英时所说的北向最卑是有问题的，在朝堂上才是北向最卑，南向最尊；在室内是东向最尊，西向最卑。最卑位一定是与最尊位相对的，无论是在朝堂上还是室内。杨树达《秦汉座次尊卑考》已说清楚了。室内四向，由尊到卑依次是：东向—南向—北向—西向。

当然，从第三段中的"项王即日因留沛公与饮"和"项王默然不应"，后人也可以想见项羽的性格特点：从政治追求来看，可谓鼠目寸光、见识短浅；从胸襟气度来看，却又豪放洒脱、宽容大气。

这一段在范增身上呈现的"起""出""召""曰"等一系列动词，包括后文中他对项庄的忠告"因击沛公于坐"和警示"不然，若属皆且为所虏"，无不呈现出读者在篇章首段中就能感受到的范增的那种见微知著的眼光、当机立断的气度、足智多谋的禀赋。

从后文中项庄的一番言语和举动，包括项羽的回应、项伯的反应，我们也再次感受到项庄、项羽、项伯这三人在性格和取向上显而易见的差异，这也为彼此后来的命运埋下伏笔。

三、转：枯木逢春，时来运转

课文的第四段"樊哙闯帐"，同样是《鸿门宴》一课中极为精彩的一段。司马迁是如何塑造樊哙这一形象的？樊哙的性格具有哪些特点？观者可以从语言、动作、肖像等不同角度的描写方式来分析和感受。

本段开篇，在张良以"项庄舞剑，意在沛公"来回应樊哙那句"今日之事何如"的问话之后，出于樊哙之口的"此迫矣，臣请入，与之同命"让人听来十分短促、有力。原因可以想见，在鸿门宴上千钧一发、危如累卵的情势下，作为武将的樊哙凭借干脆、利落的表达，发誓愿意在危难之中与沛公同生共死。由此可见，司马迁在语言描写上当繁则繁、不厌其烦，当简则简、惜墨如金。

从后文中的一系列动作描写来分析樊哙其人，可以关注"带剑拥盾入军门""侧其盾以撞""披帷西向立""立而饮之""拔剑切而啖之"等等。正是因为项王赏识闯帐的樊哙这番难得的豪壮、勇武，才会吩咐身边的侍从"赐之卮酒"，然而手下呈上的却转变成"斗卮酒"；吩咐"赐之彘肩"，然而手下呈上的却转变成"生彘肩"。这一字之增，须格外留心。这一大杯烈酒，看你樊哙如何饮下？这一条生猪腿，看你樊哙能否吞吃？如果不饮、不吃，其人就势必是心怀怯懦、辜负项王。

显然，这两番举动正是项羽的手下对樊哙有意的刁难和捉弄。怎料，樊哙一一挫败了对手的阴谋。那一大杯烈酒，他"拜谢，起，立而饮之"；那条生猪腿，他"覆其盾于地，加彘肩上，拔剑切而啖之"。"拜""起""立""饮"连续四个动作的笔法，写得斩截有力，充分显示出樊哙对项王是多么豁达有礼，对揶揄他的项王的手下是多么无所畏惧。

而"覆""加""拔""切""啖"五个动词，可谓豪气干云。针对这番动作的描写，妙在这一切都呈现在项羽面前，而项羽却被蒙在鼓里。在司马迁笔下，凭借"斗""生"这二字，就把项王的直爽、范增的谋略、樊哙的粗犷淋漓尽致地展现出来。

本段中三言两语的肖像描写不容忽视。"瞋目视项王""头发上指""目眦尽裂"，可谓英武义愤、器宇不凡。樊哙这一形象给人带来的整体印象正是忠诚、勇敢、机智。

从樊哙对项羽的进言审视，观者可以充分感受到语言描写的妙处。樊哙的一番慷慨陈词，恰好是出于对项羽那句"壮士！能复饮乎"的回应，用"死且不避"来表达"卮酒安足辞"的心意，可谓恰逢其时。

摘选清朝人姚苎田在《史记菁华录》一书中对这段语言描写以批注的形式留下的若干句切中肯綮的评价，更能见出太史公笔法的高妙。

"夫秦王有虎狼之心"，借秦王骂项羽，巧甚。

从这个角度来看，"虎狼之心"一词的确是意在言外、韵味无穷。加上后面一句"杀人如不能举，刑人如恐不胜"，无疑更具有警示意义。

"天下皆叛之",以叛胁之。

按照上一句的风格来审视,这一句的确是充满了恰如其分的暗示。

"先破秦入咸阳者,王之",当时羽深讳此约,偏要提出,妙矣。尤妙在下文回护得好。

在笔者看来,"先破"这二字也可以用来定位樊哙的举动。对于所谓"怀王之约",无论刘邦,抑或项羽,早已心知肚明,但二人谁也没有点破。偏偏是这闯帐的樊哙先行点破这个众所周知的约定,可以说樊哙到达了一个既可能超越也可能摔倒的机遇和挑战并存的弯道。

"劳苦而功高如此,未有封侯之赏",先入秦应王矣,却又以封侯之赏推尊项王,明明以霸王归之,所谓回互法也。

毋庸置疑,姚苎田对樊哙的这句评价可谓慧眼识珠。樊哙在这里直截了当地代替沛公向项王讨赏,无形中降低身份、自居下僚。显然,真正有权赐予"封侯之赏"的,除天子之外,别无二人。这也就等同于在无形之中把项羽抬高到了天下至尊的地位。

以上几句,是姚苎田对樊哙陈词的点评,观者借此可以领会其字里行间的妙处。

当然,包括"毫毛不敢有所近""故遣将守关者,备他盗出入与非常也"也和前文中刘邦在参加鸿门宴的前一晚对项伯所说的那番话极为相似,只是把"秋毫"说成了"毫毛",把"所以"替换成"故",同时省略了"他盗"和"出入"两词中间的那个"之"。从这一系列的差异,我们似乎可以感受到樊哙和刘邦在个人资质和语言风格上存在一定的高下之别。而两人极为相似的说辞后面,很可能始终都伫立着另一人——张良——的身影。

如果从参照和比较两相结合的方式来审视,与樊哙对应的项庄的形象也更加鲜活。樊哙是主动请缨,项庄是被动舞剑;樊哙是见机行事,项庄是贻误战机。作者写樊哙的笔法,难道仅仅是为了与项庄进行对比吗?事实上,写樊哙也是为了写项羽。樊哙没被召唤就私自觐见,属于无礼表现;带剑拥盾进入营寨,也是不合军法;击倒卫士自行闯帐,更是无法无天;对项王头发上指、怒目而视,简直是可忍孰不可忍。

以项羽残忍暴躁的个性,居然没有震怒,不但称樊哙为壮士,还赏赐他酒肉;被樊哙嘲讽讥刺,竟然无言以对。换个角度审视,这恰恰是表现了力能拔山、气能盖世的项羽对壮士惺惺相惜的赏识。同时，樊哙的话有理有据，表面上声色俱厉，言语间尊崇有加。项羽勇武无比，英雄惜英雄，好汉惜好汉。此外，刘邦入咸阳，按约定先入者王之，项羽理亏在前。对于樊哙的一席话，他"未有以应"，理屈乃至词穷，只说一个"坐"，这也显示了他个性中的豪爽直率。

四、合：高瞻远瞩，化险为夷

课文第五到七段的内容，可以用三个四字短语来概括：研究逃席、安排善后、处置随从。从这段文字中，观者可以进一步了解人物的性格和司马迁的笔法。

无论是"大行不顾细谨，大礼不辞小让"，还是"人为刀俎，我为鱼肉"，从樊哙留下的这两句传世名言，观者可以再次感受到他个性中的勇猛豪爽、粗中有细。

从刘邦回答张良"大王来何操"一句的内容来看，自己有意献上白璧一双、玉斗一双，分别赠予项王和亚父，原因何在？

为什么要将白璧一双献给项王？璧，是古代外交场合经常使用的礼器。刘邦献上白璧，表示自己的心地洁白无瑕，不过是无辜地遭人诬陷。为什么要将玉斗一双献给亚父？献斗，表示对长辈的尊重、对计谋的敬畏；刘邦由衷希望对方手下留情，暗示对方借此也可以安享晚年。

此外，为什么刘邦选择"脱身独骑"，而其他陪同逃席的将领却"持剑盾步走"呢？

《史记·高祖本纪》中的一段文字有助于观者深入体会刘邦的性格：

围汉王三匝。于是大风从西北而起，折木发屋，扬沙石，窈冥昼晦，逢迎楚军。楚军大乱，坏散，而汉王乃得与数十骑遁去，欲过沛，收家室而西；楚亦使人追之沛，取汉王家：家皆亡，不与汉王相见。汉王道逢得孝惠、鲁元，乃载行。楚骑追汉王，汉王急，推堕孝惠、鲁元车下，滕公常下收载之。如是者三。曰："虽急不可以驱，奈何弃之？"于是遂得脱。

从这段文字中，观者可以充分感受到刘邦贪生怕死、冷酷无情的另一面。在险象环生的危难之际，无论是下属，还是儿女，他都可以弃之不顾。由此也可以推想，真正有幸能成为帝王的人，还必须拥有怎样一番"独特的禀赋"。

反之，关注作为此刻随行下属之一的纪信在后来刘邦再次面临围困时是如何慷慨赴死，也可以再次领会刘邦知人善任的一面。

汉将纪信说汉王曰："事已急矣，请为王诳楚为王，王可以闲出。"汉王亦与数十骑从城西门出，走成皋。项王见纪信，问："汉王安在？"曰："汉王已出矣。"项王烧杀纪信。

事实上，只要观者认真咀嚼本段文字中出于刘邦之口的一系列表述，就会对他的性格拥有更为全面的体认。例如，"今者出，未辞也，为之奈何"，无疑延续了前文中刘邦的言语风格，第三次说出"为之奈何"，再次凸显了刘邦性格中的虚怀若谷、用人不疑。此外，"会其怒，不敢献，公为我献之"，再次把向项王与亚父告辞、请罪的重任委托给张良承担完成，明确地突出刘邦性格中的随机应变、知人善任。再有，本段结尾中呈现的刘邦动身逃席之前对张良说的那句话"度我至军中，公乃入"，直截了当地呈现了刘邦性格中的审时度势、深谋远虑。

反之，从出于项王之口的一句"沛公安在"，从"项王则受璧，置之坐上"两句着眼，一句是语言描写，一句是动作描写，无疑进一步帮助我们了解了项羽的性格特点：鼠目寸光、优柔寡断。从针对亚父范增呈现的"受""置""拔""撞"这一系列动作，和"竖子不足与谋""夺项王天下者必沛公也""吾属今为之虏矣"这一系列话语，观者同样可以充分感受到范增的老谋深算却又急于事功，目光敏锐却又急躁易怒。《史记·项羽本纪》中的一段文字，也可以印证观者对范增命运的预期：

汉之三年，项王数侵夺汉甬道，汉王食乏，恐，请和，割荥阳以西为汉。项王欲听之。历阳侯范增曰："汉易与耳，今释弗取，后必悔之。"项王乃与范增急围荥阳。汉王患之，乃用陈平计间项王。项王使者来，为太牢具，举欲进之。见使者，详惊愕曰："吾以为亚父使者，乃反项王使者。"更持去，以恶食食项王使者。使者归报项王，项王乃疑范增与汉有私，稍夺之权。范增大怒，曰："天下事大定矣，君王自为之。愿赐骸骨归卒伍。"项王许之。行未至彭城，疽发背而死。

最终，观者可以通过《史记·项羽本纪》中的另一段文字来了解鸿门宴之后的史事。

居数日，项羽引兵西屠咸阳，杀秦降王子婴，烧秦宫室，火三月不灭；

收其货宝妇女而东。人或说项王曰："关中阻山河四塞，地肥饶，可都以霸。"项王见秦宫皆以烧残破，又心怀思欲东归，曰："富贵不归故乡，如衣绣夜行，谁知之者！"说者曰："人言楚人沐猴而冠耳，果然。"项王闻之，烹说者。

通过这段文字，观者不但了解了"衣锦还乡""沐猴而冠"这两个典故的出处，对于西楚霸王项羽的命运走向，也具有了一定的预知。学生在选修阶段学习《中国古代诗歌散文欣赏》这部选修课本中的另一课《项羽之死》时，会拥有更为深刻的见识。

当然，观者可以通过司马迁在《史记·项羽本纪》结尾留下的这段话，和金圣叹批注时留在字里行间的文字，认真地感受人事并延伸自己的思考。

然羽非有尺寸，乘执起陇亩之中，三年，遂将五诸侯灭秦，分裂天下，而封王侯，政由羽出，号为"霸王"，位虽不终，近古以来未尝有也。【一段，承写其兴之暴，扬。】及羽背关怀楚，放逐义帝而自立，怨王侯叛已，难矣。【抑。】自矜功伐，奋其私智而不师古，谓霸王之业，欲以力征经营天下，五年卒亡其国，身死东城，尚不觉寤而不自责，过矣。【再抑。】乃引"天亡我，非用兵之罪也"，岂不谬哉！【又抑。凡作一扬三抑。】

【参考文献】

[1] 孙绍振. 史家实录和审美想象的交融：读《鸿门宴》[J]. 语文建设，2019（8）.

[2] 司马迁. 史记 [M]. 北京：新世界出版社，2007.

[3] 余英时. 史学、史家与时代 [M]. 桂林：广西师范大学出版社，2014.

[4] 孙立权. 孙立权语文教育札记 [M]. 北京：世界图书出版公司，2018.

[5] 姚苎田. 史记菁华录 [M]. 上海：上海古籍出版社，2007.

[6] 金圣叹. 金圣叹评点才子古文 [M]. 北京：线装书局，2007.

（本文发表于《长春教育学院学报》2020 年第 2 期）

"预设"与"生成"的双重缺失
——《伶官传序》课堂观察

索尔蒂斯在为小威廉姆·多尔的《后现代课程观》一书所作的序言中说:"课程不再是跑道,而成为跑的过程自身。而学习则成为意义创造过程之中的探险。"也许可以这样理解,"现代"的课程观念往往使教学囿于课前"预设",仿佛跑道一般(在跑道上有固定的区域、路线和方向、目标),无法充分激发学生的想象力和创造性;"后现代"的课程观更关注"对话"教学中新知识的"生成",就像师生在共同探险一样,永远无法预知前方是坦途还是逆境,因此面临着无数种可能性,而崭新的"意义的生成"也恰恰完成于这个紧张与兴奋并在的"探险"过程中。

我们觉得,完全的"生成"式教法,可能有教学目标模糊、课堂效率低下之嫌;纯粹的"预设"式教法,无疑将使教学成为僵化、死板的单一流程的复现。两者似乎都不可取。成熟的教学,应该是预设催发生成、生成回应预设的交融互渗的过程。所谓"执两用中"的中国式智慧,自有其独特的意义。

从这个意义上说,授课教师执教的《伶官传序》一课,留给我们最为深刻的印象,莫过于他的课堂教学在"预设"与"生成"上存在的双重缺失。

一、"课堂观察"如何定位

由学者沈毅、崔允漷主编的《课堂观察:走向专业的听评课》一书提出了一个"4个维度、20个视角、68个观察点"的课堂观察框架,力图通过明确的观察取向,使课堂观察听有所向、评有所指。

过去曾在东北师大附中执教的夏维波老师在《课堂观察应避免科学主义的误区——兼与〈课堂观察:走向专业的听评课〉的编者商榷》一文中指出:"专业化的听评课首先是学科化。要尊重学科个性,体现学科追求。""机械主义、科学主义的听评课会导致听不出重点、评不到重点，从而也找不到教的重点，教育问题意识的视点散化。""任何一堂课，对于听者来说基本都是依从整体性原则去注意每节课最关键的几个问题，比如教学内容的选择和处理，教学方法的运用。"

对于夏维波老师对课堂观察相关理论与实践的反思和质疑，我们深有同感。在东北师大附中第 26 届教学百花奖活动中，笔者的《长恨歌》一课就曾作为课堂观察研究的对象被认真观察、分析和评价。作为授课者，笔者确实感到受益匪浅；但换一个角度思考，这种带有浓重的科学主义色彩的课堂观察是否完全适合语文学科，以及不同的课型，也值得商榷。

所以，从某种"整体性原则"出发，我们在针对授课教师《伶官传序》一课的课堂观察中，在学生学习、教师教学、课程性质、课堂文化这 4 个维度中只选取前两者进行观察，而且我们的观察也并未以面面俱到的方式从所谓 20 个视角、68 个观察点进行全面观察，而是将侧重点放在教师教学的"预设"与学生学习的"生成"这两个角度之上，力图通过两者的存在方式来对这堂课的得失进行评价。

二、教师的教学重点与课后反思

授课教师在教学设计中力图突出两方面的内容：一是文言基础知识的巩固与梳理；二是文章结构的梳理与情感的体验。

他在授课后的教学反思中如是阐发：《伶官传序》是一篇自读课文，难度不大，应该安排学生以自主学习为主。但在梳理课文的重点字词时，教师过于谨慎与担心，还是利用课件与学案把 5 个重点句子挑出来逐一地讲，因而字词巩固环节稍长，导致最后总结环节只能草草作结。连带的结果是，对全文的论证结构与方法的讲解没能给学生一个整体的清晰的概括。笔者反思本堂课教学过程的完整性到教学节奏把握的艺术性，想到问题的根本还在于教学思想的开放性。如果在字词梳理时能放开手脚，那么不仅可能省下时间，而且可能激发出师生、生生交流的思想火花，课堂的生成将可能更加绚烂。

个人以为，授课教师的确对自己的授课进行了认真的反思，也把握住了课堂教学中存在的主要问题，但是这种反思容易流于感性和片面，缺少理性的审视和全面的分析，如果从定量和定性相结合的课堂观察的角度切入，就可能对《伶官传序》这堂课拥有一种相对全面的把握和比较客观的剖析。

三、观察之一：教师教学的"预设"缺失

授课教师的《伶官传序》这堂课的上课时间总共是 45 分钟，教学内容的安排与所用时间的配比情况统计如下：

表 1　《伶官传序》一课教学内容安排与用时配比表

教学内容	用时
运用李清照《夏日绝句》和司马迁《项羽之死》导入课文	3 分钟
指导学生浏览和理解书下注释①的内容（作者、宗旨等）	7 分钟
检测学生对本课的文言知识点（词类活用、特殊句式、古今异义词、一词多义）的理解和掌握	14 分钟
围绕后唐庄宗得失天下的史实和中心论点分析文章内容	12 分钟
通过诵读引领学生感受课文的情感性、思想性和启示性	9 分钟

从以上观察和统计可见，这堂课在教学内容的时间配比上是存在一定问题的，这就使教学设计出现了较大的缺陷。如教师在教学设计中原本计划讲解和分析的很多内容——介绍课文的文体"序"，学生朗读课文，对疑难问题进行探讨（如：①为什么用反问句提出中心论点？②运用哪些论证方法来证明中心论点？③课文是如何表现他"得天下"之"盛"的？④为什么每次出师征战都要"负而前驱"？⑤本来行文到第二部分，论点已得到证明，似乎应结束了，可作者为什么还写第四段……）都没有时间涉及，也就没有较好地完成预定的教学任务。此外，我们还可发现以下三个值得关注和反思的问题：

（一）重视讲解，忽视诵读

本课中学生诵读课文的时间总共不超过 5 分钟，而对于文言文的阅读和鉴赏而言，诵读是教学环节中不可或缺乃至极为重要的部分。在本课中，无论默读抑或朗读，学生对于课文连一次完整的通读都没有做到，绝大多数学生仅仅读过"可谓壮哉""何其衰也"这两个自然段，也就自然无法真正做到整体感知课文的内容，那么进一步分析和理解文章的论证结构和写作手法，并充分感受课文的思想性和情感性，也就无从谈起。显而易见，教师在"教

学目标"的设计中提出的"引导学生诵读品味本文抑扬顿挫的语言特色"以及在"教学重点"的设计中提出的"在教师指导下，让学生放声朗读，分段背诵"都是难以实现的。

（二）强化应试技能训练，淡化阅读水平培养

教师在检测学生通过课前预习对本课的文言知识点（词类活用、特殊句式、古今异义词、一词多义）的理解和掌握的环节中用时14分钟，几乎占去整堂课的三分之一。这对于一篇用于提高学生阅读和鉴赏能力的经典文言文来说，的确是一种设计失误。如果说教师在教学重点中的确强调了"识记11个词语，掌握名词活用为动词的特征"在课堂教学中的分量，那也只能说这堂课在教学重点的设计上起初就存在偏失。客观地讲，教师在本课中对文言文知识点的梳理和讲解的确会起到夯实学生的学习基础的作用，不能说完全没有意义，但文言知识点（词类活用、特殊句式、古今异义词、一词多义）的检测完全可以通过课前学案或课后练习来实现。在课堂前半段占用如此大量宝贵的时间来进行逐一提问和解答，既挤占了内容分析和手法鉴赏的时间，又造成课堂学习氛围的凝滞与沉闷，可谓得不偿失。

（三）师生对话的知识性脱节

在梳理和讲解文言文知识点时，教师在一词多义这一环节中提问学生"无乃尔是过欤""与嬴而不助五国""当与秦相较，或未易量""安在公子能急人之困"这几句中的相关字词的含义，试图帮助学生拓展知识面、增加积累。但是，这些语句分别出自《季氏将伐颛臾》《六国论》《信陵君窃符救赵》等学生尚未学习、多数也不会学习的旧版教材课文篇章。由于对课文内容茫然不知，学生自然无法在陌生语境中准确理解词语含义，师生之间的"对话"也就形同虚设。这种知识性脱节的对话最易于沦为教师的自说自话，这是一种忽视学生学习基础的缺乏有效预设的教学设计，自然也就只好由教师代替学生思考和回答，浅尝辄止了。

可以说，这堂课在"教师教学"这个维度上，尤其是在"预设"问题上存在较多不足。教学预设中的一些合理的较为重要的内容没有得到展开或呈现，而不太合理的设计和相对次要的内容却被突出和彰显。

四、观察之二：学生学习的"生成"缺失

教师在"课程设计理念"中提出了"采用合作、探究、自主学习方式，

激发学生学习的主动性,培养学生理解感悟的能力"的说法,但在实际操作中,这个理念是否得到较好的贯彻与实施呢?换句话说,新课标提出的"自主,合作,探究"的新课程教学理念是否已然沦为一种能指和所指相互脱离的空洞话语呢?

经过对"学生学习"这一维度的观察,我们发现本课课堂教学中存在学生学习的"生成"缺失的严重问题。

(一)所谓的"自主学习"名不副实

授课教师在课堂教学中除了针对文言文知识点进行检测外,并未从内容分析的各个方面要求学生展示自身的预习成果。也就是说,所谓的"自主学习"恐怕仅仅停留在语言文字层面,并未深入到历史文化层面。课文的书下注释内容,原本应该由学生在课前预习中自行浏览认知,那么作者生平、写作背景、创作宗旨、字词知识等方面存在的大部分问题也就在课前自行解决了,无须教师在课堂上再行强调。但实际上,在本课教学中,教师指导学生浏览和理解书下注释①的内容(作者、宗旨等)用时7分钟。如此简单、自行浏览即可的内容尚需讲解,学生的"自主学习"实效性又何在呢?

(二)所谓的"合作学习"无从谈起

教师在课堂教学中主要采用讲授法、问答法,并没有通过讨论法等多种方法来启发学生进行真正意义上的"合作探究"。无论是课前,抑或课上,都可以针对值得开掘、具有开放性的问题引领学生进行现场探讨,在师生对话、生生对话中激发学生的想象力和创造力,从而有效地调动起学生学习的积极性和主动性。在《伶官传序》这堂课中,学生基本上成了围绕着教师的指挥棒指哪打哪、形单影只的学习主体,被动的、孤立的学习也使其主体性丧失殆尽。这样的课堂,所谓"生成性"的知识又如何能生成呢?

(三)所谓的"探究学习"形同虚设

这堂课给观者最大的感受,莫过于教师主体性无以复加的强化与彰显。我们仅从问题的设计和提出即可看到,本课教师提出的主要问题如下:

(1)大家在课前是否做过预习,都预习了什么?

(2)欧阳修的名号"六一居士"是什么意思?

(3)这篇文章属于什么类型的古代散文?

（4）在这几年（908年、912年、923年、926年）里，庄宗多少岁？发生了什么事情？用原文回答。

（5）后唐庄宗得天下用了15年，失天下只用了3年，这一得一失、一盛一衰之间，你能有什么样的感悟？用自己的话说一下。

（6）作者欧阳修对此是如何评价的？

（7）这篇文章的中心论点是哪句话？

（8）其实历史上还有很多类似的事情，同学们知道吗？（未给学生思考与回答的时间）老师给大家举一个例子。

（9）这种情况是偶然还是必然？

（10）极盛、极衰都体现在何处？

（11）联系现实生活谈一谈本课对自己的启示。

（12）倒数第二段有两个反问句，都是什么？

以上的记录也许还不够全面和精准，但至少可以发现一个重要的问题：在整堂课中，没有一个学生提出问题，没有一个问题是由学生提出的，真正意义上的"对话"从未展开。这不禁让我们思考：学生学习的主体性何在？学生进行过真正意义上的探究吗？是学生自身天然地缺乏主体性，还是被压抑、被支配、被消解了呢？具有"生成性"的知识又怎么会产生呢？

正如保罗·弗莱雷在《被压迫者教育学》中说，"教师不能替学生思考，也不能把自己的思考强加给学生"，"没有了对话，就没有了交流；没有了交流，也就没有真正的教育"。从这个意义上来说，我们应该呼唤弗莱雷倡导的"提问式教育"，而对于依然内化于很多人心中的"灌输式教育"的观念有所警惕。

曾经在东北师大附中任教的孙立权老师在听评课问题上提出的一个见解令我们印象深刻，那就是——优点说足，缺点说准。从这个意义上来说，我们针对××老师《伶官传序》的课堂观察难免有挂一漏万、言不尽意之处。从某种程度上讲，任何一堂语文课，都难免成为"有缺憾的艺术"。所以，我们的听评课，也不过是希望借助同样存在"缺憾"的课堂观察来自我反省而已。

【参考文献】

[1] 小威廉姆·多尔. 后现代课程观[M]. 王红宇, 译. 北京: 教育科学出版社, 2006.

[2] 沈毅, 崔允漷. 课堂观察: 走向专业的听评课[M]. 上海: 华东师范大学出版社, 2008.

[3] 夏维波. 课堂观察应避免科学主义的误区——兼与《课堂观察: 走向专业的听评课》的编者商榷[J]. 青年教师, 2011 (8).

[4] 保罗·弗莱雷. 被压迫者教育学[M]. 顾建新, 赵友华, 何曙荣, 译. 上海: 华东师范大学出版社, 2001.

眷恋与洒脱的矛盾背后

——《再别康桥》解读中的三个关键问题

统编版高中语文教材（选择性必修 下册）第二单元收入了徐志摩的诗歌《再别康桥》。这首诗无疑是最为脍炙人口的新诗之一，但是对于这首诗的理解向来存在浅尝辄止的积弊。笔者在浏览与整合了相关资料后，将《再别康桥》一诗在解读中需要注意的三个关键问题加以解析。

第一个关键问题，要向学生明确徐志摩的基本情况、生平事迹和文学史地位，这对于《再别康桥》的深层次解读至关重要。

这一方面可以借助传记文本，如作家韩石山的《徐志摩传》，或相关的视频资料，如当代作家阿城策划的《人物》节目介绍徐志摩的专题片，长约20分钟，内容比较全面、翔实，可资借鉴。

徐志摩是浙江海宁人。国学大师王国维、现代诗人穆旦、新派武侠小说作家金庸，都出自海宁，当地可谓人杰地灵。所谓"志摩"是他留学美国时父亲为他改的名号。据说他儿时抓周，志恢和尚抚摩他的头说"此儿乃麒麟转世，必成大器"，故成此名。他发表诗文时的笔名还有诗哲、云中鹤、南湖等。他后来北上求学，成为梁启超的入室弟子，在北大读法律，在克拉克大学读经济，在哥伦比亚大学读政治，在剑桥大学学习文学。留学回国后，徐志摩主编过《晨报副刊·诗镌》以及《新月》《诗刊》等一些新文学史上的重要刊物，也在北京大学等高校任教。1931年11月因飞机失事而辞世。给后人留下了《志摩的诗》《翡冷翠的一夜》《猛虎集》等重要作品集。

现代著名作家茅盾在《徐志摩论》中说，徐志摩是"中国布尔乔亚的开山诗人和末代诗人"。胡适在《追悼志摩》说，"天才横死，损失的是中国文学"。赵景深说，"文采华丽，连吐一长串珠玑的作者，在现代找不到第二个"。通过以上评价，我们可以管窥徐志摩在中国新文学史上的地位。

徐志摩拥有活泼好动、潇洒空灵的个性，可谓个性是诗，灵魂是诗，一举一动皆是诗。林徽因在《悼志摩》里感慨：志摩的最动人的特点，是他那不可信的纯净的天真，对他的理想的愚诚，对艺术欣赏的认真，体会情感的切实，难能可贵到极点。他站在雨中等虹，他甘冒社会的大不韪争他的恋爱自由，他坐曲折的火车到乡间去访哈代，他抛弃博士一类的引诱卷了书包到英国，只为要拜罗素做老师，他常能走几里路去采几茎花，费许多周折去看一个朋友说两句话。事实上，他只是比我们认真，虔诚到傻气，到痴！他愉快起来，快乐的翅膀可以碰得到天，他忧伤起来，悲戚是深得没有底。

用胡适在《追悼志摩》中的话来说，徐志摩的单纯信仰只有三个方面——爱、美、自由。用新月派同人梁实秋的话说，徐志摩的理想，就是浪漫的爱，实现的方法就是对于一个美妇人的追求。徐志摩自己在《爱眉小札》里说："我没有别的方法，没有别的天才，没有别的能耐，没有别的动力，只有爱。"所以，徐志摩给梁启超回信时说："我将于茫茫人海中访我唯一灵魂之伴侣；得之，我幸；不得，我命。"只有对诗人独特的个性与追求有所了解，在理解《再别康桥》时才不至于产生隔膜，所以对于徐志摩负笈剑桥的求学经历，对于他和张幼仪、林徽因、陆小曼的感情纠葛可以稍加介绍、点到为止。

第二个关键问题，通过课后题第3题启发学生发掘诗歌中的美感之所在。这就应该把《再别康桥》的赏析放到1930年代前后新月派诗歌创作的大背景中，借鉴闻一多提出的"三美"原则——音乐美（有音尺、有平仄、有韵脚）、绘画美（继承诗画相通的中国传统）、建筑美（节的匀称、句的均齐）——来从不同的角度解读这首新诗中的经典。如全诗共七节，每节四行，每行有三到四个音节，每节诗的二、四行在排列上均低一格处理，使得诗的外形的"建筑美"似乎要与诗里所歌咏的康河流水的波纹取得内在的一致。每节均二、四句押韵，等等。理解这"三美"，对于这首诗的诵读和记忆都大有裨益。

第三个关键问题是，明确解读这首诗歌时应该注意的方法问题，用著名学者、语文教育家孙绍振先生的话来说，既要摒弃"无效阐释"——也就是单纯将诗作翻译成散文话语，也要摒弃"过度阐释"——也就是以古典诗歌的离愁别绪来理解《再别康桥》，应尽量发掘有价值有意义的真问题。

首先，从诗歌题目上来看，"再别"是一种告别，从原初的语义来理解，应该是和人告别，但这里并没有和人告别，反而和康桥、云彩等事物告别，这是为什么？

其次，诗人说潭水里"沉淀着彩虹似的梦"，又声称自己要"寻梦"，这里究竟留给他怎样的"梦"，使他如此迷恋和眷顾？

再次，既然在寻梦时渴望"在星辉斑斓里放歌"，为什么又"不能放歌"，反而选择沉默？

最后，也就是更重要的一个根本性问题：为什么告别时的姿态是"轻轻的""悄悄的"，即便"悄悄"，为何"不带走一片云彩"留作纪念？首尾两节的照应性描述又隐藏了什么深层问题？

以上问题，可能是我们理解《再别康桥》的情感内蕴的核心问题。

为什么是"轻轻的"呢？因为这是一种内心的隐秘，是任何人都不了解的，因而不能和任何人告白，而和没有声音的云彩告别，就是与内心的梦——一种美好的情感作别。正如徐志摩自己所说的，"你要发现你自己的真，你得给你自己一个单独的机会。你要发现一个地方（地方一样有灵性），你也得有单独玩的机会"。

虽然是值得放歌的梦，但这梦是个人独享的，需要默默地回味，所以大声喧哗是不适宜的，只有把脚步放轻、声音放低才能进入回忆的氛围，融入自我的沉醉。那这梦究竟是什么呢？诗人说自己到康桥的河边上来"寻梦"，"在浮藻间，沉淀着彩虹似的梦"，既然是"沉淀"，就说明这"梦"是过去的，深层的，是记忆深处的，不是在表面的，也不是着眼于未来的，所以才要向"青草更青处"寻觅。

那么，康桥留给徐志摩的究竟是什么？他自己在散文《我所知道的康桥》中说：康桥的灵性全在一条河上；康河，我敢说是全世界最秀丽的一条水。在《吸烟与文化》中，他说：我的眼睛是康桥教我睁的，我的求知欲是康桥给我拨动的，我的自由意识，是康桥给我胚胎的。这些的确是他眷恋康桥岁月的原因所在，但恐怕更重要的原因需要结合诗人的情感旅程才能明了。

徐志摩在散文《我所知道的康桥》一文中留下的三言两语格外重要：

我这一生的周折，大都寻得出感情的线索。

一个人要写他最心爱的对象，不论是人是地，是多么使他为难的一个工作？你怕，你怕描坏了它，你怕说过分了恼了它，你怕说太谨慎了辜负了它。

我这一辈子就只那一春，说也真可怜，算是不曾虚度。就只那一春，我的生活是自然的，是真愉快的！（虽则碰巧那也是我最感受人生痛苦的时期）。

美国哈佛大学教授王德威先生在《剑桥中国文学史》中对诗人徐志摩的诗歌创作这样评价：

徐志摩的诗歌，应该与他的个人经历互相参看。爱情在他的诗歌和人生中都是绝对主角。饱受相思之苦的徐志摩以诗歌抒发自己的愉悦与忧郁。《再别康桥》因热烈的情感、新颖的旋律和微妙的意象广受欢迎。

徐志摩生前出版的几本诗集都有明确的创作指向性，如《志摩的诗》是献给父亲徐申如的，《翡冷翠的一夜》是献给陆小曼的，《猛虎集》则是献给林徽因的，而《再别康桥》恰恰收录在《猛虎集》中。徐志摩在1931年出版的《猛虎集》的序言中说："整十年前我吹着了一阵奇异的风，也许照着了什么奇异的月色，从此起我的思想就倾向于分行的抒写。""只有一个时期我的诗情真有些像是山洪暴发，不分方向地乱冲。那就是我最早写诗那半年，生命受了一种伟大力量的震撼，什么半成熟的未成熟的意念都在指顾间散作缤纷的花雨。"如果我们了解1920年徐志摩与林徽因在英国伦敦的浪漫邂逅，以及此后十年间两者的情感纠葛（诗人临终前之所以冒着济南大雾的危险急飞北平导致空难发生，就是为了赶去听林徽因的古建筑讲座；而徐志摩遇难后，林徽因更是将一块飞机残骸挂在眠床边一直到死），就应该明确为何在1920年负笈剑桥后，徐志摩才开始了他的新诗创作，为什么林徽因也是1921年从英国回来后，开始尝试新诗创作。后来，林徽因也认同这一点，她在写给胡适的信中说："精神方面看来这桩事或为造成志摩为诗人的原因，也给我不少人格上知识上磨炼修养的帮助。"

至此，我们也就明确了徐志摩为何要创作《再别康桥》这首诗，这背后的深层原因如果说是两个字，那就是——爱情，如果说是三个字，那就是——林徽因。

1928年3月，林徽因和梁思成在加拿大结婚，游历欧亚后恰好于8月归国。徐志摩写《再别康桥》是在当年11月16日行船将到中国之时，已获悉二人婚讯，自己也已经和陆小曼结婚，所以对过去的浪漫的回味已经不便明说，太伤感固然于事无补，太淡漠却又失之矫情，只好把自己的一往情深寄予在"轻轻"和"悄悄"的举动中。

即便"悄悄",为何"不带走一片云彩"留作纪念呢?正像清华大学的蓝棣之先生所认为的:这里一方面说明诗人的洒脱,他不是见美好的东西就要据为己有的人;另一方面,是说一片云彩也不要带走,让康桥这个魂牵梦萦的感情世界以最完整的面貌保存下来,让昔日的梦、昔日的情感完好无缺。也就是说,出于对往昔美好的情感的珍视的态度,在内心深处留存它而不去触碰它,使其成为自足完满的永恒性存在。全诗也由此完成了一个美丽的圆形的抒情结构。

当然,如果结合徐志摩和林徽因的诗歌创作,对于"轻轻"和"悄悄"就更好理解了。

比如,徐志摩在《偶然》中说——你我相逢在黑夜的海上,你有你的,我有我的,方向;你记得也好,最好是忘掉,在这交会时互放的光亮!在《你去》中说——你去,我也走,我们在此分手;永远照彻我的心底,有那颗不夜的明珠,我爱——你!而林徽因在《那一晚》中说——那一晚你和我分定了方向,两人各认取个生活的模样。在《仍然》中说——你的眼睛望着我,不断的在说话:我却仍然没有回答,一片的沉静永远守住我的魂灵。在《别丢掉》中说——别丢掉,这一把过往的热情,你仍得相信,山谷中留着,有那回音!林徽因在晚年曾对自己的儿子梁从诫说,"徐志摩当时爱的并不是真正的我,而是他用诗人的浪漫情绪想象出来的我,可我其实并不是他心目中所想的那样一个人"。所以,在徐志摩遇难后,林徽因在给胡适的信中说,虽然"思念他得很,但是他如果活着,恐怕我待他仍不能改的"。

徐志摩和林徽因的感情始终是比较理性而纯净的,也因其理性和纯净而显得格外高贵与美好。因此,这种"悄悄的""不带走一片云彩"的洒脱与飘逸确实是感人至深的。

需要补充说明的是,解读这首诗,也可以借鉴孙立权老师提出的参较式阅读方法,可以提前印发徐志摩的散文名篇《我所知道的康桥》,帮助学生更多地了解创作背景。既可以选择中国古典诗歌中的离别题材的诗作,如荆轲的《易水歌》、李白的《送友人》、李商隐的《无题》、柳永的《雨霖铃》等,也可以节选徐志摩在1925年发表的同题诗作《康桥,再会吧》,做比较鉴赏,借助对比分析,呈现《再别康桥》在情感上、写法上的独特性与创造性。

(本文发表于《语文教学研究》2010年第12期)

说不尽的经典

——《雷雨》研究与教学现状述评

1933年的酷暑，一位23岁的清华大学西洋文学系三年级学生，坐在学校图书馆杂志室的一个固定位置上，沉浸在一种文学生命的创造之中，似乎感觉不到窗外夏风的吹拂、蝉声的聒噪。废寝忘食的他可能无法预料到：当此时此刻成为历史以后，他和他所孕育的这个生命已然谱写出二十世纪中国文学最华彩绚丽的乐章之一。时至今日，曹禺的四幕话剧《雷雨》依然作为当之无愧的世界文学名著，被一代又一代的接受者阅读、演出抑或阐释、评说，堪称"说不尽的经典"。从新时期以降到世纪之交的当下，在人们研读和讲授《雷雨》的历程中，都诞生了哪些值得我们了解和借鉴的成果呢？

一、《雷雨》研究现状管窥

1. 众说纷纭的核心——《雷雨》创作的主题与风格

《雷雨》是不是一部"社会问题剧"，长久以来都是接受者争论的核心，它涉及剧作的主题定位与风格理解等问题。

钱理群引用曹禺的创作谈指出，读者不能用要求剧本对某一重大社会问题作出明确的回答或价值判断的"社会问题剧"的主题模式，"削足适履"地去硬套《雷雨》。曹禺创作的原初冲动，是来自发泄自己情感的内在要求。尹鸿也强调《雷雨》所接近的并非十九世纪批判现实主义而是古希腊的命运悲剧（一方面，它告诉人们，人是有限的、渺小的，而外在于人的异己的力量则是强大的、不以人的意志为转移的。另一方面，人又是刚强的、不屈的，他应该在与命运的拼死抗争中，显示出自己的价值、尊严、自我）。也许正像陈希所说，由于曹禺是从超现实、非社会性的哲理高度来探询人性问题的，这种深刻的、超前性的创作理念，难以为一般人所领会，人们更容易认识《雷雨》外化为现实的表现形式，以"社会问题剧"来接受和评论。

钱理群从"显意识""潜意识"的双重结构分析曹禺的创作心理：在"显意识"里，他感到的是对人的徒劳"挣扎"的悲悯，对宇宙间压抑着人的本性的不可知的力量的恐惧，以至"不可言喻的憧憬"；另一面，在"潜意识"里，他的愤懑又隐隐指向"中国的家庭和社会"。他"显意识"的自觉追求因与时代戏剧已成的"社会问题剧"规范相背离而遭到拒绝；相反，"潜意识"里的不自觉指向，却又因与时代意识形态的暗合而被接受者强化。那么，曹禺"潜意识里的不自觉指向"又来自于何处呢？孔庆东认为，曹禺在寂寞的童年里对封建大家庭的罪恶有所感知，所以当他动笔来写"宇宙"的罪恶的时候，就不自觉地把抽象的观念外化为具有社会意义的艺术符号体系了。这个体系正是《雷雨》能够被当作"社会问题剧"的内在原因。

通过理解创作宗旨明确曹禺的原初意图后，研究者大多尝试超越"社会问题剧"的习见对《雷雨》的主题进行多元化解读。如陈思和认为《雷雨》通过一系列和情欲有关的罪完成了对人性的拷问。人的情欲的三道扭曲——主仆关系、母子关系、兄妹关系，构筑了三个悲剧，即社会悲剧、家庭悲剧、伦理血缘悲剧。陈军也指出，《雷雨》的主题有三个层面：一个是社会现实层面，一个是宗教文化层面，一个是形上哲理层面。

2. 针锋相对的焦点——《雷雨》人物的性格与情感

如何理解和评价《雷雨》中的人物形象，尤其是周朴园、蘩漪、鲁侍萍等主要人物的性格与地位，成为剧本诞生以来争议不断、莫衷一是的焦点问题。

《雷雨》的电影改编者孙道临认为：从理性上说，周朴园、侍萍的关系和发展，是全剧的"主线"；从戏剧性上说，蘩漪、周萍和四凤的关系的发展，却是一条最活跃、最具有贯穿性的线索。辛宪锡从全剧的戏剧冲突出发，认为《雷雨》的主人公是侍萍，但他同时也指出蘩漪是《雷雨》里塑造得最成功、最动人的形象。

在如何审视周朴园对待鲁侍萍的情感这一问题上，越来越多的学者摒弃了以往在政治决定论影响下的阶级性概念，而是从普遍人性的角度对其进行了设身处地的体察和叩问。

在陈思和看来，周朴园是爱当年的梅侍萍的，而且是真心相爱，爱得刻骨铭心。在这场爱情悲剧中，不仅鲁侍萍是牺牲者，周朴园也是牺牲者。还有学者认为，既不能把周朴园对侍萍的怀念看作虚假的忏悔，也不能将其视为自我愧疚的心理安慰，而应该看作来自内心里"侍萍情结"的真诚。

3. 熟视无睹的存在——《雷雨》原版的序幕与尾声

对于《雷雨》原初文本中出现的序幕与尾声而言，它们在近八十年的《雷雨》演出史上被绝大多数的演绎者、评价者不约而同地有意识忽略（或阉割）的现象，使其存在显得格外尴尬。但正如孔庆东指出的那样，序幕与尾声的存留，是关乎《雷雨》根本性质的问题，而非演出时间长短的技术性问题。它对戏剧的结构、美学效果和作者的原意都产生了一定影响。陈军也认为《雷雨》的序幕和尾声有多重作用：造成"欣赏的距离"、缓和观众的紧张情绪；交代剧情的结局、增强故事的悬念色彩；生发戏剧的主题、展示多元艺术魅力；等等。钱理群从曹禺创作宗旨出发的论述则说明，序幕和尾声的意义是对充溢于剧作中的激情的净化、升华与超越，这种理性审视下的清醒，体现了曹禺对于"悲悯"情怀的追求。

4. 层出不穷的视界——《雷雨》解读的理论与方法

"一千个读者，就有一千个哈姆莱特"，我们可以尝试运用任何一种文本解读的理论和方法，以恰切的方式对《雷雨》进行剖析与观照，使其作为"被照亮的世界"，不断焕发出异彩纷呈的光芒。

宋剑华从基督教文化切入，认为基督教的"原罪"与"报应"思想对《雷雨》的整体构思有显著影响。《雷雨》的矛盾结构模式就体现了"上帝"的意志。由于基督教把血缘乱伦关系视为人生最大的罪恶，作为周、鲁两家悲剧的真正"原罪"，周朴园不仅要承受着丧子的报应，同时又承受着疯妻的打击。而周朴园性格的发展轨迹正是"从邪恶走向忏悔"，体现了基督教"劝善惩恶"的伦理价值追求。"雷雨""教堂""巴赫的宗教音乐"等意象使《雷雨》的环境布局也成为基督教色彩的直接外观。

杨朴从精神分析理论介入，运用变形、伪装、压抑、欲望、潜意识、创伤经验、移置作用、掩蔽性记忆等概念和术语对周朴园与鲁侍萍的"重逢"进行解读。他认为：当周朴园的"侍萍情结"和鲁侍萍的"朴园情结"相融合，他们就在各自的潜意识支配下，开始返回周朴园抛弃鲁侍萍之前恋爱阶段的情感状态，但这一心理趋势又被他们的阶级意识所终止。他们的对话就是在彼此的潜意识"情结"和阶级意识的纠结中展开的。

鲁原从原型批评理论出发，围绕杀父娶母、原欲人性、伦理道德、替罪羔羊等四个维度，将索福克勒斯的《俄狄浦斯王》、莎士比亚的《哈姆莱特》和曹禺的《雷雨》进行了立体式的比较研究。

二、《雷雨（节选）》中学教法鸟瞰

在笔者视野所及的范围内，《雷雨（节选）》一课目前比较典型的教学方法主要有以下两大类型。

1. 串讲法

以教师主导课堂教学、以问答传授预设知识的相对传统的串讲式教学方法，是很多教师得心应手的选择。

洪镇涛的教学分三步推进：通过角色朗读，使平面的语言立体化；通过细心领悟，使人物在语言中复活；通过人物关系，正确把握主题，按照语言—人物—主题的逻辑顺序由表及里、由浅入深地解读文本。从杨一波的教学步骤，我们也可以观察到串讲法的一般展开方式：教师要求学生首先为课文划分层次，其次画出周朴园怀念侍萍的句子，再次思考周朴园的怀念是真是假，然后发掘周朴园认出侍萍后的心理变化，继而思考变化的原因所在，最终概括周朴园的性格特点。上述教法可谓层次清楚、脉络明晰。但过多的预设，易于使教学成为僵化、死板的单一流程的复现，无法使学习成为"意义创造过程中的探险"。

有些教师则尝试在串讲法的框架内通过创新问题意识，拓展学习视野来优化教学情境。如程翔在教学中设计了几个富有新意的问题：鲁侍萍为什么要一步一步地引着周朴园把自己认出来呢？周朴园和鲁侍萍相爱是一种罪过吗？有没有一种两全其美的办法，既让周朴园娶了阔家小姐为妻又让侍萍留在周家？他还提及被课文删节的原著部分台词（如"朴园，你找侍萍吗？侍萍在这儿""这些傻话也请你不必说了""我难道不知道这样的母亲只给自己的儿子丢人么"等），指出版本问题在一定程度上影响了读者对文本的准确理解。章浙中从《雷雨》原著中裁剪了11则节选课文之外的以周萍和四凤为中心的剧情片段，力图通过幻灯片补充的"复位"方式增强学生对周朴园和鲁侍萍之间"过去的戏剧"的情感体验，用比较分析的方法撞击学生心灵，引发学生思考。此外，鲍纪祥对《雷雨》戏剧语言的一般、实现、言外三种语用义的示例分析对于课堂教学方法也有一定的启发。

2. 探究法

串讲法易于使教学囿于课前预设，仿佛跑道一般（有固定的区域、路线和方向、目标），无法充分激发学生的想象力和创造性。相比之下，探究法可能更关注"对话"教学中新知识的生成，就像师生在共同探险一样，永远无法预知前方是坦途还是逆境，也就因此而面临着无数种可能性，而崭新的"意义的生成"也恰恰完成于这个紧张与兴奋并在的"探险"过程中。

彭公瑾的教学思路是：剧情导入—研读文本—角色体验—问题探究—拓展升华。具体操作如下：首先在课前观看《雷雨》话剧和分组搜集学习资料，其次在课上先自读、后分角色朗读课文，再次由学生分组表演课本剧并交流体会，最后讨论和探究阅读和表演中产生的各种问题（如周朴园的感情是否真诚，侍萍是否对周朴园心存幻想，悲剧是谁造成的，等等）。再如曹瑛以自主、合作、探究式学习为教学方法，将探究分为初步、深入、拓展三大阶段。在个人自读的基础上，教师将学生分为四组，布置探究性学习的任务：①作家作品；②人物形象和语言特色；③主题思想和戏剧冲突；④编成课本剧。在教师的介入性指导下，前三组在探究后应形成简明扼要的文字材料，其后进行课堂汇报；最后一组则以表演的形式进行拓展探究的成果展示。可见，以探究法引领的课堂教学在一定程度上转变了学生被动的学习方式，尊重了学生的独特体验。

再如卢军良指导学生在课前阅读《雷雨》原著，请学生在课上列出人物关系图示、概括故事情节、提出预习时发掘的疑难问题，这些环节无不体现出教师对于自主学习、探究学习的重视。刘明和黄孟轲也都强调学生应在细读文本的过程中自我质疑和释疑，进而以小组讨论的方式合作释疑，在分组探究中未能解决的疑难则成为后续课堂上全班合作探究的重点和难点。这一由自我—他者—群体构成的释疑序列体现了"对话"这一教学理念的真谛。

事实上，所谓"串讲法"和"探究法"在内涵上并非界限清晰、差异纯粹的定位。在实际教学中，两者会有不同程度的渗透和交融，以收相辅相成、相得益彰之效。此外，在这两种教学方法的框架内，如果能够综合地、灵活地运用下述教学方法（或策略、手段），也可能会使课堂走进事半功倍的优效教学境界。

3. 朗读法

戏剧的体裁的特点，决定了它主要是通过语言（对白）来构造戏剧冲突、表现人物性格。所以，朗读在戏剧文体教学中的重要性不言而喻。洪镇涛在课堂教学中就非常重视朗读。在感知剧情的环节，他让学生分角色朗读，并进行有针对性的朗读指导；在分析人物的环节，他要求学生反复朗读鲁侍萍的几句经典台词，通过品味语言来感受内心。童志斌在教学中要求学生针对侍萍的台词进行自由朗读和个别指读，并追问学生的朗读感受；针对周朴园和侍萍的对白，同桌（或邻座）之间进行朗读—倾听训练，再分别指定男女学生进行对话表演，进而把人物性格从文本中"读"出来。黄孟轲也主张让学生通过分角色朗读来感悟作品的人物个性，请承担某个角色的学生畅谈自己在朗读中对这一角色的分析、理解和思考。

4. 观影法

1949 年以后，《雷雨》成为北京人艺的保留剧目，且常演常新；1980 年代，电影艺术家孙道临将《雷雨》改编后搬上银幕（孙道临、秦怡、顾永菲、张瑜等主演），名家荟萃，堪称经典；1990 年代，经曹禺之女万芳改编，由李少红导演的电视剧版《雷雨》（鲍方、归亚蕾、王姬、赵文瑄、田海蓉、雷恪生等主演）也走上荧屏。无论是周星驰的电影《喜剧之王》情节中对《雷雨》的戏仿，还是张艺谋的电影《满城尽带黄金甲》对《雷雨》主题的演绎，都显示了《雷雨》不可撼动的经典地位。在所谓"读图时代"，影视媒介主导的视觉文化潮流对青年一代的影响不容忽视；在应试教育压力下，大多数学生对于阅读原著心有余而力不足。因此，在课堂教学中，灵活地选择放映多种媒体资源（话剧、电影、电视剧），有助于使学生在短时间内从整体上感知剧情，从舞台表演中品味戏剧的现场感和独特的艺术魅力，也为课本剧的编创与演练提供了可资借鉴的范本。童志斌、苗金德在教学实践中就对影视资源各取所需；当然，我们决不能以影视欣赏取代文本阅读，对于两者之间的关系应有清醒的认知。

5. 辩论法

辩论既是智慧的角逐、思想的碰撞，也是语言的交锋、品格的较量。杨振宁认为，中国学生"应该勤于辩论，把辩论放到与学习同等重要的地位上去"。辩论是培养和发展学生的思维、表达、创造能力的重要手段，有助于使学生成为不盲目从众、不迷信权威的学习主体。程继伍在教学中就根据"正确认识和理解周朴园这一形象"这个学习重难点设计了一次围绕"周朴园对鲁侍萍到底有没有真爱"的课堂自由辩论，从而引导学生分析剧情发展，把握矛盾冲突，了解人物性格，体会语言内涵。苗金德则组织学生针对电视剧《雷雨》对原著的改编进行评价式讨论：从人物性格的定位思考周朴园的"忏悔"有无可能，从话剧和电视剧的差异思考"背景材料"的处置是否合理，从悲喜剧表现主题的深度和力度上思考"大团圆"的结局是否恰当，等等。当然，教师是否参与课堂辩论的过程、是否给予明确的个人观点或评价、是否采用折中的论调来激励双方等等，都是开展课堂辩论时应予考虑的问题。

6. 汇演法

在笔者看来，如果高中阶段必修模块中唯一的戏剧单元的教学，若仅依靠文本讲授来完成，将给学生的学习留下莫大的遗憾。对于戏剧的学习，正所谓"心动不如行动"，应该让全体学生通过舞台艺术实践的切身体验来深入领会。先学后演，以演促学，在场次的选择、剧情的改编、台词的斟酌、布景的设计等一系列活动中，"自主，合作，探究"的学习理念会在无形中得到较好的贯彻和落实。事实上，只要学生认真参与活动之中，就一定会收获经验或教训，从而得到某种形式的历练，而这一过程是最为可贵的。这一方法在实际教学中还是得到了一定的应用，可参看前文提及的彭公瑾、曹瑛、卢军良等人的教学设计。

三、《雷雨（节选）》教学浅见

无论是前辈学人的真知灼见，抑或当下名师的奇思妙想，笔者在梳理时虽力求细大不捐，却难免挂一漏万，有待方家批评指正。当然，从自身经验出发，笔者对《雷雨（节选）》一课的教学该如何开展这一问题也形成了一些一孔之见，笔者设计的教学思路大致分为课前预习、课上研讨、课后延伸三大环节，需要3—4课时。具体安排如下：

1. 课前预习

①根据节选文本的教学需要，要求学生回归原著，在课前自主通读《雷雨》全本。

②教师编发学案，介绍话剧体裁、戏剧冲突和戏剧语言的相关知识，学

生课前浏览。

2. 课上研讨

①通过两个问题（a. 请学生画出《雷雨》全剧中 8 个主要人物的关系图示；b. 请学生梳理、概括《雷雨》四幕的整体剧情），以师生问答的方式检查学生课前预习的情况，建立共同的学习基础。

②请学生自主浏览课文，通过问答明确节选部分的两个主要的戏剧冲突（周朴园—鲁侍萍，周朴园—鲁大海）的内涵。

③师生探讨第一个戏剧冲突（周朴园—鲁侍萍）：

a. 要求学生再次自主浏览课文，发掘疑难问题。

b. 学生就近分组，针对各自的疑难问题展开合作探究，确定本组无法取得共识的难点。

c. 请各学习小组的代表提出本组探究的难点，确定全班合作探究的重点及疑难问题。

d. 安排学生分角色朗读课文。

e. 围绕重点疑难问题（如"周、鲁谈话的主动权掌握在谁手中""周对鲁是否还有真爱""鲁为什么引导周认出自身""周、鲁之间的悲剧能否避免"等），启发学生反复品味台词，各抒己见、畅所欲言，尝试通过讨论对周、鲁二人的性格特点得出多数人认同的共识性结论。

f. 运用幻灯片呈现不同版本原著（曹禺《曹禺戏剧选》，人民文学出版社1997 年）中的同一剧情，与教材进行参较式阅读，引导学生发掘台词之间的细微差异，与作家、人物乃至教材编者进行"对话"，探究这些差异对于人物性格的表现有哪些影响。

④师生探讨第二个戏剧冲突（周朴园—鲁大海）：

a. 安排学生分角色朗读课文。

b. 启发学生围绕这一部分的人物台词，进一步理解周、鲁二人呈现的不同的性格侧面。

c. 请学生就自己印象最深的台词进行鉴赏评价，深入品味戏剧语言的精妙之处。

⑤请学生结合课文选段和自己通读原著的感受探讨"雷雨"这个题目的丰富内涵（自然、社会、心理），尝试概括自己心目中话剧《雷雨》的主题，

深化学生的认识。

⑥介绍序幕和尾声在《雷雨》演出史上的命运，组织学生阅读并探讨其存废得失，启发学生重新审视该剧的结构和主题，体会《雷雨》作为世界文学经典的魅力所在。

3. 课后延伸

①利用课余时间，为学生播放话剧版《雷雨》选段或电影版《雷雨》，增强感性体验。

②将全班学生分成不同剧组，剧组成员各司其职，给学生1周时间，利用课余时间排演时长不超过20分钟的《雷雨》话剧片段。

③教师安排时间、处所，采用集中汇演的方式呈现每个剧组排练的成果。汇演后组织若干奖项（最佳导演、编剧、演员、旁白等）的评比和简短的颁奖仪式。一些剧组和学生个人可以凭借精彩的表现得到诸如《莎士比亚四大悲剧》《元杂剧精选》等图书作为奖励，部分学生还可以代表剧组或个人发表获奖感言，畅谈团队或自身在排演过程中的甘苦与得失，教师对学习活动进行总结。

总而言之，如果我们的确相信《雷雨》是曹禺心灵的诗，请允许它在属于我们的课堂上诗意地栖居。

【参考文献】

[1] 钱理群.《雷雨》是"社会问题剧"吗？[J]. 语文学习，1993（1）.

[2] 尹鸿. 命运与人——曹禺《雷雨》悲剧性新解[J]. 名作欣赏，1989（2）.

[3] 陈希. 人性局限性之拷问——从周朴园形象的演出看《雷雨》创作的超现实本意[J]. 文艺争鸣，2011（5）.

[4] 孔庆东. 从《雷雨》的演出史看《雷雨》[J]. 文学评论，1991（1）.

[5] 陈思和. 细读《雷雨》——现代文学名作细读之三[J]. 南方文坛，2003（5）.

[6] 陈军. 论《雷雨》"序幕"与"尾声"的作用[J]. 文艺争鸣，2009（3）.

[7] 孙道临. 谈《雷雨》的电影改编[J]. 电影艺术，1984（7）.

[8] 辛宪锡.《雷雨》若干分歧问题探讨[J]. 中国现代文学研究丛刊，1981（1）.

[9] 杨朴. 爱情情结和阶级意识的纠葛与冲突——《雷雨》周朴园与侍萍重逢一场戏的精神分析[J]. 文学评论，2010（3）.

[10] 宋剑华. 试论《雷雨》的基督教色彩 [J]. 中国现代文学研究丛刊，1988（1）.

[11] 鲁原. 道德的困惑与人性的窘迫——《雷雨》的原型批评 [J]. 社会科学战线，1993（3）.

[12] 张新强. 走出"雷雨"——听洪镇涛先生执教《雷雨》[J]. 中学语文，1999（5）.

[13] 杨一波.《雷雨》（苏教版）周朴园形象教学设计 [J]. 中学语文，2010（15）.

[14] 程翔. 说《雷雨》[J]. 中学语文教学，2012（1）.

[15] 章浙中. 让鱼儿回归大海——《雷雨》课堂实录及反思 [J]. 语文教学通讯，2011（31）.

[16] 鲍纪祥.《雷雨》的语用学分析 [J]. 语文教学与研究，2005（29）.

[17] 彭公瑾，曹瑛. 人的舞台　活的课堂——《雷雨》两人教 [J]. 语文教学通讯，2006（9）.

[18] 卢军良.《雷雨（节选）》教学简案及评点 [J]. 语文教学通讯，2010（7）.

[19] 童志斌. 由语言走进文本，由语言深入内心——《雷雨》教学实录 [J]. 中学语文教学，2005（3）.

[20] 苗金德.《雷雨》之后说《雷雨》[J]. 中学语文教学，2002（4）.

[21] 程继伍.《雷雨》课堂激辩后的静思 [J]. 中学语文教学，2006（3）.

（本文发表于《中学语文教学》2013 年第 4 期）

类聚参较，别行立法

——以《雷雨（节选）》《答司马谏议书》为例

所谓"类聚参较，别行立法"，是作为"唐宋八大家"之一的苏辙在《论衙前及诸役人不便札子》中提出的主张。笔者以此为题，旨在倡导从不同类别的鉴赏角度入手，于彼此聚合的条件下进行参照与比较研究，从而力争在文本解读的层面实践鲁迅先生在《文化偏执论》中提出的"取今复古，别立新宗"的真义。

立权师于2000年首倡的所谓"参较式阅读"的含义，正如《孙立权语文教育札记》的第206则《参较式阅读》所记，正因为"事物在参照比较中显现意义，有比较才能鉴别"，所以"通过确立一个文章的参照系或'阅读场'，从而在'系'或'场'里认识课文本身"更有意义。

对于"参较式阅读"方法在高中语文篇章教学中的实践意义，笔者曾经先后从"典例举隅"、"方法领悟"、"经典重读"等角度进行研究，研究对象均选自人教版语文课本。在统编版高中语文必修下册中，笔者有意选择来自不同时代（古、今）、从属不同文体（散文、戏剧）的经典篇目进行分析，以现身说法的形式将"参较式阅读"的不同类型集中展示，其借鉴意义也值得探寻。

"参较式阅读"可以借鉴绘画艺术中的透视理论。所谓透视，指艺术家在作画时将客观物象在平面上准确表现出来，使其具有立体感和空间感。西洋画与中国画的透视方法不同。西洋画一般采用"焦点透视"，即观察者固定在单一立足点上，将视域中的物象如实描绘。而中国画采用"散点透视"，强调观察者可根据需要移动立足点进行多点观察，将不同视域中的物象汇集到画面中。对于具有丰富性和复杂性内涵的经典篇目，可以从"散点"和"焦点"两个维度进行参较。

一、作者同而版本异：以《雷雨（节选）》为例

所谓"作者同而版本异"，是指统编版高中语文必修下册的第二单元第5课《雷雨（节选）》[以下简称"统编版《雷雨（节选）》"]与此前人教版高中语文必修第4册第一单元第2课《雷雨》（以下简称"人教版《雷雨》"）之间的关系。顾名思义，所谓"作者同"是指两篇课文的作者均为中国现代著名戏剧家曹禺；所谓"版本异"是指人教版《雷雨》选自《曹禺选集》（人民文学出版社1978年版），而统编版《雷雨（节选）》选自《曹禺选集》（人民文学出版社2004年版）。

笔者将从两个维度入手，以"参较式阅读"的方法对上述两个版本的《雷雨》课文进行巨细靡遗的分析，重点发掘统编版《雷雨（节选）》一文的精妙之处。

（一）散点参较

所谓"散点参较"是指从上述两个版本的《雷雨》课文中题目、注释、标点、语气词以及舞台说明等多个维度入手，分析统编版《雷雨（节选）》一文的优点。

1. 课文题目"雷雨"二字后面补充了关于内容说明的"（节选）"，更加科学。

2. 课文注释①中对《雷雨》全剧的剧情进行了较为详尽的介绍，与人教版《雷雨》相比，增加了对课文节选内容之后的原剧情节（含第三、四幕）的介绍。

3. 课文台词中的所有问句（疑问、反问）结尾的语气词都从"么"改为"吗"。

4. 课文台词中间设计的舞台说明（括号中的文字）中原有的句号统一删去。

5. 课文部分台词之前补充了舞台说明文字，如"拿起看看""看着他"等。

（二）焦点参较

统编版《雷雨（节选）》课文的"学习提示"中说明"可以围绕周朴园对侍萍的怀念中到底有几分真情"进行探讨，进而"把握《雷雨》中主要人物的性格特点"，同时强调"戏剧中的人物语言常常有'言外之意'，也就是

潜台词，阅读时要细加揣摩"。正如学者胡适推崇的"有几分证据，说几分话，有七分证据，不能说八分话"，笔者所谓的"焦点参较"选择从两个版本的课文中人物台词的差异切入（程翔老师做过类似尝试），围绕课文中第一个戏剧冲突——周朴园和鲁侍萍的重逢——中的鲁侍萍（简称"侍萍"）的6句具有代表性的台词展开。

1. 人教版台词：她又被人救活了。

统编版台词：不过她被一个慈善的人救活了。

【解读】通过"一个慈善"修饰救活侍萍的人很有必要，由此可见，三十年前的朴园对侍萍有意识的抛弃或无意识的分别，正是缺少"慈善"之心与"慈善"之举的明证。此刻侍萍内心的痛苦与对朴园的怨恨，正是在四个字中呼之欲出。

2. 人教版台词：（无）

统编版台词：如若老爷想打听的话，无论什么事，无锡那边我还有认识的人，虽然许久不通音信，托他们打听点事情总还可以的。

【解读】侍萍在这句台词中称呼对方为"老爷"，显示出在朴园了解侍萍真实身份之前，后者在言谈中从彼此现实身份出发对话的谨慎。从"如若""无论""还有""虽然""总还"等一系列词语中，读者也可以清晰地感受到侍萍在有意暗示朴园：自己可以解开此刻他心中关于"无锡"的"人"与"事"的种种疑团。当然，侍萍这句台词也正是对统编版台词中补充的朴园的一句"我想打听打听"的顺理成章的回答，统编版台词中朴园对侍萍这句话的回应是"我派人到无锡打听过。——不过也许凑巧你会知道"。由此可见，人教版台词删去二者的这三处对话无疑会弱化乃至消解两者之间时隔三十年可能依然存在的"真情"。

3. 人教版台词：老爷，没有事了？（望着朴园，泪要涌出）

统编版台词：老爷，没有事了？（望着朴园，眼泪要涌出）老爷，您那雨衣，我怎么说？

【解读】显然，统编版台词更胜一筹。补充的"老爷，您那雨衣，我怎么说"一句格外重要。在情节设计上，它既照应了课文开篇朴园对侍萍说的"我要我的旧雨衣，你回头跟太太说"，也引出了后文侍萍从雨衣、旧衬衣到绸衬衣的一系列环环相扣的追问。在角色塑造上，这句台词一方面凸显了此刻作为"下人"的侍萍想替女儿尽忠职守的本分，另一方面同样也暗示了她此刻因为朴园没有认出自己而不忍且不甘离去的辛酸。

4. 人教版台词：（无）

统编版台词：还有一件绸衬衣，左袖襟也绣着一朵梅花。

【解读】统编版台词增补的这一句并非无意义的重复表述。正因为侍萍此前说"不是有一件，在右袖襟上有个烧破的窟窿，后来用丝线绣成一朵梅花补上的"，此时再说的"还""左""也"等用字，无疑强化了此时此刻侍萍按捺不住的心声。也许情感的怒涛已经冲决了理智的堤坝，此处的潜台词让真相大白近在咫尺。

5. 人教版台词：（无）

统编版台词：朴园，你找侍萍吗？侍萍在这儿。

【解读】统编版台词增补的这句，堪称所有增补内容中至关重要的一句。正是通过这句台词，读者才可能走进此刻侍萍的内心深处。称呼对方"朴园"，而不是突出身份高低的"老爷"或关系亲疏的"周朴园"，可见二者关系的远近。称呼对方"你"，而不是此前的"您"，再次证明了一份感情的有无。两次使用"侍萍"描述自己，更加凸显了此刻的她似乎用一份曾经刻骨铭心的"爱"来驱除长久挥之不去的"恨"的努力。而统编版台词增补的这句正是对朴园的一句台词的回应，那句台词是"你——侍萍"，两者性格的丰富性和复杂性无疑借此彰显。

6. 人教版台词：（无）

统编版台词：他的脚指头因为你的不小心，现在还是少一个的。

【解读】统编版台词增补的侍萍这句，是对朴园说出"什么？鲁大海？他！我的儿子？"之后的回答。无论是"脚指头"这一细节还是"你"这一称谓，从"不小心"这一评价到"现在还是少一个的"这一感慨，从字里行间，读者无不会感受到埋怨之情、嗔怪之意。令人深思的是，这一切过往的人事，在侍萍心中的确念念不忘；而在念念不忘之中，似乎还埋藏着太多恋恋不舍，意在言外。

当然，人教版和统编版台词中的种种差异，仅仅从鲁侍萍这一个角色身上还可以发掘出其他值得深入分析的关键。例如，侍萍所说的"谁知道我自己的孩子偏偏命定要跑到周家来"中的"命定"，以及另一句"这些傻话请你也不必说了"中的"傻",都是人教版台词中有意删减的内容。然而,个中得失高下立判。

(三) 结语

综上所述,"学习提示"中推荐探讨的"围绕周朴园对侍萍的怀念中到底有几分真情"的确是值得分析的关键问题。如果读者也有意对两者之间可能存在的"爱"字做一度恰如其分的诠释,"爱"的对象(彼此爱的是现实中的实体还是记忆中的幻象)、"爱"的内涵(此时此刻的爱究竟是由衷的怀念还是想象的慰藉)、"爱"的意义(揭示了命运、性格还是社会悲剧)都可以通过台词揣摩玩味。

从《雷雨》诞生至今的近百年来,它在不同历史时期的版本差异(参见钱理群《春? 夏? 秋? 冬?》),已然将文学经典的生命流程清晰再现,这也无形中凸显了统编版《雷雨(节选)》的价值所在,印证了"参较式阅读"的意义所在。

二、话题同而观点异:以《答司马谏议书》为例

所谓"话题同而观点异",是指笔者选取的研究对象阐述的话题是相同的,即统编版高中语文必修下册的第八单元第15课王安石的回信《答司马谏议书》和司马光的复信《与王介甫第三书》均围绕自身对"变法"的态度落笔,但两者迥然相异的立场和针锋相对的观点值得以"参较式阅读"方法深入分析探讨。

课本第八单元的"单元学习任务"提示读者可以根据《答司马谏议书》来推断司马光来信的基本观点,阅读司马光《与王介甫书》来分析该文内容与自身推断是否相合,判断谁的观点更有道理。这一任务设计与单元的核心任务"倾听理性的声音"有关,即在"领会作者观点及其现实针对性"的同时也有必要"学会在辩证分析与合理推断的基础上进行理性判断,养成大胆质疑、缜密推断的批判性思维习惯"。真正从"理性"出发,尝试"倾听"截然不同的"声音",这也是笔者从知人论世的角度出发,结合文本细读对课文进行参较研究的基本原则。

(一) 散点参较

所谓"散点参较",是指结合当代文史领域不同学者的观点,采用以点带

面的方式对王安石与司马光围绕"变法"进行数次通信的历史背景和历史评价进行简要梳理,借此明确以文本细读的方式对两者通信进行"焦点参较"的意义。

1. 历史学家邓广铭在其传记名作《北宋政治改革家:王安石》的第三章《王安石入参大政时治国安邦的两大抱负》中介绍:

司马光在熙宁三年的二、三月间,连续写了三封信给王安石,每封信中都提出了一些问题,对王安石的用人行政等都提出了严厉的批评。目的是要劝告王安石不要再推行什么新法,而不只是反对王安石关于理财的一些举措和设施。

从人事上了解王安石撰写《答司马谏议书》的前因后果对于把握与之相关且值得参较的重要文献无疑是必要的。

2. 在古典文学学者钱伯城主编的《古文观止新编》一书中,《答司马谏议书》的译者曹光甫在"题解"中评价该文:

全信仅三百五十余字,撇开枝叶,直攻要害,逐点辩驳,理正义足,表达了改革不已的坚强决心,同时还深刻揭露了保守派苟且偷安、"不恤国事"的实质。

对于王安石的论敌司马光而言,其言行是否的确反映出"苟且偷安""不恤国事"的特点,的确有必要结合更多翔实的史料进行分析和评断。

3. 古典文学学者刘学锴在为《答司马谏议书》所写的赏析文章中认为:

委婉的口吻中蕴含着锐利的锋芒,一语点破以司马光为代表的保守派的思想实质,直刺对方要害,使其原形毕露,无言以对。

在收到王安石这封义正词严的回信后,司马光是否真正"无言以对",读者从笔者在后文中引用的内容的字里行间可以感知和思考。

4. 古典文学学者王水照对于《答司马谏议书》一文表现出相对审慎的态度:

王安石却显出"道不同不相为谋"的姿态,司马光于熙宁三年连续给他三通信函,细说新法推行过程中的流弊,娓娓剖析,长达三千余言,而王氏的《答司马谏议书》仅以不足三百字回复,话锋犀利,不容置喙,对这位比他年长的老友,确属"卤莽"了,尽管这是一篇古今传诵的名文。

显然,从以上四位学者对待王安石《答司马谏议书》一文的态度和给予的评价出发，读者有必要对时任右谏议大夫的司马光的书信有充分的了解。

（二）焦点参较

根据历史记载，宋神宗熙宁二年（公元1069年）二月，王安石担任参知政事，开始推行新政。次年二月二十七日，即新法推行一周年之际，时任右谏议大夫一职的司马光撰写长信《与王介甫书》，对新法进行指责。王安石由此创作《答司马谏议书》进行针锋相对的回应。

笔者运用"参较式阅读"方法解读《答司马谏议书》的关键，就是紧密围绕一个关键问题展开分析，即：王安石的观点是否完全无懈可击，司马光的观点是否也有可取之处？

笔者在分析时，从司马光先后写给王安石的三封信《与王介甫书》（熙宁三年二月二十七日）、《与王介甫第二书》（熙宁三年三月二日）、《与王介甫第三书》（时间不详）中选择以第三封信——司马光《与王介甫第三书》（以下简称"司《与》"）——的内容为主与王安石《答司马谏议书》（以下简称"王《答》"）进行参较分析。

1. 王《答》：某则以谓受命于人主，议法度而修之于朝廷，以授之于有司，不为侵官。

司《与》：夫议法度以授有司，此诚执政事也，然当举其大而略其细，存其善而革其弊，不当无大无小，尽变旧法以为新奇也。且人存则政举，介甫诚能择良有司而任之，弊法自去；苟有司非其人，虽日授以善法，终无益也。

【解读】王安石通过自己推进变法的步骤——首先接受诏命，其次修议法度，最后交托官署——这一所谓"程序正义"反驳司马光指责的"侵官"并不成立。而司马光并未否定对方的"程序正义"，而是从"结果正义"的角度陈述观点。司马光主要从两个层面阐述"侵官"的可能性和必然性：其一，无论改良还是变革，都应该抓大放小、兴利除弊，而非另起炉灶、标新立异。其二，正如《礼记·王制》所说"凡官民材，必先论之；论辨，然后使之；任事，然后爵之"，为政者应该不但知人善任，而且任人唯贤，否则很可能得不偿失、事倍功半。

2. 王《答》：为天下理财，不为征利。

司《与》：今之散青苗钱者，无问民之贫富、愿与不愿，强抑与之，岁收其什四之息，谓之不征利，光不信也。

【解读】王安石坚称自身变法的出发点是"为天下",而且目的在于"理财"而非"征利"。但正如司马光从政策具体实施过程中出现的人事着眼进行反驳:不追问民众的经济水平、个人意愿,强制散发青苗钱,每年征收十分之四的利息,这一举措的确会"利为民所谋"吗?很可能验证了司马光在《与王介甫第二书》中所说:"数年之后,常平法既坏,内藏库又空,百姓家家于常赋之外,更增息钱、役钱。又言利者见前人以聚敛得好官,后来者必竞生新意,以朘民之膏泽。"正如《贞观政要·慎终》中强调的:"非知之难,行之惟难;非行之难,终之斯难。"

3. 王《答》:盘庚之迁,胥怨者民也,非特朝廷士大夫而已。盘庚不为怨者故改其度,度义而后动,是而不见可悔故也。

司《与》:盖盘庚遇水灾而迁都,臣民有从者,有违者,盘庚不忍胁以威刑,故勤劳晓解,其卒也皆化而从之,非谓废弃天下人之言而独行己志也。

【解读】事实上,从王安石在《游褒禅山记》一文中所说的"尽吾志也而不能至者,可以无悔矣"一句可见他在为人处世上的"不改其度""不见可悔"是义无反顾、一以贯之的。但是,他悟得的"学者不可以不深思而慎取"这一道理并未真正付诸实践。反观司马光的态度,同样从盘庚迁都着眼,关注的是盘庚对服从或违背的臣子民众都以恪勤匪懈、不辞劳苦的方式晓之以理,为其排忧解难。王安石的"废弃人言"而"独行己志"的个性,正契合了司马光在《与王介甫书》中所说"用心太过,自信太厚"的评价。

4. 王《答》:人习于苟且非一日,士大夫多以不恤国事,同俗自媚于众为善。

司《与》:光岂劝介甫以不恤国事,而同俗自媚哉?盖谓天下异同之议,亦当少垂意采察而已。

【解读】王安石认为自己矢志不渝地谋划与推动变法的举措,不同于所谓的凡人的"苟且"与士大夫的"媚俗",特立独行与卓尔不群才是自己心之所向,正所谓"不畏浮云遮望眼,自缘身在最高层"。而司马光针锋相对的反驳同样是义正辞严;正如他在《与王介甫书》中旁征博引、借古论今而推崇的"和而不同"——"介甫方欲得位,以行其道,泽天下之民;光方欲辞位,以行其志,救天下之民,此所谓和而不同者也"。二者的论战,也令笔者思及五四新文化运动的领袖即学者胡适晚年在《容忍与自由》一文中对自身和另一位领袖陈独秀的观点的回首。陈独秀主张"必以吾辈所主张者为绝对之是，而不容他人之匡正也"，而胡适则倡导"决不敢以吾辈所主张为必是而不容他人之匡正也"，二者的对立仿佛千年前的王安石与司马光魂兮归来。

从针对两者往来书信只言片语的"参较式阅读"可见，作为王安石变法的坚定不移的反对者，司马光在言论上虽然偏于保守，但其观点不失切中时弊之效。而司马光个性中的光明磊落、斩钉截铁——"介甫其受而听之，与罪而绝之，或诟詈而辱之，与言于上而逐之，无不可者，光俟命而已"——也与王安石别无二致。

华中师大一附中教师柴琼在2019"湖北好课堂"高中语文优质课展评活动中选取司马光的《与王介甫书》《与王介甫第二书》《与王介甫第三书》与王安石的《答司马谏议书》进行"参较式阅读"，引导学生通过阅读书信、辨析观点、比较立场、思考价值等丰富多彩的活动，完成"倾听理性的声音"这一单元学习任务，其立场和方法均值得借鉴。

（三）结语

苏轼在司马光离世后为其所写的《司马温公行状》中强调司马光"以书喻安石，三往反，开喻苦至，犹幸安石之听而改也"，进而从旁观者的角度对司马光的良苦用心给予充分理解，又引用了司马光在《与王介甫书》中对于吕惠卿背叛和诋毁王安石的预见表达了"由是天下服公先知"的敬服之情。

此外，读者（或学生）也可以通过明代文学家冯梦龙在其代表作《警世通言》中《拗相公饮恨半山堂》一文和现代作家林语堂在《苏东坡传》中的部分文字，对于王安石变法在后世的毁誉褒贬拥有更加真切的感受。

早在至和元年（公元1054年），司马光与王安石同时担任群牧司判官，私交甚厚，二者的文集中也保留了二人交游、唱和的诗文。诚如后人评价，王安石的变法之弊在于"激进"，司马光的废法之弊在于"激退"。无论是"拗相公"还是"司马牛"，都有必要在"知其不可而为之"这一也许择善固执实则刚愎自用的举措上深思慎取、执两用中，才有可能避免进退失据、得不偿失。

【参考文献】

[1] 孙立权. 孙立权语文教育札记 [M]. 北京：世界图书出版公司，2018.

［2］沈月明，李跃庭. 语文教学中的"参较式阅读"典例举隅——孙立权语文教育札记研究之二［J］. 长春教育学院学报，2015（5）.

［3］沈月明，李跃庭. "参较式阅读"的方法领悟与个人尝试［J］. 语文教学通讯，2016（3）.

［4］沈月明，李跃庭. 别出手眼，通古今之不变——经典重读中的深度诠释［J］. 语文教学通讯，2016（10）.

［5］程翔. 说《雷雨》［J］. 中学语文教学，2012（1）.

［6］钱理群. 大小舞台之间：曹禺戏剧新论［M］. 北京：北京大学出版社，2007.

［7］邓广铭. 北宋政治改革家：王安石［M］. 北京：生活·读书·新知三联书店，2007.

［8］钱伯城. 古文观止新编［M］. 上海：上海古籍出版社，1988.

［9］陈振鹏，章培恒. 古文鉴赏辞典［M］. 上海：上海辞书出版社，1997.

［10］王水照. 重新认识王安石：再析变法利弊与"荆公新学"［N］. 中华读书报，2017-3-29（15）.

［11］柴琼. 君子和而不同——《答司马谏议书》群文阅读教学案例［J］. 湖北教育，2020（9）.

［12］吴钩. "拗相公"遇到"司马牛"：王安石与司马光的对抗［N］. 新华每日电讯，2017-5-5.

（本文部分内容发表于《语文教学通讯》2022年第6期）

明月装饰了你的窗子

——从意象品赏《百合花》的抒情特质

统编版《普通高中教科书 语文 必修 上册》第一单元"单元学习任务"强调:"本单元作品抒发的都是青春情怀。作品中的哪些地方最让你感动?哪些是你以前未曾留意,而读过之后感受很深的?"显而易见,存在于读者内心的无论是感动还是感念,都应该来自单元作品所共有的抒情特质。而第一单元第3课的讲读课文《百合花》的抒情特质,格外意味深长。

小说《百合花》的作者作家茹志鹃先生曾经坦言:"记忆的筛子啊!把大东西漏了,小东西却剩下了,这本身就注定我成不了写史诗的大作家。"但是,茹志鹃先生在自身的记忆筛选中针对所谓的"大""小"进行合理取舍后完成的《百合花》,无疑证明她完全具备成为"写抒情诗"的"大作家"的资质。

教材第一单元"学习提示"中的"阅读时注意那些感人的细节描写"和"想一想这篇战争题材的小说为何格外让人心动"两句也在通过"感人"和"让人心动"提示读者从抒情角度来解读《百合花》。《史诗时代的抒情声音》,是美国哈佛大学东亚语言文明系讲座教授王德威先生研究"二十世纪中期的中国知识分子与艺术家"的新著的书名,笔者也可以借此定位自身对《百合花》的认知和理解,并尝试紧密围绕其用文字留存的多重意象对小说的抒情特质进行深入的分析和鉴赏。

即使小说《百合花》在其诞生半个多世纪以来的被阅读接受的历史上出现过不同形式的误读,但茅盾先生在赞扬《百合花》"是结构谨严,没有闲笔的短篇小说"的同时也承认"它又富于抒情诗的风味",后一句评价可谓切中肯綮的真知灼见。正如洪子诚先生在概述《百合花》的情节时也强调它是"写发生于前沿包扎所的一个插曲,一个出身农村的军队士兵,与两个女性在激烈战斗时的情感关系"。通过"插曲"和"两个女性""情感关系"等用词,读者也可以领悟小说可能蕴含的抒情特质。

中国现代派诗人卞之琳在《关于〈鱼目集〉——致刘西渭先生》中如此评价自己创作于 1935 年 10 月的新诗代表作《断章》："这是抒情诗，是以超然而珍惜的感情，写一刹那的意境。我当时爱想世间人物、事物的息息相关，相互依存，相互作用。"笔者借用《断章》一诗中的名句——"明月装饰了你的窗子"——围绕"意象"（即事物）来诠释自身理解的茹志鹃先生在《百合花》中创造的抒情特质。

一、雨

早上下过一阵小雨，现在虽放了晴，路上还是滑得很，两边地里的秋庄稼，却给雨水冲洗得青翠水绿，珠烁晶莹。空气里也带有一股清鲜湿润的香味。

在小说开篇第四段，一幅清晨雨后放晴的美景映入眼帘。无论是呈现秋庄稼的"青翠水绿，珠烁晶莹"时从视觉角度凸显其颜色美感、光影特质的笔触，还是分享空气里的"清鲜湿润的香味"时运用的通感（触觉、味觉）手法，均令读者充分感受到朝气蓬勃的青春气息。

二、竹

我朝他宽宽的两肩望了一下，立即在我眼前出现了一片绿雾似的竹海中间，一条窄窄的石级山道，盘旋而上。一个肩膀宽宽的小伙，肩上垫了一块老蓝布，扛了几枝青竹，竹梢长长的拖在他后面，刮打得石级哗哗作响。

在小说写到"我"目及通讯员"宽宽的两肩"从而浮想联翩的景致时，充满诗意的笔触跃然纸上。无论是由竹海、山道、小伙儿、青竹一系列意象勾勒的"那山，那人，那竹"的纯美画面，还是由绿雾、蓝布、青竹等颜色词共同皴染出的青绿山水，抑或由"垫""扛""拖"等一系列动词描绘的力之美；无论是由"一片""一条""一个""一块"等数量词突出的层次感，还是由"窄窄""宽宽""长长""哗哗"等叠音词营造的旋律性，无不证实了茹志鹃先生文字风格的"柔和、雅致、清新"。

三、枪筒

1. 肩上的步枪筒里，稀疏地插了几根树枝，这要说是伪装，倒不如算作装饰点缀。

在"我"的眼中,于步枪筒中"稀疏"地插着的"几根树枝",与其用"伪装"来定位,不如用"装饰点缀"来评价更为合理。正如王国维先生在《人间词话》中所说的:有我之境,以我观物,故物皆著我之色彩。作为在文工团创作室供职的女性的"我",无疑是在以审美的眼光来观看眼前的通讯员。

2. 我走过去拿起那两个干硬的馒头,看见他背的枪筒里不知在什么时候又多了一枝野菊花,跟那些树枝一起,在他耳边抖抖地颤动着。

能够"看见"通讯员背着的枪筒里多了一枝"野菊",无疑证明了"我"的独具慧眼。此处的野菊,显然不同于文中三次出现的"百合"。野菊是似菊而小的黄色小花,与真正的菊花相比,并不引人瞩目。诚如宋人杨万里在七律《野菊》中所说:"未与骚人当糗粮,况随流俗作重阳。政缘在野有幽色,肯为无人减妙香。"野菊在塑造通讯员的形象(尤其是其人格魅力方面)明显具有暗示或象征的作用。与过去枪筒里只插的树枝相比,野菊的加入,也意味着通讯员在与"我"、新媳妇的短暂交往中收获了更多值得呵护的温情与友谊。

四、布片

1. 不想他一步还没有走出去,就听见"嘶"的一声,衣服挂住了门钩,在肩膀处,挂下一片布来,口子撕得不小。

2. 他已走远了,但还见他肩上撕挂下来的布片,在风里一飘一飘。我真后悔没给他缝上再走。现在,至少他要裸露一晚上的肩膀了。

3. 他安详地合着眼,军装的肩头上露着那个大洞,一片布还挂在那里。

于小说中出现三次的布片,在通讯员的形象塑造上发挥了重要的功能。无论是通讯员在接过被子后转身就走的动作之迅速、心境之慌张,还是与"我"离别时任凭布片随风飘舞的洒脱与豪迈,抑或在舍命营救战友后被担架员抬入包扎所时的安详与平静,布片的价值始终清晰可感。对于目睹布片在通讯员短暂的人生历程中种种存在的"我"而言,念念不忘,必有回响。"我"眼中看到通讯员肩上的破口子而引起的"后悔",也就是事后新媳妇心里的"后悔","我"的感想也在一定程度上暗示了新媳妇的内心世界。

五、百合花

1. 这原来是一条里外全新的新花被子，被面是假洋缎的，枣红底，上面撒满白色百合花。

2. 我看见她把自己那条白百合花的新被，铺在外面屋檐下的一块门板上。

3. 我也看见那条枣红底色上撒满白色百合花的被子，这象征纯洁与感情的花，盖上了这位平常的、拖毛竹的青年人的脸。

"百合花"既是小说的题目，也是在小说中出现三次的富于抒情格调的核心意象。用作者在小说结尾的评价来说，白色的百合花"象征纯洁与感情"。作者在百合花中寄寓着她对人物性格和小说主题的理解和诠释。南北朝时梁宣帝萧察的《咏百合诗》给予作为意象的百合花的描述是："接叶有多种，开花无异色。含露或低垂，从风时偃抑。甘菊愧仙方，丛兰谢芳馥。"据说作为多年生草本植物的百合花名称的由来，主要是因为它的鳞茎是由许多白色鳞片层层环抱而成，形状类似莲花，因此取"百年好合"之意命名。同时，百合花能给刚刚结婚的新人生活的空间建立好的风水，象征着夫妻恩爱。"百合花"蕴含的象征意义，除了李建军先生提出的对牺牲者的赞美和可能的母性之爱外，依然存在着其他理解的可能。从作家林清玄在《心田上的百合花》中所写的两句话中可见："我要开花，是因为我知道自己有美丽的花；我要开花，是为了完成作为一株花的庄严使命；我要开花，是由于自己喜欢以花来证明自己的存在"，"它那灵性的洁白和秀挺的风姿，成为断崖上最美丽的颜色"。

六、月亮

1. 天黑了，天边涌起一轮满月。

在《百合花》中出现四次的月亮，作为中国古典诗歌常用的经典意象之一，无疑对小说抒情特质的凸显有所助益。小说开篇的语句"1946年的中秋"已经意味在当晚夜空出现满月的合理性，所以"天黑了，天边涌起一轮满月"无疑会带给亲人抑或战友"天涯共此时""但愿人长久"之感，对团圆的追忆、对和平的向往、对爱情的渴求也会在月色中油然而生。

2. 我连那一轮皎洁的月亮，也憎恶起来了。

"我"对于"皎洁的月亮"的"憎恶"来自它可能使处于"白夜"里的我

军付出更大的代价，这也在情节上暗示着通讯员在后来掩护担架员们时壮烈牺牲的结局，可谓前有伏笔、后有照应，针脚细密，滴水不漏。

3. 外边月亮很明，也比平日悬得高。

在小说原文中，这一句的上一句是"感觉上似乎天快亮了，其实还只是半夜"，下一句是"前面又下来一个重伤员"。从上一句中的表层、深层含义来分析，都不难领会其对时间的交代和对形势的暗示。从下一句中所谓"重伤员"的实际身份来理解，此时的月色无疑让读者拥有了类似"有弟皆分散，无家问死生"的更多物是人非的伤感与无奈。

4. 在月光下，我看见她眼里晶莹发亮，我也看见那条枣红底色上撒满白色百合花的被子。

作为西方戏剧结构理论之一的"三一律"（classical unities）要求戏剧创作在时间、地点和情节三者之间保持一致性。即要求一出戏所叙述的故事发生在一天（一昼夜）之内，地点在一个场景，情节服从于一个主题。小说最后一段中出现的月光，无疑是一昼夜之内接近拂晓时在包扎所呈现的最后几缕月光。它的功能是使"我""看见"了新媳妇的泪水和被子，对人物形象（新媳妇）的丰满、小说主题（百合花）的深化，起到了不可或缺的作用。《百合花》的结尾的确"像极了一首哀婉、幽怨的抒情诗，忧伤、悲戚的气氛笼罩全篇"。

正如王德威先生所说："无论作为一种文类特征、一种美学观照、一种生活风格，甚至一种政治立场，抒情都应当被视为中国文人和知识分子面对现实、建构另类现代视野的重要资源。"相信随着时代的更替，会有更多类似《百合花》的来自于时代"共名"中的葆有另类"声音"的经典之作重新绽放其永恒的光华。

【参考文献】

[1][3] 教育部. 普通高中教科书 语文 必修 上册 [M]. 北京：人民教育出版社，2019.

[2] 茹志鹃.《百合花》的写作经过 [J]. 语文教学与研究，1996（5）.

[4] 茅盾. 谈最近的短篇小说 [J]. 人民文学，1958（6）.

[5] 洪子诚. 中国当代文学史 [M]. 北京：北京大学出版社，1999.

[6] 李建军. 再论《百合花》——关于《红楼梦》对茹志鹃写作的影响［J］. 文学评论，2009（4）.

[7] 巫小黎.《百合花》的重刊与重评：兼论茅盾的阐释［J］. 文艺争鸣，2018（2）.

[8] 王德威. 史诗时代的抒情声音：二十世纪中期的中国知识分子与艺术家［M］. 北京：生活·读书·新知三联书店，2019.

(本文发表于《中学语文》2021 年第 13 期)

史诗时代的抒情声音
——走近《百合花》中的两个"我"

《史诗时代的抒情声音》，是美国哈佛大学东亚语言文明系讲座教授王德威先生研究"二十世纪中期的中国知识分子与艺术家"的新著的书名。他认为，在二十世纪中期的中国当代文学创作中，抒情是指"个人主体性的发现和解放的欲望"，而史诗是指"集体主体的诉求和团结革命的意志"。由此可见，抒情诗和史诗最重要的区别来自于彼此创作的对象和宗旨——为个人抑或为集体。从当时的历史情境和文化背景审视，与为个人创作相比，为集体创作是主流作家群体的共同选择。笔者将先后从"史诗时代的误读"和"抒情声音的真意"两个角度入手，结合《百合花》以文字形式留存的抒情特质对"我"进行深入的分析和鉴赏。

一、史诗时代的误读

（一）创作背景

正如洪子诚先生在分析所谓"频繁的批判运动"时强调的，从写作层面观照，新中国成立后开展多次文艺运动的目的是"摧毁把写作看作个体的情感、心态的自由表现的文学观"并"摧毁'个体'写作者对自我认知、体验的信心和自由选择认知、体验的表达方法的合法性"。从"战争文化规范与小说创作"的角度着眼，也有学者秉持类似观点。如李平先生认为"对英雄之外的大量普通个体命运和生命价值的忽视"来自于"现代战争文化规范对作家主体的制约"。

作为在1943年参加新四军，并在战争期间于部队文工团工作，进而从1950年开始发表作品的当代作家，茹志鹃先生在《我写〈百合花〉的经过》中阐发了她对战争与创作的独立见解："战争使人不能有长谈的机会，但是战争却能使人深交。有时仅几十分钟，几分钟，甚至只来得及瞥一眼，便一闪而过，然而人与人之间，就在这个一刹那里，便能够肝胆相照，生死与共。"由此可见，真正关注存在于"史诗时代"的作为个体的人与人之间的情感，并将作家发自内心的体悟以巧妙的方式形诸笔墨，才是茹志鹃先生矢志不渝的创作宗旨。

回顾风云突变的时代氛围，她曾经坦言："1958年初，那时虽在'反右'，不过文学上的许多条条框框，还正在制作和诞生中，可能有一些已经降临人间，不过还没有套到我的头上，还没有成为紧箍咒。"作为生活在"史诗时代"的作家，茹志鹃先生在自己的战争题材作品尤其是《百合花》中为了坚持自己的美学风格而不受当时流行的创作思潮左右，从而发出了属于自己的"抒情声音"，可谓时代"共名"中的特立独行者。

（二）历史评价

出人意料的是，当《百合花》最初发表于《延河》杂志1958年第3期并在同一年被《人民文学》第6期转载后，这一时期权威的文学评论和历次文代会对国内创作的总结性评述大都认为《百合花》堪称当时文学创作实绩的具体体现。

从当时的评价角度来看，评论界对其认同主要体现在两个方面。其一，是《百合花》在1950年代中国短篇小说创作艺术上具有的示范性（如情节上的节奏、结构上的照应等）。其二，是《百合花》对于当时流行的"规范性主题"的成功表达。例如茅盾先生认为它"反映了解放军的崇高品质（通过那位可敬可爱的通讯员）和人民爱护解放军的真诚（通过那位在包扎所服务的少妇）"这一许多作家都曾着力表现的主题。

然而，单纯从战士的崇高品质和军民的鱼水关系来理解《百合花》的阐释框架，正如洪子诚先生所说：既"窄化"了阐释的空间，也遮蔽了人物之间模糊暧昧的情感。也正是凭借茅盾等人的一系列明显带有时代印记的权威的评价，《百合花》在中国当代文学的创作场域中重重有形或无形的规范里没有受到质疑，反而取得合法地位。

（三）当代视角

事实上，从"文革"结束后至今，针对《百合花》的评论（尤其是对其主题的多元阐释）始终莫衷一是。主题先行、理论至上，均会不同程度地与文本渐行渐远；照猫画虎、牵强附会，也往往是多数评论失之偏颇的原因所在。

回归统编版《普通高中教科书　语文　必修　上册》第一单元"学习提示"对于小说《百合花》的情节概括，其主体内容简约而且凝练：小说写部队发起总攻之前，小通讯员和"我"到包扎所向一个刚过门三天的新媳妇借被子以及此后发生的故事。但是其最后一句"表现了战火中的青春美和人性美"则值得深入探讨。所谓"美"的所在，使用"青春"和"人性"这类在含义上较为笼统与含混的词语来概括是否恰切？小说《百合花》的主题究竟是什么？

《普通高中语文课程标准（2017年版）》之"四、课程内容"在"学习任务群9　中国革命传统作品研习"的"学习目标与内容"（1）中强调的内容中有以下两方面值得特别关注。即"把握作品的内涵，理解作者的创作意图，获得审美体验"，以及"加深对作品的理解，力求有自己的独到认识"。可见，读者只有真正尝试走进"作品"、走近"作者"，从而真正了解其"内涵"，理解其"意图"，才有可能"获得审美体验"并葆有"自己的独到认识"。

二、抒情声音的真意

（一）身份认同的差异

诚如李平先生对作者创作意图的理解，作者"似乎并不在意战场上敌我双方的进退胜败，而专注于战争中人与人之间的情感碰撞与交流"。当然，这"人与人之间的情感"的属性和源头格外值得追问与分析。它究竟是友情、亲情还是爱情？它究竟存在于哪些人之间？它是以怎样的方式呈现出来的？尝试回答以上一系列问题的最佳途径，就是回归对《百合花》的文本细读。正如王德威先生所说："现代中国抒情写作能够成其大者，无不也是精心操作语言，并用以呈现内心和世界图景的好手。"分析《百合花》中的语言描写，无论是人物对话，还是心理活动，正是读者尝试走进"作品"从而走近"作者"的上策。

即使权威的文学史教材围绕《百合花》中的主要人物关系从爱情角度进行了分析，但是在对象归属或身份确认上依然值得商榷。例如有人认为所谓"诗意化的'没有爱情的爱情牧歌'"来自"小通讯员与新媳妇之间"。在小说的主题、人物理解上，它也强调"小说主要刻画的是小通讯员与新媳妇之间的圣洁感情",而作为小说叙事人的"我"只是在"两者之间穿针引线",进而"成功地将作品的重心转移到新媳妇身上",所以"两个主人公是被言说者"。

(二)"我"的存在价值

在笔者看来,与上述观点相比,洪子诚先生界定的"与两个女性在激烈战斗时的情感关系"更为合理。通讯员与"我"之间的情感关系,尤其值得分析。对于通讯员和新媳妇之间的情感,本文不做深入分析,而是将关注点转向被普遍认为仅仅承担叙事人功能的"我"。

笔者在此特别运用"批注式阅读"的方式,针对从小说中节选的14段文字进行点评,尝试走近"我"的内心世界,发掘作品中"我"这一形象的存在价值。

1. 我走快,他在前面大踏步向前;我走慢,他在前面就摇摇摆摆。奇怪的是,我从没见他回头看我一次,我不禁对这通讯员发生了兴趣。

(点评:对方无论"大踏步向前",还是"摇摇摆摆",都与"我"走得"快"与"慢"同步,这从未"回头看我"的动作反而使"我"产生了兴趣,也会令同样有心的读者产生类似的兴趣。这一场景也的确是令作者茹志鹃先生印象深刻之所在,诚如她在《我写〈百合花〉的经过》中说道:"这样一次古怪的同行,无声的追逐,却永远是这么色泽鲜明,甚至那野草的窑洞,通讯员的喘息,都仿佛还在眼前,响在耳旁。1958年时如此,现在也如此。")

2. 我着恼的带着一种反抗情绪走过去,面对着他坐下来。

(点评:从"着恼""反抗"一类情绪和"面对"坐下的动作,均可见出此刻的"我"不由自主地走近对方的渴求。)

3. 我拼命忍住笑,随便地问他是哪里人。

(点评:由"着恼"到"笑"的瞬间转变可见通讯员的"张皇""局促"让"我"何等快慰,某种似乎难以言表的好感也在潜移默化的接触中油然而生。)

4. 我立刻对这位同乡,越加亲热起来。

(点评:从"立刻"这一速度和"亲热"这一程度,均可见"我"对对方的喜爱之情。)

5. "你怎么参加革命的?"……倒有些像审讯。不过我还是禁不住地要问……我还想问他有没有对象……却害他出了这一头大汗，这都怪我了。

（点评：知道"像审讯"却又"禁不住"，自己对这番对话的热情与迫切可想而知。"有没有对象"这个欲说还休的问题则进一步让读者感受到"我"内心可能暗生的情愫。而对方的"一头大汗"无疑令自己颇为自得，这番自得无法用"我的不是"和"怪我"来遮蔽。

茹志鹃先生曾在记忆中留存了另一位战斗英雄的形象："有一次我不知跟他说了一句什么笑话，他红了脸笑着，竟像个苏州小姑娘那样扬起手来，说：'我打你'！当然没有打下来，但他这种略带女孩儿的姿态，和他英雄的称号联在一起，摄入了我的记忆。"可见其重要。）

6. 我这时正愁工作插不上手，便自告奋勇讨了这件差事……他踌躇了一下，便和我一起去了。

（点评："自告奋勇"的"我"为什么有意要邀请"同乡"，后者为什么在"踌躇"之后依然"一起去"，两者之间的某种心照不宣甚或心心相印则是显而易见的。）

7. 但他执拗地低着头，像钉在地上似的，不肯挪步，我走近他，低声地把群众影响的话对他说了。他听了，果然就松松爽爽地带我走了……眼睛一眨不眨的看着我，好像在看连长做示范动作似的。

（点评：通讯员的"执拗"和"不肯"，在"我"的动作上的"走近"和言说上的"低声"的感化之下，自然转化为"松松爽爽"，个中的亲近感和私密性，无疑可以想见。而他"眼睛一眨不眨"的表情，也可见堪比"连长"的"我"的"示范"的意义及其内中的情谊。）

8. 我手里已捧满了被子，就一努嘴，叫通讯员来拿。没想到他竟扬起脸，装作没看见。我只好开口叫他，他这才绷了脸，垂着眼皮，上去接过被子，慌慌张张地转身就走。

（点评：从描绘通讯员的"扬""装""绷""垂""接""转""走"这一系列动词，均可见出彼此的关系逐渐亲密后他的撒娇与任性，这一点从"我"不得不由"努嘴"到"开口"的退让中同样清晰可感。）

9. 我听了，心里便有些过意不去，通讯员也皱起了眉，默默地看着手里的被子。我想他听了这样的话一定会有同感吧！果然，他一边走，一边跟我嘟哝起来了。

（点评：男女之间，难得有这番同声相应、同气相求的缘分，正所谓"知心一个也难求"，由此可见李建军先生强调的《百合花》作者的写作颇受《红楼梦》影响这一评价的合理性。）

10. 我看他那副认真、为难的样子，又好笑，又觉得可爱。不知怎么的，我已从心底爱上了这个傻乎乎的小同乡。

（点评：这一句对于读者理解"我"对于通讯员的感情性质的意义，已然不言自明。）

11. 他决定以后，就把我抱着的被子，统统抓过去……走不几步……摸出两个馒头，朝我扬了扬，顺手放在路边石头上，说："给你开饭啦！"说完就脚不点地的走了。

（点评："统统抓过去"的，是"我抱着的被子"；"顺手放在路边石头上"的，是"给你开饭啦"的两个馒头。如果这不是发自"通讯员"内心的一份真爱的表现，又是什么呢？）

12. 我想到这里，又想起我那个小同乡，那个拖毛竹的小伙……我咬了一口美味的家做月饼，想起那个小同乡大概现在正趴在工事里，也许在团指挥所，或者是在那些弯弯曲曲的交通沟里走着哩！……

（点评：虽然《百合花》全文中只出现了两处运用想象笔法描绘的场景，但无一处不是着眼于那"拖毛竹的小伙"。此时此刻那位"小同乡"即使不在"工事""团指挥所"或"交通沟"里，但他也无疑正身处品尝月饼的"我"的心里，如此历历在目，如此刻骨铭心。）

13. 我拉开一个重彩号的符号时，"通讯员"三个字使我突然打了个寒战，心跳起来……但我又莫名其妙地想问问谁……通讯员在战斗时，除了送信，还干什么，——我不知道自己为什么要问这些没意思的问题。

（点评：此刻的"我"为什么会因为"通讯员"三个字而出现"寒战"与"心跳"？为什么对于"谁"和"干什么"这一类仿佛"没意思的问题"倍加关注？个中答案，不言自明。）

14. 我强忍着眼泪，给那些担架员说了些话，打发他们走了……我实在看不下去了，低声地说："不要缝了。"……我想拉开她，我想推开这沉重的氛围，我想看见他坐起来，看见他羞涩的笑。

（点评："我"为什么会有"眼泪"？为什么会"看不下去"？为什么"想

看见他坐起来，看见他羞涩的笑"？这些情到深处的文字，无须描述一个纯粹发挥叙事功能的次要人物。）

　　小说的叙事艺术包含叙述角度和叙述顺序，均可成为研究者进行文本解读的途径。《百合花》属于第一人称叙述的文本，而第一人称叙述的功能正是以身临其境的口吻叙述，以增加小说的可信度与真实感。相比于第一人称叙述者"我"，对于作为叙述对象的新媳妇，读者只能从肖像、语言、动作以及细节描写来审视，虽然她属于作者用心塑造的血肉丰满的人物，但是不同于侧重全知叙事的小说，为了确保所谓"虚构的真实"，《百合花》的限制叙事决定了读者只能尝试揣测新媳妇的心理，无法真正走进她的内心。由此可见，"我已从心底爱上了这个傻乎乎的小同乡"的确会在"爱"这一情感特质上使"我"比新媳妇更明朗。

　　通过上述条分缕析的点评，读者应该能够领会"我"与通讯员之间存在着短暂而青涩的、朦胧而真挚的、美好与伤感的爱情。笔者虽然对"我"这一人物的功能的分析点到为止，但不会止步于对更为重要的问题——站在"我"的背后那个若即若离的人物身份——的探究。

（三）走近"我"身后的"我"

　　诚如王德威先生的见解："创作对艺术家而言，最重要的意义莫过于表达个人的观点、感觉、同情甚或憾恨。在某些极端例子里，创作提供了一个管道，让艺术家表达、探索与寻找现实人生中被压抑，或未能尽情展现的面向。"针对《百合花》，洪子诚先生阐发过类似的见解："她的有关战争生活的小说，在叙述上以与现实生活不发生关联的'封闭'方式展开。然而，内在的'回忆'的动机和叙述线索，不难辨识。"李平先生也同样认为："作者的写作动机是想借对战争年代圣洁的人际情感的回忆和赞美，来表达对现实生活的感慨。"

　　茹志鹃先生曾经坦言创作《百合花》时"正是反右派斗争处于紧锣密鼓之际"，这篇小说是"在匝匝忧虑之中，缅怀追念时得来的产物"。她追念的不仅是"战时的生活"，也包括"那时的同志关系"。她在否认小说与"真人真事"的关系后，也凭借追忆来回首其中可能存在的人物原型（详见上文"批注式阅读"内容包含的第1和第6两处点评中引述的文字）。

　　时至当下，茹志鹃先生在《我写〈百合花〉的经过》中回首自身创作时写下的文字在读者重新审视时的确意味深长。一方面，她曾经直言不讳地指出自己在动笔之前对于这篇小说的"主题"和"副主题"并没有明确的预设。另一方面，她也认为"我"和通讯员之间的感情应该"比同志、同乡更为亲切"，但"又不是一见钟情的男女间的爱情"。显然，作家的表述本身就带有含混、暧昧的特质，这一点在她赋予《百合花》"一篇没有爱情的爱情牧歌"这一充满张力和吊诡的定性中清晰可感。

主题并非先行预设，感情归属若隐若现，"爱"字介于有无之间。笔者完全赞同茹志鹃先生的观点，即"文学上的感染力，是不大受人物功绩大小约束的，就如作品的伟大与渺小，不受作品里人物地位高低的影响一样"，最为珍贵的，是始终涵纳在诗意中的那份真情。

正如作为茹志鹃先生的女儿、当代著名作家王安忆先生在《公共母题中的私人生活》一文中所说："父亲的遭际（笔者注：为军中戏剧工作者，1958年被错划成右派）一定间离了母亲个体与集体的关系，使她在宏大历史中偏于一隅，不得不自我面对，因而在史诗性的战争题材中，攫取了纤细的人和事……穿越主流落脚边缘，独立于时代的忽略之中。"也许正是于始终涌动在内心深处的"质感的怂恿和催逼之下"，茹志鹃先生借助《百合花》的创作，在无法间离的"史诗时代"发出了真正属于自己也无疑令后人永远感念与铭记的"抒情声音"。

【参考文献】

[1] 王德威. 史诗时代的抒情声音：二十世纪中期的中国知识分子与艺术家 [M]. 北京：生活·读书·新知三联书店，2019.

[2] 洪子诚. 中国当代文学史 [M]. 北京：北京大学出版社，1999.

[3] 陈思和. 中国当代文学史教程 [M]. 上海：复旦大学出版社，1999.

[4] 教育部. 普通高中教科书教师教学用书. 语文：必修（上册）[M]. 北京：人民教育出版社，2019.

[5] 茅盾. 谈最近的短篇小说 [J]. 人民文学，1958（6）.

[6] 教育部. 普通高中教科书. 语文：必修. 上册 [M]. 北京：人民教育出版社，2019.

[7] 中华人民共和国教育部. 普通高中语文课程标准（2017年版）[M]. 北

京：人民教育出版社，2018.

[8] 李建军. 再论《百合花》——关于《红楼梦》对茹志鹃写作的影响［J］. 文学评论，2009（4）.

[9] 王德威. 哈佛新编中国现代文学史（下）［M］. 台北：麦田出版城邦文化事业股份有限公司，2021.

（本文发表于《长春教育学院学报》2023 年第 2 期）

数风流人物，还看今朝

——《喜看稻菽千重浪》再解读

由著名科普作家、《科技日报》高级记者沈英甲先生撰写并刊发于 2001 年 2 月 22 日的《科技日报》独家头条的文章《喜看稻菽千重浪——记首届国家最高科技奖获得者袁隆平》作为第一课被收入统编版《普通高中教科书 语文（必修）上册》的第二单元。从单元学习任务着眼，作为侧重"报道典型人物，树立时代楷模"的人物通讯，有必要"深入挖掘典型事件以表现人物精神，并在其中体现作者的立场和态度"。本文尝试结合课文原文及其他相关文本，从改动之妙、结构之巧、语言之美三方面入手，对该篇人物通讯进行品赏。

一、改动之妙

作为课文出处的《科技日报》在 2019 年 8 月 31 日发布专文《开学啦！袁隆平入选高中语文课本，"幕后功臣"就是他！》介绍：多年以前，文章作者沈英甲在广东出差时，被朋友告知《喜看稻菽千重浪——记首届国家最高科技奖获得者袁隆平》一文被选入粤教版《高中语文（必修五）》课本。此后，该文被广东地区无数学生学习，因而积累了丰富的教学案例。

据称，在该文入选《普通高中教科书 语文（必修）上册》教材前，作者沈英甲曾多次修改文章，"删除了原本为《科技日报》的科研读者们介绍的技术细节，从而集中表现袁隆平的人物形象，让中学生读来更加流畅易懂"。笔者找到最初刊载于 2001 年 2 月 22 日《科技日报》头版的《喜看稻菽千重浪——记首届国家最高科技奖获得者袁隆平》原文，将原文和《普通高中教科书 语文（必修）上册》课本收入的篇章进行逐字逐句的比较，尝试从作者的或增或删等形式多样的改动中体会其良苦用心，进而领会课本篇章的编选原则和方法。

（一）第一部分"曾记否，到中流击水"的改动

第一部分第四段里有"中国在现在和将来相当长的岁月里，都是一个农业大国"一句。通讯原文中该句的后半句是"都将是一个农业大国"，多出一个"将"字。作者删去"将"字是正确的，否则它和前半句中的"在现在"搭配不当，和后半句中的"将来"表意重复。

作者在通讯原文中所有介绍时间的固有说法"五六十年代"前面补充"20世纪"一词，对于发表于2001年并在2018年选入统编版教材的文章而言，这一举措无疑是科学、规范的。

作者将通讯原文第一部分第六段首句中的"1960"改为"1961"，理应是重新调研并做修改后的准确时间。

作者将通讯原文第一部分第六段中"袁隆平把讲义夹放在田埂上"和"就走下稻田一行行地观察起来"两句中的"连裤腿都没挽，就"删去，也有两点好处。其一，这避免了该句与第三段首句"挽起裤腿走下稻田，是人们从播种到收获季节见到的袁隆平最标准的'形象'"在含义上出现矛盾；其二，删去该句也便于凸显科学家观察事物的从容和稳健之感，减少了匆促与急迫之意。

作者将通讯原文第一部分第七段中的"期待收获有希望的新一代稻种"后面的一句删去，即"因为系统选育（从一个群体品种中选择优良的变异单株）是一种主要的育种方法，当时许多优良的稻麦品种都是通过这种方法选育出来的"，减少科学性解释，增加叙事的连贯性。

作者将通讯原文第一部分第十段首句"袁隆平的实践让他发现了真理"和课文第二句"只要探索出其中规律"之间的两句删去，即"既然去年那株'天然杂交稻'的杂种第一代长势这么好，充分证明水稻也存在明显的杂种优势现象；既然自然界客观存在'天然杂交稻'"，同样是减少科学性解释，突出所谓"真理"的恰切内涵。

作者将通讯原文第一部分最后一段第三句中的"不可避免地必须"中的"必须"改为"要"，从而既避免了表意重复（即"不可避免"和"必须"二者之间），也符合时态特点。

（二）第二部分"创新是科学家的灵魂和本质"的改动

作者将通讯原文第二部分第二段中的"衰退"改为"退化"，毕竟"衰

退"的含义是"（身体、精神、意志、能力）趋向衰弱或（国家的政治经济状况）衰落"，而"退化"的含义则包括"生物体在进化过程中某一部分器官变小，构造简化，功能减退甚至完全消失"，显然后者的含义更符合本段中其修饰的对象——自花授粉作物。

作者将通讯原文第二部分第三段中的"根据自己直接观察到的一些事实表明水稻具有杂交优势"一句中的"根据"一词删去，避免了滥用介词导致主语残缺的语病出现。同时，本段中的概念——"无优势"论，被改为——"无优势论"，这也符合标点符号中双引号的具体用法，从而使行文更加科学、规范。

作者将通讯原文第二部分第四段中的一系列概念"杂交""雄花""雄性不育"统一改为"杂种""雄蕊""杂种优势"等专业术语，同样增强了人物通讯表达的科学性和规范性。

作者将通讯原文第二部分第四段中的"菲律宾"改为"国际水稻研究所"，显然使表述更加准确恰切。作为一个隶属于国际农业研究磋商组织的员工来自亚洲和非洲14个国家的自治的、非盈利的水稻研究与教育组织的国际水稻研究所，只是位于菲律宾，而非此处所有从事研究工作的科学家都是菲律宾人。

作者将通讯原文第二部分第六段中的数字"16"改为"14"，数量词"一棵"改为"一株"，并删去了"雄花"和"不开裂"二者之间原有的词语"花药"，从而使关于雄性不育株的表达在整体上更加科学、规范。

作者将通讯原文第二部分第七段中的"证明"改为"宣示"，删去了本段后文中的"是科学的，是切实可行的。袁隆平的发现"以及"已经被证明残缺不全的陈旧理论从此被历史封存"两句，从而使此前略显冗赘拖沓的表达更加凝练有力。

（三）第三部分"事实是科学家的空气"的改动

作者将通讯原文第三部分第五段中"产量和品质是有差别的，有的甚至很悬殊"一句里的"很"改为"相差"，避免后一句出现主谓搭配不当（即"产量和品质很悬殊"）的语病。

作者将通讯原文第三部分第六段中"袁隆平捍卫了事实，也就是捍卫了真理"两句中后一句里的"就是"删去，避免后一句出现不合逻辑（即"事实就是真理")的语病。

作者将通讯原文第三部分第七段回顾面对"1993年湖南农村部分地区发生了盲目大面积推广未经品种审定的玉米稻的现象"这一"不符合事实,严重违背科学规律的事情",袁隆平撰文《对大面积推广玉米稻要持慎重态度》(原载《湖南农业》1994年第4期),借此"力排众议力挽狂澜"一事(约392字)的内容整体删除,既考虑到形式上的篇幅(字数多少),也考虑到内容上的规范(语言风格)。

(四)第四部分"饥饿的威胁在退却"的改动

作者将通讯原文第四部分第三段中"在他的著名论文《杂交水稻育种的战略设想》中"一句后面的内容——"科学地将杂交水稻育种分为'三系法为主的品种间杂种优势利用、两系法为主的籼粳亚种优势利用,再到一系法为主的远缘杂种优势利用'三个战略发展阶段"——之前补充了"他提出"三个字,避免该句出现主语残缺的语病。同时,作者将本段原文中的"强优组合的优势"缩略为"强优势",从而删繁就简,避免了表意重复(即两个"优")语病的出现。

作者将通讯原文第四部分第四段中"他组织助手和同行,从育种与栽培两个方面,采取措施解决"一句删去,既避免该句与上文的关键词"缺点"衔接时出现搭配不当(即"解决缺点")的语病,也使后文中介绍袁隆平取得的一系列成就的内容与前文在衔接上顺理成章。

作者将通讯原文第四部分第六段中"全国累计推广杂交水稻35亿多亩,增产稻谷3500亿千克。近年来,全国杂交水稻年种植2.3亿亩左右"和第七段中"其中江苏农科院与国家杂交水稻工程技术研究中心合作选育的两个组合在1999年大面积示范中,共有14个百亩片和1个千亩片亩产700千克以上,达到了农业部制定的中国超级稻产量指标"两部分内容删去,省略凭借一系列数据说明的成果,同样是考虑到受众群体的认知特点,减少科学性解释,增加叙事的连贯性。

作者将通讯原文第四部分第九段首句——"1998年,经权威的资产评估所评估,'袁隆平品牌'无形资产价值1000亿元"——删去,可能是出于避免给予读者单纯从资产评估、资产价值(金额)等功利角度衡量"袁隆平品牌"的地位和意义的印象。同时,作者将原文该段结尾修饰"圣地"一词的定语("麦加"那样的)删去,可能也是从宗教文化的角度考虑(作为伊斯兰教创始人穆罕默德的诞生地的"麦加"属于伊斯兰教的圣地)。

由此可见,从报纸原文和课本选文的比较着眼,以上四部分内容在沈英甲先生改动之后,更加符合高中语文教学使用的课本在内容和形式上的多重要求,改动得恰到好处、更胜一筹。

二、结构之巧

正如统编版《普通高中教科书 语文(必修)上册》第二单元的"学习提示"中说明的,学习《喜看稻菽千重浪——记首届国家最高科技奖获得者袁隆平》此类人物通讯时,应该"关注作者如何通过不同的渠道采集材料,又是怎样多角度、分层次进行报道的",以及"阅读时要注意理解事实与观点的关系,把握作者表达观点的方法"。分析课文内容布局上的章法正是发掘其结构上的巧妙之处的关键,从课文四个部分内容的字里行间均可体会其妙处。

(一)第一部分"曾记否,到中流击水"的结构

第一段的尾句"他蹲下身子翻看着土壤"是通过场景化的细节描写将本篇人物通讯着力刻画的主人公袁隆平生动鲜活地呈现在读者面前。

第二段的首句"我跟随在他身后不禁产生了瞬间的错觉",则将写作视角从"他"转向"我",从而引出本段对袁隆平即将赴京领奖的人事的介绍。作者通过自己所见获得的感受"他看上去更像一个地道的湖南农民"不但巧妙地回应了前文提及的"瞬间的错觉",而且引出了"泥腿子专家""泥腿子院士"等名号。

第三段的首句"挽起裤腿走下稻田"作为袁隆平最标准的"形象",既回应了上一段结尾的关键词"泥腿子",又引出了一个蕴含本文写作宗旨的值得深入探寻的重要疑问——中国的稻田里如何走出了袁隆平这样一位世界级的农业科学家?

第四段紧承上一段中提及的"中国的稻田",强调中国作为"农业大国"的属性。无论是从古代"民以食为天"的说法着眼,还是从当代"吃饭的事情最大"的论断思考,能回答上一段提出的"疑问"格外重要。

第五段首句"20世纪五六十年代我国普遍发生的饥馑给袁隆平留下了刻骨铭心的印象"一方面紧承上一段尾句"吃饭的事情最大",另一方面引出第

五段中"青年袁隆平便下定决心,拼尽毕生精力用农业科技战胜饥饿"的人生选择。而本段尾句"他在1960年发现'天然杂交稻株'的往事,注定要成为世界农业史上的经典事例"充分发挥了在行文中承上启下的结构功能,引出从第六段到第十段记录的"具有典型意义的事件",即袁隆平发现天然杂交稻的过程。

第十段首句"袁隆平的实践让他发现了真理"既发挥了总结上文(第六段到第十段)的功能,也引出了探索规律的重要性,从而回应了标题"曾记否,到中流击水"的内涵。

从第十一段的首句"后面我们将看到"可以了解作为尾段的这一段在课文的第一部分和第二部分之间发挥的"瞻前顾后"的结构功能。

(二)第二部分"创新是科学家的灵魂和本质"的结构

第一段的首句"有人说,袁隆平具有敢于挑战的勇气和信心"同样具有承上启下的功能。上承第一部分尾段中的"袁隆平对真理的发现,使他不可避免地要向国际知名的权威和他们的权威结论发起挑战",下启该段同样具有引起下文功能的尾句"他根据自己的实践,以科学家的胆识和眼光断定杂交水稻研究具有光辉的前景,他决心义无反顾地坚持研究"。

第三段的尾句"袁隆平坚信搞杂交水稻研究有前途,勇敢地向'无优势论'这一传统观念挑战,从而拉开了我国水稻杂种优势利用的序幕"同样发挥了承上启下的作用。从本句中的"坚信""勇敢""挑战"三个词与第一段首句中"袁隆平具有敢于挑战的勇气和信心"的一一对应关系可见作者在处理行文的角度和层次时的细致与缜密。正如袁隆平在《我成功的秘诀:知识、汗水、灵感、机遇》一文中所说的:"探索科学的道路是艰难的,但不管怎么难,科研工作者也要走下去。在最艰难的关头,一定不能轻易放弃。"

第七段的尾句"它宣示了袁隆平培育杂交水稻的理论设想和实现途径,开创了水稻研究的新纪元"则在总结袁隆平的论文《水稻雄性的不孕性》的重要地位的同时,也通过"开创"一词回应了第二部分的标题"创新是科学家的灵魂和本质"中的关键词"创新",完美收官。

(三)第三部分"事实是科学家的空气"的结构

第一段的首句"科学家是真理的侍者,是事实的追随者"回应第三部分的标题"事实是科学家的空气",第二句"袁隆平坚信实践能发现事实,发现真理，并能验证真理"一句则既回应了标题和首句中共有的"科学家""事实"，又强调了对"真理"进行发现和验证的意义。

第二段的表达"凡是涉及不顾农民利益，无视事实的事，他都能挺身而出毫不含糊地阐明事实，至于是不是得担风险，袁隆平在所不计"紧承第一段第二句中的"袁隆平""事实"。

第三段到第五段中，包含"事实"这一关键词的语句所在多有。例如，"不顾事实的说法""用事实说明""袁隆平用平和的语气和无可辩驳的事实说""我想用事实来回答""说杂交稻属劣质米与事实不符"等等，由此可见作者在表达观点上可谓滴水不漏。

第六段言简意赅的一句"就这样，袁隆平捍卫了事实，也捍卫了真理"，不仅在内容上斩截有力地总结了第三部分全文的主旨，而且在结构上圆融自然地回应了第一段的首句，即"科学家是真理的侍者，是事实的追随者"，呈现出所谓"文理自然，姿态横生"之巧妙。

（四）第四部分"饥饿的威胁在退却"的结构

第二段的尾句"真是日有所思夜有所梦，不过这极具夸张的梦想，正在走向现实"同样发挥了承上启下的结构功能，既承接了第一、二两段通过场景化的细节描写呈现的袁隆平在作为特邀嘉宾参加活动时回答电视台主持人的提问的内容，又顺理成章地引出后文的第三到第七段中以气势如虹的笔法对作为"杂交水稻之父"的袁隆平在10年间取得的一系列的巨大成就（例如：袁隆平提出了杂交水稻育种的战略设想，他主持的"两系法亚种间杂种优势利用"研究课题成功立项开展研究，袁隆平担任国家"863－101－01"专题的责任专家，袁隆平发表了重要论文《杂交水稻超高产育种》，袁隆平在第18、19届国际遗传学大会上发言，袁隆平提出了超级杂交稻选育的指标、株型模式和技术路线，等等）的回顾与讴歌。

总而言之，作者综合并灵活地运用了引用论证、举例论证、对比论证等多重论证手法，在处理事实与观点的关系上，在表达自身的观点时，充分展示出结构设计上的灵活与巧妙。

三、语言之美

正如统编版《普通高中教科书 语文（必修）上册》第二单元的"学习提

示"中说明的,《喜看稻菽千重浪——记首届国家最高科技奖获得者袁隆平》一文"介绍了袁隆平发现天然杂交稻、培育杂交稻,进一步选育'超级稻'的长期而艰难的历程"。和另外两篇通讯,即林为民的《心有一团火,温暖众人心》、叶雨婷的《"探界者"钟扬》的相同点是,本文也"很注意通过具有典型意义的事件来表现人物的优秀品质",同时"细节让人物形象更加丰满,内容更加真切感人"。由此可见,借事写人和细节描写是人物通讯解读的重中之重。从以上两方面入手品赏本文的语言之美,正是领略其独特性的关键。

(一)借事写人

所谓"借事写人"的笔法,在作为人物通讯的本篇课文中突出呈现在三个段落中,通过文本细读的方式品鉴赏析,自然可以体会其写法的高妙。

2001年春节过后的第二天,湖南长沙马坡岭笼罩在薄雾之中,空中不时飘下雨点。袁隆平眯起双眼,出神地打量着这片几百亩大的试验田,然后跨过水渠,迈步走进田间。他蹲下身子翻看着土壤。("曾记否,到中流击水"第一段)

本段从起笔开始,依次交代了时间、地点、人物、事件,重点围绕人物和事件进行描绘。运用"眯起""打量""跨过""迈步""走进""蹲下""翻看"一系列动词,生动形象地刻画了"更像一个地道的湖南农民"的认真、专注的科学家——袁隆平。

那是1960年7月的一天,下课铃声响过之后,袁隆平拍去身上的粉笔灰尘,掖着讲义夹,匆匆来到校园外的早稻试验田。采用常规法培育出来的早稻常规品种正在勾头撒籽,呈现一派丰收景象。袁隆平把讲义夹放在田埂上,走下稻田一行行地观察起来。"突然,他那敏锐的目光停留在一蔸形态特异、鹤立鸡群的水稻植株上。他屏气神神地伸出双手,欣喜地抚摸着那可爱的稻穗,激动得几乎要喊出声来!"("曾记否,到中流击水"第六段)

本段通过"拍去""掖着""来到""放在""走下""观察""伸出""抚摸"等一连串动词描绘出袁隆平在细心寻找并发现天然杂交稻株时的动作和姿态,"匆匆""一行行""敏锐""屏气神神"和"欣喜""可爱"等一系列修饰性词语同样使人物迫不及待、聚精会神、小心翼翼、欣喜若狂的血肉丰满的形象更加鲜活立体。

1964年7月5日,"泥腿子专家"袁隆平又走进了安江农校的稻田,去寻找水稻的天然雄性不育株。他头顶烈日脚踩淤泥弯腰驼背去寻找这种天然雄性不育株,已是第14天了。突然他的目光停留在一株雄花不开裂,性状奇特的植株上,这正是退化了的雄蕊。他马上把这株洞庭早籼天然雄性不育株用布条标记。袁隆平欣喜异常,水稻雄性不育植株,终于找到了。("创新是科学家的灵魂和本质"第六段)

　　本段中"头顶烈日脚踩淤泥弯腰驼背"可谓生花妙笔,袁隆平矢志不渝、笃实践履的人格气度跃然纸上。正如袁隆平自己在《我成功的秘诀:知识、汗水、灵感、机遇》一文中所说的:"越是打雷、刮大风、下大雨,我们越要到田里面去看看,看禾苗倒伏不倒伏,看哪些品种能够经得起几级风,这可不是闹着玩的。我们搞育种的就是要坚持在第一线,这样才会发现新品种,才会接近灵感。"据祁淑英、魏晓雯撰写的《袁隆平传》记载,即使在后来的"文化大革命"中,袁隆平也常常利用被批斗的空隙,专心研究水稻雄性不育,在不利条件下争得从事科研活动的机会。由此可见,行文中反复呈现的"目光""欣喜"足以令读者对柳暗花明的场景感同身受。

　　(二)细节描写

　　所谓细节,是指人物、景物、事件等表现对象的富有特色的细枝末节。《喜看稻菽千重浪——记首届国家最高科技奖获得者袁隆平》一文中的细节描写呈现在心理、动作、语言等诸多方面。

　　首先,从心理细节着眼,课文第一部分"曾记否,到中流击水"的第八段首句"一种失望的情绪掠过袁隆平心头",就属于作者沈英甲对笔下人物心理的一种符合情理的细节揣测。类似的笔法也可以在庄志霞的《袁隆平传》中《杂交水稻之父》一文中看到:"想到国内学术界某些权威至今仍然把自己看作湘西泥巴地里滚出来的土老帽,把杂交水稻技术视为不值一提的雕虫小技,袁隆平内心不由得黯然掠过一丝淡淡的悲哀。"前后两者的写法可谓异曲同工。

　　其次,从动作细节着眼,除了课文第一部分"曾记否,到中流击水"中作为第三段首句的"挽起裤腿走下稻田",还有第三部分"事实是科学家的空气"第一段中的"他一边甩去手上的泥巴一边对我说"等类似的动作细节,同样有助于塑造袁隆平的"标准"的形象。

　　再次,从引用细节着眼,文章四个部分内容中包含的明引(直接引用)

或暗引（间接引用）所在多有，既可以借此使自己的语言表达简洁凝练、生动活泼，增添感染力，也可以为自己的观点和看法提供有力的论据，增强说服力。课文中呈现的典型的引用细节例举如下：

①课文的题目"喜看稻菽千重浪"引用了毛泽东《七律·到韶山》中的尾联"喜看稻菽千重浪，遍地英雄下夕烟"的前一句。

②课文第一部分的标题"曾记否，到中流击水"来自毛泽东《沁园春·长沙》一词下片的尾句。

③袁隆平的某些称谓，如"泥腿子专家""泥腿子院士"，大都是来自于农民的馈赠。

④"世界上什么事情最大，吃饭的事情最大"一句源于毛泽东所写《〈湘江评论〉创刊宣言》中的内容"世界上什么问题最大，吃饭问题最大"。

⑤"自花授粉作物自交不退化，因而杂交无优势"的论断来自美国著名遗传学家辛诺特和邓恩的经典著作《遗传学原理》。

⑥课文第四部分的标题"饥饿的威胁在退却"来自美国学者唐·帕尔伯格《走向丰衣足食的世界》一书，书中提及"饥饿的威胁在退却，袁正引导我们走向一个营养充足的世界"。

最后，从句式细节着眼，有心的读者可以发现课文使用的句式极为灵活，仅从问句一类句式梳理，就可以发现疑问句（中国的稻田里如何走出了袁隆平这样一位世界级的农业科学家？）、设问句（果真是这样吗？我想用事实来回答：我国是世界上第一个在生产上利用水稻杂种优势的国家，杂交稻比一般水稻每亩增产100千克左右。）、反问句（这难道就是几天后就要赴京，领取由国家主席亲自签署、颁发的国家最高科技奖的科学家吗？还有比这更令他欣慰的事吗？）等多种问句类型。

笔者曾经观看央视科教频道专题节目《为时代而歌：袁隆平》（2015年3月12日），充分感受到奋斗、坎坷、坚持、创新对于在田园梦、战火声、饥饿感中长大的袁隆平先生的成功之路的意义。无论是他在寻找野生雄性不育株时通过逐一检查14万株稻穗发现6株，还是在杂交水稻试验中遭遇雨夜秧苗被人有意损毁的挫折导致试验推迟三年；无论是他和手下的团队即将拉大试验材料的亲缘关系成为突破口却遭遇元江的培育试验再次失败，还是使用野生稻与栽培稻杂交进而在海南试验野败转育获得巨大成功……相信沈英甲先生的《喜看稻菽千重浪——记首届国家最高科技奖获得者袁隆平》一文都会让更多国人了解、认识袁隆平，也相信这位秉持着"能受妖魔是铁汉，不遭人嫉是庸才"的信念无悔前行的"90后"老人的嘉言懿行会留给国人无穷的鼓舞与激励。

(本文发表于《语文教学通讯》2021年第10期)

"整本书阅读"学习任务的深度解读

——以费孝通《乡土中国》为例

《乡土中国》是现代中国著名社会学家费孝通先生撰写的一部研究中国乡村社会特点的学术著作。他充分利用自己的社会调查成果（如《江村经济》等），基于自己田野调查的丰富积累，对中国基层传统社会（农村）结构进行了充分的思考和分析，尝试回答"作为中国基层社会的乡土社会究竟是个什么样的社会"这一问题。正如费孝通先生在《乡土中国》一书的"重刊序言"中所写的，其人其作中展示出的"一往无前的探索的劲道"，始终值得无数后人景仰和钻研。笔者结合《普通高中语文课程标准（2017年版）》和普通高中《语文》必修上册等材料，对教材"整本书阅读"的推荐著作费孝通《乡土中国》进行深入解读，尝试从梳理概念、研究方法、总结文献三个方面落实学习任务群的内容和目标。

一、任务甲：梳理概念

"行走"类读书节目《一千零一夜（第一季）》在2016年2月18日播出了《第九十八夜：乡土中国（二）》，这一期以"只有晚上，只在街头，只读经典"为宗旨。节目中，梁文道先生坦言：种种问题都很值得我们重新思考，而这思考的起点，就是费孝通先生在《乡土中国》中提出的一系列核心概念。

在费孝通先生看来，所谓概念，是通过人们的认识过程而形成的存在于具体事物中的普遍性质，它属于认识事物的工具。虽然他在《乡土中国》的"重刊序言"中谦逊地指出，"我是一面探索一面讲的，所讲观点完全是讨论性的，所提出的概念一般都没有经过琢磨，大胆朴素，因而离开所想反映的实际，常常不免有相当大的距离，不是失之片面，就是走了样"，但是相对系统地对本书中一系列重要的概念进行梳理和辨析，无疑是读者真正了解本书价值的必要条件。

《普通高中语文课程标准（2017年版）》中的"课程内容"一节，在"学习任务群1　整本书阅读与研讨"的"学习目标与内容"（3）中强调，应针对学术著作梳理全书大纲小目及其关联，做出全书内容提要；把握书中的重要观点和作者的价值取向。

同样，普通高中《语文》必修上册在第五单元"整本书阅读"的"阅读指导"中也建议在阅读《乡土中国》一书时关注作者提出的概念以及做出的理论阐释。例如，它强调的第二点，即先"粗"后"细"，逐步推进，这也是提示师生阅读时理应遵循的逻辑。除了通过该书的序言、后记和目录了解作者写作的背景、目的、内容、结构外，还应该先后从每一章的标题、段落着眼，筛选重要的概念或语句，借以把握作者观点和论述逻辑。而第三点"抓住核心概念，找出概念间的联系"正是我们有必要首先处理的关键要素。之所以称之为关键，是因为我们在学习任务1"抓住核心概念，理解作者观点"和任务2"分析整体框架，把握知识体系"中都可以感受到其重要意义。

结合在阅读后的理解和认知，我们可以对《乡土中国》一书中所收入的一系列具有代表性的成对的核心概念进行梳理和总结，这也是完成"抓住核心概念，理解作者观点"这一任务的有效尝试。

1. 礼俗社会、法理社会

作为一对社会学概念，前者是一种并没有具体目的，只是因为在一起生长而发生的社会；后者是一种是为了要完成一件任务而结合的社会。中国社会的乡土性，来自于对基层的审视。乡土的本色，体现在人们熟悉的不是来自于作为抽象原则的契约，而是产生于个别认识的规矩。

2. 空间阻隔、时间阻隔

前者是指语言只能在一个社群所有相同经验的一层上发生，属于在亲密社群中可用来做象征体系的原料；后者则包含个体和群体两个角度，即个人的今昔之隔、社会的世代之隔。

3. 团体格局、差序格局

作为团体内外的人，彼此界限清晰，对于团体则关系相同，组别和等级的差异来自预先的规定。这一观念产生于宗教的虔诚和信赖，派生出平等和公道两个观念、代理者一个概念。团体格局属于反映社会生活中人际关系的一种格局。

作为个体社会影响推出的圈子的中心，与被圈子的波纹推及的事物发生联系。不同时间、不同地点的圈子存在差等和次序。人伦就是从自己推出去的和自己发生社会关系的那一群人里所发生的一轮轮波纹的差序，它形成了以自我主义为中心的一根根私人联系所构成的网络，增加私人联系，形成社会关系，构成社会范围。差序格局属于社会道德在私人群系中发生意义的中国乡土社会的基层结构。

4. 生育社群、事业社群（家庭、家族）

社群是一切有组织的人群。中国乡土社会中相对重要的社群是差序格局和社会圈子，而"小家族"则是更为合理的评价。从结构和功能上看，西方家庭是由亲子构成的以生儿育女为主要经营事务的生育社群，其主轴是夫妇。而中国的家庭中夫妇之间讲求相敬，女子尊崇"三从四德"的标准，亲子间讲究负责和服从，体现出事业社群的明显特征，其主轴是父子、婆媳等。

5. 法治、礼治

法治是指社会上的人际关系根据法律来维持，但法律依靠权力支持，由人执行，更多关注维持秩序时依靠的力量和根据的规范。礼治是对传统规则的服膺，指通过教化过程而成为主动性服膺于传统、成规的按照仪式做的习惯和秩序。

6. 横暴权力、同意权力

从社会冲突方面着眼，权力表现在社会不同团体或阶层间主从的形态里。握有权力的支配者发号施令，凭借自身的意志驱使被支配者的行动。权力是维持属于冲突过程的持续和休战状态中的临时平衡的关系必需的手段。而掌握这种带有上下之别和压迫性质的权力的政府或国家组织是统治者的工具。这是所谓的横暴权力。

从社会合作方面着眼，各人有维持各人的工作、维持各人互相监督的责任。没有人可以"任意"依自己高兴去做自己想做的事，而得遵守着大家同意分配的工作。为了保障遵守的行为而被赋予以社会契约（同意）为基础的权力是所谓的同意权力。

7. 血缘和地缘

血缘指人与人之间的权利和义务根据由生育和婚姻所构成的亲属关系决定，有时仅指由生育所发生的亲子关系。地缘是从商业里发展出来的社会关系。血缘是身份社会的基础,地缘是契约社会的基础。血缘和地缘的合一是社区的原始状态,从血缘结合转变到地缘结合则意味着社会性质的转变。

8. 长老权力和时势权力

长老权力是指发生于社会成员新陈代谢的过程中的教化性的权力;时势权力是指发生在激烈的社会变迁过程之中的一些提得出办法,有能力组织新的试验从而能获得别人的信任的"文化英雄"可以支配跟从他的群众的由时势造成的权力。

当然,《乡土中国》一书中还包含其他同样重要的概念:熟悉、语言、道德观念、代理者、感情定向、了解、男女有别、异性原则、规则、无为政治、社会继替、长老统治、教化性的权力、亲属原则、长幼原则、血缘社会、社会变迁、名实分离……

事实上,温儒敏先生也曾强调《乡土中国》一书中涉及概念或观点的语句往往在章节的标题、目录、开头、结尾中出现,而且它尽量把论点凝结为一种"说法"、一个概念,所以掌握"抓概念"的技巧至关重要。在细节上,有必要将起到画龙点睛作用的术语圈点勾画,教师可以引导学生结合上下文,尝试思考不同概念之间的区别与联系,并查找相关资料,梳理所有的通行术语、作者专用语,进而逐渐形成自己脑海中相对清晰的思维导图。

二、任务乙:研究方法

众所周知,作为议论文三要素之一的论证,是用论据证明论点的过程。而在议论文常见的论证结构中,对比是切实可行的。所谓对比论证,即侧重于从事物的相反或相异的属性的比较中来揭示需要论证的论点的本质。这种方法不同于类比论证,后者是通过已知事物与跟它有某些相同特点的事物(或事例)进行比较类推,从而证明论点。

在《一千零一夜(第一季)》节目的《第九十八夜:乡土中国(一)》中,梁文道先生提及:要了解中国人这个"家"之复杂,不如先找个对比,对比一下西方社会。此处提及的对比,也正是费孝通先生倍加推崇的论证方法。他在《重读〈江村经济〉序言》中说过:"抗战时期我在云南内地农村的研究工作中充分利用了类型这个概念,进行比较的研究工作。"诚如他在《乡土中国·后记》中说的:"《乡土中国》属于社区分析第二步的比较研究的范围。在比较研究中，先得确立若干可以比较的类型，那就是依不同结构的原则分别确定它所形成的格式。"可见，与举例、引用、比喻、类比等其他论证方法相较而言，对比论证也是值得读者在完成深入领会《乡土中国》一书的论证方法这项任务之前认真分析和品赏的方法之一。

普通高中《语文》必修上册第五单元"整本书阅读"的"阅读指导"中，第四点"关注作者研究的思路"强调读者"不仅要知道结论，还要注意形成结论的过程，看作者怎样通过辨识、分析、比较、归纳，提出和研究问题，获得新的理论发现，甚至开拓新的研究领域"。其中"比较"一词，无疑也在提示读者重视对该书研究方法的审视。

事实上，作为研究方法之一的"比较"，的确属于中国学术自古及今赓续绵延的重要传统。

南宋大儒朱熹在《朱子语类》中说："众家说有异同处最可观。甲说如此，且扯住甲，穷尽其辞。乙说如此，且扯住乙，穷尽其辞。两家之说既尽，又参考而穷究之，必有一真是者出。"可见，朱熹强调的正是探索不同学说时应关注二者之间的比较。明末大儒黄宗羲在《万充宗墓志铭》中也强调："经文错互，有此略而彼详者，有此同而彼异者。因详以求其略，因异以求其同，学者所当致思也。"黄宗羲倡导的同样是从对详略、异同等角度突出比较在治学中的价值。不仅古代学者对于比较推崇备至，现代学者同样于此青睐有加。如现代历史学家陈寅恪在《〈王静安先生遗书〉序》中认为"一曰取地下之实物与纸上之遗文互相证释，二曰取异族之故书与吾国之旧籍互相补正，三曰取外来之观念与固有之材料互相参证"，以上三类研究无一不是以比较为立足点。当代学者也曾立足比较文学的方法论对"比较"一词的内涵进行分析：从理论上审视，比较应该做到跨文化、跨学科，围绕这一观念将一些具体方法组合起来形成一个方法整体；从方法上理解，它也应该实现互识、互证和互补等几方面。

基于此，并结合自身对比较这一方法的理解和认知，我们可以对《乡土中国》一书中出现的一系列有代表性的论证进行梳理和分析，完成"关注作者研究的思路"这一重要的学习任务。

对比论证之一：差序格局。

首先，在论述"差序格局"这一核心概念时，费孝通先生指出群己、人我的界限在划分上存在传统和西洋的不同，这种不同主要体现在讲交情还是争权利。

其次，在社会结构上，中国和西洋的格局也不相同，前者好像一圈圈推出去的波纹，后者仿佛一捆捆扎清楚的柴。

再次，西方的个人主义是在团体存在的前提下包含平等、宪法两重观念，中国的自我主义则在一切价值上以"己"作为中心。作者将孔子和耶稣、杨朱、墨翟等多者进行比较，借此强调前者尤为推重差序层次。例如，在他看来，墨家的"爱无差等"和儒家的人伦差序"恰恰相反"。

最后，在西洋社会里，"国家"作为团体，是一个明显的也是唯一特出的群己界限。在中国传统里，群的极限是模糊不清的"天下"，国是皇帝之家，作为从自己这个中心里推出去的社会势力的界限并不清楚。

总之，费孝通先生的表达，也验证了其采用对比论证的合理性："我说了不少关于'团体格局'中道德体系的话，目的是在陪衬出'差序格局'中道德体系的特点来。从它们的差别上看去，很多地方是刚刚相反的。"

对比论证之二：家族。

在费孝通先生看来，大家庭和小家庭的差别并非来自于其大小（即社群所包括的人数），而是体现在结构上。他强调自己提出"家族"这一新名词的原因，正是尝试从结构原则角度说明中西社会里"家"的区别。

西洋家庭存在严格的团体界限，由此这一社群经营的事务主要是生儿育女；中国乡土社会缺少严格的团体界限，其功能会按照需要沿亲属差序向外扩大。作者正是由此阐释了生育社群和事业社群（即家庭、家族）两者之间的差异，例如前者的主轴是夫妇，后者的主轴是父子、婆媳。

对比论证之三：男女有别。

浮士德式的文化、阿波罗式的文化，费孝通先生尝试借助这两种文化观来了解乡土社会和现代社会在感情定向上的差别。两者的差别集中表现在两种社会最基本的社会生活里。

浮士德式的文化把冲突看成存在的基础，生命的意义就在于克服重重的阻碍；现代社会的前途属于无尽的不断变化的创造过程。例如，恋爱的独特性就体现在与友谊、生产等很多方面的差异：不停止与停止、追求与了解、创造与生产、过程与结果。

阿波罗式的文化则认定宇宙的安排存在一个超于人力的创造的完善的秩序，尝试接受、维持它的人的无力导致天堂遗失，黄金时代流逝。所以，和浮士德式的文化相较而言，其特点恰好与之相反：追求稳定、男女有别、加以隔离、遵循规则。

围绕"男女有别"这一核心概念，费孝通先生通过比较分析得出的结论至今引人深思："不想用理想去改变现实，让天国实现在这世界上；而是把现实作为理想的底稿，把现世推进天国。对生活的态度是以克己来迁就外界，那就是改变自己去适合于外在的秩序。"它是启发国人认知自身局限的关键，也可能成为其自强不息的起点。诚如鲁迅先生在《随感录·六十一不满》中所说："不满是向上的车轮，能够载着不自满的人类，向人道前进。多有不自满的人的种族，永远前进，永远有希望。"

对比论证之四：礼治秩序。

礼、法二者都是社会公认合式的行为规范。二者的不同之处体现在维持规范的力量。法治依靠有形的权力从外部限制人；礼治凭借无形的传统由个人习惯维持。礼治实现的前提是乡土社会的环境；如果现代社会出现，法治也就自然而然地应运而生。

虽然法治强调社会上的人际关系是根据法律来维持的，但法律还得靠权力来支持，还得靠人来执行，法治其实是"人依法而治"，无法完全杜绝人的因素。这也体现出两者之间的关系具有相对复杂的变动性的特点。

类似上述一系列运用对比论证方法来剖析的概念所在多有。

在探讨"无讼"时，费孝通先生强调：中国传统的差序格局并不承认可以施行于一切人的统一规则，但现行法律却是采用个人平等主义的原则。

在分析"无为政治"时，费孝通先生认为：合作和冲突两种过程常常互相交割、错综混合，所以横暴权力、同意权力的区别常常是概念而非事实上的。

在区别"欲望"和"需要"时，费孝通先生说明：乡土社会的人可以依靠欲望和经验来选择传统的生活方案行事，而现代社会的拥有知识的人则根据自身的"需要"制定"计划"。

通过以上分析，读者可以认识到《乡土中国》在运用比较方法立论时采用的多元角度：原则上的比较（差序格局）、结构上的比较（家族）、方向上的比较（男女有别）、力量上的比较（礼治秩序）。除此以外，还有地域上的比较（西洋与中国）、文化上的比较（浮士德式与阿波罗式）等等，可谓不一而足。

事实上，温儒敏先生也认为费孝通先生的"拿手好戏"是筛选案例材料进而提炼为可以印证乡村社区结构特征的"现象"，并和其他不同"文化格式"进行比较，以凸显乡土中国的特殊性。由此可见，品读《乡土中国》一书，在任务的设计上，可以有意识地借鉴费孝通先生那种"和学界不同的看法'对话'，以此凸显自己的观点"的比较论证的方法，借此启示读者领会其意趣。

三、任务丙：总结文献

"文献"一词最早见于《论语·八佾》，如"夏礼吾能言之，杞不足征也；殷礼吾能言之，宋不足征也。文献不足故也"。而宋人朱熹在《四书章句集注》中给予其内涵的定位是"文，典籍也；献，贤也"。宋人马端临在《文献通考》中将文、献分别作为叙事与论事的依据："文"是"本之经史，而参之以历代会要以及百家传记之书"；"献"则是"先取当时臣僚之奏疏，次及近代诸儒之评论，以至名流之燕谈、稗官之记录"。由此可见，文献对于中国古代学术研究视域的深、广具有重要意义。

《普通高中语文课程标准（2017年版）》中课程内容一节，在"学习任务群1　整本书阅读与研讨"的"学习目标与内容"（4）中建议，利用书中的目录、序跋、注释等，学习检索作者信息、作品背景、相关评价等资料，深入研读作家作品。显然，以上建议对"学习目标与内容"（3）中提示的"在指定范围内选择阅读一部学术著作"而言至关重要。

而掌握上述方法、具备上述能力的关键，正如普通高中《语文》必修上册在第五单元"整本书阅读"的"阅读指导"中强调的，应"关注作者运用的材料"，亦即文献。这也正是能否在阅读乃至写作上实现举一反三、触类旁通的关键。

历史学家陈寅恪先生曾在其著《寒柳堂记梦》的"弁言"中多次提及该书在体裁上尝试借鉴司马光《涑水记闻》和陆游《老学庵笔记》，吸收其"杂述掌故，间考旧文，俱为谨严。所论时事人物，亦多平允"的优长。借助历史学家余英时先生对自身治学方法的总结"每选定一题,我事先都必须广泛地阅读有关的参考资料和反复思量,然后才敢动手",这也能对文献意识在不同学科学术研究中的普适价值获得更多的体认。

就此,我们可以结合《乡土中国》一书中一系列有代表性的材料进行类别梳理和内容分析,尝试借此完成"关注作者运用的材料"这一重要的学习任务。

文献的类别梳理,按照科学、规范的标准划分,可以围绕时间(古代、现代)、空间(中国、外国)、类别(言论、人事)等几个维度展开。教师可以引导学生从中国古代文献、中国现代文献、外国古代文献、外国现代文献等几类从时空角度划分类别的文献入手,便于把握《乡土中国》运用材料的规律和特点。

首先,从中国古代文献着眼,可以参照作为四部分类法的"经史子集"简要梳理。

在作为四部之首的儒家经典著述中,《论语》一书的无数名句被费孝通先生信手拈来,为己所用,足见其点铁成金的功夫。例如,在《乡土本色》中,他结合《论语·阳货》中的"宰我问三年之丧"论述孝的真义,从而把握乡土社会中人际交往的基本办法。在《再论文字下乡》里,他在介绍"忘时"的生活时,提及《论语·述而》中孔子在"发愤忘食,乐以忘忧"的同时"不知老之将至"的状态。此外,在《差序格局》一文中,他借助《论语·为政》中"为政以德,譬如北辰,居其所而众星共之"这一经典的譬喻来理解"差序格局"这一概念,从而强调在以自己为中心的社会关系网络中"克己复礼"是差序格局道德体系的出发点。在论证"私人的道德"时,他也引用《论语》里一系列和孝、悌、忠、信相关的名句深入阐释。此外,在《礼治秩序》中,他认为在礼治秩序建立的时代,古人可以通过"学而时习之"来享受满足需要的愉快。在《长老统治》中论述为政的横暴性与教化性时,他也使用《论语》中的"苛政猛于虎"和"为政以德"来深入阐释。在《名实的分离》中,他认为由于孔子的建议是"三年无改于父之道",社会变迁可以吸收在社会继替之中,从而实现社会安定。

除了《论语》之外,儒家经典中的其他著述也广为运用。如《维系着私人的道德》一文对于《孟子》中的对话体内容(含《孟子·尽心上》《孟子·

万章上》《孟子·滕文公上》中的片段）的引介，以及《差序格局》一文中对于《礼记》《大学》《中庸》等其他儒家经典里的金玉良言的恰到好处的借鉴。

作为"经史子集"中的子书之一，《道德经》中的观念也在本书不同篇章中被反复提及。如费孝通先生在《再论文字下乡》中借用老子的观点"鸡犬（之声）相闻，民至老死（而）不相往来"，进而描述符合理想中的"小国寡民"预期的"极端的乡土社会"。这一观念在《礼治秩序》一文中再次强化，即"社会秩序无需外力来维持，单凭每个人的本能或良知，就能相安无事了"。

此外，费孝通先生在古往今来的文学作品中选择的与"乡土中国"相关的内容同样引人入胜。例如，在《文字下乡》中，他分析唐代诗人李贺之所以在诗歌创作上"呕心沥血"，主要缘于"感觉敏锐的人怨恨语言的束缚"进而追求"比较切近的表达"。在同一篇文章中，他结合明代散文家归有光的《项脊轩志》一文中的"余扃牖而居，久之，能以足音辨人"来印证乡土社会中存在所谓"面对面的社群"。包括其他一系列引经据典的内容，如《差序格局》中提及的《红楼梦》中的大观园，《礼治秩序》里写到的《镜花缘》里的君子国，《无讼》中引介的《包公案》《施公案》里的"听讼"场面，无不凭借其形象生动使读者的阅读兴趣油然而生。

诚如余英时先生在探讨治史方式时说："除了传世已久的古文献之外，我也尽量参考新发现的简帛和现代专家的重要论著。"从中国现代文献审视，《乡土中国》一书同样兼收并蓄。

费孝通先生在《长老统治》中引用过自己的著作《生育制度》中的表述来阐述教化性的权力在亲子关系中的明显表现，也在《家族》一文中论证乡土社会中的基本社群"大家庭"时提及自己在《江村经济》一书中提出的概念——"扩大了的家庭"（Expanded Family），在《家族》一文中他也提及曾在自己的《美国人性格》一书中用"生活堡垒"一词形容两性感情的发展。由此可见，作为现代文献的自身的著述，在专业研究中会发挥不可或缺的功能。除此之外，作为自身师友的同代学人的成果，同样可以为其借鉴。如他在《差序格局》一文中曾经引用潘光旦先生发表于《社会研究》第十九期的《说伦字》一文中的真知灼见。

除了在著作或论文等纸质媒介中出现的文字材料外，费孝通先生也别出心裁地将自己看到、听闻或切身实践的人事经验巧妙地融入分析论证中。例如，他在《血缘和地缘》中不但结合自身在江村和禄村调查时发现的问题来探讨"怎样才能成为村子里的人?"，还结合当时自己执教的云南乡下的信用互助组织来举例说明"减轻社会关系上的担负"的意义。他也在《长老统治》中提及自己的老师史禄国先生对作为中国亲属制度中最基本的原则的长幼划分的重要地位。同时，他还在《礼治秩序》中提到抗战时自己疏散在昆明乡下期间，因为整天啼哭不定的初生的孩子而请教房东老太太，从这些切身实践中可以感受到前代生活中证明有效的经验。

其次，从外国文献着眼，读者同样可以感受到《乡土中国》一书在材料运用上的游刃有余、收放自如。无论是《长老统治》中提到的"十诫"，还是《再论文字下乡》中呈现的《圣经》，包括《维系着私人的道德》中的耶稣，无不展示出作者对于基督教文化的认知和积淀。

同样，对费孝通先生的治学和研究影响更大的还有包括马林诺夫斯基（Malinowski）、杜尔凯姆（Durkheim）、威廉·詹姆斯（William James）、亚当·斯密（Adamsmith）、孙末楠等一系列世界人文社科领域的著名学者。除此之外，从国家的层面着眼，美国的种族歧视、英国的民意测验、印度的地方葬礼、缅甸的成年仪式、苏联的权力性质……这一系列不同形式的材料，都让读者大开眼界。

温儒敏先生既强调《乡土中国》一书论证的求实体现在"靠材料说话"，也充分肯定了其"大量引证传统典籍材料"，从而"'翻新'出新的涵义"的价值。而普通高中《语文》必修上册在"整本书阅读"单元的阅读指导第五点"反复阅读，积极思考"中建议，"还可以参阅一些资料，促进对学术著作的理解"，也提示读者可以通过延伸阅读其他著作增进对于费孝通先生的《乡土中国》一书的内容和价值的认知，如费孝通《江村经济：中国农民的生活》，陈桂棣、春桃《中国农民调查》，温铁军《三农问题与世纪反思》，等等。

正如《一千零一夜（第一季）》中《第九十八夜：乡土中国》留给每一位观者的思考：如果今天整个中国的乡土社会性质已经受到动摇，甚至完全改变，我们又该如何去重振所谓的"优良文化传统"？我们又该如何去把儒家文化重新推行到我们社会上的每一个角落呢？一系列发人深省的问题的确值得每一位真正关心曾经的乡土中国的个体继续追索和探求。

【参考文献】

[1] 费孝通. 乡土中国 生育制度［M］. 北京：北京大学出版社，1998.

[2] 中华人民共和国教育部制定. 普通高中语文课程标准：2017年版［M］. 北京：人民教育出版社，2018.

[3] 教育部. 普通高中教科书 语文 必修 上册［M］. 北京：人民教育出版社，2019.

[4] 温儒敏. 年轻时有意识读些"深"一点的书——《乡土中国》导读［J］. 名作欣赏，2019（12）.

[5] 费孝通. 江村经济：中国农民的生活［M］. 北京：商务印书馆，2003.

[6] 钱穆. 朱子学提纲［M］. 北京：生活·读书·新知三联书店，2002.

[7] 余英时. 中国情怀：余英时散文集［M］. 北京：北京大学出版社，2012.

[8] 余英时. 国学与中国人文［M］. 桂林：广西师范大学出版社，2014.

[9] 乐黛云等. 比较文学原理新编［M］. 北京：北京大学出版社，1998.

[10] 鲁迅. 鲁迅全集·1［M］. 北京：人民文学出版社，2014.

[11] 陈寅恪. 陈寅恪集·寒柳堂集［M］. 北京：生活·读书·新知三联书店，2001.

[12] 余英时. 厄言自纪：余英时自序集［M］. 北京：北京大学出版社，2012.

[13] 余英时. 国学与中国人文［M］. 桂林：广西师范大学出版社，2014.

（本文发表于《长春教育学院学报》2021年第3期）

"整本书阅读"的理念、实践、探索
——关于"《乡土中国》读书会"课程设计的思考与延伸

2020年12月5日,笔者代表东北师大附中语文人参加"全国语文学科新教材实施研讨会暨东师附中第38届教学百花奖"活动,主讲示范课"《乡土中国》读书会"。以下笔者主要从"理念""实践""探索"三个维度入手,分享自身以"《乡土中国》读书会"为例对"整本书阅读"课程设计的思考与延伸。

一、出发点和落脚点:课程设计的理念

众所周知,《普通高中语文课程标准》第四项"课程内容"中的"学习任务群1:整本书阅读与研讨",力图引导学生通过阅读整本书,拓展阅读视野,建构阅读整本书的经验,形成适合自己的读书方法,提升阅读鉴赏能力,养成良好的读书习惯。目前全国各地全面推广使用的由教育部组织编写、人教社出版的《普通高中教科书 语文 必修 上册》第五单元"整本书阅读"推荐的正是现代中国著名社会学家费孝通先生撰写的一部研究中国乡村社会特点的学术著作《乡土中国》。

费孝通先生基于自身田野调查的丰富积累,对中国基层传统社会结构进行了充分的思考和分析,尝试回答"作为中国基层社会的乡土社会究竟是个什么样的社会"这一问题。阅读《乡土中国》不但可以帮助读者具体全面了解中国乡土社会的现实,也能深入感受中国乡土社会的文化传统和精神。

以上是笔者对把"《乡土中国》读书会"作为"百花奖"活动的教学内容的出发点——几点原因的说明。接下来,分享关于本次"读书会"的落脚点——关于内容设计的原则与方法。

诚如顾之川先生在《怎样阅读〈乡土中国〉》一文中所说:应该实事求是,立足本校教学实际与学生实际,制定合适的教学策略。作为东师附中语

文教师，以师生双主体为原则，以基于情境、问题导向为中心，以信息技术与学科教学深度融合为过程，可以帮助我们尝试从多个层面入手有效地践行所谓新时代"五以"课堂教学思想。

正是基于以上思考，笔者这堂课主要从活动回顾、成果分享、问题探究三个方面入手，无论是对阅读与写作、观赏与思考、讨论与总结等一系列学习活动的回顾，还是从作者研究、方法研习、应用研判等角度为学生搭设平台，探寻知人论世和学以致用的道理，或是从彼此对疑难问题的分析与思考入手，都力争展示与互动并举、评点与质询同在。当然，如何激发学生阅读兴趣、引导学生深入思考、培养学生理解能力，这也值得每一位尝试以笃实践履的精神落实"整本书阅读"活动的语文人探寻。

诚如清人龚自珍所言：但开风气不为师。笔者也希望通过"《乡土中国》读书会"这节课对上述课程设计理念进行一次有益的尝试，借此有效践行费先生在《乡土中国》一书中倡导的"一往无前的探索的劲道"。

二、操作性和主体性：课程设计的实践

（一）开展学习活动

作为教师，笔者首先从"阅读与写作""观赏与思考""学习与讨论"三个维度简要回顾"《乡土中国》读书会"在从10月下旬到12月上旬历时近6周的准备阶段中陆续开展、推进过程中完成的一系列操作性较强的活动内容。

1. 学生在2周内利用课上和课下时间完成《乡土中国》的阅读并结合积累的笔记完成一篇书评。

2. 学生在课上共同观赏专题节目《一千零一夜 乡土中国（费孝通）》（梁文道主讲）感受理解。

3. 教师第一次收取学生自己在阅读和批注《乡土中国》一书时产生的部分疑难问题并梳理提炼。

4. 学生阅读了解《语文 必修（上）》课本第五单元"整本书阅读"的"阅读指导"和"学习任务"。

5. 学生根据教师提供的"读书会"研讨任务群在课下交流后自行组建研究团队并明确任务。

6. "《乡土中国》读书会"的三个研究小组采用分工与合作相结合的方式

在课下开展组内研究。

7. "《乡土中国》读书会"的三个研究小组在课上汇总彼此的研究成果后形成研究报告并提交。

8. 教师审读各个研究小组提交的研究报告，提出修改意见，提示各个小组组长准备讲稿和课件。

9. 教师第二次收取学生自己在阅读和研究《乡土中国》一书时产生的部分疑难问题并梳理提炼。

10. 教师将自己梳理、提炼后保留的学生针对该书提出的真问题、好问题汇总并及时印发给学生。

（二）分享学习成果

在这一环节，三个研究小组（作者研究组、方法研习组、应用研判组）的组长（或发言代表）依次登台，代表本组成员，以讲话的形式分享本组研究成果。同时，每组代表发言后，其他两组组员也可以提问，由本组组员回答。由此可见，无论是发言代表，还是组内成员，每个学生的主体性在课下学习和课上研讨中均得以彰显。

1. 作者研究组成果：八个方面

众所周知，《乡土中国》一书的作者费孝通先生不仅在社会学、人类学等诸多领域中成就卓著，其强烈的社会责任感和爱国精神、饱含深情而又富于哲理的人文关怀，在他一生的经历和著述中历历可数。学生可以通过查找资料了解其生平，通过阅读他的其他著述尝试更加全面地认识费孝通先生的思想和成就。

进行《乡土中国》的整本书阅读与研究，该组首先从知人论世的角度切入，深入探究作者费孝通先生的生平和为人，全面了解他所生活的环境和时代，深入了解他的思想、境遇与成就。为此，该组学生分别从生平简介、心灵伴侣、授业恩师、著述思想、个人成就、生活境遇、考察事迹、优秀品质这八个方面入手，分工合作，对各种文献、影像资料进行研究。彼此结合自己对费先生的认识与理解，完成八篇研究成果，最终删繁就简，汇成报告。

在报告中，该组代表强调，费先生一生绝大多数时间都奔走于乡间。从在瑶山完成《花篮瑶社会组织》到几乎走遍祁连山走廊完成译作《甘肃土人的婚姻》，再到于开弦弓村养伤时进行研究并完成的成名作《江村经济》，他数十年如一日开展的田野调查，与他的老师们的影响也是分不开的。对于费先生研究方式影响最大的是三位先生。其中，吴文藻先生主张经世致用和实地调查，全面深入地影响着费先生；派克带领费先生走出燕园这座"象牙之塔"，走入真正的社会，为他此后的田野考察提供了具体的方法和实践途径；而马林诺斯基教给费先生的则是系统完整的田野调查方法，也让他接受到中上层社会气息的熏陶。

该组经过考证，了解到在极为艰苦的条件下，费先生仍然不忘学术，授课时不辞辛苦自己整理教材，应用了大量的实地考察经验，为学生精彩呈现出乡土社会的面貌，又在多年后加以整理，这本值得后人通读、细读、精读的《乡土中国》就此诞生。可见，费先生身上具有的不怕困难、刻苦钻研的实干精神也值得晚辈学习继承、发扬光大。

2. 方法研习组成果：三个词语

费孝通先生在《乡土中国》的序言中说："它不是一个具体社会的描写，而是从具体社会里提炼出的一些概念。"学生可以从全书着眼，梳理作者用以指称乡土社会的概念和与之相对应的指称其他社会的概念，借鉴比较研究的方法对概念进行分析。

该组代表侧重对《乡土中国》一书中重要的概念含义进行分析和推介，认为"读懂了农村，也就读懂了中国，因为乡土里的中国，藏着中国的魂"。虽然与 70 年前相比，当下的中国早已发生了翻天覆地的变化，但费先生总结的中国社会里的一些底层逻辑和规律无疑具有非常深刻的"洞见"。在研究过程中，该组对全书中每个章节的重要概念进行了系统的梳理，选出最深刻的几个概念（关键词）进行深入探究和总结。

该组选出的第一个关键词是——中国社会本身的底层逻辑——"乡土性"。正是具备"乡土性"的大环境使得传统中国与西方的社会结构有着很大的不同，这也就涉及该组发掘的第二个关键词——中国社会下所呈现的结构的底层逻辑——"差序格局"，进而该组从"'不成文'的规矩，往往比明文法律更加有效"入手，引出第三个关键词——乡土社会礼治秩序里的底层逻辑——"长老统治"。

该组安排四名学生分别饰演父亲、哥哥、弟弟、村长，尝试以舞台表演的形式通过请人调解再现礼治秩序留下的影响（敬畏之心），启发今人——在这种模式中，即使到了现代社会，讲究"长幼有序""尊老敬贤"依然合理。

该组也希望通过多元分享进一步引发彼此对乡土中国的关注，真正实现不忘乡土、扎根故里。

3. 应用研判组成果：一部电影

该组主要通过分析电影《秋菊打官司》来深入理解《乡土中国》中的关键概念。

首先，组长为全体师生简要介绍了《秋菊打官司》这部电影的主体情节，进而呈现了该组根据电影情节设计的思维导图。秋菊为什么要打官司呢？因为"不服"。而她的"不服"分为三点：态度、过程、结果。

所谓态度，是对村长的要面子不满：王善堂是村长，为了面子，就不给秋菊道歉。而过程，是秋菊一直索要的一个说法，村长始终没有给她。结果则是不如意的村长被拘留。由此，我们可以分别联系到《乡土中国》中提及的一系列重要概念，最终归于"礼治"与"法治"。

其次，该组组长强调：在电影中，秋菊极力用一种"理"去讨回自己的公道，可过程却不尽如人意。而当她真正走上法律程序时，结果却又给了她当头一棒：法律给她的说法，也不是她想要的。由此，我们发现了礼治与法治的冲突：在乡土社会中，维系社会秩序的规范是礼，维持礼的力量的则是传统和习惯；礼对于人的约束是内在的，即人通过教化而主动地服膺于礼，而与这种秩序相配合的是一个前现代的社会或传统社会。一个引人注目也令人困窘的问题是：现代的司法制度已经引进并且推行下乡，但乡土社会中人的组织、行为和观念没有发生相应变化，结果是"现行的司法制度在乡间发生了很特殊的副作用，它破坏了原有的礼治秩序，但并不能有效地建立起法治秩序"。

（三）研讨学习问题

1. 问题汇总

在本节示范课前，笔者先后汇总并分发了全班学生集思广益梳理总结出的若干个富有价值的疑难问题。例如：

（1）全书的行文多由中西对比展开，所谓"乡土中国"是否只在与西方对比之下才可能存在？

（2）乡土也是流动、变化的，在全书行文中很难看到对乡土流动性的揭示。例如"司法制度"一节，乡土社会固然是礼俗社会，礼俗就一定排斥司法吗？司法就一定破坏礼俗吗？举例是否有些极端？

（3）乡土社会中产生的一些文化现象——例如差序格局导致的"帮亲不帮理"等现象，是否应该全盘否定？

（4）在《无讼》中作者提到新的司法制度已经推行下乡，而那些不容于乡土伦理的人却因此找到了新的保障。我认为人们靠礼义廉耻规范自身的社会是理想的，这样推行法律难道不是在使社会的发展进程倒退吗？

（5）费孝通先生的这篇文章是否适应现在的乡土或现在的社会？它对当下的中国还有怎样的意义？

（6）费孝通先生在书中提到"乡土社会不太需要文字的大量普及"，但在发展乡村振兴的今天大力推行教育是否与费先生的观点相违背？

（7）中国在春秋时期也曾发展出墨家的"兼爱"思想，这与耶稣的思想有一定的相似之处，为何最终还是儒家思想以及差序格局在中国占了主导地位？

（8）"传统的道德里……，所有的价值标准也不能超脱于差序的人伦而存在"，那么为何"大公无私"的品质在我们的差序格局社会中仍被视为一种美德？

2. 问题研讨

在本节示范课上，师生们围绕其中一系列关键问题进行了深入分析和探讨，在此举出两个例证分享研讨内容。

问题一：费孝通先生在《再论文字下乡》一文中提出"乡下人没有文字的需要"的原因是什么？当下中国从科教兴国发展战略出发推行的"教育下乡"政策是否与之矛盾？

【解析】分析这个问题，有必要结合《文字下乡》与《再论文字下乡》两篇文章深入分析。费孝通先生在《文字下乡》一文中强调"我决不敢反对文字下乡的运动""我决不是说我们不必推行文字下乡"，由此可见，关于"文字下乡"的取舍标准主要来自"乡土社会的本质"。如果说《文字下乡》一文侧重从"空间格局"入手分析，那么《再论文字下乡》则主要是从"时间格局"入手做出相同的回答。

【结论】（1）①乡土社会生活安定，以土地为生的人们往往历世不移，每代人的生活环境都基本相同；②生活环境相同决定了世代经验少有变化，无须累积；③生活经验口口相传即可，无须文字。（2）并不矛盾。"乡下人"是否存在"文字的需要"，或者是否有必要推行"教育下乡"，主要取决于中国的现实社会形态。如果中国社会乡土性的基层已经发生了变化，文字（以及教育）能够而且应该下乡。

问题二：乡土社会固然是礼治社会，但礼治一定会排斥法治吗？法治一定会破坏礼治吗？

【解析】要回答这个问题，就有必要结合《礼治秩序》与《无讼》两篇文章深入分析。礼并不是靠一个外在的权力来推行的，而是从教化中养成的个人的敬畏之感，使人服膺；人服礼是主动的。法律是从外限制人的，不守法所得到的罚是由特定的权力所加之于个人的。至于法治与礼治在当代中国存在的矛盾，也可以结合《秋菊打官司》《被告山杠爷》等电影作品来体会。

【结论】所谓"礼治"，可以简称"礼"；所谓"法治"，可以简称"法"。"礼"和"法"的不同之处就是维持规范的力量。"法"是依靠国家权力来推行的，而维持"礼"这一规范的却是传统。当一个乡土社会满足了传统可以有效应付生活问题这一前提时，秩序可以用"礼"维持；反之，在快速变迁的现代社会中，传统的效力是无法保证的，礼治社会也将不复存在。如果在社会结构和思想观念上尚未出现变革，就会出现礼治秩序受到破坏而法治秩序难以建立的局面。

三、成果化和应用化：课程设计的探索

（一）教师论文示例（教研成果，刊发分享）

1. 李跃庭、孙立权《乡土中国》，发表于《作文通讯》2021年第1期。

2. 沈月明、李跃庭《"整本书阅读"学习任务的深度解读——以费孝通〈乡土中国〉为例》，发表于《长春教育学院学报》2021年第3期。

（二）学生作品撷英（学习成果，编印分享）

1. ……此外，在读这本书之前，尊崇墨家思想的我一直很好奇为什么是儒家思想而不是其他思想在百家争鸣时期过后得以"独尊"。费先生的一番话使我醍醐灌顶："孔子的道德系统里绝不肯离开差序格局的中心……他不像耶稣或中国的墨翟，一放不能收。"的确，墨翟的思想确实容易使我们中的一些

人产生强烈的共鸣，但在当时，他的学说却未必适合在各家各户自给自足的农业社会中产生的以自我为中心的"差序格局"。费先生的分析，使我找到了对于这个问题比所谓"维护统治"更令人信服的解释。儒家思想，在现在看来可能确实存在一些不适应现代社会的弊端，但在当时，"独尊儒术"，可能就是解决思想问题的最优解……

……引用费孝通在这本书中说过的一句话，"从土里长出过光荣的历史，自然也会受到土的束缚，现在很有些飞不上天的样子"……我们之所以要了解乡土社会，一方面，是要知道我们的过去，找到我们的根；另一方面，则是要以之为镜，看看正在步入现代社会的我们还如何陷在土里，这样才能从泥泞中拔出双腿，快步向着更美好的明天迈进。（节选自臧宏宇《看清我们的来路，找到我们的去路》）

2. 费孝通先生对于中国社会乡土性的分析是极具层次的。由开篇对乡土社会特点的分析，进而阐述文字下乡的前提，再到差序格局的提出，以及在这种格局下的家族、道德、权力表现，每一章节都环环相扣，一步步深入探究，又各自独立，保持各自探究问题的专一性。费先生引导着读者的思维，使我们看到了与依靠国家权力机构而使人被动服从的法治社会不同的乡土社会特有的"礼治社会"，也看到了四种权力之下，乡土社会农业社会的社会性质、小农经济的经济特点、变化很慢的稳定性决定了它只能产生更注重长幼秩序的长老权力……（节选自王晗《扎根于民族的乡土本色》）

3. 再者，是他的论证方式。其中，作者多次引用外国人的评价或中国传统著作来帮助读者更深刻地感受他的观点，如滕尼斯、威廉·詹姆士及《论语》《礼记》等。此外，频繁使用举例论证使得枯燥的概念浅显易懂。比如在谈到"礼治"时，为了说明"礼治"不是人们印象中的"文质彬彬"，也可以很野蛮时，举了"印度有些地方，丈夫死了，妻子得在葬礼被人用火烧死"也是礼的例子，从而说明礼的概念是社会公认合适的行为规范。最后，生动形象的比喻论证让我印象深刻。例如在《长老统治》中谈到人生如逆旅，但这逆旅却有着更严格的规律，到这里来的，不是出于自己的选择，来了之后又不得随意搬家，只此一家，别无分店……从而引出介于横暴权力与同意权力之间的"长老统治"。（节选自郭欣怡《悠悠古国，蕴于乡土》）

4. 乡土社会的起源就决定了其最本质的特征与追求——稳定。而因此发生的许多社会现象也促进着、加固着它的稳定。经过千载绵延的积淀，这种稳定已经刻入了人们的骨髓，难以改变，以致当近代化的大潮扑向中国的面门，令人们不得不做出改变时，思想文化的改变也是姗姗来迟且困难重重。时至今日，仍有人离不开自己世代所居的土地，不愿改变千百年来的生活方式。大部分人虽然离开了土地，披上了"体面"的外套，却依然难以改变乡土社会中养成的本能……在我看来，中国的现代化，即由传统的乡土社会为主向现代社会为主转型的过程，是略显急躁的。迫于世界形势，中国大梦初醒便开始全速奔跑，没有一个由传统到现代的平稳过渡，使许多乡土习俗被直接搬到现代社会来，造成一系列社会问题，比如无处不在的人情。人与人彻底的熟识产生的信任被陌生冲垮了，而"人情"却还在，人与人无法真正完全信任，那么"人情"就成了形式、成了虚伪、成了束缚人的枷锁。（节选自焦子谦《一切从土地说起》）

（三）教辅著述编写（拓展阅读，训练提升）

在完成"《乡土中国》读书会"这节示范课后，笔者参与编写了《无敌原创必刷点 语文 必修上册：高中语文基础知识掌中宝》（世界图书出版公司，2021年）一书第五单元《整本书阅读》。本单元的学习视角不同于其他单元，除了浏览教材的"阅读指导"提示的五种策略和"学习任务"分享的四个任务外，学生可以从不同角度和方式入手，以读写结合的方式完成本单元的学习任务。

一方面，笔者编选了费孝通先生的《〈乡土中国〉后记》《〈乡土中国〉重刊序言》和对该书解读文章的片段。另一方面，笔者也将于"《乡土中国》读书会"这节示范课中汇总的部分学生的优秀成果（书评选辑、研究报告、问题汇总）以完整收入或摘编呈现的方式集中分享。

此外，笔者还尝试以命题的形式将《乡土中国》一书中蕴含的知识内容通过考查、检测等方式帮助学生巩固和积累。

例如，选择题——

费孝通先生在《乡土中国·后记》中提及"《乡土中国》属于社区分析第二步的比较研究的范围"，下列各组概念中不属于带有比较研究性质的一组是（　　）

A. 生育社群、事业社群　　　　　　B. 浮士德文化、阿波罗文化

C. 血缘社会、地缘社会　　　　D. 法理社会、法治秩序

例如，释义题——

圜局（选自《文字下乡》），一表三千里（选自《差序格局》），无父无君（选自《系维着私人的道德》），社会继替（选自《长老统治》），上賨（选自《血缘和地缘》），等。

例如，填空题——

在下面一段文字横线处补写恰当的语句，使整段文字语意完整连贯，内容贴切，逻辑严密。每处不超过 15 字。（每空 6 分，共 18 分）

费孝通在《乡土中国》中提出"差序格局"，其实它有多个思想或学术来源。费孝通提到的以自己为中心的亲属记认体系，　①　。在摩尔根看来，每个人即自我，　②　，周围形成一个亲属圈。摩尔根的这种亲属制度理论用于人类学实地调查，其基本途径是亲属称谓体系研究。费氏则受过人类学训练，在"江村"的调查中，运用这种方法绘制了当地的亲属称谓体系图表。该图表所呈现的"蜘蛛的网"，　③　。

当然，学生也可以通过延伸阅读其他属于名家手笔的专业著作增进自身对《乡土中国》的价值认知，如费孝通《江村经济：中国农民的生活》，熊培云《一个村庄里的中国》，贺雪峰《新乡土中国》，陈桂棣、春桃《中国农民调查》，温铁军《三农问题与世纪反思》，等等。

（四）教研成果评奖（论文、录像、教案、课件）

（1）2022 年 12 月，在征集评选吉林省普通高中新课程教学"单元教学设计""微课"教学资源活动中，做了题为《〈乡土中国〉疑难问题研讨》的微课，荣获特等奖。

（2）2023 年 3 月，论文《"整本书阅读"学习任务的深度解读——以费孝通〈乡土中国〉为例》参加长春市教育科学"十四五"2022 年度优秀课题成果评选，获得论文类一等奖。

（3）2023 年 6 月，论文《"整本书阅读"学习任务的深度解读——以费孝通〈乡土中国〉为例》荣获吉林省教育学会第十四届教育科研优秀成果奖（论文类）特等奖。

（4）2023 年 12 月，课例"《乡土中国》读书会"荣获 2023 年吉林省普通高中新课程"优秀课例评选"特等奖。

研究篇

YANJIU PIAN

所论多平允，述考俱谨严
——评《孙立权语文教育札记》

历史学家陈寅恪先生曾在著述《寒柳堂记梦》的"弁言"中多次提及此书在体裁上尝试借鉴司马光《涑水记闻》和陆游《老学庵笔记》，吸收其"杂述掌故，间考旧文，俱为谨严。所论时事人物，亦多平允"的优长。无独有偶，多年来从教于东北师大附中的孙立权老师在其新作《孙立权语文教育札记》（以下均简称《札记》）第348则《札记体作文》中亦曾坦言：

《世说新语》《老学庵笔记》，都不刻意为文，而是如行云流水一样信手写来，而且题材广泛，细大不捐。看上去，可能只是一段言谈，一个细节，但却韵味悠长，充满性灵。今天的作文教学，应该向这种中国古代的笔记文看齐。（有删节）

毋庸置疑，孙立权老师正是以身体力行的方式灵活地借鉴了上述笔记文的形式，在自身的著述《札记》一书中笃实践履。

《札记》一书的内容主要是由"泛论语文教育""阅读与写作教学""读书心得""教育随笔"四个板块构成的。笔者重点围绕"泛论语文教育"中的"非教学性备课"和"文献意识"，以及"阅读与写作教学"中的"参较式阅读"等观念、方法，也不乏在其他两个板块中选择合适的条则，尝试从方法论的角度对《札记》一书在语文教研上的多重价值管窥蠡测。

一、类聚参较，别行立法：关于"参较式阅读"

所谓"参较式阅读"，是孙立权老师在从事中学语文教育的第一个十年（1995—2005年）中摸索出的阅读教学方法。对这一创获的启示，来自于我国新时期以来的著名茅盾研究专家、东北师范大学教授孙中田先生的一堂起始课。孙立权老师在《札记》第481则《从孙中田先生的一次课学到的》对此做出了详细的说明。对于"参较式阅读"的内涵，孙立权老师在其《札记》

的第 206 则《参较式阅读》中进行了如下阐发：

　　事物在参照比较中显现意义，有比较才能鉴别。市井、店肆中流行一句话，叫"不怕不识货，就怕货比货"，说的就是这个道理。通过确立一个文章的参照系，从而认识课文本身，这是一种科学方法，我称之为"参照比较式阅读"，简称"参较式阅读"。讲鲁迅的《故乡》时，我把叶圣陶的《多收了三五斗》、茅盾的《春蚕》、《三国演义》中"温酒斩华雄"一段印发给学生，让学生在相互参照中认识《故乡》。《多收了三五斗》和《春蚕》都写了"丰收成灾"，都写出了农民物质生活的贫困，而《故乡》不仅表现农民物质生活的贫困，更把笔力放在他们精神生活的病苦上。"温酒斩华雄"是古典小说片段，情节起伏跌宕，引人入胜，而《故乡》情节弱化，属于非情节小说。中国古典小说少有人物内心独白，而《故乡》有"我"大段的内心独白。——就在这种参照比较的阅读中，学生在更深的层面理解了《故乡》。

　　显然，本则札记属于作者对"参较式阅读"进行"下定义"的初次尝试。参较的主体是鲁迅的《故乡》，客体则是叶圣陶的《多收了三五斗》、茅盾的《春蚕》、罗贯中的《三国演义》第五回中"关云长温酒斩华雄"的片段。由此可见，中国现代小说在题材、主题上的同中之异，中国古今小说在情节、叙事上的明显差别，都集中呈现在师生围绕《故乡》进行的参照、比较解读之中，不但令听者有耳目一新之感，而且让观者有醍醐灌顶之悟。这种讲解方法，即使与当代名家的同题课例相比，也堪称一种别开生面的创获。

　　孙立权老师在其《札记》第 207 则《参较式阅读举隅》中对于自己讲解《祭十二郎文》时结合《三国演义》中诸葛亮江东吊孝时诵读的祭文、雨果《巴尔扎克葬词》建立的参照系也进行过详细的阐发。从这则札记来看，孙老师不但有效践行了在语文教学中于古今中外的宏阔视野下进行解读的初衷，而且他对课文的解读并未止步于单纯的横向的参照比较。他引用清代学者沈德潜的评价进一步启发学生从"体"之"变"来领悟"调"之"绝"，进而从内容、形式、语言、读者等多个角度进行了颇具广度的解读，同时也有效地践行了他曾在《札记》第 23 则《深度语文课堂》中给予认同的"深度语文"的教学观念。

　　事实上，通过《札记》中收录的众多课例可见，"参较式阅读"不仅会在"文"上聚精会神，也会在"字"上锱铢必较。《札记》第 211 则《确定词语意义也要依赖参较式阅读》和第 213 则《参较法又一例》，无疑会帮助我们深入领会其"文字功夫"的价值和意义。

正所谓触类旁通、举一反三，孙立权老师提出的其他围绕课文设计的解读、分析方法，和"参较式阅读"相比，均有异曲同工之妙。如《札记》第 227 则《互文性解读》围绕王维《山居秋暝》中"空山新雨后"的"空"进行的互文解读，再如《札记》第 259 则《变换分析法》中对李商隐《夜雨寄北》中"巴山夜雨涨秋池"一句的变换分析，无不令人击节称赏。

更为可贵的是，孙立权老师能够将"变换法"与"参较法"合用。例如，在盛况空前的 2014 年 10 月的"小初高——异学段——同课异构教研活动"中，在讲柳宗元《江雪》时，孙立权老师先用"变换法"，把押仄声韵的《江雪》改为押平声韵的诗，然后让学生用改后的诗和原诗进行参照、比较，进而分析鉴赏，在方法运用上可谓游刃有余、相得益彰。

当然，从教者能够巧妙和灵活地运用"参较式阅读"的方法，一个至关重要的前提是，应该在语文教学中具备起码的"文献意识"。

二、辨章学术，考镜源流：关于"文献意识"

众所周知，陈寅恪先生从三个方面概括王国维著述的学术特色：其一，取地下之实物与纸上之遗文互相证释；其二，取异族之故书与吾国之旧籍互相补正；其三，取外来之观念与固有之材料互相参证。而陈先生自己的史学研究，也善于从社会风俗的流变和族群人文的背景等个同维度来考察历史现象，其重视考据、长于分析的治学方法，我们也可以从孙立权老师的《札记》中真切感知。

对于"文献意识"，《札记》一书中的第 64 则《例说注重文献》、第 65 则《死文献与活文献》、第 339 则《例说"文献意识"》等条则中均有陈述。

孙立权老师对"文献意识"的探讨，并未止步于对课文内容进行由字到文的考证，而是结合堪称范本的文史著述对"文献"一词的经典诠释，提出对"文献"属性进行界定的新见。让孙立权老师最早领悟到"文献意识"之可贵的，是他针对人教版高中课本里的《林黛玉进贾府》一文中关于林黛玉的两句肖像描写——"两弯似蹙非蹙罥烟眉，一双似喜非喜含情目"——进行的分析。通过《札记》第 339 则《例说"文献意识"》可见，孙立权老师在讲解课文时之所以能够大刀阔斧地围绕个别疑难问题进行深入开掘，结合海内外不同版本或藏本的著述进行分析和鉴赏，从而高下立判，正是凭借自身葆有的"文献意识"。若缺少这种意识，面对小说中类似的描写文字，教学中往往流于蜻蜓点水、走马观花，从而与真正的经典和大师的心语失之交臂。

陈寅恪先生说过："依照今日训诂学之标准，凡解释一字即是作一部文化史。"孙立权老师在文言文字词教学中的一贯主张是：从字源字理出发，讲清来龙去脉。实现这一方法，无疑应在教学中将"文献意识"切实有效地融入。结合《札记》第310则《说"夙婴疾病"中的"婴"》，我们对这一点清晰可感。

无独有偶，对"文献意识"的合理运用，从字词含义过渡到文化常识，这与孙立权老师始终倡导的"言语/文化观"（详见《札记》第1则《我的语文观——言语—文化观》）吻合，它也是从微观和宏观这两大视域同时切入文本的尝试。借助《札记》第322则《我讲〈庖丁解牛〉时设计的一个问题》，我们对融入"文献意识"的"参较式阅读"方法在篇章解读中阐扬文化精神的意义和价值会获得更加真切的理解。

融入"文献意识"的教学方法，在孙立权老师的课堂教学中可谓比比皆是。当然，如何将"文献意识"灵活、巧妙地运用在教学实践中，从而将其转化为具体可操作的方法、技巧，可能是所有从教者更为关注的。

毋庸置疑，孙立权老师通过《札记》中的多则内容一再倡导的"文献意识"提示我们：在语文教学中，无论"触类旁通"，还是"见微知著"，抑或"死去活来"，都要求我们始终葆有对不同类型的"文献"进行积累、筛选、考订、比较、诠释的"意识"和实践能力。

诚如韩愈在《进学解》中所说："口不绝吟于六艺之文，手不停披于百家之编。记事者必提其要，纂言者必钩其玄。"若能始终葆有类似的"文献意识"，并在备课乃至教学中拓宽其学术视域，对于从字词含义到篇章主旨等一系列疑难问题的分析和解答，无疑大有裨益。

诚如余英时先生对其导师杨联陞先生的评价："中国的各类历史文献（从制度到思想）都有其特殊的'训诂'问题，治中国史者首先必须深入中国文献的内部而尽其曲折，然后才能进一步提出自己的心得。"毋庸置疑，对于教师而言，能够具备起码的"文献意识"，主要得益于在教学和生活中感受"非教学性备课"的意义。

三、海纳百川，有容乃大：关于"非教学性备课"

备课对于中学语文教学的重要性和意义不言自明，而孙立权老师在《札记》中提出的"非教学性备课"，在教学理论和实践上都会给予从教者感召和启发。

"非教学性备课"这一概念的内涵，是在与所谓"教学性备课"的两相比较中凸显的。《札记》第73则《"非教学性备课"与"教学性备课"》中这样表述：

"非教学性备课"就是"目中无人"地备。也即抛开一切教学因素（教师、学生、课标、教法等），而以一个普通鉴赏者和研究者的身份阅读课文，研读课文，圈点批注，查阅资料。这是准备"一桶水"的过程，没有这个过程，教师就无法在备课中得到丰厚的积累和灵性的启迪。

对"非教学性备课"从概念到方法的转化，孙立权老师也曾以引介古人妙语、例举域外名篇的形象、生动的方式，来阐发所谓"备课的功夫在课外"的道理。在《札记》第74则《备课的功夫在课外》中，他化用陆游对其子所说的"汝果欲学诗，功夫在诗外"，结合《小公务员之死》一文的主人公切尔维亚科夫的名字的含义，对这一道理进行了生动的介绍。

笔者对于孙立权老师提出的"非教学性备课"的观念有一些个人的理解和思考。在语文教师的实际备课过程中，既存在有意识的也即自觉式"非教学性备课"，也存在无意识的即非自觉式"非教学性备课"。

自觉式"非教学性备课"虽然"目中无人"，但毕竟"目中有文"，一切的备课活动都是紧密围绕着"文本"而自觉设计和拓展的。它启示我们：在备课的过程中，无论文学文本、学术论著抑或书画名作、影视精品，只要与课程内容相关，都有广泛涉猎、全面感知的必要。若能在备课过程中独具慧眼、别出心裁，自然能让丰富的教学资源为我所用，甚或翻空出奇。这也就是"准备一桶水的过程"，即在备课过程中得到丰厚的积累和灵性的启迪的过程。

非自觉式"非教学性备课"，其过程本身不但"目中无人"，而且"目中无文"，那正是一个语文教师的日常生活本身。语文教师面对一个文本，可能会下意识地把个体的生活经历、内心体悟，或自身的阅读、观影经验中看似与之毫无关涉的信息加以还原萃取，以某种独辟蹊径的方式将其与文本解读相联系，产生的教学效果往往会令人耳目一新。所谓非自觉式"非教学性备课"的方法，在孙立权老师从教以来的各级公开课、研究课——如《孩童之道》《青春作伴好读诗》《易水诀别》——等教学活动中，均有明显的呈现和生动的演绎。

诚如清人刘开在《问说》一文中所说："非学无以致疑，非问无以广识。"南宋大儒朱熹亦言："读书无疑者，须教有疑；有疑者却要无疑，到这里方是长进。"如何在常规教学中具备强烈的问题意识？首先要从备课开始。如何才能在备课中独具慧眼地发掘真问题、好问题？首先要从"非教学性备课"开始。

四、后记

张穆为俞正燮《癸巳存稿》所写的《序》中说："理初足迹半天下，得书即读，读即有所疏记。每一事为一题，巨册数十，鳞比行箧中。积岁月，证据周遍，断以己意，一文遂立。"

许寿裳先生在《亡友鲁迅印象记》中这样描述先师章太炎先生："神解聪察，精力过人，逐字讲解，滔滔不绝，或则阐明语原，或则推见本字，或则旁证以各处方言。"

陈平原先生在《能文而不为文人——顾炎武的为人与为文》一文中如是说："老一辈学者常说，读书要从做札记学起。为什么？读书做札记，只要有所得，一点也行，两点也行，日积月累，大小总有所成。读书做学问，需要一点一点地'抠'，札记多了，可以写成论文，论文多了，可以做成专著。"

由此可见，孙立权老师在从教以来笔耕不辍写作《札记》的意义和价值，可谓继往开来。

余英时先生说："'转益多师'是现代教育体制的特色，因此每一个学生都不免会受到许多老师的启发和影响，但是真正能在成学过程中发生关键作用的老师毕竟只限于一两位而已。"相信每一位细读《札记》的读者，都会产生和笔者感同身受之处。作为后学晚辈的我们，相信已经出版的《札记》一书也将使"以开放和创新见长、以深刻而有情著称"的孙立权老师在语文教学中留下的无数真知灼见，更为志同道合的语文人所借鉴和发扬。

"非教学性备课"与课堂教学实施策略

——《孙立权语文教育札记》研究之一

"备课"对于中学语文教学的重要性和意义不言自明。自从 2007 年执教于东北师大附中高中部伊始,我就有幸以师徒带教的形式就教于立权师。由于多年来我们师徒二人始终在同一个年级从事语文教学,与其他同门相比,我拥有得天独厚的条件亲炙师教、沐浴深恩。在师徒带教的影响下,在听课学习的滋养中,我深切地感受到,立权师倡导的"非教学性备课",在教学理论和实践上都给予我巨大的感召和难得的启发。诚如先贤所言,"虽不能至,心向往之","非曰能之,愿学焉"。

2008 年 5 月,在东北师大附中语文教研室组织的读书沙龙上,我做了题为《转益多师是吾师——"非教学性备课"的启示与思考》的专题报告。2009 年 11 月,在东北师大附中青年教师研究院第二届发展论坛上,作为发言代表之一的我,围绕"非教学性备课"的话题再度和全校青年教师进行了交流和探讨。2011 年 2 月,在长春市高中语文集体备课活动中,我做了题为《海纳百川,有容乃大——"非教学性备课"与语文教学实践》的专题报告,也赢得与会同人的认同与肯定。

如今,我把自身通过认真研读《孙立权语文教育札记》(以下简称"《札记》")而获得的对其"非教学性备课"的观念与实践的认知与理解、感悟和思考,重点结合立权师个人的教学实践,进行较为系统和全面的梳理和评介。我始终坚信,这不仅会使校内同人得到一定的启发和收获,国内别具慧眼的同人恐怕也会适当汲取和运用。

一、"非教学性备课"的基本内涵与经典范例

"非教学性备课"这一概念的内涵,是在与"教学性备课"的两相比较中凸显的。

在东北师大附中的校内刊物《教育科研》2007年第3期上，立权师对"非教学性备课"的内涵进行了深入的阐发。

"非教学性备课"就是"目中无人"地备。也即抛开一切教学因素（教师、学生、课标、教法等），而以一个普通鉴赏者和研究者的身份阅读课文，研读课文，圈点批注，查阅资料。这是准备"一桶水"的过程，没有这个过程，教师就无法在备课中得到丰厚的积累和灵性的启迪。然后是"教学性备课"，即"目中有人"地备，直到这个时候，才根据学生的实际情况考虑教什么，怎么教。这是从"一桶水"中取出"一杯水"的过程。现在语文教学中的实际情况是：许多教师一开始就进行教学性备课，缺少非教学性备课的铺垫，结果是教师桶里水太少，所以也就桶里有多少，就给学生倒多少。长此以往，将导致语文教师和语文教学的平庸化。

引自《札记》第73则《"教学性备课"与"非教学性备课"》

可以说，立权师的真知灼见，对于在职的每位语文教师而言，都具有醍醐灌顶的功效。如果仅仅停留在如上所述的理性认知上，我们就会对"非教学性备课"依然存在隔膜与困惑。我首先围绕立权师在备课与授课中的三个经典范例，介绍一下"非教学性备课"在教学实践中的运用，借以促进读者直观、形象的理解。其实，类似的例证在立权师的课堂上不胜枚举。

（一）"非教学性备课"示例之《桃花源记》

立权师在针对人教版（或长春版）初中语文教材中的传统名篇——陶渊明的《桃花源记》进行"非教学性备课"时，并未仅仅拘泥于《桃花源记》的文本自身和统一下发的教参资料。他在备课中认真研读的书籍和文献有陶渊明的同题材诗歌作品《桃花源诗》、南朝文学家沈约的《陶潜传》、昭明太子萧统的《陶渊明传》、陶渊明挚友颜延之的《靖节征士诔》、当代学者袁行霈的《陶渊明集笺注》、现代美学家朱光潜的名著《诗论》第十三章《陶渊明》、历史学家陈寅恪的论文《〈桃花源记〉旁证》《坞壁与桃花源》，以及英国思想家托马斯·莫尔的《乌托邦》等。这种备课方式在文史之学的宏阔的学术视野中，为《桃花源记》文本的崭新的意义生成创造了可能，同时在古今对照和中西比较中，对《桃花源记》的文化价值进行了有益的发掘。

如果说《桃花源记》这一范例突出的是"非教学性备课"在备课前期材料搜集和文献研读上的特点，那么它在课堂教学中的实际应用同样清晰可感。

(二)"非教学性备课"示例之《沁园春·长沙》

在分析人教版必修一课本第一单元毛泽东的《沁园春·长沙》这首词的美学风格时,立权师做出深刻而全面的阐发:美分为崇高和优美两种风格,这首词表现的属于哪种风格?康德把崇高分为数学的崇高和力学的崇高,这两点在词的上片的写景文字中是如何表现的?怎样才能在文学作品中表现出崇高美?古罗马的朗吉弩斯说:崇高是伟大心灵的回声。没有伟大的心灵,就没有伟大的文学。青年毛泽东是何等志存高远!写这首词时他33岁(展示图片:毛泽东与杨开慧),正是雄姿英发、壮志凌云的年龄。所以王国维说得好:三代以下之诗人,无过屈子、渊明、子美、子瞻者。此四子者,苟无文学之天才,其人格亦自足千古。故无高尚伟大之人格,而有高尚伟大之文学者,殆未之有也。

针对词作美学风格进行分析时,立权师综合借鉴了康德哲学的概念、朗吉弩斯的言论、当代中国油画作品以及国学大师王国维的著名论断,将"非教学性备课"的功夫发挥得游刃有余、恰到好处。

(三)"非教学性备课"示例之《愚溪诗序》

立权师在2006年于东北师大附中第24届教学百花奖活动中所上的研究课《愚溪诗序》里对于篇章主旨的探究,则把"非教学性备课"的方法近乎完美地贯彻在有效教学实践中,产生了不同凡响的魅力。

在这堂课上,我们可以见出立权师对古今中外的文艺理论了然于胸、为我所用,可谓旁征博引、信手拈来。他采用日本文艺理论家厨川白村的"苦闷的象征"理论来解释柳宗元创作本文的心理动因,用"异质—同构"理论来阐发"愚溪"和作者柳宗元之间的内在关系,进而认为前者是"被抛弃的山水",后者是"被抛弃的人"。而这一重要结论更是导引出抒情文学的创作手法——取象比类、托物言志。最为可贵的是,立权师借鉴了武汉大学尚永亮教授提出的中国古典文学中所谓"贬谪文学"的观念,将《愚溪诗序》放在"贬谪文学"大传统中加以审视,引导学生通过刘禹锡和陋室的关系,白居易和琵琶女的关系,韩愈和千里马的关系,柳宗元和小石潭、郭橐驼的关系,欧阳修和醉翁亭的关系,范仲淹和岳阳楼的关系等来思考和联想。此时此刻,《愚溪诗序》主旨的彰显,可谓水到渠成、顺理成章。如果没有立权师在日常教学中一以贯之地践行"非教学性备课",怎么可能诞生如此令人击节称赏的课堂？

二、"非教学性备课"的学术渊源及实践取向

事实上，立权师对于"非教学性备课"这一方法的理解和阐释，主要得益于自身的教学实践。但在我看来，从宏观的理论视角来审度，这一方法自有其丰富而复杂的内涵和意义。无论西方文艺理论，抑或中国史家观点，似乎都会让我们对"非教学性备课"产生浓厚的兴趣和钻研的动力。

美国当代后现代主义批评家詹姆逊曾经提出：要用符码转换的方法首先在文本的局部历史语境中研究文本，或者说它与历史事件的"历时性"关系；其次把文本作为传递统治阶级意识形态的工具，同时进行共时和历时的研究。

按照詹姆逊的观点，对文本进行"历时性"的研究，就意味着追溯其与"历史"——更多是指"历史的叙述"——的关联；而所谓"共时性"的研究，则必须将文本置于其所出自的社会历史语境，考察其内在的意识形态蕴涵，并进而挖掘其诞生背后的权力运作机制。

加拿大学者、"原型批评"的代表人物弗莱也曾表示："由于文学本身不是一个系统的知识结构，于是批评家必须从史学家的观念框架中去找事件，从哲学家的观念框架中去找思想。"

事实上，借鉴我国现代历史学家陈寅恪先生在探讨文学与历史的关系时所强调的"文史互证"的方法，将有助于我们把上述西方理论在批评实践中的应用具体化。

当代历史学家汪荣祖在评价陈寅恪先生的治学方法时说："其笺诗、证诗所凭借者，乃是历史的眼光与考据的方法；一方面以诗为史料，或纠旧史之误，或增补史实阙漏，或别备异说；另一方面以史证诗，不仅考其'古典'，还求其'今典'，循次披寻，探其脉络，以得通解。"他还认为，陈寅恪的著作《元白诗笺证稿》的最精彩处，恰恰在于既能"引史证诗"，又能"从诗看史"。

通过比较分析，我们可以了解到：所谓"引史证诗"环节中的"古典"与"今典"，即与詹姆逊强调的"历时性"与"共时性"的研究相对应。陈寅恪先生针对这两方面的问题曾经分别指出："今之读白诗，而不读唐史者，其了解之程度，殊不能无疑。""凡诠释诗句，要在确能举出作者所依据以构思

之古书，并须说明其所以依据此书，而不依据他书之故。"

难能可贵的是，立权师曾经以独到的理解和个性化的语言阐发了类似的研究角度。

阅读鉴赏古人的文章，须先"死去"，然后再"活来"。"死去"，就是说要进入古人的生活、情感、审美世界，进入古人的文化语境，做一番知识考古、生活考古、情感考古。"死去"之后还要"活来"。"活来"就是说以现代人的眼光重新审视，不是去"考古"，而是来翻新。为什么要"死去活来"呢？意大利历史学家克罗齐说："一切历史都是当代史。"一方面由于当代人总是以当代的视角（文化有色眼镜）看历史，历史成为当代人眼中的历史，历史被看成是对现实的应答或由现实引发的思考。另一方面，历史传统总是超越历史的羁绊，积极参与到现实中来，当代是活着的历史。正因为如此，我们在讲授历史上的文学作品时，一方面要还原历史，即"死去"，一方面更要以当代的视角审视这些作品，为我所有，为我所用，即"活来"。

引自《札记》第222则《"死去"与"活来"》

事实上，立权师在所谓"引史证诗""从诗看史"这一方法上，不但有恰如其分的运用（参见后文所举课例《老人与海》），而且从自身的独立思考入手，将这种方法拓展深化，即超越了历史的学科范畴，进而回归中国古代文学与文化的视野，从而与当下的高中语文教学实现了有效的契合。从某种程度上来说，这也和多年前曾任东北师大附中语文教研室主任的张翼健先生倡导的"语文教育民族化"的教育理念不谋而合。

例如，结合自身的教学经验，立权师曾经深入阐发了所谓"互文性解读"的内涵。

每一篇文章都联系着若干篇文章，并且对这些文章起着复读、强调、浓缩、转移和深化的作用。这种现象叫作"互文性"。因此，师生在阅读课文时需调动自己已有的文章储备来理解呈现在面前的文章，通过互文性达到对文章的重构，从而获得创造性的阅读愉悦。比如教王维《山居秋暝》的首联"空山新雨后，天气晚来秋"时，我用王维其他诗中的"空"（如"空山不见人""夜静春山空"等）来解读"空山新雨后"之"空"，使学生懂得："空"既指山野空阔，也指心灵自由，空无执着。我通过"以诗解诗"的互文方法，使学生读出了王维诗中的禅意。

引自《札记》第 227 则《互文性解读》

对于"非教学性备课"这一方法，立权师也曾以引介古人妙语、例举域外名篇的形象、生动的方式，来阐发所谓"备课的功夫在课外"的道理。

陆游对儿子讲学诗之法说："汝果欲学诗，功夫在诗外。"把陆游这两句话变一下，放到备课上来，我要说："汝果欲备课，功夫在课外。"比如备《小公务员之死》，主人公叫"切尔维亚科夫"，如果你知道俄语"切尔维亚科夫"源于"蛆"一词，你就能体会到作者在给小公务员命名时不是随便的，而是暗含着作者的感情态度。

引自《札记》第 74 则《备课的功夫在课外》

当然，我对于立权师提出的"非教学性备课"拥有一些个人的理解和思考。我认为：在语文教师的实际备课过程中，既存在有意识的也即自觉式"非教学性备课"，也存在无意识的即非自觉式"非教学性备课"。

为什么我要把"非教学性备课"分为"自觉式"和"非自觉式"这两类呢？立权师曾写下这样一段发人深省的文字。

教师的读书可分为"职业的读书"与"嗜好的读书"（这两种叫法采之于鲁迅）。"职业的读书"有明确的现实目的，是为了教书而读书。比如我为了教好课本中的《归去来兮辞》而去读《陶渊明传》，为了教好课本中的《归园田居（其一）》而去读陶渊明的其他四首《归园田居》，都是如此。与"职业的读书"相对的是"嗜好的读书"，就是纯粹出于兴趣爱好，不涉利害关系的读书。比如我读唐人张鷟的《游仙窟》、清人张潮的《幽梦影》，全是兴趣使然。就我个人的读书经历来看，"职业的读书"远远多于"嗜好的读书"。这两种读书既相背又相融。我的体会是：从"职业的读书"中可以渐渐读出兴趣，可以变为"嗜好的读书"，正像鲁迅在《而已集·读书杂谈》中说的："并非说诸君应该都退了学，去看自己喜欢看的书去，这样的时候还没有到来，也许终于不会到来，至多，将来可以设法使人们对于非做不可的事发生较多的兴味罢了。"

引自《札记》第 400 则《"职业的读书"与"嗜好的读书"》

显而易见，立权师所谓的"职业的读书"和"嗜好的读书"与我所定位的"自觉式"和"非自觉式"的非教学性备课具有某种潜在的同一性或契合关系。

三、自觉式"非教学性备课"的实施策略

可以说,自觉式"非教学性备课"虽然"目中无人",但毕竟"目中有文",一切的备课活动都是紧密围绕着"文本"而自觉设计和拓展的。

下面,我主要围绕立权师的部分课例(极个别来自笔者自身)来呈现一下自觉式"非教学性备课"的课堂教学实践及其价值所在。

(一)自觉式"非教学性备课"示例之《老人与海》

立权师在讲解海明威的小说《老人与海》这一课前,认真研读了权威译本的译者吴劳为《老人与海》中译本撰写的长篇导言,于是生发出下面这个问题:已近暮年的海明威为何要创作《老人与海》这部小说?

立权师提供了较为详细的背景供学生思考。即:海明威生前最后一部长篇小说《过河入林》于1950年问世,招来了评论界偏颇无理的猛烈批评。海明威感到自己受到了巨大的伤害,他立刻拍了一份措辞激烈的电报为自己辩解。也许对于他这样的大作家来说,这未免有失尊严,但事实的确如此。在1952年,《老人与海》问世了。立权师请学生展开自己丰富灵动的想象,思考海明威为什么创作《老人与海》,这部小说中的人物、情节可能象征了什么。

其后,立权师在点评了学生的思考和作答后,将深刻的理解和盘托出。

首先,"老人"可以被视为晚年的海明威。此时的他似乎已然文思枯竭、江郎才尽,仿佛出海84天却一无所获、无法实现自我的小说主人公圣地亚哥。

其次,"大马林鱼"可以指代经典之作,它表现出了作家对灵感的捕捉,以及创作过程中某种意外的欣喜和快感。

再次,"鲨鱼"可以理解为"批评家"。他们七嘴八舌、说三道四,对《过河入林》极尽诋毁、贬斥之能事,使后者如同被群鲨攻击的大马林鱼,所剩无几,一钱不值。

最后,"大海"可以象征当时的"美国文坛"。它充满了机遇,也充满了挑战;既风平浪静、万里无云,也波浪滔天、险象环生,必须奋力拼搏,才有可能安全回归。

从以上问题的研讨中,我们也可以感受到:立权师的设问以"引史证诗"的方法来切入,进而以"从诗看史"的角度来反观,确实难能可贵地将陈寅

恪先生"文史互证"的方法运用于语文教学。听课以后，我自己在阅读国内学者董衡巽撰写的《海明威传》时，也看到类似说法，认为完全可备一说，作为阅读接受者对于《老人与海》进行多元解读的重要参考。

（二）自觉式"非教学性备课"示例之《过秦论》

立权师在引导学生分析贾谊的名篇《过秦论》一文首段的语言风格时，也独具匠心地将自觉式"非教学性备课"恰到好处地运用到了文言文教学之中。

立权师首先使用课件呈现了现代著名作家、学者钱钟书在晚年的学术巨著《管锥编》中所写的两段文字：

《过秦论》有"席卷天下、包举宇内、囊括四海之意，并吞八荒之心"，按晋后人当日"有席卷天下、包举宇内之意，囊括四海、并吞八荒之心"，今乃读之只觉横梗板障，拆散语言眷属，对偶偏枯杌陧。

《过秦论》"席卷天下""包举宇内""囊括四海""并吞八荒"四者一意，任举其二，似已畅足，今乃堆叠成句，词肥义瘠，无异《杨公笔录》所嘲诗句"一个孤僧独自行"、《广笑府》所嘲诗句"关门闭户掩柴扉"。

立权师进而启发学生思考——你是否同意钱钟书的看法？——从而调动学生独立思考、质疑问难的积极性和主动性，为深入理解贾谊其人其文奠定了基础。

此后，他又呈现了清代学人名著《古文观止》中对该文的一句评语："四句只一意，而必当叠写之者，盖极言秦先虎狼之心，非一词而足也！"

到此为止，立权师恰如其分的引导使学生对于《过秦论》一文运用铺陈、渲染构成的"以赋为文"的创作手法拥有了深入的理解和真切的感知。

后来，我自己读到当代古典文学学者吴承学发表在《文学评论》2005年第3期上的论文《〈过秦论〉：一个文学经典的形成》，对于这个问题也拥有了更多的理解。

（三）自觉式"非教学性备课"示例之《逍遥游》

我针对庄子的《逍遥游》一课开展的问题式教学，恰恰源于立权师倡导的自觉式"非教学性备课"。以其中一个关键问题的探讨为例，稍作阐述。

在与学生共同探讨《逍遥游》一课第二段文字的理解时，我用大屏幕呈现了台湾漫画家蔡志忠绘制的《庄子说》的插图。请学生思考一个问题：课本的注释中将"冥灵"一词解释为树，而蔡志忠却将其画为神龟，你更认同哪一种理解？结合上下文谈谈自己的看法。

几位同学的踊跃发言，使我体会到了审视同一问题时视点的不同、见解的独到。

周树宇说："我从两个角度来看。首先，前文提到的朝菌、蟪蛄就分别是植物和动物，所以下文中的冥灵和大椿，也就应该是动物和植物，两两相对，结构上才有前呼后应之妙。此外，如果仅仅用植物来说理，还不够全面、透彻，应该将植物、动物、人都引入讨论中，这样才能更充分地论证小大之辩的道理。"

李昂说："我记得李商隐的诗《韩碑》中有一句——碑高三丈字如斗，负以灵鳌蟠以螭。也许这冥灵就是一种带有神性而通灵的鳌吧，所以我觉得理解成龟还是有道理的。"

杜横野说："我认为冥灵还是大龟。因为此前一直谈到北冥、南冥。这个'冥'是通假字，是大海之意。此处的冥灵也完全可以理解为大海中的生灵，而且是寿命很长的生灵。既然蔡志忠把大鲲画成了鲸鱼，那么冥灵完全有可能就是一种大海龟。"

王新元说："我认为把冥灵理解成大龟比较好。因为在'曳尾涂中'这个典故中，庄子就是以死了三千年的神龟作喻，来表达自己的情志的。这很可能就是他惯用的意象。即便这属于他的想象和创造，但按照'重言'的写法来理解，谎言重复了一千遍就可能成为真理。"

也许，我提出的"冥灵"究竟是树还是龟的问题，最终也没有定解（学者陈鼓应的《庄子今注今译》倾向于理解成龟），它也并非理解《逍遥游》主旨的关键问题；但借助这个问题，我尝试最大限度地激发学生们对于知识的分析力、理解力、想象力和迁移力，达到一种"众声喧哗"的状态。这正是我追求的理想的语文课堂效果。

当然，如果我不是在讲课之前把陈鼓应的《庄子今注今译》和蔡志忠的漫画《庄子说》作为备课的资料翻阅一遍，是断然不会产生类似的疑问和探讨。

综上所述，所谓自觉式"非教学性备课"启示我们：在备课过程中，无论文学文本、学术论著抑或书画名作、影视精品，只要与课程内容相关，都有广泛涉猎、全面感知的必要。若能在备课过程中独具慧眼、别出心裁，自然能让丰富的教学资源为我所用，甚或翻空出奇。这也就是立权师所说的"准备一桶水的过程"，即在备课过程中得到丰厚的积累和灵性的启迪的过程。

四、非自觉式"非教学性备课"的实施策略

曾经倾力编著《〈论语〉注译》（吉林文史出版社，2010年版）的立权师在反复品读《论语》的过程中，对其中关乎治学的名句深入思考，从而顺理成章地对"非教学性备课"拥有贯通式的感悟。

读《论语·宪问》，子曰："古之学者为己，今之学者为人。"忽然想到备课问题：备课是"为己"还是"为人"？有人会说，当然是"为人"，是为了教育学生，为了学生的发展。我以为，就语文来说，只"为人"而备课是备不好的，更要"为己"而备课。所谓"为己"，就是为了充实自己，提高自己，完善自己。子曰"己欲立而立人，己欲达而达人。"通过备课先要使己立己达，然后才能通过教学立人达人。"为己"之备课，亦即我以前说的"非教学性备课"。

引自《札记》第75则《备课是"为己"还是"为人"》

那么，何为我所阐发的非自觉式"非教学性备课"呢？

在我看来，所谓非自觉式"非教学性备课"，其过程本身不但"目中无人"，而且"目中无文"，那就是一个语文教师的日常生活本身。当语文教师面对一个文本，可能会下意识地把个体的生活经历、内心体悟，或自身的阅读、观影经验中看似与之毫无关涉的信息加以还原、萃取，以某种独辟蹊径的方式将其与文本解读相联系，产生的教学效果往往会令人耳目一新。这种非自觉式"非教学性备课"的方法，在立权师的授课经验中亦多有体现。

我给初中学生讲《爱莲说》中"陶后鲜有闻"之"鲜"时，为了让学生和已知的"新鲜"的意思区别开，我先出示了"鲜"的一个异体字"尟"，跟学生说：这是"鲜"的另一种写法，从字形上看就知道它的意思"是少"。接着，我又出示了"鲜"的另一个异体字"尠"，跟学生说：这是"鲜"的又一种写法，从字形上看就知道它的意思是——"甚少"。通过这种方式，我就把"鲜"的"少，很少"的意思生动形象地呈现出来，有助于学生的理解和记忆。最后，让学生用"鲜"组成语，学生又掌握了"鲜为人知""寡廉鲜耻"

等常见成语。上述教学片段体现了"功夫在课外"的主张。我之所以能这样讲课,是因为我知道"鲜"的异体字的写法,而这是课本、教参里所没有的,这是我平时的积累。所以,能否备好课、上好课,不仅在于一时的努力,更在于历时的积淀,即课外的功夫。

引自《札记》第 314 则《例说"功夫在课外"》

以上例举的非自觉式"非教学性备课"的独特方式在立权师从教以来的各级公开课、研究课如《孩童之道》《青春作伴好读诗》《易水诀别》以及东北师大附中首届语文学术节专题讲座《深度语文》中都有明确的呈现和详细的介绍。

以下,我将重点围绕立权师的两个经典课例对非自觉式"非教学性备课"的合理运用进行介绍。

(一)非自觉式"非教学性备课"示例之《鸿门宴》

2013 年 10 月,在为新一届吉林省骨干教师团队上名师观摩课时,立权师围绕课前学生在自学《鸿门宴》的第三段后提出的疑难问题以师生对话的形式进行了探究和讲解。

有多名学生对文段中的"籍何以至此"的"籍"字的含义存在疑问。一方面,立权师提示学生这一问题通过本课的书下注释第一条完全可以解决,"籍"是项羽的名。另一方面,他进一步追问学生,将本句改为"羽何以至此"是否合适。此后,他围绕这一个字深入探讨了古人称谓中蕴含的谦敬问题。首先,他在大屏幕上为学生呈现了名著《三国演义》中"曹操煮酒论英雄 关公赚城斩车胄"一回的片段,提示学生思考曹操口中的"玄德久历四方"和刘备口中的"备肉眼安识英雄"在称呼刘备上的差异原因何在,从而提示学生"名贱字贵"这一道理。其次,他又给学生播放了中国当代著名导演胡玫执导的电影《孔子》片段,通过该片中由周润发扮演的孔子直呼弟子为"子路"而非"仲由"的细节性错误,以及学生读背过的《论语》中的"由,诲女知之乎"一句,启发学生体会中国古代姓氏文化的丰富内涵。

立权师还就多名学生感到困惑的"文中为何交代项羽等人在宴席中所处座位的方向"这一问题对学生进行了启发。他在大屏幕上呈现了鲁迅的散文诗《秋夜》的首段——"院子里有两株树,一株是枣树,另一株也是枣树",提示学生鲁迅先生是力图用冗长的句子来表达沉闷、单调的感觉,进而借助鸿门宴上主宾座次方位图的板书，提示学生这一疑问背后隐藏的玄机：既具有中国古代文化的内涵，也有助于推动读者对项羽等人的性格特点的理解。他提示学生不要小看这一段看似冗赘的文字，只有做到当繁则繁、不厌其"繁"，当简则简、惜墨如金，才真正堪称经典之作。

显而易见，无论是古典小说《三国演义》，还是当代电影《孔子》，都是表面看来似乎与《鸿门宴》一文毫无关涉；但作为立权师年少时品读的书籍，或近年来观赏的电影，被恰如其分地引入课堂教学之中，其启发之功效不可小觑。

（二）非自觉式"非教学性备课"示例之《赤壁赋》

立权师在为学生讲解苏轼的《赤壁赋》中尾段里的"洗盏更酌"一句时，指出第三个字应该读一声，而非四声。原因何在？他在大屏幕上为学生呈现了苏轼亲笔书写的《赤壁赋》书法原作的图片，指点学生观察一处很重要的细节，就是作者自己在这个"更"字旁边标注了一个小字"平"，提示我们应该用平声读取和理解，从而让听课的学生有恍然大悟之感。无疑，不管是文本、影视、书法还是其他形式，非自觉式的"非教学性备课"都能够有效地拓宽教师的学术视野，丰厚教师的文化积淀。

五、结语：思考的延伸

"非学无以致疑，非问无以广识。"怎样才能在常规教学中具备强烈的问题意识？我想首先要从备课开始。怎样才能在备课中独具慧眼地发掘真问题，摒弃伪问题？我想首先要从"非教学性备课"开始。诚如余英时先生所言："'转益多师'是现代教育体制的特色，因此每一个学生都不免会受到许多老师的启发和影响，但是真正能在成学过程中发生关键作用的老师毕竟只限于一两位而已。"这也恰恰是我们在认真研读《札记》一书时的感同身受之处。

虽然在这一方法的深入解读上，在教学实践的应用上，我们和东北师大附中语文人一道，身体力行地做出了一些尝试和探索，但依然存在一些亟待解决的问题。如何使"非教学性备课"在不同的篇章解读中都能得到有效的实施？"非教学性备课"是否在其他人文学科乃至自然科学的教学中都具有实践指导意义？"非教学性备课"与教师的专业成长之间有什么关系？这些都是值得我们深入探讨和研究的问题。

【参考文献】

[1] 参见：孙立权. 被抛弃的山水和被抛弃的人——《愚溪诗序》教学设计[J]. 中学语文教学，2009（10）.

[2] 詹姆逊. 政治无意识：作为社会象征行为的叙事[M]. 王逢振，陈永国，译. 北京：中国社会科学出版社，1999.
参见王逢振撰写的前言《政治无意识和文化阐释》，第4页.

[3] 转引自：张进. 新历史主义与历史诗学[M]. 北京：中国社会科学出版社，2004.

[4] 这一说法可参见著名历史学家余英时先生1984年10月发表在台湾《联合报》副刊上的文章《文史互证，显隐交融——谈怎样通解陈寅恪诗文中的"古典"和"今情"》。转引自：陆键东. 陈寅恪的最后二十年[M]. 北京：生活·读书·新知三联书店，1995.

[5] 汪荣祖. 史家陈寅恪传[M]. 北京：北京大学出版社，2005.

[6] 陈寅恪. 陈寅恪集·元白诗笺证稿[M]. 北京：生活·读书·新知三联书店，2001.

[7] 余英时. 中国文化的海外媒介//余英时文集：第五卷·现代学人与学术[M]. 桂林：广西师范大学出版社，2006.

（本文发表于《语文教学通讯》2014年第11、12期）

语文教学中的"参较式阅读"典例举隅

——《孙立权语文教育札记》研究之二

"参较式阅读"是曾经执教于东北师大附中的孙立权教授在从事中学语文教育的第一个十年（1995—2005年）里摸索出的阅读教学方法。这一创获的启示，来自于我国新时期以来的著名茅盾研究专家、东北师范大学教授孙中田先生的一次起始课。立权师在其《孙立权语文教育札记》（以下简称《札记》）第481则《从孙中田先生的一次课学到的》中指出：

虽然孙先生只给我们上了一次课，但我收获了受益终生的治学方法。一个是参照比较法。事物只有在比较中才能确定其意义。孙先生将茅盾置于鲁迅、老舍、巴金等作家构成的参照系中，就使茅盾的创作特色凸显出来。（有删节）

如今，笔者把自身通过认真研读《札记》而获得的对于立权师的"参较式阅读"的方法与实践的认知和思考，进行以点带面的梳理和评介。

一、"参较式阅读"的理论背景与基本内涵

"参较式阅读"中的所谓"参较"一词，在中国古代乃至近代的典籍中其来有自。远者，如"唐宋八大家"之一的苏辙在《论衙前及诸役人不便札子》中所说的"类聚参较，别行立法"；近者，如国学大师梁启超在《泰西学术思想变迁之大势》中所说的"试举两说之要领，而参较之"。显而易见，"参较"，顾名思义，可以直接理解为参照、比较。

对于"参较"内涵的两个维度而言，后者——即比较——显然更为重要。我们可以借鉴比较文学的方法论，对"参较式阅读"中"比较"的内涵进行拓展和发掘。

从理论上来审视，"参较式阅读"中的"比较"应该做到跨文化、跨学科。"只有当我们用跨文化与跨学科这一观念将这些具体方法组合起来形成一

个方法整体时，才能形成比较文学的方法论。"进一步来说，如余英时先生所言，"有两个方面不能不注意：一是介绍和吸收西方的新东西，一是整理和融汇中国的旧东西，朱熹所谓'旧学商量加邃密，新知涵养转深沉'，大概可以作为我们工作的纲领"。

从方法上来理解，应该实现互识、互证和互补。"如果说'互识'只是对不同文化间文学的认识、理解和欣赏，并不需要改变什么、证明什么，那么'互证'则是以不同文学为例证，寻求对某些共同问题相同或不同的解答，以达到进一步的共识"，"'互补'包括几方面的内容，首先是在与他者的对比中，更清楚地了解并突出自身的特点"。

综上所述，尝试横向贯穿中外、纵向打通古今的"参较式阅读"，在语文教学中必将成为有益的解读方法或研究范式。

立权师在其《札记》第206则《参较式阅读》中对此进行如下阐发：

事物在参照比较中显现意义，有比较才能鉴别。市井、店肆中流行一句话，叫"不怕不识货，就怕货比货"，说的就是这个道理。通过确立一个文章的参照系，从而认识课文本身，这是一种科学方法，我称之为"参照比较式阅读"，简称"参较式阅读"。讲鲁迅的《故乡》时，我把叶圣陶的《多收了三五斗》、茅盾的《春蚕》、《三国演义》中"温酒斩华雄"一段印发给学生，让学生在相互参照中认识《故乡》。《多收了三五斗》和《春蚕》都写了"丰收成灾"，都写出了农民物质生活的贫困，而《故乡》不仅表现农民物质生活的贫困，更把笔力放在他们精神生活的病苦上。"温酒斩华雄"片段是古典小说，情节起伏跌宕，引人入胜，而《故乡》情节弱化，属于非情节小说。中国古典小说少有人物内心独白，而《故乡》有"我"大段的内心独白。——就在这种参照比较的阅读中，学生在更深的层面理解了《故乡》。

显而易见，本则札记属于作者对"参较式阅读"进行"下定义"的初次尝试。参较的主体是鲁迅的《故乡》，客体则是叶圣陶的《多收了三五斗》、茅盾的《春蚕》、罗贯中的《三国演义》第五回中"关云长温酒斩华雄"的片段。

由此可见，中国现代小说在题材、主题上的同中之异，中国古今小说在情节、叙事上的明显差别，都集中呈现在师生围绕《故乡》进行的参照、比较解读之中，不但令听者有耳目一新之感，而且让观者有醍醐灌顶之悟。这种讲解方法，即使与当代名家的同题课例相比，也堪称一种别开生面的创获。

二、"参较式阅读"的实践典例与"文""字"功夫

在立权师的常规课堂上，他对于"参较式阅读"方法的运用所在多有。

如果说在此前回顾的鲁迅《故乡》一课的讲解中，"参较式阅读"主要呈现为纵向打通古今，那么在韩愈《祭十二郎文》一课的分析上，"参较式阅读"则在此基础上进一步递升为横向贯穿中外。立权师在其《札记》第207则《参较式阅读举隅》中进行如下阐发：

讲《祭十二郎文》时，我给学生印发了《三国演义》中诸葛亮江东吊孝时诵读的祭文和雨果写的《巴尔扎克葬词》。这实际是构建了一个参照系，让学生在参照比较中更深入地认识《祭十二郎文》。学生读完这两篇文章后，我抛出一个问题：清代的学者沈德潜评价《祭十二郎文》说："是祭文变体，亦是祭文绝调。"你怎样理解他说的"变体"？接着启发学生从内容、形式（是否押韵、骈散）、语言风格、读者对象等方面思考，从而明确：一般的祭文多歌颂死者功德，多用四言韵语或骈体，风格庄重典雅，是给活人看的；而《祭十二郎文》没有写十二郎的功德，只是写两人的琐事、作者的悲哀，多用散行文字，语言至情至性，是和十二郎在对话，是写给自己的。

从这则札记来看，作者不但有效践行了在语文教学中于古今中外的宏阔视野下进行解读的初衷，更为难能可贵的是，他对课文的解读并未止步于单纯的横向的参照比较，而是引用清代学者沈德潜的评价进一步启发学生从"体"之"变"来领悟"调"之"绝"，进而从内容、形式、语言、读者等多个角度进行了颇具广度的解读，同时也有效地践行了他始终提倡的"深度语文"教学观念。

以上课例中体现的"参较式阅读"主要是在"文"上聚精会神，但事实上，在立权师更多的课例中，"参较式阅读"也会在"字"上锱铢必较。

立权师在其《札记》第211则《确定词语意义也要依赖参较式阅读》中进行了如下阐发：

阐释学之父、德国学者施莱尔马赫说："在一段给定的文本中每个词的意

义,只有参照它与周围的词的共存才能确定。"这就是说,一个词的意义要依据词语系统来确定,即单个词的意义是与文中其他词语相关联的,必须置放在上下语境中才能确认。

恰如余英时先生所说:"中国文字表面上古今不异,但两三千年演变下来,同一名词已有各时代的不同含义,所以没有训诂的基础知识,是看不懂古书的。"

对于在东北师大附中从教多年来始终把张翼健、奚少庚两位业界前辈提出的"语文教育民族化"的高远追求在常规教学中笃实践履的立权师而言,能在经典篇章的语言层面的分析和讲解上继承清代朴学的传统,进而在文字、音韵、训诂等小学的诸多方面对21世纪的语文教学进行富有底蕴和远见的革新,的确是孜孜以求、无怨无悔。

立权师在其《札记》第213则《"参较法"又一例》中进行如下阐发:

《廉颇蔺相如列传》有段话:"相如奉璧奏秦王。……相如因持璧却立,倚柱,怒发上冲冠。"我问学生:"这里的'奉'和'持'两个动词能否换位?为什么?"经讨论明确:"奉"在这里有双手高举之意,而"持"是端着,托着。为秦王献璧,双手将璧高举,表示恭敬,用"奉"准确。相如把璧诓回,退步倚柱而立,双手端璧在怀,用"持"准确。二者不能换位。接着,我又出示《鸿门宴》的一段话"乃令张良留谢,良问曰:'大王来何操?'曰:'我持白璧一双,欲献项王'",问学生:"这里的'操'和'持'能否互换?"经讨论明确:不能换。"操"有娴熟、惯常、稳固不变的意思,如"操刀"含有用刀的技艺熟练之意,"操守""节操"都含恒常稳定的意思。古代诸侯之间往来,要捎带礼物,这是惯常做法,所以用"操"非常准确。而"持"是托着、端着,在这里含恭敬之意。刘邦是送给项羽和范增礼物,用"持"就表现出恭敬之意,虽然这恭敬是装出来的。(有删节)

显然,立权师对于两篇课文中"奉""持""操"等一系列动词含义的"参较",并未停留在释义本身,而恰恰是由"字"观"人",由"义"及"理",进而把语言的琢磨和文学的鉴赏两两结合,相映成趣。

立权师在文字推敲上,的确如朱光潜先生在《咬文嚼字》一文中所说的——有一字不肯放松的谨严。他在其《札记》第294则《说"对酒当歌"》

中进行如下阐发：

"对酒当歌"之"当"，许多人理解为"宜"。孤立静止地看，能讲通，但参照比较地看，则不好。元微之《寄白香山书》有"当花对酒"之语，《古镜铭》有"当眉写翠，对脸傅红"，《木兰诗》有"当窗理云鬓，对镜贴花黄"，成语有"门当户对"，则"当"即是"对"，无疑。另外，"当"理解为"对"，则"对酒"与"当歌"结构相同，符合汉语在表达上多平衡对称的特点，符合汉民族偏好对称美的审美心理。

曹操《短歌行》首句中的一个"当"字，似乎很少成为探讨、辩驳的要点，但从立权师引介了"书""铭""诗"等诸多文体的传世之句进行分析来看，尤其是从汉语的特点、汉族的审美来观照，的确让人心悦诚服。正如陈寅恪先生所说："依照今日训诂学之标准，凡解释一字即是作一部文化史。"

三、"参较式阅读"的多元取向

事实上，立权师提出的其他围绕课文设计的解读、分析方法，和"参较式阅读"相比，都有异曲同工之妙，如《札记》第 227 则《互文性解读》围绕王维《山居秋暝》中"空山新雨后"的"空"进行的互文解读，再如《札记》第 259 则《变换分析法》中对李商隐《夜雨寄北》中"巴山夜雨涨秋池"一句的变换分析，无不令人击节称赏。类似的例证所在多有，兹不赘述。

许寿裳先生在《亡友鲁迅印象记》中这样描述先师章太炎先生："神解聪察，精力过人，逐字讲解，滔滔不绝，或则阐明语原，或则推见本字，或则旁证以各处方言。"作为后学、晚辈，我们相信《札记》一书也将使以开放和创新见长、以深刻而有情著称的立权师的真知灼见，更为志同道合的语文人所借鉴和学习。

【参考文献】

[1] 乐黛云，陈跃红，王宇根，等. 比较文学原理新编［M］. 北京：北京大学出版社，1998.

[2] 余英时，李怀宇. 做一个有尊严的知识人//学思答问：余英时访谈集［M］. 北京：北京大学出版社，2013.

［3］参见：藤井省三. 在上海市某中学的语文课堂上∥鲁迅《故乡》阅读史：现代中国的文学空间［M］. 董炳月，译. 南京：南京大学出版社，2013.

［4］余英时. 怎样读中国书∥中国情怀：余英时散文集［M］. 北京：北京大学出版社，2012.

［5］转引自：余英时. 中国文化的海外媒介∥余英时文集：第五卷·现代学人与学术［M］. 桂林：广西师范大学出版社，2006.

（本文发表于《长春教育学院学报》2015年第5期）

"参较式阅读"的方法领悟和个人尝试

所谓"参较式阅读",是曾经执教于东北师大附中的吉林省语文名师工作室主持人、特级教师孙立权教授在其从事中学语文教育的第一个十年(1995—2005年)里摸索出的阅读教学方法。此前,笔者曾以管中窥豹的方式,对立权师首倡的"参较式阅读"方法的理论背景、基本内涵进行了较为全面的发掘,进而围绕这一方法对立权师自身教学中的实践典例和"文""字"功夫进行了以点带面的推介。

在本文中,笔者将从自身常规教学的问题设计中撷取明显受"参较式阅读"方法影响且具有一定参考、借鉴价值的实例,对这一重要的阅读教学方法进行深入探讨。

一、参较维度:文学与文学

由"参较式阅读"方法的实际运用,笔者想起立权师始终强调的一个教学思路——教师要用教材教,而不是教教材。《孙立权语文教育札记》(后文简称《札记》)第118则《单元教学也有弊端》中有如下阐发:

无论是按能力、文体、知识还是人文主题组织单元,都要有单元教学目标,这个目标会破坏学生和老师对课文的原初理解、个性理解,会遮蔽许多东西。所以,我们的态度是:要有单元,但又不拘泥于单元,鼓励教师自组单元。

受到立权师以上论断的启发,笔者也围绕自身的从教经历,对自身的教学案例进行总结和反思。

在高中语文教学完成了必修模块随即进入选修模块时,笔者在使用的人教版选修教材《中国古代诗歌散文欣赏》中看到以下几篇课文——《庖丁解牛》《祭十二郎文》《文与可画筼筜谷偃竹记》《种树郭橐驼传》等,它们分别来自该册教材"散文之部"的不同章节。

笔者首先和学生共同学习了《庖丁解牛》一课。但这一课讲完后，笔者并未按照既定的序列讲授韩愈的《祭十二郎文》。原因是：注意到《庖丁解牛》中庖丁的解牛之道的神髓是"依乎天理""因其固然""以无厚入有间"，而《种树郭橐驼传》中郭橐驼的植木之性的核心是"顺木之天以致其性焉尔"，这两者之间的内在联系是毋庸置疑的。那种"顺其自然"的"无为"思想，堪称超越于"解牛"或"种树"等外在行为之上的精神通则。

笔者在后续备课的过程中，又发现苏轼的《文与可画筼筜谷偃竹记》一文中苏辙所说的"庖丁，解牛者也，而养生者取之"和"今夫夫子之托于斯竹也，而予以为有道者"几句，依然与前文相承，探讨"进乎技矣"的艺术之"道"。由此看来，无论是解牛、种树还是作画，都存在一个由"技"升华为"道"的过程。因此，笔者打破原有教材 3 个单元的界线，按照文章内在思想的关联重组合并，自主设计了一个新的教学单元。这样讲解，使得课文与课文之间的过渡与衔接似乎不失"依乎天理""因其固然"之妙。

由此可见，我们要善于发掘经典文本之间的内在联系，敢于挑战教材编者的权威，按照"顺其自然"的教学规律灵活自如地选择讲授，这样就可能在学生头脑中建构一个相对完整而系统的知识框架，而非亦步亦趋地老调重弹。

二、参较维度：文学与美学

笔者在讲解《庖丁解牛》一课时，还曾经围绕一个关键问题进行拓展解读。这里选择"参较"的对象，既着眼文学，又联系美学；既包含文字，也涉及影像。

在分析课文的主体段落第二段时，笔者提示学生思考这样一个问题："庖丁解牛"的功夫，在从"技"到"道"的发展过程中经历了几个阶段，存在哪些不同之处？

问题本身不难理解，细读文本，就可以明确应该分为三个阶段：第一，"始臣之解牛之时，所见无非牛者"；第二，"三年之后，未尝见全牛也"；第三，"方今之时，以神遇而不以目视"。

那么，如何具体而生动地引导学生，进一步领会这三个阶段形成的过程性和逻辑性呢？

笔者对学生进行如下启发：正所谓"形而下者谓之技"，"形而上者谓之道"。从"技"到"道"的发展，的确需要一个循序渐进的过程。用哲学阐释，可称之为"从量变到质变"。

这就恰如中国当代著名美学家蒋孔阳先生提出的理论，即"多层累的突创"（cumulative emergence）。所谓"多层累的突创"，包括两方面的意思：一是从美的形成来说，它是在空间上的积累与时间上的绵延相互交错，所造成的时空复合结构。二是从美的产生和出现来说，它具有量变到质变的突然变化，我们还来不及分析和推理，它就突然出现在我们的面前，一下子整个抓住我们。

引介蒋孔阳先生提出的"创造美学"理论对"美的形成"恰如其分的阐述，笔者的目的就是提示学生：无论是庖丁解牛的刀法，还是文与可画竹的笔法，抑或郭橐驼种树的手法，大都呈现出苏辙所谓的"万物一理"的境界。

由著名学者钱理群、王尚文两位先生主编的《新语文读本》高中版第3册中，收入了堪称明末清初一代大师的黄宗羲的传记名篇《柳敬亭传》，该文对传主柳敬亭在说书技艺上不断提升的境界的描绘，与"庖丁解牛"描绘解牛刀法的锤炼具有异曲同工之妙：

敬亭退而凝神定气，简练揣摩，期月而诣莫生。生曰："子之说，能使人欢咍嗢噱矣。"又期月，生曰："子之说，能使人慷慨涕泣矣。"又期月，生喟然曰："子言未发而哀乐具乎其前，使人之性情不能自主，盖进乎技矣。"

不仅来自书本的篇章呈现出这番共性，部分当代电影的片段里，同样以迥然相异的动态影像阐发了极为相似的事理逻辑。出自张艺谋电影《英雄》中的秦王之口的那所谓剑法的三重境界（人剑合一，剑在心中，心中无剑）和周星驰电影《食神》中呈现的所谓烹饪之道的最重要的一个字——心，无疑都能进一步帮助学生了解到庖丁解牛之法超时空、跨领域的高远之处。当然，意大利电影《海上钢琴师》的男主人公在颠簸于风浪中的游轮上从容地弹奏《魔幻华尔兹》的场面，美国电影《闻香识女人》中作为盲人的主人公在舞池中与陌生女子在探戈乐曲的伴奏下翩翩起舞的姿态，分别以琴艺、舞技印证了这一道理。

三、参较维度：文学与史学

从人文社会科学不同的学科领域着眼，我们同样可以领略到"参较式阅读"的妙处，著名历史学家余英时先生曾经坦言：

西学不应再被视为"科学之律令"或普世的真理，它将作为参考比较的材料而出现在国学研究的领域之中。作为参考比较的材料，国学家对于西学则应只嫌其少，不厌其多，我个人对此深信不疑。

在讲解《中国文化经典研读》这部人教版高中选修课本中黄宗羲的《原君》一课时，笔者曾围绕顾炎武《日知录》中《赵盾弑其君》里"君臣之义无逃于天地之间，而可逃之境外乎"和黄宗羲的那句"而小儒规规焉以君臣之义无逃于天地之间"这两句，对二者在观念上的异同以比较分析的方法进行了界定：黄宗羲抨击的是君主，顾炎武看重的是民心。同样"看"到"责任"，黄宗羲与顾炎武是"向上看君主"还是"向下看臣民"的区别。

难能可贵的是，笔者对这一问题解读的思路，也是受益于余英时先生的一篇序文：

无论在朝在野，士的"使命感"在南宋依然十分旺盛，朱熹更是一位最有代表性的典型。他在政治上向往王安石"得君行道"的机遇，所以期待晚年的孝宗可以成为他的神宗，重新掀起一场"大更政"运动。本于切身经验，王阳明体悟到明代政治生态已不允许他早年所向往的"得君行道"。他与宋儒最大的分歧在于他完全放弃了"得君"的幻想，相反地，他的说教对象是士、农、工、商各阶层的庶民。所以我们称之为"觉民行道"。这是"致良知"之教的社会涵义的精要所在。

当时有两股最有势力的思潮，殊途同归。其一是从古典哲学传统中发展出来的新斯多葛派，以荷兰思想家利浦修为最有影响的领袖；其二则是喀尔文和他的教徒。这两派建立秩序的领域不同。利浦修的信徒中颇多政界人士，因此他特别强调政治秩序。他主张君主政体，但君主必须严守道德原则，以公共利益为念。喀尔文派则全力推动道德社群秩序的建立。通过布道，他们教导人人各敬其业，各安其分，并为人服务。总之，新斯多葛派从上而下，喀尔文派则从下而上，同时展开了一场"大改革"的运动。

如果从儒家的观点去概括17世纪新斯多葛派和喀尔文派"大改革"的意义，我们正不妨说，前者所从事的相当于"得君行道"，后者则相当于"觉民行道"。

显然，余英时先生首先从时间维度入手，把朱熹向往的"得君行道"和王阳明推崇的"觉民行道"进行参较，进而又从空间维度入手，把新斯多葛派和喀尔文派的"大改革"运动进行参较，通过时空交错的例证，再次证明了这种解读方法在历史研究中的合理性与可行性。

当然，我们同样也可以借助著名思想史研究学者萧公权先生在自身著述中的一处论断，提示学生强化一种难能可贵的认识：顾炎武、黄宗羲，在文字上看似各执一词，在情理上实则殊途同归，这番气脉相通，始终难能可贵：

梨洲重视士人，欲令天下政事之是非，决于京师郡县学校之公论。今亭林痛斥生员而欲加以缩减废除。其主张不啻与梨洲背道而驰。然而，梨洲所欲倚为天下正论之机关者非寻常场屋中之生员，而为曾经改革之学校。亭林所斥责者乃乱政败俗之生员，而非士大夫之清言正议。一注目于理想中学校之功用，一致意于事实上生员之缺点。非两家对于士大夫在政治上之地位，有根本不同之见解也。

萧先生对两者在观念上"异中之同"的论证，无疑更能强化我们对顾炎武其人的理解。所以，从史学视域着眼，我们同样可以在彼此的参较中拓展和深化对文本难点的理解。

四、余论

事实上，立权师提出的其他围绕课文设计的解读分析方法，和"参较式阅读"相比，都有异曲同工之妙。

如《札记》第127则《互文性解读》中对王维《山居秋暝》中"空山新雨后"的"空"进行的解读，再如第312则《变换分析法》中对李商隐《夜雨寄北》中"巴山夜雨涨秋池"一句展开的分析，无不令人击节称赏。

更为难能可贵的是，立权师能够将"变换法"与"参较法"合用。例如在2014年10月举办的盛况空前的"小初高——异学段——同课异构教研活动"中，立权师在讲柳宗元《江雪》时首先用"变换法"，把押仄声韵的《江雪》改为押平声韵的诗，然后让学生用改后的诗和原诗进行参照、比较，进而分析鉴赏，可谓相得益彰。

犹记陈平原先生在2001年春夏之交为北京大学中文系研究生开设"明清散文研究"的专题课上讲到《能文而不为文人——顾炎武的为人与为文》时说过：

老一辈学者常说，读书要从做札记学起。为什么，读书做札记，只要有所得，一点也行，两点也行，日积月累，大小总有所成。读书做学问，需要一点一点地"抠"，札记多了，可以写成论文，论文多了，可以做成专著。

作为后学、晚辈，我们相信《札记》一书必将使以开放和创新见长、深刻而有情著称的立权师的诸多的真知灼见，更为志同道合的语文人所借鉴学习。

【参考文献】

[1] 黄宗羲. 柳敬亭传//钱理群，王尚文. 新语文读本·高中卷·3［M］. 南宁：广西教育出版社，2001.

[2] 余英时. "国学"与中国人文研究//国学与中国人文［M］. 桂林：广西师范大学出版社，2014.

[3] 余英时. 田浩《朱熹的思维世界》增订本新序//论学会友［M］. 桂林：广西师范大学出版社，2014.

[4] 萧公权. 中国政治思想史（二）［M］. 沈阳：辽宁教育出版社，1998.

[5] 陈平原. 从文人之文到学者之文：明清散文研究［M］. 北京：生活·读书·新知三联书店，1997.

（本文发表于《语文教学通讯》2016年第3期）

"文献意识"的基本内涵与实践典例
——《孙立权语文教育札记》研究之三

针对《孙立权语文教育札记》（以下简称《札记》），笔者曾围绕两个角度进行以点带面的研究。首先，从学术渊源与实践取向、自觉式与非自觉式两种类型切入，对"非教学性备课"与课堂教学实施策略的关系进行分析；其次，围绕理论背景与基本内涵、实践典例与"文""字"功夫等角度，并结合文学、美学、史学等不同视域对"参较式阅读"这一教研方法展开研讨。诚如乾嘉考据学皖派宗师戴震在《与是仲明论学书》中所说："经之至者道也，所以明道者其词也，所以成词者字也。由字以通其词，由词以通其道，必有渐。"因此，在《札记》一书即将付梓之际，笔者从基本内涵与实践典例入手，深入研究本书为高中语文教学带来的另一重创获——文献意识。

历史学家陈寅恪先生曾在其著作《寒柳堂记梦》的"弁言"中多次提及，此书在体裁上尝试借鉴司马光《涑水记闻》和陆游《老学庵笔记》，吸收其"杂述掌故，间考旧文，俱为谨严。所论时事人物，亦多平允"的优长。无独有偶，立权师在其《札记》第 348 则《札记体作文》中亦曾坦言：

《世说新语》《老学庵笔记》，都不刻意为文，而是如行云流水一样信手写来，而且题材广泛，细大不捐。看上去，可能只是一段言谈，一个细节，但却韵味悠长，充满性灵。今天的作文教学，应该向这种中国古代的笔记文看齐。（有删节）

立权师也是以身体力行的方式将上述笔记文的内容和形式在《札记》中笃实践履。

众所周知，陈寅恪先生从三个方面概括王国维著述的学术特色：其一，取地下之实物与纸上之遗文互相证释；其二，取异族之故书与吾国之旧籍互相补正；其三，取外来之观念与固有之材料互相参证。而陈先生自己的史学研究，也善于从社会风俗的流变和族群人文的背景等不同维度来考察历史现象，其重视考据、长于分析的治学方法，今天我们也可以从立权师的《札记》中真切感知。

让立权师最早领悟到"文献意识"之可贵的，是针对人教版高中语文课本里《林黛玉进贾府》一课中关于林黛玉的两句肖像描写——"两弯似蹙非蹙罥烟眉，一双似喜非喜含情目"——进行的分析。

立权师首先为学生呈现了《红楼梦》的"庚辰本"原作中"两湾（弯）半蹙鹅（蛾）眉，一对多情杏眼"一句，并提示学生可以对此进行评价。然后，他为学生呈现了人民文学出版社1982年之前的《红楼梦》版本中的这两句——"两弯似蹙非蹙笼烟眉，一双似喜非喜含情目"，从而建议学生通过翻查《古代汉语词典》等常用工具书，比较"笼烟眉"与"罥烟眉"在文字艺术上的高下。此后，立权师结合《汉语大词典》中的释义，明确了在呈现出"缠绕"这一基本相同的含义时，"罥烟"在新意上更胜一筹。当然，在他设计的另一个问题中，我们更可见出其"文献意识"的可贵。《札记》第339则《例说"文献意识"》中如是阐发：

"一双似喜非喜含情目"一句在俄罗斯圣彼得堡所藏的旧抄本《石头记》里作"一双似泣非泣含露目"。我让学生比较这两句的优劣。我认为"似泣非泣含露目"好。首先，可以注意到其与后文"泪光点点"的照应，上句是"似蹙非蹙"，"似泣非泣"才与上下文一致。其次，从林黛玉的人物形象看，"似喜非喜"不合黛玉形象的本质特征。再次，从《红楼梦》故事情节中的"木石前盟"来看，黛玉前世是绛珠仙草，宝玉是神瑛侍者，每天以甘露灌溉绛珠草，使其幻化成女体，她发誓用一世的泪水还他深情。既然还泪，当然要泣。当年灌溉时是用"甘露"，现在还泪时"泣露"，"似泣非泣含露目"多么恰当啊。我是有意识地用《红楼梦》"庚辰本"、"列藏本"、旧版的人民文学本的异文与课文对照，凭借文献，把教学引向深入，实现了对课文的超越。（有删节）

可见，立权师在讲解课文时之所以能够大刀阔斧地围绕个别疑难问题进行深入开掘，运用"参较式阅读"的方法，结合海内外的不同版本或藏本的著述进行分析和鉴赏，从而高下立判，正是凭借自身葆有的"文献意识"。如果缺少这种意识，面对小说中类似的描写文字，教学中就往往流于蜻蜓点水、走马观花，从而与真正的经典和大师的心语失之交臂。

当然，这番难得的"文献意识"不仅体现在有意识的教学设计中，同样反映在不经意的字词理解上。《札记》第64则《例说注重文献》中提及同事对顾炎武诗句"丈夫志四方，有事先悬弧。焉能钓三江，终年守菰蒲"中的"钓三江"的含义不解，那么该如何查阅呢？

查《汉语大字典》，把"钓"所有义项一一代入，都无法解释通。我请青年教师杨威查中华书局1998年版的《顾亭林诗笺释》，翻到第244页，终于看到了这首诗，题目叫《丈夫》，原文是"钓三江"。可见，语文教学要有文献意识，重视查找文献，不能大荒儿就行。（有删节）

陈寅恪先生曾在《冯友兰中国哲学史下册审查报告一》中说："任何古书古字，绝无依据，亦可随其一时偶然兴会，而为之改移，几若善博者能呼卢成卢，喝雉成雉之比。"诚如朱光潜先生在《咬文嚼字》一文中所说的：无论阅读或写作，我们必须要有一字不肯放松的谨严。

当然，锱铢必较，细大不捐，其前提也是应该将"文献意识"一以贯之地付诸实践。

立权师对"文献意识"的探讨，并未止步于对课文内容进行由字到文的考证，而是结合堪称范本的文史著述中对"文献"一词的经典诠释，提出对"文献"进行属性界定的新见。如《札记》第65则《"死文献"与"活文献"》中说：

"文献"一词最初就不单指典籍。"文献"一词最早见于《论语·八佾》："子曰：夏礼，吾能言之，杞不足征也。殷礼，吾能言之，宋不足征也。文献不足故也。足，则吾能征之矣。"为《论语》做注的东汉学者郑玄解释"文献"中的"献"说："献，犹贤也。"朱熹在《四书集注》里说："文，典籍也；献，贤也。"原来孔子说的"文献"既包括历史文件，也包括时贤。明代大学者焦竑有一部大书《国朝献征录》，这个书名译成现代汉语，就是"当代人物传"。书名中的"献"指的是当代的重要人物即与历史关系重大的人物。语文教学要注重文献，既要注重"死文献"，也要注重"活文献"。（有删节）

在立权师看来，笔者在常规教学中的一个问题研讨，可以作为注重"活文献"的范例。

在讲解鲁迅的《〈呐喊〉自序》一课时，笔者读到文中有这样一段话："我于是用了种种法，来麻醉自己的灵魂，使我沉入于国民中，使我回到古代去,后来也亲历或旁观过几样更寂寞更悲哀的事,都为我所不愿追怀……"那么,对于作者鲁迅而言,这"更寂寞更悲哀的事"指的究竟是哪些事呢?无疑,在《〈呐喊〉自序》中,作者对此"不愿追怀"的事有意回避。

笔者通过电子邮件先后求教国内鲁迅研究领域的三位权威专家,三位专家都给予认真的解答,令笔者受益匪浅。执教于上海大学的王晓明先生(《无法直面的人生:鲁迅传》作者)回复:在日本留学时对革命团体中的人事的失望,回乡后所经历的辛亥革命中的那些令人失望的事,个人的婚姻,在北京抄碑帖时期所亲历的新的社会黑暗和颓唐世情……已经在北京大学退休的钱理群先生(《心灵的探寻》《与鲁迅相遇》《鲁迅作品十五讲》作者)回复:鲁迅在《〈自选集〉自序》(收《南腔北调集》,《鲁迅全集》4卷)里,有一个说明:"见过辛亥革命,见过二次革命,见过袁世凯称帝,张勋复辟,看来看去,就看得怀疑起来,于是失望,颓唐得很了。"《〈呐喊〉自序》里说的,大概就是这几件事。执教于清华大学的汪晖先生(《反抗绝望:鲁迅及其文学世界》《阿Q生命中的六个瞬间》《声之善恶:鲁迅〈破恶声论〉〈呐喊自序〉讲稿》作者)回复:或许可以将鲁迅此后在《朝花夕拾》中提及的一些故事作为参考。这句话中,除了具体事情之外,"不愿追怀"或许也值得追究。附件是根据我几年前讲授同一文本的录音整理而成的文稿,其中有两段提及鲁迅文本中的"省略",也寄给您批评。结合三位专家严谨谦逊的回复,我们即使不能对所谓"更寂寞更悲哀的事"给出完全精准的阐释,但也无疑可以对这一问题拥有了更为丰富而且合理的认识。

毋庸置疑,立权师通过《札记》中的三则内容一再倡导的"文献意识"提示我们:在语文教学中,无论"触类旁通",还是"见微知著",抑或"死去活来",都要求我们始终葆有对不同类型的"文献"进行积累、筛选、考订、比较、诠释的"意识"和实践能力。

诚如清代张穆为俞正燮(理初)的《癸巳存稿》所写的《序》中说:"理初足迹半天下,得书即读,读即有所疏记。每一事为一题,巨册数十,鳞比行箧中。积岁月,证据周遍,断以己意,一文遂立。"立权师在从教20年来笔耕不辍地写作《札记》的意义和价值,于他在不断开拓"文献意识"的学术视域时一以贯之地遵循和实践的些许文字里始终清晰可感。

【参考文献】

[1] 李跃庭，沈月明."非教学性备课"与语文课堂教学实施策略——孙立权语文教育札记研究［J］.语文教学通讯，2014（11）（12）.

[2] 沈月明，李跃庭.语文教学中的"参较式阅读"典例举隅——孙立权语文教育札记研究之二［J］.长春教育学院学报，2015（5）.

[3] 沈月明，李跃庭."参较式阅读"的方法领悟与个人尝试［J］.语文教学通讯，2016（3）.

[4] 余英时.中国情怀：余英时散文集［M］.北京：北京大学出版社，2012.

[5] 陆键东.陈寅恪的最后二十年［M］.北京：生活·读书·新知三联书店，2013.

[6] 余英时.国学与中国人文［M］.桂林：广西师范大学出版社，2014.

[7] 冯友兰.中国哲学史（下）［M］.上海：华东师范大学出版社，2000.

（本文发表于《长春教育学院学报》2017年第1期）

"文献意识"的学术视域和教学方法

——《孙立权语文教育札记》研究之四

诚如韩愈在《进学解》中所说,"口不绝吟于六艺之文,手不停披于百家之编。记事者必提其要,纂言者必钩其玄",若能始终葆有"文献意识",并在备课乃至教学中拓宽其学术视域,对于从字词含义到篇章主旨等一系列疑难问题的分析和解答,无疑大有裨益。

借助余英时先生对自身治学方法的总结,我们可以对"文献意识"在不同学科中的普适价值获得更为真切的体认。他说:"每选定一题,我事先都必须广泛地阅读有关的参考资料和反复思量,然后才敢动手。即使有些是平时已读过的书籍,在写作时仍然要详细检查一遍……我唯一能保证的是我尽可能不说毫无根据或自己并不相信的话。我严格要求自己对读者负责。"

在讲解陶渊明的诗歌《归园田居》时,我们会探讨作者"为何而归",从全诗首句"少无适俗韵,性本爱丘山"可见他认为自己并不适应充满繁文缛节和尔虞我诈的官场生活,性情与此格格不入的他更流连于内心真正向往的山水田园。既然如此,那为何过去要违背自己的本心勉为其难地出仕为官呢?从文前小序中的"余家贫,耕植不足以自给。幼稚盈室,瓶无储粟。生生所资,未见其术"等,我们可以大体了解其原因所在——养家糊口,维持生计。那么他最终选择辞官归隐,是否因为"五斗米"的官俸过于低微,从而不堪为此"折腰"呢?

在《孙立权语文教育札记》(以下简称《札记》)第473则《"五斗米"是多少?》中,立权师如是阐发:

据史家的考证来看,"五斗米"是当时县令日俸的一半。晋朝给俸实行半谷半钱制,即给一半粟米,还给一半钱。《晋百官表注》载:县令"岁俸四百斛。月钱二千五百,米十五斛"。一斛是十斗,每月十五斛,就是一百五十斗。按每月三十天计,一天正好是"五斗米"(东晋时1斗约合今天三点二市斤)。"月钱两千五百",也按三十天计,每天大约八十三钱。看来,当时县令的薪俸很不错,每天除了"五斗米",还有八十三钱。陶渊明宁愿放弃待遇很好的彭泽县令之职而归隐田园,这是难能可贵的,也是后代文人景仰的主要原因。(有删节)

对此,笔者也曾通过历史学家杨联陞先生《论东晋南朝县令俸禄的标准——〈陶潜不为五斗米折腰新释〉质疑》一文了解到如下内容。魏晋南朝,大体沿用汉制,县令年俸千石至六百石(石,即斛),是法定标准。六百石指的是粟(未舂),依照汉简及《九章算术》粟五斗三比率,折成米(已舂)三百六十斛。若依汉代半钱半谷,每月米十五斛,正好每日五斗。所以五斗米应是汉以来低级县令的日俸(严格说是半俸)标准。诚如陈寅恪先生在《陈垣敦煌劫余录序》中所说:"一时代之学术,必有其新材料与新问题。取用此材料,以研求问题,则为此时代学术之新潮流。"所以,从古人或今人的不同类型的文献着眼,我们无疑可以增进对这一重要问题的全面理解。

准确理解古代诗文中个别字词的含义,其价值同样不容小觑。我们在《札记》第338则《说"中间小谢又清发"的"中间"》中亦可见到。在尝试分析李白《宣州谢朓楼饯别校书叔云》一诗中"蓬莱文章建安骨,中间小谢又清发"下句里的"中间"一词的含义时,立权师认为它是表示时间的,意为"后来"。他也举出古诗、史传中的合适例证来帮助学生理解进而记住这一含义。杜甫《李潮八分小篆歌》中的"秦有李斯汉蔡邕,中间作者寂不闻"和沈约《宋书·刘亮传》中的"孙不听亮服,亮苦欲服,平旦开城门取井华水服,至食鼓后,心动如刺,中间便绝"都是"中间"一词解作"后来"的典型例证。与此例相比,立权师在认真考索人教版高中语文课本收入的杜甫诗七律《咏怀古迹》(其三)的颈联上句"画图省识春风面"一句中的"省识"二字的音、义问题时,淋漓尽致地呈现出傅斯年先生倡导的"上穷碧落下黄泉,动手动脚找东西"的名副其实的"文献意识"。

当然,对于任何经典文献而言,我们认真考证的目的绝不仅仅在于诠释,同样在于勘误。在《札记》第333则《说〈游褒禅山记〉"苟简"之病》中,立权师如是阐发:

"苟简"就是草率简略,简略过度,以致影响了文意的表达。《游褒禅山记》中"然力足以至焉"一句后边应该补上"而不至"之类的文字,它就犯了"苟简"的毛病。清代学者钱大昕《潜研堂文集》中记的一则文坛故事：（方）望溪尝携所作曾祖（?）墓铭示李（巨来），才阅一行，即还之。望溪志曰："某文竟不足一寓目乎？"曰："然。"望溪益志，请其说。李曰："今县以桐名者有五：桐乡、桐庐、桐柏、桐梓，不独桐城也。省桐城而曰桐，后世谁知为桐城者！此之不讲，何以言文？"望溪默然者久之……（按：今《方望溪文集》刊本已将《太父马溪府君墓志铭》首句"苞先世家于桐"改为"苞先世家桐城"），方苞将"桐城"省为"桐"，即是"苟简"。（有删节）

恰如王安石在《游褒禅山记》中所说的"学者不可以不深思而慎取"，立权师对于这一问题的阐释，无疑与黄宗羲在《万充宗墓志铭》中所讲的"经文错互，有此略而彼详者，有此同而彼异者。因详以求其略，因异以求其同，学者所当致思也"共同诠释了"古今一理"这一通则。事实上，类似的例证在立权师的课堂上所在多有。在讲解人教版高中语文课本中的韩愈《师说》一文时，他曾与学生探讨"夫庸知其年之先后生于吾乎"一句存在的语病：即"年"应该论"大小"或"长幼"于"吾"，若论"先后生于吾"则应去"年"留"其"，否则即为搭配不当的典型病句。由此，笔者对胡适先生所说的"韩退之提倡作古文，往往也有不通的句子"一句话拥了更为深切的体悟。

融入了"文献意识"的教学方法，在立权师的课堂教学中可谓比比皆是。当然，如何将"文献意识"灵活、巧妙地运用在教学实践中，从而将其转化为具体可操作的方法、技巧，可能是所有从教者更为关注的。

陈寅恪先生说过："依照今日训诂学之标准，凡解释一字即是作一部文化史。"从这一角度审视，立权师针对经典篇章中字词含义的推敲，将"文献意识"发挥得恰到好处。

正如清人章学诚在《校雠通义序》中所强调的"辨章学术，考镜源流"，立权师在文言文字词教学中的一贯主张是：从字源字理出发，讲清来龙去脉。实现这一方法，无疑应在教学中将"文献意识"切实有效地融入。结合《札记》第310则《说"夙婴疾病"中的"婴"》，我们对这一点清晰可感。立权师在为学生讲解《陈情表》一课时，在了解到课下注释中对"婴"的释义为"缠绕"后，进一步追问这一含义从何而来，以此类推"婴儿"一词的含义又是如何形成的。在课上，他首先通过板书为学生呈现"婴"的古文字字形，使学生明确其本义为妇女脖子上的装饰品，进而结合古代典籍《荀子·富国》

《后汉书·南匈奴传》《荀子·强国》和现代篇章以及鲁迅《摩罗诗力说》中的部分语句梳理。难能可贵的是，他并未止步于此，而是继续深入探寻该字的引申义：

后来看到东汉刘熙《释名·释长幼》中说："人始生曰婴儿。胸前曰婴，抱之婴前，乳养之也。"清末学者王先谦在《释名疏证补》中说："婴无胸前义，此借婴为膺。"《说文》："膺，胸也。"这就是说，"婴"的婴儿之意是假借而来。此可聊备一说。

诚如余英时先生在探讨治史方式时所说的"除了传世已久的古文献之外，我也尽量参考新发现的简帛和现代专家的重要论著"，在探讨陈寅恪先生的治学方法时，余英时先生认为："实证"是求取知识的常法，"诠释"则是通解文献涵意的窍门。由此可见，如果希望将"文献意识"切实有效地应用在篇章解读中，一定要将"实证"和"诠释"的功夫在"自养为主，外铄为辅"的治学、从教过程中扎实练就。

无独有偶，对"文献意识"的合理运用，从字词含义过渡到文化常识，这与立权师始终倡导的"言语/文化观"相吻合，它也是从微观和宏观这两大视域同时切入文本的尝试。

借助《札记》第 322 则《我讲〈庖丁解牛〉时设计的一个问题》，我们对融入"文献意识"的"参较式阅读"方法在篇章解读中阐扬文化精神的意义和价值会获得更加真切的理解。

立权师在讲解人教版选修教材《中国古代诗歌散文欣赏》中的《庖丁解牛》一课时，在古今著述中选择恰如其分的文献，将"文献意识"切实有效地贯彻在名作解读之中。首先，立权师引述于丹在《庄子心得》一书中分析"庖丁解牛"一文的表述——庖丁跟庖丁是不一样的，大家都是屠夫，但是你看：良庖岁更其刀，割也……其次，他提示学生明确于丹对"庖丁"一词的错误性理解在于她将其作为屠夫、厨师的泛称。而作为专名的"庖丁"，是指其人的身份是"庖"，名字是"丁"，也即他是一位名字叫"丁"的身怀绝技的庖人。再次，他先为学生呈现唐代学者陆德明《经典释文·庄子音义》中对"庖丁"的解释"庖人，丁，其名也"，进而在"有一份证据，说一分话"的考证观念的引领下，在 PPT 中为学生呈现了一系列见于先秦典籍中的"职务＋人名"的称谓，例如《论语·微子》中的"太师挚"（"太师"指职务，乐官之长，"挚"是其名）和"少师阳"（"少师"指副乐官长，"阳"是其名）。且并未止步于此，立权师又将孔子留下的"举一反三"的教学方法融入后续的启发环节。他提示学生猜测下列称谓的准确含义，如史籀、史鱼、师旷、卜偃、巫咸、医缓、匠石、轮扁等，由此帮助学生了解和掌握以职官与人名相组合，作为某些专业人士的称谓，在先秦时代是一种约定俗成的通例。

通过上述例证，我们可以进一步领会"文献意识"在以小见大、触类旁通等一系列教学智慧的呈现中其价值不容小觑。诚如余英时先生所说："我之所以特别重视清代经史考证的传统，不仅因为这一传统产生了许多有价值、有影响的论学序文，更因为20世纪中国的'国学'研究是直接从这一源远流长的传统中衍生出来的。"

【参考文献】

[1] 余英时. 中国情怀：余英时散文集［M］. 北京：北京大学出版社，2012.

[2] 杨联陞. 中国语文札记［M］. 北京：中国人民大学出版社，2006.

[3] 陆键东. 陈寅恪的最后二十年［M］. 北京：生活·读书·新知三联书店，2013.

[4] 孙立权. 聚讼纷纭是"省识"［J］. 语文教学通讯，2015（4）.

[5] 余英时. 中国情怀：余英时散文集［M］. 北京：北京大学出版社，2012.

[6] 胡颂平. 胡适之先生晚年谈话录［M］. 北京：新星出版社，2006.

[7] 余英时. 现代学人与学术［M］. 桂林：广西师范大学出版社，2006.

[8] 余英时. 国学与中国人文［M］. 桂林：广西师范大学出版社，2014.

[9] 余英时. 中国情怀：余英时散文集［M］. 北京：北京大学出版社，2012.

[10] 余英时. 论学会友［M］. 桂林：广西师范大学出版社，2014.

（本文发表于《长春教育学院学报》2018年第4期）

在对话与诵读中走近经典

——对张玉新教授教学智慧的感悟与思考

自从 2012 年 3 月加入我省教育学院"张玉新导师工作室",我和其他学员在张玉新教授精心设计和组织的"授课以相观摩""游学以开眼界""读书以示功底""观察以求致用""反思以谋发展"等一系列教研活动中得到诸多锻炼自我、展示交流的机会。从某种程度上来说,我们个人专业成长上的点滴进步都离不开导师的示范引领和学员的切磋砥砺。正是在由工作室组织开展的教研活动中,笔者不断反思自身的教学理念,研究自身的教学策略,改进自身的教学方法,力争在从"模仿教学"走向"独立教学"的过程中迈出更大、更稳、更快的步伐。

在玉新教授"授课以相观摩"的教研活动中,笔者对由他主讲的韩愈的《师说》和杜甫的《登高》两课呈现出的教学智慧感触颇深,梳理如下。

从教学智慧这一角度来审视和思考,玉新教授《师说》一课中颇为值得称道、赞许的主要包含以下三个方面。

其一,从课前准备入手,玉新教授创设了"减法式"问题探究的师生对话方式。

首先,他要求学生在课前结合书下注释(而非相关学案)认真阅读课文,针对阅读中发现的疑难提出问题。其后,由专人将五花八门的几十个问题输入 Word 文档,放大呈现在大屏幕上,供在场师生共同浏览和探讨。玉新教授将浅显的问题交给不同的学生,直截了当地加以解答并删除;将具有探究价值和意义的问题归并分梳,作为课文解读的要点予以保留。这种教学方法真正体现了新课标的精神——自主、合作、探究,同时尊重了作为学习主体的学生的需求和感受,围绕他们的困惑与不解展开教学,使得教学目标明确,重、难点突出。正可谓问题意识鲜明,"从学生中来,到学生中去"。

其二,在课堂生成问题的处理上,玉新教授能够随机应变地运用教学智慧，处理细节。

当某学生对韩愈文中所说的"传道"的"道"究竟是何含义深入思考并举手发问时，他先请学生思考韩愈的弟子李蟠所擅长的"六艺经传"属于先秦诸子哪家哪派的学问，从而启发学生领悟韩愈的"道"恰恰是儒家之道。难能可贵的是，玉新教授在回答这一问题后并未止步，继而结合《论语》原文提示学生《师说》一课中的"人非生而知之者"和"闻道"等表述对孔子思想、言论的承继性之所在。毋庸置疑，这恰恰在无形中回应了此前另一学生提出的另一个问题（《师说》与"古文运动"究竟关系何在?），证明了《师说》恰恰是符合古文运动宗旨——文以载道——的一篇佳作。

这就恰如玉新教授在讲授《苏东坡词二首》一课时，曾有意追问学生"本来这两首词叫《苏轼词两首》，我把它篡改成《苏东坡词二首》，道理何在?"，其实是在提示学生重视"知人论世"的方法，从"黄州东坡"引入对其词作创作背景与情感内蕴的认知和理解。这种启发式的教学引导方式，恰恰是我省语文教育家、在东北师大附中和吉林省教育学院都任教过的张翼健先生倍加推崇的教学思想。

其三，玉新教授在课上呈现了自身针对《师说》文本进行"批注式阅读"的范例，将自身对教学艺术的追崇笃实践履。

虽然限于时间关系，师生之间对于"批注式阅读"的交流未能充分展开。但玉新教授三言两语的呈现和介绍，已经在学法指导上给予学生重要的点拨。也即：面对经典，该如何学习？抛却一切辅助性材料，以初涉心态直观文本，圈点批注，留下书间笔痕或篇后悟语，这可能是学习语文的不二法门。读经典之书，与圣贤为友，因此不再落空，而是传承中国古典文学批评的重要方法——评点、批注，这无疑也体现了张翼健先生、奚少庚先生等前辈所倡导的"语文教育民族化"的鲜明特色。

众所周知，诗圣杜甫的《登高》在人教版必修3课本第二单元的《杜甫诗三首》一课中的地位极为特殊。这首被称为"千古七律第一"的老杜压卷之作，学生并不陌生。学生在小学、初中的不同学段都拥有读背甚或学习此诗的经验，对于"无边落木萧萧下，不尽长江滚滚来"一类的名句更是了然于胸。所以，教师讲解《登高》一诗既存在优势，又存在难度。

所谓优势，就是学生在以往阅读与感受杜诗时，对于杜甫忧国忧民、饱经沧桑的人格特征具有一定的了解，对于老杜的若干传世名篇也有所积累。这就为《登高》的教学奠定了一定的基础和前提。

所谓难度，就是对于一首学生有所了解却多为浅尝辄止的名作，如何在其"前理解"的基础上，引导他们学会运用诗歌鉴赏的一般技巧和方法来解读作品，在对其人其作的理解上超越以往的层次和水平，切实体会到《登高》迥异于老杜晚年其他作品的价值和意义。

于我而言，从教学智慧这一角度来审视和思考，玉新教授这堂课的亮色有以下两大方面：

其一，玉新教授在《登高》教学开展的课堂导入上可谓独具匠心。他精心构思了一份调查问卷，安排学生在课前认真完成。

问卷中包含诸如"你过去都读背过哪些杜诗""你认为杜诗中哪一句最能代表老杜的思想情怀""《杜诗三首》中你最喜爱其中哪一首"等问题。可以说，这些问题的设计，恰如其分地引导学生在课前认真回顾以往对于老杜其人其诗的学习经验和心得，同时为《登高》教学的展开做出一个良好的铺垫，充分激发了学生的学习兴趣，创设了教学开展的期待视野。而且，从学生对问卷的完成情况和课堂学习效果来看，这一设计非常成功，可谓"承前启后，润物无声"。

其二，玉新教授在授课中极为重视对学生的诵读这一教学环节的处理，《登高》一诗的讲解自始至终都围绕着文本的诵读而展开。

他首先请一名学生朗读，而后请其他学生评价并朗读，继而请第一名学生从自己的朗读经验和他者的评价中反思，重新诵读。同时，在充分肯定学生诵读的优点的基础上，玉新教授自己也用范读来引导学生关注诵读的方法和技巧。玉新教授通过范读，指点学生在高亢和低回中明确逻辑重音、顿挫、起伏、节拍、气韵等在诵读中的重要性。在讲解诗歌后，玉新教授又请全班学生在增进对诗歌的理解后再次诵读。而后，又有几位学生依次诵读，在一位男同学颇为精彩的诵读后，全班学生不约而同地以掌声表达赞许。在这堂课上，教师读，学生也读；既有默读，也有齐读；先读后讲，讲后再读。可以说，以读带讲的教学方法，既培养了学生的语感，也深化了他们对篇章内涵的理解。

时至今日，笔者依然认为，当年能够得到东北师大附中立权师的教导和推荐，有幸加入"张玉新导师工作室"进修、深造，对笔者个人来说是一项无上的光荣。笔者牢记并笃信玉新教授的一句话——你要时刻问一问自己：对自身而言，业务究竟是一块金砖，还是一块敲门砖？在这个意义上说，前辈们在学术人格上的魅力，永远是我们钦敬和自省的标尺。

（本文发表于《中小学课堂教学研究》2017年第8期）

母语诗教的赓续与探求

——东北师大附中第二届语文学术节侧记

子曰："诗可以兴，可以观，可以群，可以怨。"诗骚传统，作为中国文学源远流长的重要一脉，绵亘千古，生生不息。

孔子教诲伯鱼的"不学诗，无以言"不仅作为庭训的佳话流传后世，更是作为泱泱古国诗教传承的粗壮根系，滋养着数代薪火相传的中华儿女。

如今，无论是诗人，抑或诗歌，都逐渐淡出公众的视野。写，还是不写；读，还是不读——已然成为纠结着诗歌作者和读者的"双向的煎熬"。

然而，身在校园的青年学子，正处于人生的黄金时期，经历着诗意盎然的青葱岁月。诗歌，不但会成为他们未来永恒的神圣记忆，也会成为照耀他们生命旅程的精神之光。可以说，母语诗教的成功与否，决定了当今"90后"乃至"00后"的几代人能否传承饱含哲思和激情的母语文化，能否拥有充满诗意与美感的精神根基。

在"合作教研，学术为先"这一宗旨的指引下，为了推动语文教学迈向专题研究，加强语文学术思想交流，实践语文先进教育理念，推动语文教学健康发展，东北师范大学附属中学语文教研室于2012年5月18日在东师附中自由校区举行了主题为"诗歌教学与研究"的第二届语文学术节。来自辽宁、吉林、黑龙江的七百余位中学语文教师参加了本次学术节活动。活动邀请来自东北师范大学文学院、哈尔滨师范大学中文系、吉林省教育学院高中部的知名专家和学者担任点评嘉宾。

本次学术节的活动由四个环节组成：诗歌教学观摩课、"诗歌教学与研究"主题论坛、专家点评、名家讲座。在名家讲座环节，主办方邀请了中国人民大学文学院教授、著名当代诗人、文学评论家王家新先生做了题为《诗人眼中的诗歌教学》的主题报告，王家新先生从诗人创作、学术批评等多元角度对诗歌的教学与研究进行了精彩的讲解，得到与会教师的一致好评。

以下，笔者将重点围绕学术节的诗歌教学观摩课、"诗歌教学与研究"主题论坛两个环节来传达自身的感悟与思考。

看点之一：《神女峰》——知人论世，古今贯通

在诗歌教学观摩课环节，东北师大附中的李跃庭老师执教人教版选修教材篇章——舒婷《神女峰》。他灵活地运用"知人论世法"和"古今贯通法"，针对学生普遍感到困惑的疑难意象（如"远天的杳鹤""春江月明""金光菊和女贞子的洪流"）和情感（"与其在悬崖上展览千年，不如在爱人肩头痛哭一晚"）进行分析，深化了学生对舒婷诗歌创作的女性立场的理解，进而增强了他们对"朦胧诗派"创作风格的体认。学生深情而精彩的朗诵，师生睿智而深刻的对话，都给与会者留下深刻的印象。

看点之二：《定风波》——文本细读，中外比较

在诗歌教学观摩课环节，田宇老师执教人教版必修教材篇章——苏轼《定风波》。他引导学生运用"文本细读法"，对《定风波》的散文小序与词作正文进行交互阐释，从而发掘出对词作内涵的崭新认知；同样难能可贵的是，他引入奥地利诗人里尔克的名作《豹》，与《定风波》进行"参较式阅读"，从而拓展学生对诗歌意境与诗人心境的理解，给与会者耳目一新之感。

当然，本届学术节的最大看点莫过于四位资深教师在"诗歌教学与研究"主题论坛中的精彩发言。

看点之三：诗歌选篇与教学刍议

在主题发言中，东北师大附中语文学科首席教师、吉林省语文名师工作室主持人立权师引用美国诗人约瑟夫·布罗茨基的话语，强调诗不仅是表述人类经验的最简洁方式，而且为任何语言活动提供最高标准。他还引用德国哲学家雅斯贝尔斯的言论，凸显"伟大的诗人就是本民族的教育家和未来伦理的预言家"这一判断。

立权师认为，诗歌教育不仅是语言教育，还是审美教育、艺术教育、伦理教育。

在立权师看来，当前诗歌教育的首要问题是——你把什么呈现给学生。

所以，他针对以往中学教材中选取的 3 篇诗歌作品，从不同角度进行审视和反思。如柯岩的《周总理，你在哪里》（1977）对王洪涛《莉莉——写给在抗战中牺牲的小女儿》（1963）一诗的意象、写法的模仿性问题，贺敬之创作于风雨如晦、饿殍遍野的三年困难时期的《桂林山水歌》的规避苦难、粉饰现实问题，艾青的《给乌兰诺娃——看芭蕾舞〈小夜曲〉后作》的观念先行、精神矮化问题。他的质疑和批判，可谓见微知著、发人深省，引发了与会者强烈的共鸣和普遍的认同。

在这一背景下，立权师对于我国当前的中学诗歌教学明确地提出了五点建议。

第一，应该重视教材中的诗歌选篇问题。他指出：人教版高中语文必修教材 65 课 79 篇选文中，只选入 3 首新诗《雨巷》《再别康桥》《大堰河——我的保姆》，且都来自于中国现代诗歌；高中必修教材里既没有选入以舒婷、顾城、食指、海子等人的创作为代表的中国当代诗歌，也没有选入从普希金、泰戈尔到惠特曼、帕斯捷尔纳克的外国诗歌。

第二，应该改变单一的诗歌解读模式。他建议综合运用知人论世法、文本细读法、精神分析法、原型批评法、评点法、变换分析法等多种手法来解读诗歌，而非单纯从社会学或意识形态角度切入。他以《孔雀东南飞》《琵琶行》等古诗和《雨巷》《烦忧》等新诗为例，探讨了多元解读的可能性和必要性。

第三，应该杜绝诗歌教学中的试题化倾向。在当下的应试教育体制下，按照高考诗歌鉴赏题的命题模式，将内涵丰富的诗歌作品拟题训练，是中学诗歌教学中的普遍现象。但是，这无疑会把无限丰富的诗歌教学引向机械的套路，严重戕害诗美。

此外，立权师还就诗歌教学中应重视吟唱、朗诵，师生应该共同读诗、背诗、写诗等问题进行了富于见地的阐发。东北师大附中青年语文教师王宏伟、万代远也先后登台献艺，为与会者吟唱了古诗《长干曲》，博得阵阵掌声。

看点之四：诗，何以最高

东北师大附中语文学科带头人、备课组长王玉杰老师在发言中首先引入

19世纪俄国文艺理论家别林斯基的经典论述——"诗是最高的艺术体裁",但她并未将其作为毋庸置疑的前提看待,而是从"源""痛""和""情""准"这五个维度入手,重新对"诗,何以最高"这个命题进行了全面的梳理和深刻的论述。

何谓"源"?王玉杰老师历数中国、古希腊、两河流域、古印度等不同地域文明的文学发展渊源,从《诗经》说到《荷马史诗》,从《吠陀》言及《罗摩衍那》,强调诗歌伴随着神话和宗教产生,带着原初生命的特质,带着宗教的神圣,它是各民族文学艺术的源头。

何谓"痛"?王玉杰老师认为:诗歌,最大限度地承载了人类的痛苦。从这一点来说,诗歌具有哲学的神圣。因为人生的本质就是痛苦,痛苦联结着生活和生命;诗,给了痛苦可以言说的可能。《诗经》的"寤寐思服,辗转反侧"和《离骚》的"宁溘死以流亡兮",《荷马史诗》的"铜尖扎进厄开波洛斯的前额,深咬进去,捣碎头骨,浓黑的迷雾蒙住了他的眼睛"等名句无不与痛苦息息相关。后世更有无穷诗歌,记载着,呼唤着,消除着,铭记着,升华着人生的痛苦。范仲淹的"将军白发征夫泪",纳兰容若的"何事秋风悲画扇",济慈的"将你的哀愁滋养于早晨的玫瑰",泰戈尔的"我的心和不宁的风一同彷徨悲叹"……一部《红楼梦》,最惊心的痛苦,在诗上;古今第一快诗《闻官军收河南河北》,是乐吗?其背后都是痛。

何谓"和"?王玉杰老师用"和"来定位诗歌艺术,源于她认为诗歌就是造型、造音、造境三个方面和谐统一的艺术,它将视觉在空间里欣赏的艺术、听觉在时间里欣赏的艺术、想象在心灵里欣赏的艺术融为一体。除了诗歌,没有任何一种艺术可以达到这样的效果。

首先,作为造型艺术,诗歌,凝结最美的词采,构筑最美的意象,引发最美的感受。如徐志摩的《沙扬娜拉》里"不胜凉风的娇羞"的水莲花,如他的《再别康桥》中的"在我的心头荡漾"的"波光里的艳影",如北岛的《回答》里的"镀金的天空"中飘满了的"死者弯曲的倒影"。

其次,作为造音艺术,诗歌,看着有节奏,读着有韵律,读出来,就知道了美。如陈敬容的《窗》,"空漠锁住你的窗/锁住我的阳光/重帘遮断了凝望/留下晚风如故人/幽咽在屋上"。当然,裴多菲的《我愿意是急流》、席慕容的《一棵开花的树》也无不体现出音韵之美。

再次，作为造境艺术，诗歌，用最简单的文字，最丰富的外延，触动你的心弦，想象一动，境界全出。如盛兴的《铁轨铺到哪儿》，"人一旦卧到了铁轨上，我们就无法阻止火车隆隆开来"。显然，遥远的蓝天白云，横倒的树木，无边的铁轨，高昂的车头，飞转的车轮，静候的生命，诗里都没有，然而一列火车隆隆开来，你心中就什么都有了。再如北岛的《和平》，"在帝王死去的地方/那支老枪抽枝，发芽/成了残废者的拐杖"。我们可以想象，暴政专制的废墟，废旧的老枪，新嫩的树芽，残废者扭曲的肢体，这些都是和平的代价。

何谓"情"？王玉杰老师说：诗的本质在于抒情，郭沫若将诗人的心比作海，将灵感比作风，大风大浪抒发雄浑之情，小风小浪抒发冲淡之情。正如海子的《面朝大海，春暖花开》："从明天起，做一个幸福的人。喂马劈柴周游世界。"正如叶芝的《当你老了》："只有一个人爱你朝圣者的灵魂，爱你衰老了的脸上痛苦的皱纹。"正如莎士比亚的《仲夏夜之梦》："女人啊，当你再度向财富致敬，向名利欢呼，向权力高举臂膀，请不必询问那只曾经歌咏的画眉，它已不知飞向何方，因为她的嗓音已经干枯喑哑，为了真实、尊荣和洁净灵魂的灭亡。"

何谓"准"？在王玉杰老师看来：诗，是衡量诗以外事物美的最高标准。一切美好的东西都可以用诗来形容：诗一般的风景，诗一般的国度，诗一般的语言，诗一般的年华，诗一般的时代……就连其他文体，都乐意用诗歌来评价。鲁迅评历史散文《史记》，就用诗歌为标准——"史家之绝唱，无韵之离骚"。古代小说中讲到言之凿凿的事物时，总是"有诗为证"。

由以上五点可见：诗歌，彰显着至爱大美，和着音乐舞蹈，直抵人生哲学意义的痛苦；引领人走向生命最高存在形式的诗歌，我们依然应该承认它是最高的语言艺术形式。

王玉杰老师表示，虽然诗歌现在走向枯竭状态，但她相信有更多热爱诗歌的人在坚守；这次学术节活动，就是很好的证明。我们从未放弃过读诗，更不会放弃诗意，也不会放弃尝试写诗。她用一首自己创作的诗歌《矿工》，与在座的同人分享了诗情和诗意。

附录：

矿　工

王玉杰

矿工，
你来自光明的地狱，
坠向黑色的天堂。
你自掘了夜的伶仃，
在伶仃深处，
独享刺眼的光明。

你会偶遇一个同伴，
相遇，只需一盏灯，
他的手里，还攥着婴房的风铃。
在矿井深处，对灌一壶烈酒，
抹一把黑色的泪水晶莹。
只是你兴奋的呐喊，
深埋在矿井，
传不到阳光普照的地面，
那里，一片片枯萎的宁静。

矿工，
一生的矿工，
矿井，是你的天堂，
无尽的隧道，
拖出千万个远古的生灵。

矿工，
一生的矿工，
抓一把黑暗捂住战栗的双膝，
你这颠倒的生命。

看点之五：诗歌教学的"隔"与"不隔"

东北师大附中语文学科副主任、市级骨干教师张继辉老师则化用了王国维在《人间词话》中评论诗歌的艺术境界时所使用的"隔"与"不隔"的概念，基于自身在常规教学中授课、听课、评课过程中积累的经验与识见。他与在座同人分享了他对诗歌教学的感受和体悟。

张继辉老师认为：在诗歌教学中，因为诗歌文体的特殊性和距离感，出现"隔"的情况常常要高于其他文体的教学，而追求诗歌教学中"不隔"的境界，是教师应该思考和研究的。他分别从五个方面对"隔"与"不隔"的诗歌教学现状进行阐发。

张继辉老师指出：首先，教师应该有对作品的深入研究和真切的个人体验，即做到教师同作品本身的"不隔"。他以立权师讲授食指的《这是四点零八分的北京》为例进行说明。《这是四点零八分的北京》是一首描写知青上山下乡告别北京的惊心动魄的诗。立权师通过对诗人和那个时代深切的体察和感悟，辅之以饱含深情的语言，将这首诗讲得同样动人心魄、余味无穷。学生和听课者都自觉地进入了教者制造的情境之中，进入到诗人的内心世界，为之感动，为之反思。这样的课堂正是"不隔"的真正境界。换句话说，诗歌课堂的"不隔"，要求教者首先像个诗人。

其次，张继辉老师列举学者季镇淮回忆当年闻一多在西南联大讲《楚辞》时的情景，国学名家刘文典在为学生讲解谢庄的《月赋》时特意选择了阴历五月十五之夜的典故，强调在课堂之上创设情境、营造充满诗情画意的教学氛围，对于诗歌教学而言尤为重要。

再次，张继辉老师认为：投入情感的诵读是拉近教师、文本和学生之间关系的另一重要手段。读《将进酒》就应化身李白，有"人生得意须尽欢，莫使金樽空对月"的洒脱放旷，读《闻官军收河南河北》便俨然杜甫，有"却看妻子愁何在，漫卷诗书喜欲狂"的涕泪纵横、喜不自胜。恰如朱自清在《朗读与诗》里面所说："只有朗读才能玩索每一词每一语每一句的义蕴，同时吟味它们的节奏。默读只是'玩索义蕴'的工作做得好。唱歌只是'吟味节奏'的工作做得好，却往往让义蕴滑了过去。"

接着，张继辉老师指出：诗歌作为阅读文本在表意上的模糊性，决定了教师在教学过程中要充分尊重学生对于诗歌的个性解读，这样才能充分激起学生的参与性和创造性，拉近师、生、文本之间的距离。他以唐人司空曙的"雨中黄叶树，灯下白头人"一句为例，介绍了他和学生之间是如何进行对话和理解的。他认为，教师在教学过程中，应该学会接纳学生对诗歌的某种程度上的"误读"或者"曲解"，学会放下自己已有的固定思维，站到学生的视角去接纳和理解学生的认识，给予中肯的评价，使学生在创新性的解读中获得思考的乐趣。

最后一点，张继辉老师指出：诗歌课堂产生"隔"的现象，除了以上几方面做得不够，还有教学内容的适切性不够，教师语言过多术语的使用将会使学生产生理解上的疏离，也可能造成课堂的冷场。

看点之六：像他们那样优雅地活着

东北师大附中语文学科带头人、市级骨干教师刘勇老师在他的发言中，重点探讨了"如何实现诗歌教学的建构与回归"这一个问题。

首先，刘勇老师从六个方面反思了自身在诗歌教学中存在的问题，无疑，这些现象在今日的中学诗歌教学中也具有普遍性和代表性。

第一是经验式推理与主观化定性（作家与主题）。怎样才能快速读懂一首诗？先看题目，再看作者。题目里有羌笛那就是边塞之作，有古迹那就是感慨物是人非，写历史名人基本都是和自己对比，写林荫小道、乡间小桥、毛驴骏马的基本都是羁旅愁思，登山就要思乡，临水就要感慨时间流逝，盛唐诗基本皆大欢喜，中晚唐诗大多哀民生之多艰。

第二是模式化归类与技术化切割（风格与技巧）。在教师的教导下学生们的视觉能力格外增强，看见颜色的词格外注意，可能是色彩渲染，看见景物的词格外注意，那基本就是寓情于景、景中含情、情景交融，看见前边一个月亮后边一个流水要格外注意，那就是动静结合，看见结尾一句是景物描写，那就是以景结情。

第三是以情感挖掘替代意境体验（情感与审美）。一首诗反映了作者感怀伤世的心情，表达孤独寂寞的感情，表达壮志难酬的感情，表达思念家乡思念亲人的感情，等等，学生们已经成功地学会了各种套话，不假思索脱口而出的样子就仿佛医生给病人看病，能说出病因，却感受不到病苦。白瞎了小桥流水,浪费了无边落木,糟蹋了一树梨花,亵渎了半亩方塘。

第四是以完成背诵替代忘我吟咏(背诵与诵读)。背诵是现实诗歌学习的初级目标,有时却也成为终极目标。本来是忘我的吟咏、纵情的歌唱,此刻全都变成山东快书,上气不接下气。

第五是以知识掌握替代文学感受(学习与体验)。对于刘禹锡的《乌衣巷》,学生们很快就会说出这首诗的主题、技巧,但是当我和他们说起野花的孤独,说起夕阳的惆怅来,却少有人应和。

第六是以全体感知替代细节感知(整体与局部)。读到"十年生死两茫茫,不思量,自难忘。千里孤坟,无处话凄凉",学生会立刻反应:这是首悼亡诗,但与我无关。读起"乡愁是一方矮矮的坟墓。我在外头,母亲在里头"学生也知道:诗人在思念母亲。在林林总总的诗歌里,"一言以蔽之"似乎百试不爽。

刘勇老师进而追问:诗歌教学的目的究竟是什么?他做了六个形象生动的比拟:

第一,做题是诗歌死亡的凶手。

第二,背诵是诗歌尴尬的活着。

第三,写作是诗歌无奈的重生。在这一方面,他说:我们没有必要把每个人教育成诗人,但我们完全有必要把每个人教育成具有诗歌精神和诗意情怀的人。诗歌教育应该承载的是一个人对自由、理想、创新和开拓的追求,教育的是冲动激情之下的直接表达。

第四,读诗是灵魂的握手。

第五,读诗是生命的对话。在这一点上,刘勇老师强调:如果只见文字不见人,只见技巧不见情,只见主题不见人的期望与悲哀,其实就等于和诗人擦肩而过,一次又一次地邂逅又能怎样,不过是形同路人而已。执手相看泪眼,竟无语凝噎。不管他送别的是谁,读罢是否想起了一个无语凝噎的诗人泪光闪闪?是不是里面也有无数的我们的某次分别的影子?"飘飘何所似?天地一沙鸥",如果只是出现了画面感,没有让自己去体验化作一只鸟儿在天地间飞翔的无依靠感,没有从高处俯瞰大地的缥缈感,那么一切解说都是乏力的。他还以昌耀的《边城》、北岛的《远景》、洛夫的《清苦十三峰》、冬箫《我的诗》等作品为例,指出诗人们文字的形象感背后更多是人生与生命的苍凉感，每位诗人的背后都站着无数的你和我。

　　第六，读诗是感官的跳舞。刘勇老师认为：诗人是上帝留在人间的长不大的孩子。诗和诗意，是一个美好时代的指针。一个生机盎然、和谐美好的时代，需要自己的诗人，需要涵养诗意。他想说的是，学诗是在学养生，学诗是在学关爱，是在学淡定，是在学优雅。一个愈加完整、统一的世俗世界，人心越是物化，就越是无法真正找到心灵本身。刘勇老师提出，应像诗人们那样优雅地活着，让彼此都回到现实里。

　　其实，刘勇老师所谓"像他们那样优雅地活着"就是呼唤我们要保留孩童一样纯真的想象，在万物之间建立起联系，关注到有限与无限的宇宙万物，把自己的灵魂交付自然，感受无限的机趣，体悟与穿梭在自然与时空里，在艰难与失意中保持不屈和坚守，在情感与名利中感受快意与淡然，在入世与出世间体味悲悯与忘情。在他看来，虽然每一个接触诗歌的灵魂，虽然未必都成为缪斯的宠儿，但是却都可以高昂着自己的头颅，在这个物欲横流的时代，显露一点优雅的姿态：不追随，不盲从，不粗心，不错过。

　　"天意君须会，人间要好诗。"假如有一天，在母语诗教的赓续与探求的旅程中，我们不必再去慨叹"读什么""为什么要读""如何去读"这一类问题时，想必我们终于在内心中明了了"诗，何以最高"的追问，从而由"隔"走向"不隔"的境界，真正实现"像他们那样优雅地活着"——诗意的栖居，海德格尔如是说。

（本文发表于《语文教学通讯》2012 年第 12 期，有删改）

考试篇

KAOSHI PIAN

独具慧眼，切中肯綮

——2019年高考语文全国卷Ⅰ论述类文本阅读命题评析

回首2019年高考语文全国卷Ⅰ试题中的论述类文本阅读题，命题者独具慧眼，从现任中国文联主席、中国作协主席、作家铁凝的文章《照亮和雕刻民族的灵魂》（发表于《人民日报》2019年3月22日第20版）一文中摘编文本命题。结合作家铁凝的原作及不同时期的其他文章来细致入微地分析与评价该题的命题角度与方法，无疑切中肯綮。

一、命题文本摘编的角度

恰如《2019年全国新课标高考语文考试大纲》中明确提示的，论述类文本阅读题型考查的内容主要是"阅读中外论述类文本。了解政论文、学术论文、时评、书评等论述类文体的基本特征和主要表达方式"。一篇真正符合国家高考命题要求的论述类文本在选文上的确既应该全面着眼，又必须关注细节。

以点带面地回顾和梳理作家铁凝于近年来在一系列主流媒体或专业刊物上发表的观点，无疑有助于我们深入理解《照亮和雕刻民族的灵魂》一文所要传达的要旨。

铁凝于2006年底出任中国作协主席并接受《人民日报》记者采访时强调"五个'不敢忘记'"，其中第四个是"不敢忘记责任。在捍卫人类的精神健康和心灵的高贵，在精神和道德追求面前，作家应为民族情感的净化，为良好社会氛围的营造，为建设和谐文化，从我做起，尽自己的责任"。

在中共十九大召开后，铁凝同样表示"坚定文化自信，振奋民族精神，实现复兴伟业，就是要在新时代自觉担当新使命，为人民创造精品力作，为人类贡献不朽作品"，由此"必须坚持以人民为中心的创作导向，坚持在深入生活、扎根人民中进行文艺创造"。

铁凝在2018年的专题访谈中坚信"那些优秀的文学无一例外地能够表现

它的民族最有生命力的呼吸，它的时代最本质的情绪，也应该能够代表它所处时代的最高的想象力"。

2019年初，铁凝再次强调"中国文艺必须坚持以人民为中心，坚持与时代同行"，她同时认为增强"四力"（脚力、脑力、眼力、笔力），是使中国文艺满足新时代国人美好精神生活需要的根本途径。

通过以上内容，我们可以真切体会到《照亮和雕刻民族的灵魂》一文再现了以往作家反复强调的在"立场"和"方向"上应该"以人民为中心"实现"创作"和"立言"的观念。

比较命题文本和文章原文，我们可以明确感知命题者在选文时的考量主要出于三个角度。

其一，从文本字数看，文章原文共12个自然段，总体字数接近3000字。命题文本将其删减为5个自然段，总体字数在1200字左右，约为原文的1/3。从高考题型分值和考生答题时间两方面考虑，适当删减，是合情合理的。

其二，从文本结构看，文章原文首先从国家主席习近平在今年3月4日看望参加全国政协十三届二次会议的文化艺术界、社会科学界委员时提出的根本问题——为谁创作，为谁立言——这一宏观角度入手，进而从微观角度切入，围绕三个单独成段的主旨句对上述问题进行切中肯綮、条分缕析的思考与回应：第一，人民是我们认识现实、理解时代的根基。（回应第4段提出的第一个关键问题：那么，这"更深层的东西"是什么呢？换句话说，我们时代的根底又是什么呢？）第二，心中有根，有身份和情感认同，才有伟大艺术创造。（回应第7段提出的第二个关键问题：一个艺术创作者，如果本身五心不定、随波逐流，不知道"我是谁"，在精神和内心里没有"根"，连发表意见都是破碎的、任意的，又如何能创造出伟大的、具有深刻说服力的艺术作品？）第三，以闪耀德性光芒的精品奉献人民，照亮人心。（回应第10段提出的第三个关键问题：如何创造出具有强大感召力、足以凝聚广大人民的精品呢？）由此可见，文章原文条理分明、结构清晰。

与原文相比，命题文本在摘编时进行了适当的改动。首先，命题者针对原文前两段的内容去粗取精，删节了涉及对象、意义、背景等方面的次要信息，突出了"为谁创作，为谁立言"这一问题对于文艺创作的重要性。其次，命题者有意删去了原文中三个单独成段的主旨句——"人民是我们认识现实、理解时代的根基""心中有根，有身份和情感认同，才有伟大艺术创造""以闪耀德性光芒的精品奉献人民，照亮人心"——和前文提及的便于把握全文结构层次的三个关键问题。但删节后的文本在大体内容上依然完整，在宏观架构上同样清晰。如第一段的尾句"人民是创作的源头活水，只有扎根人民，创作才能获得取之不尽、用之不竭的源泉"，第二段的尾句"那么，这'更深层的东西'是什么呢"，第三段的尾句"只有认识到人民的主体地位，才能感受到奔涌的时代浪潮下面深藏的不竭力量，才有可能从整体上把握一个时代，认识沸腾的现实"，第四段的首句"认识人民创造历史的主体地位，是为了从理性上和情感上把自己放到人民中间，是为了解决我是谁、我属于谁的问题"，第五段的首句"以人民为中心，就是要坚持以精品奉献人民"和尾句"作家和艺术家只有把自己看成人民的儿子，积极投身于人们争取美好未来的壮阔征程，才有能力创造出闪耀着明亮光芒的文艺，照亮和雕刻一个民族的灵魂"。删节后的文章，同样有利于考生在有限的作答时间内迅速而精准地了解文章的内容和结构，难度适中，恰到好处。

其三，从文本内容看，文章原文包含较为丰富的论据信息。例如文章原文第八段曾经引用英国作家拉尔夫·福克斯对于作家、艺术家和人民的关系的说法——"从群众中，作者既可以找到他的读者，也可以选择他的人物。在这儿，他同时发现他的题材和他的批评者。凡是最伟大的小说，都有一个介于作者、人物和读者之间的活的联系。只要缺少这一种和谐，只要作者和他的群众隔离，忽视群众，或者不了解他的群众，那么就很容易患贫血症，就很容易使得想象的化学中缺少某种重要的因素。这使得作者的思想变得贫乏，或者使他失去了力量"——从而有力证明了"创作者和人民的关系，绝不等同于作者和读者的关系"这一观点。再如，文章原文尾段也引用苏联作家肖洛霍夫的话——"艺术具有影响人的智慧和心灵的强大力量。我想，那种把这一力量运用于创造人们灵魂中的美和造福于人类的人，才有权称之为艺术家……我愿我的书能够帮助人们变得更好些，心灵更纯洁，唤起对人的爱，唤起积极为人道主义和人类进步的理想而斗争的意向。如果我在某种程度上做到了这一点，我就是幸福的"，从而进一步论证实现文学照亮和雕刻一个民族的灵魂的必要条件。

以上内容，均被命题者删减。从整体上看，删减部分言论素材，既是从选文字数要求、考生作答时间等方面考虑，同时也充分实现了命题文本言简意赅、脉络清晰的一贯风格。

二、命题题型设计的方法

正如《2019年全国新课标高考语文考试大纲》中明确强调的，阅读论述类文本，"应注重文本的说理性和逻辑性，分析文本的论点、论据和论证方法"。所谓论点，主要指作者的见解和主张；论据，主要指从事实和理论的角度证明论点的材料；而论证，更强调运用论据证明论点的过程。从论述类文本阅读这一题型考查的能力层级来看，理解（B）和分析综合（C）这两类能力是否充分具备，是考生作答这一题型成功与否的关键。

下面，笔者将适当参照由教育部考试中心编定的《高考理科试题分析·语文、数学、英语分册：2019年版》一书中对于2018年高考语文新课标卷全国卷Ⅰ、卷Ⅱ、卷Ⅲ里的论述类文本阅读试题的"试题分析"板块的内容，对2019年高考语文全国卷Ⅰ试题中的论述类文本阅读题的3道试题依次进行分析与评价。观点和角度完全出于个人见解，诚请见教方家。

第1题

【参考答案】B

【命题立意】本题考查考生理解文中重要句子的含意，筛选并整合文中的信息。能力层级为B、C级。

【试题分析】本题要求考生选出说法正确的一项，答案是B。

A项来源于原文第二段。原文说"目前，文艺界普遍认识到，只有与身处的时代积极互动，深刻回应时代重大命题，才会获得艺术创作的蓬勃生机"，A项说"作家树立了与时代积极互动的理念，在创作实践中就能做到以人民为中心"，将原文强调必要条件的"只有……才"转换为选项中属于充分条件的"就能"，属于表述绝对、曲解原意。故A项不正确。

B项涉及对原文第四段的分析。原文说"新文化运动以来，无论是经历革命与战争考验的现代作家，还是上世纪80年代那批经历了知青岁月的当代作家，他们内心其实都有一方情感根据地，都和某一片土地上的人民建立了非常深切的情感关系"。选项B中"对人民的情感认同，是新文化运动以来很多作家创作取得成功的重要原因"显然属于对原文内容的整合与概括，故B

项正确，是本题答案。

C项来源于原文第三、四段。原文第三段说"只有认识到人民的主体地位，才能感受到奔涌的时代浪潮下面深藏的不竭力量，才有可能从整体上把握一个时代，认识沸腾的现实"。C项的前一句"人民是认识现实、理解时代的依据"是对以上内容的整合与概括，C项的后一句"因为普通劳动者才是文艺最理想的读者"的内容采自原文第四段结尾"一个普普通通的劳动者，或许并不是我们的读者，但这并不妨碍我们将他以及他所代表的广大人民作为我们认识现实、理解时代的依据"一句，既属于曲解原意，又属于强加因果。故C项不正确。

D项来源于原文第五段。原文说"诚然，娱乐和消费也是人民群众精神文化需要的一部分，但是，有责任感的艺术家会深深感到，我们就生活在那些为美好生活、为民族复兴而奋斗的人中间，理应对我们的共同奋斗负有共同责任"，D项说"无须考虑人民群众的娱乐和消费需求"，属于曲解原意、以偏概全。故D项不正确。

第2题

【参考答案】D

【命题立意】本题考查考生分析文章结构，分析文本论点、论据及论证方法的能力。能力层级为C级。

【试题分析】本题要求考生选出对原文论证的相关分析不正确的一项，答案是D。

A项是对文章五个段落整体论证思路和结构的分析。所谓"提出问题"，是指第一段首句提出了"为谁创作，为谁立言"这一问题对于文艺创作的重要性；所谓"分析问题"，是指从第一段的尾句"人民是创作的源头活水，只有扎根人民，创作才能获得取之不尽、用之不竭的源泉"、第二段的尾句"那么，这'更深层的东西'是什么呢"、第三段的尾句"只有认识到人民的主体地位……认识沸腾的现实"、第四段的首句"认识人民创造历史的主体地位……是为了解决我是谁、我属于谁的问题"、第五段的首句"以人民为中心，就是要坚持以精品奉献人民"和尾句"作家和艺术家只有把自己看成人民的儿子……照亮和雕刻一个民族的灵魂"等一系列语句依次展开、深入论证，有效地落实了"是什么，为什么，怎么办"的论证思路，即符合题干中

"在逻辑上也是逐层递进"的说法。故 A 项正确。

B 项是对文章第二、四段论证内容的整合与概括。原文第二段说"目前，文艺界普遍认识到……难就难在理解生活复杂的结构，理解隐藏在表象之下那些更深层的东西"属于选项 B 所说的"对当下创作的分析"，原文第四段说"新文化运动以来……他的生命和创作与这世界上更广大的人群休戚相关"属于选项 B 所说的"对历史经验的总结"。故 B 项正确。

C 项是对文章第三段论证手法的分析。即作者采用引用论证的方法将上文第二段结尾的"难就难在理解生活复杂的结构，理解隐藏在表象之下那些更深层的东西。那么，这'更深层的东西'是什么呢"和下文第三段后半部分"在新中国成立 70 周年的今天，再次诵读这段话，我们就会意识到，这改天换地的宏伟现实是人民创造的，人民当之无愧是时代的英雄，是历史的创造者"两者的内容"巧妙衔接"，自然对论点起到了支撑的作用。故 C 项正确。

D 项是对文章第五段的分析。其所谓"正面人物的塑造是新时代文艺'以人民为中心'的根本体现"并不符合原文表意，原文第五段首句"以人民为中心，就是要坚持以精品奉献人民"才是本段的中心论点，而且所谓"正面人物的塑造"也属于在本段查无实据的信息，所以 D 项表述存在曲解原意、无中生有两重问题。故 D 项不正确。

第 3 题

【参考答案】D

【命题立意】本题考查考生分析概括作者在文中的观点态度，整合文中信息进行推断的能力。能力层级为 C 级。

【试题分析】本题要求考生选出不正确的一项，答案是 D。

A 项涉及对原文第二段的分析。原文说"我们常常听到这样的说法……难就难在理解生活复杂的结构，理解隐藏在表象之下那些更深层的东西"，选项 A 的前后两句话正是对以上内容的整合与概括。故 A 项正确。

B 项涉及对原文第二、三、五段内容的整合与概括。原文第二段说"我们有幸生活在这样一个日新月异的时代，随时发生着习焉不察而影响深远的变化，这就为作家、艺术家观察现实、理解生活带来巨大困难"；原文第三段说"只有认识到人民的主体地位，才能感受到奔涌的时代浪潮下面深藏的不竭力量，才有可能从整体上把握一个时代，认识沸腾的现实"；原文第五段说"作家和艺术家只有把自己看成人民的儿子，积极投身于人们争取美好未来的壮阔征程，才有能力创造出闪耀着明亮光芒的文艺"。选项 B 的 5 句话，均是对以上内容的整合与概括，故 B 项正确。

C 项涉及对原文第四段的分析。原文说"新文化运动以来……但这并不妨碍我们将他以及他所代表的广大人民作为我们认识现实、理解时代的依据"。选项 C 引用老舍先生的言论"不去与劳动人民结为莫逆的好友，是写不出结结实实的作品的"属于整合文中信息进行的合理推断。故 C 项正确。

D 项来源于原文第五段。前后三句话主要采自"在新的时代条件下，我国文化产品供给的主要矛盾已经不是缺不缺、够不够的问题，而是好不好、精不精的问题"和"我们有责任通过形象的塑造，凝聚精神上的认同"这两方面内容。原文强调文学家的创作重点在"好"与"精"上，属于对"质"的要求，并没有倡导"少"也即对"量"的要求。该项表述存在曲解原意、无中生有的问题。故 D 项不正确，是本题答案。

笔者希望通过对 2019 年高考语文全国卷Ⅰ试题中的论述类文本阅读题的分析和评价，协助在当下乃至将来需要共同面对高考的师生充分认识到高考语文试题中的论述类文本阅读题的信度和难度。我们既要学会准确把握论述类文本的论证要素（论点、论据、论证）、结构（引论、本论、结论／并列、层进、对比、总分）、方法（举例、引用、对比、类比、归谬）等文体常识，也要在应试策略的掌握上锤炼逐句细读、审准题干、搜索信息、辨识干扰等诸多方面的能力。唯其如此，才有可能做到收放自如、游刃有余。

【参考文献】

[1] 铁凝. 照亮和雕刻民族的灵魂 [N]. 人民日报，2019-3-22.

[2] 李舫. 铁凝：五个"不敢忘记"[N]. 人民日报，2006-11-17.

[3] 铁凝. 新时代自觉担当新使命 [N]. 光明日报，2017-11-06.

[4] 铁凝，朱又可. 变美可能是痛苦所能达到的最高境界——铁凝访谈 [J]. 青年作家，2018（8）.

[5] 铁凝. 新时代中国文艺的前进方向 [J]. 求是，2019（1）.

[6] 高考理科试题分析·语文、数学、英语分册 [M]. 北京：高等教育出版社，2019.

（本文发表于《长春教育学院学报》2019 年第 9 期）

赏名家手笔，析高考真题

——2019年高考语文全国卷Ⅱ论述类文本阅读命题评析

回首2019年高考语文全国卷Ⅱ试题中的论述类文本阅读题，的确令观者收获一种妙笔生花、沁人心脾之感。命题者可谓独具慧眼，从现任南开大学中华古典文化研究所所长、博士生导师叶嘉莹先生的大作《论杜甫七律诗之演进及其承先启后之成就》一文中摘编文本命题。结合叶先生原作来分析与评价该题的命题角度与方法，无疑堪称仰取俯拾、赏心悦目。

一、命题文本摘编的角度

恰如《2019年全国新课标高考语文考试大纲》中明确提示的，论述类文本阅读题型考查的内容主要是"阅读中外论述类文本。了解政论文、学术论文、时评、书评等论述类文体的基本特征和主要表达方式"。一篇真正符合国家高考命题要求的论述类文本在选文上的确既应该全面着眼，又必须关注细节。

事实上，2019年高考语文全国卷Ⅱ试题中的论述类文本阅读题的命题文本——叶嘉莹《论杜甫七律诗之演进及其承先启后之成就》一文——可见于叶嘉莹先生的著述"迦陵著作集"之《杜甫秋兴八首集说》一书的代序，属于典型的学术论文。原文共分为四个部分，如"一 集大成之时代与集大成之诗人""二 杜甫与杜甫以前之七言律诗""三 杜甫七律之演进的几个阶段""尾言"。本题的命题文本全部摘编于"一 集大成之时代与集大成之诗人"。

比较命题文本和论文原文，我们可以明确感知命题者在选文时的考量出于四个角度。

其一，从文本字数看，命题文本的字数是近1200字，而原文"一 集大成之时代与集大成之诗人"字数则是近4000字，从高考题型分值和考生答题时间两方面考虑，适当删减，是合情合理的。

其二，从文本结构看，命题文本的全文主要摘编自原文"一 集大成之时代与集大成之诗人"部分的第四段。命题者针对原文第四段篇幅较长的情况，从篇章结构和论证内容的角度出发，将其重新划分为三个自然段——分别以"杜甫之所以能有集大成之成就，是因为他有可以集大成之容量""这种优越的禀赋表现于他的诗中，第一点最可注意的成就，便是其汲取之博与途径之正""其次值得注意的，则是杜甫严肃中之幽默与担荷中之欣赏"这三句为段首句——从而使调整后的文章更便于考生在有限的作答时间内迅速而精准地了解文章的大体内容和宏观架构。

其三，从文本内容看，命题者有意识地删减一些原文中作为论据提供的属于例证的文字。首先，删减的是例证本身。如叶先生在论述"诗歌的体式风格"时提出的所谓"可见他对各种诗体运用变化之神奇工妙"的例证，命题文本保留了《饮中八仙歌》《曲江三章》《同谷七歌》三者，删去了《醉时歌》《桃竹杖引》两者。又如叶先生在论述"诗歌内容方面"时写杜甫"都能随物赋形，淋漓尽致地收罗笔下而无所不包"，也曾提及"写郑虔博士之'樗散鬓成丝'"和"写李邓公骢马之'顾影骄嘶'"以及"写东郊瘦马之'骨骼硉兀'"等例证，以上三者均被命题者删去。再如，原文在论述"他一方面有极主观的深入的感情，一方面又有极客观的从容的观赏"一句时，在后文所举的例证中还包含另外一者——又如其《空囊》一诗，于"不爨井晨冻，无衣床夜寒"的艰苦中，竟然还能保有其"囊空恐羞涩，留得一钱看"的诙谐幽默。其次，删减的是相关表述（涉及写作手法）。如原文"予人以一片沉悲哀响"一句之前应有"则以上声马韵"半句，又如原文"写洗兵马之欢忭"后还有一句"则以沉雄之气运骈偶之句"。当然，从整体上看，适当删减部分内容，既是从选文字数要求、考生作答时间等方面考虑，同时也充分实现了命题文本言简意赅、主次分明的一贯风格。

其四，从文本语言看，命题者将原文中诸多属于作者叶先生的个性化表述的语言风格进行了适当调整。首先，对部分涉及人称代词的表述进行删减，如"我以为""值得我们注意"中的"我"和"我们"。其次，对部分明显具有文言色彩的虚词（副词、介词、连词等）进行删减，如"尝""惟""自""则""且""而""于""之中""之外"等。无疑，这种针对原文语言风格的调整也是必要的。从"文从字顺"的角度考虑，它一方面使得全国卷Ⅱ摘编的论述类文本与全国卷Ⅰ摘编的铁凝《照亮和雕刻民族的灵魂》和全国卷Ⅲ摘编的李荣启《论传统表演艺术的保护与传承》这一同类题型的文本语言风格保持基本一致，另一方面也的确便于考生在审题、作答时排除阅读中可能在语言理解层面存在的些许隔膜与障碍。

以上，笔者从字数、结构、内容、语言等四方面来分析 2019 年高考语文全国卷Ⅱ试题中论述类文本阅读的命题文本在摘编时可能着眼的几个角度。由此可见，本题在命题文本的摘编上，的确体现出高考命题者的独具匠心和滴水不漏。

二、命题题型设计的方法

正如《2019 年全国新课标高考语文考试大纲》中明确强调的，阅读论述类文本，"应注重文本的说理性和逻辑性，分析文本的论点、论据和论证方法"。所谓论点，主要指作者的见解和主张；论据，主要指从事实和理论的角度证明论点的材料；而论证，更强调运用论据证明论点的过程。从论述类文本阅读这一题型考查的能力层级来看，理解（B）和分析综合（C）这两类能力是否充分具备，是考生作答这一题型成功与否的关键。

下面，笔者将适当参照由教育部考试中心编定的《高考理科试题分析·语文、数学、英语分册：2019 年版》一书中对于 2018 年高考语文新课标卷全国卷Ⅰ、卷Ⅱ、卷Ⅲ里论述类文本阅读试题的"试题分析"板块内容，对 2019 年高考语文全国卷Ⅱ试题中论述类文本阅读题的 3 道试题依次进行分析与评价。观点和角度完全出于个人见解，诚请见教方家。

第 1 题

【参考答案】B

【命题立意】本题考查考生理解文中重要句子的含意，筛选并整合文中的信息。能力层级为 B、C 级。

【试题分析】本题要求考生选出不正确的一项，答案是 B。

A 项来源于原文第一段。原文说"杜甫之所以能有集大成之成就""最重要的因素，乃在于他生而禀有一种极为难得的健全才性""杜甫是一位感性与理性兼长并美的诗人……做到博观兼采而无所偏失"，选项 A 的 3 句话均是对以上内容的整合与概括，故 A 项正确。

B 项涉及对原文第二段的分析。原文说"就诗歌体式风格方面而言，古今长短各种诗歌他都能深入撷取尽得其长，而且不为一体所限，更能融会运用，开创变化，千汇万状而无所不工"。而 B 项的尾句"可以看出他对古今长短各种诗歌的体式风格都有正面评价"属于曲解原意，因为"都能深入撷取尽得其长"绝不等同于"都有正面评价"。故 B 项不正确，是本题答案。

C 项来源于原文第二段。原文说"都可看到杜甫采择与欣赏的方面之广""则可见到他对各种诗体运用变化之神奇工妙""就诗歌内容方面而言，杜甫更是无论妍媸巨细，悲欢忧喜，宇宙的一切人物情态，都能随物赋形，淋漓尽致地收罗笔下而无所不包"，选项 C 的 3 句话均是对以上内容的整合与概括。故 C 项正确。

D 项来源于原文第三段。原文说"所以天宝的乱离，在当时诗人中，唯杜甫反映者为独多……他一方面有极主观的深入的感情，一方面又有极客观的从容的观赏"，选项 D 的 3 句话是对以上内容的整合与概括。故 D 项正确。

第 2 题

【参考答案】D

【命题立意】本题考查考生分析文章结构，分析文本论点、论据及论证方法的能力。能力层级为 C 级。

【试题分析】本题要求考生选出对原文论证的相关分析不正确的一项，答案是 D。

A 项是对文章整体论证思路和结构的分析。其前半句中提及的"先总论后分论"来源于对原文内容的整体概括。例如，第一段提出"杜甫之所以能有集大成之成就……乃在于他生而禀有一种极为难得的健全才性——那就是他的博大、均衡与正常"；第二段段首强调"这种优越的禀赋表现于他的诗中，第一点最可注意的成就，便是其汲取之博与途径之正"，段尾强调"其涵蕴之博与变化之多，都足以为其禀赋之博大、均衡与正常的证明"；第三段段首提示"其次值得注意的，则是杜甫严肃中之幽默与担荷中之欣赏"，段尾回应"这种复杂的综合，足以为其禀赋之博大、均衡与正常的又一证明"。可见，无论是 A 项前半句中的"先总论后分论"，还是后半句中"健全才性是杜甫取得集大成成就的重要因素"，均名正言顺。故 A 项正确。

B 项是对文章第二段论证思路和结构的分析。前一句信息中的"两方面"

分别来源于第二段中的"就诗歌体式风格方面而言"和"就诗歌内容方面而言",后一句信息中的"汲取之博与途径之正"则来自第二段的首句"这种优越的禀赋表现于他的诗中,第一点最可注意的成就便是其汲取之博与途径之正"。故 B 项正确。

C 项是对文章局部论证手法的分析。所谓对比论证,是指侧重于从事物的相反或相异的属性的比较中来揭示需要论证的论点的本质。C 项内容来源于原文第三段,原文第三段开篇即强调"我以为每一位诗人对于其所面临的悲哀与艰苦,都各有其不同的反应态度",而后文中以举例论证方式呈现的两种态度——陶渊明等"对悲苦之消融与逃避"与屈原"完全为悲苦所击败而毁命丧生"——均与杜甫的选择"面对悲苦的正视与担荷"明显不同,的确属于名副其实的对比。故 C 项正确。

D 项是对文章第三段的分析。原文第三段说"而使其有如此强大的担荷之力量的,则端赖他所有的一份幽默与欣赏的余裕",因此不能说"对时代苦难有担荷力量,是因为他广泛汲取了前人传统"。该选项尾句中作为原因呈现的"他广泛汲取了前人传统"主要来源于原文第二段关于"汲取之博与途径之正"的论证,所以该项表述是在内容上将本文三段一以贯之分析的"博大"与"均衡"两相混淆,属于张冠李戴。故 D 项不正确,是本题答案。

第 3 题

【参考答案】D

【命题立意】本题考查考生分析概括作者在文中的观点态度,整合文中信息进行推断的能力。能力层级为 C 级。

【试题分析】本题要求考生选出说法正确的一项,答案是 D。

A 项是对原文第一段观点的错误判断。原文第一段说"杜甫是一位感性与理性兼长并美的诗人,他一方面具有极大极强的感性,可以深入到他接触的任何事物,把握住他所欲攫取的事物之精华;另一方面又有着极清明周至的理性,足以脱出于一切事物的蒙蔽与局限,做到博观兼采而无所偏失"。A 项的前一句"杜甫之前的诗人,或者以感性见长,或者以理性见长"在原文的三个段落中查无实据,属于无中生有(即使"一 集大成之时代与集大成之诗人"原文中也只是提及"他们只是合起来可以表现一个集大成之时代,而却不能单独地以个人而集一个时代之大成……看到这些人的互有短长,于是我们就越发感到杜甫兼长并美之集大成的容量之难能可贵了"）。A 项的尾句"至杜甫方能二者兼备"从高考命题节选的文本来看，同样不尽符合语意，存在表述绝对之嫌。故 A 项不正确。

B 项是在原文第二段基础上的错误推断。原文说"就诗歌体式风格方面而言，古今长短各种诗歌他都能深入撷取尽得其长，而且不为一体所限，更能融会运用，开创变化，千汇万状而无所不工"，可见 B 项首句"杜甫勇于尝试各种诗体"正确。原文说"又如从《自京赴奉先县咏怀五百字》《北征》及'三吏''三别'等五古之作中，可看到杜甫自汉魏五言古诗变化而出的一种新面貌"，可见 B 项尾句"在五言古诗上则作出革新"正确，但 B 项中间句"在七言律诗上谨守传统"原文并未提及，属于无中生有。故 B 项不正确。

C 项主要涉及原文第三段。选项所谓的"三种回应危机方式"主要是指原文第三段中的"然大别之，不过为对悲苦之消融与逃避。其不然者，则如灵均之怀沙自沉，乃完全为悲苦所击败而毁命丧生，然而杜甫却独能以其健全的才性，表现为面对悲苦的正视与担荷……这正因杜甫独具一份担荷的力量，所以才能使大时代的血泪，都成为他天才培育的浇灌"，可见 C 项尾句"作者在情感态度上一视同仁"属于以偏概全。作者恰恰是通过几种不同的回应危机的方式之间的对比，突出对杜甫"正面担荷"这种应对方式的欣赏和肯定。故 C 项不正确。

D 项是在原文第三段基础上的合理推断。原文有"凡此种种，都说明杜甫才性之健全，所以才能有严肃中之幽默与担荷中之欣赏，相反而相成的两方面的表现。这种复杂的综合，足以为其禀赋之博大、均衡与正常的又一证明"，故选项中所谓"部分来自严肃与幽默之间、担荷与欣赏之间的平衡"属于合理表述。故 D 项正确，是本题答案。

笔者希望通过对 2019 年高考语文全国卷Ⅱ试题中论述类文本阅读题的分析和评价，协助在当下乃至将来需要共同面对高考的师生充分认识到高考语文试题中的论述类文本阅读题的信度和难度。我们既要学会准确把握论述类文本的论证要素（论点、论据、论证）、结构（引论、本论、结论／并列、层进、对比、总分）、方法（举例、引用、对比、类比、归谬）等文体常识，也要在应试策略的掌握上锤炼逐句细读、审准题干、搜索信息、辨识干扰等诸多方面的能力。唯其如此，才有可能做到收放自如，游刃有余。

【参考文献】

［1］叶嘉莹. 杜甫秋兴八首集说［M］. 北京：北京大学出版社，2008.

［2］高考理科试题分析·语文、数学、英语分册：2019 年版［M］. 北京：高等教育出版社，2018.

稳扎稳打，继往开来

——2020年高考语文全国卷Ⅱ现代文阅读命题评析

2020年高考语文全国Ⅱ卷的考查内容在整体上葆有其稳扎稳打的特点，仅仅在个别题型上略有变化；考查重点依然集中针对考生的语文能力和素养，属于对2019年高考的平稳衔接与合理过渡，正所谓继往开来。

一方面，把握时代脉搏，激发使命担当。它延续了语文命题将重大的社会生活事件有机融入试题的特点，选材更加贴近现实，体现时代精神，引发考生深入思考中国青年的历史使命和责任担当。如作文题把新冠疫情作为背景之一，引导考生关注现实，同时明确"携手同一世界，青年共创未来"这一主题，符合中国推动构建人类命运共同体的倡议。另一方面，弘扬中国精神，凝聚价值共识。它凸显"立德树人"的目标，选取富有正面价值导向的材料，引导考生思考当代青年的价值选择。如古代诗歌鉴赏题选取了富有批判和改革精神的王安石的诗歌，直言不讳地表达诗人的历史观，针对当时俗儒歪曲历史事实的现象进行抨击，对考生进行正面价值引导。

笔者重点围绕2020年高考语文全国Ⅱ卷中具有代表性的三个现代文阅读题型进行简要的命题评析。

一、论述类文本阅读题

论述类文本阅读题的考点涉及理解（B）、分析综合（C）两个能力层级。论述类文本阅读题的选文《实物的回归：美术的"历史物质性"》摘编于《读书》杂志2007年第5期第12—18页。该文作者巫鸿是美国国家文理学院终身院士，著名美术史家、艺评家和策展人。其代表作有《武梁祠：中国古代画像艺术的思想性》《中国古代艺术与建筑中的"纪念碑性"》《重屏：中国绘画中的媒材与再现》等。其著作跨学科性很强，融合了历史文本、图像、考古、风格分析等多种方法，而且富于创见，对理解中国古代不同材质、时期、主题的美术作品都颇具启发性。

论述类文本阅读试题中第1—3题的题干设置保持了与近年命题形式的一致性，分别从关于原文内容的理解和分析、对原文论证的相关分析和原文内容说法着眼。命题干扰项的设置类型则包含偷换概念（如第1题A选项将原文第一段中的"直觉上的完整性"转换成选项中的"真实性"）、曲解原意（如第1题C选项将原文第四段中的"即使形态未改但也是面貌已非"转换成选项中的"原初状态已不可考"，如第3题D选项将原文第五段中的"那些表面上并没有被改换面貌的艺术品，因为环境、组合和观看方式的变化，也会成为再造的历史实体"转换成"美术馆应当改变布展方式，还原它们本来的环境、组合和观看方式"）、无中生有（如第1题D选项将原文第五段中的"持续的和变化中的生命"转换成选项中的"更有价值的生命"）、以偏概全（如第2题C选项将原文第三段中的"邓椿的记载还引导我们思考另外一个问题，即郭熙绘画的'历史物质性'甚至在徽宗时期就已经发生了重要变化"这重原因忽略）等。本题不但考查考生筛选并整合文中信息的能力，也通过对分析论点、论据和论证方法的能力考查检验考生的思维发展与提升与否的学科素养，而且试题对分析概括作者在文中的观点态度的能力考查也很到位。

考生既要学会准确把握论述类文本的论证要素（论点、论据、论证）、结构（引论、本论、结论，并列、层进、对比、总分）、方法（举例、引用、对比、类比、归谬）等文体常识，也要在掌握应试策略的基础上锤炼逐句细读、审准题干、搜索信息、辨识干扰等诸多方面的能力。

二、实用类文本阅读题

实用类文本阅读题的材料是由来自个人发言（如作为材料一的习近平《携手消除贫困，促进共同发展——在2015减贫与发展高层论坛的主旨演讲》和作为材料二的王介勇等《我国精准扶贫政策及其创新路径研究》）和主流媒体（如均选自《光明日报》的《脱贫攻坚背景下的设计参与扶贫——基于江口的考察》和《茶产业托起云南民族地区脱贫致富梦》）的文章摘编组合而成的。脱贫攻坚关系到国家发展和人民福祉，2020年是脱贫攻坚的收官之年。材料以精准扶贫为话题，介绍了两个省份的精准扶贫工作，使考生对精准扶贫有了具体而深入的认识，从而引导考生关注社会民生，培养考生的社会责任感。

　　从命题和选文特点着眼，此类题型重点考查新闻、报告、科普文章。由于文本内容对命题的限制，近三年来实用类文本阅读题的评价、探究类试题逐渐减少，理解、分析、归纳、概括等基础性的阅读能力成为考查重点。主题一致化、图文并存化、选文陌生化、思维多向化成为此类题目常见的命题特点，也在发展中略有变化（例如2020年命题的四个材料中均不包含图表）。

　　实用类文本阅读题的选择题的考查点多为筛选文中的信息。例如第4题的选项A是对材料一中的"精准扶贫方略"进行介绍，选项B是对材料三中贵州省江口县推进产业规模化的做法进行介绍，而选项C和选项D则分别围绕材料四中的发挥多种资源优势助力茶产业和结合文化、自然两种资源设计精准扶贫方案进行分析，其中选项C的表述中出现的"交通资源"属于在文中查无实据的信息。而第5题的选项A（涉及材料一和材料二）和选项D（涉及材料三和材料四）都属于分别综合两个材料并各自从相同点（涉及材料一和材料二）和不同点（涉及材料三和材料四）进行比较分析的题型。其中，选项B和选项C则分别围绕材料三和材料四的内容侧重从各自因地制宜的扶贫方略入手进行评价，而选项B中提及的"贵州省江口县……探索出了一条利于形成脱贫长效机制的新路"不仅来自于所谓的"两项举措"，还应该包括发展规模化生态农业，其表述中出现的问题属于以偏概全。实用类文本阅读题的简答题是对文本内容的概括和分析，例如第6题的题目"贵州省江口县与云南省民族地区的精准扶贫工作内容有哪些共通之处"就涉及直接概括、比较异同等。

　　实用类文本阅读题的选择题的考查点涉及理解（B）、分析综合（C）、鉴赏评价（D）和探究（F）等4个能力层级。对于考生来说，养成话题阅读（先看材料的出处，确定共同话题）、语段阅读（学会把握语段中心，梳理语段内部层次，理解语段材料的组织形式）的习惯并寻求解答问题的方法（强化整体、问题、比较意识，提高判断辨别、信息概括能力，梳理所有文本的知识点并注意答案的层次性和概括性），是今后应对此类试题的挑战的合理方法。

三、文学类文本阅读题

　　中篇小说《书匠》最初发表于《人民文学》2019年第12期。作者葛亮是作家、学者，著有小说《北鸢》《朱雀》《七声》《戏年》等和文化随笔《绘色》《小山河》等。在《书匠》中，葛亮借用"修复古籍"这样一个在历史长河中逐渐消逝的职业，以古今、中西两种文脉渊源进行跨越性的对照。小说通过描述修书匠老董叫板专家，带"我"到东郊一处颓败的城墙处捡橡碗，并用橡碗最终完成古书修复任务，因此成为修书界英雄的事迹，塑造了一位坚持行业规矩、恪守职业道德、修书精益求精的匠人形象，表达了对具有匠人精神的老手艺人的赞美。

作者葛亮在2020年7月2日与友人的通信中指出："在当下，我们对'匠人'这个词感兴趣，除了你说的"专注"，大约还来自于手工的细节和由此而派生出的仪式感……因为祖父受损的手稿，我极其偶然地接触了古籍修复师这个行业，并亲自体会了一本书可以被完整修复的全过程……在一些和现代科学分庭抗礼的立场上，他们需要通过老法子解决新问题，从而探索大巧若拙的手段和方式。这其实带有某种对传统任性的呵护与捍卫。"由此可见，高考命题者选择《书匠》，也与近年来逐渐在全国各省推广使用的统编版教材必修上册中的第二单元"实用性阅读与交流"中收入的李斌的《以工匠精神雕琢时代品质》（《人民日报》2016年4月30日4版）有关。正如李斌在文章结尾揭示的道理："工匠精神是手艺人的安身之本，亦是我们的生命尊严所在；是企业的金色名片，亦是社会品格、国家形象的荣耀写照。"

文学类文本阅读题的考点涉及理解（B）、分析综合（C）、鉴赏评价（D）和探究（F）等四个能力层级。例如，第7题侧重考查分析鉴赏作品内容和艺术特色的能力，考查审美鉴赏与创造的学科素养。其中，选项A侧重考查小说第一至四段中的文字对情节发展和人物塑造的作用，选项B侧重从小说第十五、十六两段文字着眼外貌和动作描写凸显主人公老董的人物形象，选项C作为应选选项的原因是运用"童心与快乐"定位老董在当时的心境属于曲解原意，D项是结合小说第四、三十六段进行主旨概括。

再如，第8题"本文画线部分表达了老董怎样的心情"侧重考查分析人物情感的能力，它和2018年高考语文全国Ⅱ卷中老舍《有声电影》的第5题"请结合二姐等人看有声电影的经过，简要分析小说所揭示的市民面对新奇事物的具体心态"具有相似之处。而参考答案中给出的作答角度，无论是"人生感慨""深切怀念"还是"生命感悟"，都是来自对小说第二十一至二十六段信息的筛选与概括。第9题"老董的匠人精神主要体现在哪些方面"侧重从不同的角度和层面发掘作品的意蕴、民族心理和人文精神，即考查理解作品蕴含的匠人精神的能力。而无论是"坚持行业规矩""恪守职业操守"还是"修书精益求精"等方面，也均是来自对小说第四、七、八、十三、三十四、三十六段信息的概括。由此可见，由点切入、放大内涵，顺藤摸瓜、探究心理，注重比较、揭示实质，深入"慎"出、展示学识，以上几点也是考生在面对文学类文本（小说）时理应具备的能力。

综上所述，2020年高考语文全国Ⅱ卷的命题，仅在现代文阅读的三道大题的考查导向上，就体现了立德树人、服务选才、引导教学的核心立场；在考查内容上，突出了必备知识、关键能力、学科素养、核心价值的考查目标；在考查形式上，强调了基础性、综合性、应用性和创新性的考查思路；在考查范围上，落实了语言建构与运用、思维发展与提升、审美鉴赏与创造、文化传承与理解的学科核心素养。

（本文发表于《吉林教育·综合》2020年第9期）

"利己与利他"的取舍之道
——高考作文的主题导写与适应训练

《左传》中的"太上有立德"和《管子》里的"终身之计，莫如树人"共同铸就了延续数千年的教育理想——立德树人，作为在10年前由中共十八大提出的"教育的根本任务"，其在当下的重要意义不言而喻。"立德"是坚持德育为先，通过正面教育来引导、感化、激励人，而"树人"则是坚持以人为本，通过教育来塑造、改变、发展人。以"树人"为核心，以"立德"为根本，教育强国的宗旨才有可能实现。

时至今日，人教版选修课本《中国文化经典研读》中以"家国天下"为主题的单元的相关读物依然令人印象深刻。在黄宗羲的《原君》一文中，被称为"中国思想启蒙之父"的明朝大儒黄宗羲指出"有生之初，人各自私也，人各自利也"，句中的"自私""自利"并不包含贬义，而是在强调个体维护和发展自身利益的合理之处。在此基础上，黄宗羲先后以举例的形式，提及古人在立身行事上做出的截然相反的选择：一类人"不以一己之利为利，而使天下受其利"，另一类人"以天下之利尽归于己，以天下之害尽归于人"。虽然《原君》这篇在中国政治思想史上堪称振聋发聩之作的文章的可贵之处在于阐发了"为天下之大害者，君而已矣"这一创见，但是从上述引文着眼，所谓"利己和利他"应该如何审视、理当怎样抉择，古往今来，始终是值得每个个体认真思考和权衡的重要问题。从"立德树人"的根本任务出发，让立足新时代、争做新青年的莘莘学子通过阅读和写作来做出关于"利己和利他"的斟酌和取舍，的确意义非凡。

一、主题导写

从近年来国内在高考命题和阅卷方面长期遵循且影响深广的高考全国卷作文评价标准着眼，无论是基础等级的要求，还是发展等级的要求，在进行作文常规训练之前，都需要整体介绍、准确说明；在真正构思行文同时，也应该宏观着眼、微观落笔。因此，我们有必要针对"利己和利他"这两者的含义、关系进行相对深入的解读和梳理，由此从高考作文发展等级的评价角度给出合理的写作建议。

（一）在立意方面如何彰显"深刻"的意蕴

从"利己和利他"二者的含义着眼，前者即"对自己有利"，后者即"对他人有利"，两者共有的特点是均从"利益"着眼，不同之处在于获得"利益"的主体是"自己"还是"他人"。事实上，如果单纯从对象考虑，"利己和利他"二者的价值并不存在高下之别。结合中国古代思想文化传统审视，二者在价值层面存在的差异显而易见。

事实上，所谓"义利之辨"正是一个交锋两千余年的思想命题。从先秦时代的儒家思想着眼，无论是至圣孔子提出的"君子喻于义，小人喻于利"，还是亚圣孟子所倡导的"王何必曰利，亦有仁义而已矣"，包括后圣荀子强调的"先义而后利者荣，先利而后义者辱"；彼此无不推崇"义"的价值。后来在宋明两朝的新儒家眼中，汉代董仲舒倡导的"正其义不谋其利，明其道不计其功"的确使程颐、程颢、朱熹和陈亮、叶适、颜元等后人之间产生了针锋相对的分歧和争论。所谓的"利"是否可取、如何获得、怎样享有，这一系列问题的确有必要从伦理道德的层面进行剖析。

不仅如此，即使今人对于"利"葆有足够的认同，从"利己和利他"的关系着眼，也会产生差异。从二者的关系来看，大体存在两种可能：一种是绝对利己和绝对利他，另一种是相对利己和相对利他。显然，从思辨角度审视，以"相对"作为标准来衡量"利己和利他"二者的价值是更为合理的选择。

如果从作为共和国"新时代"的核心价值观念出发，"利他"和"利己"的确高下立判。但是也应该将辩证思维和批判性思维两相结合，既给予"利己"这一符合事理的价值取向足够的理解和肯定，也应强调"利他"这一价值取向同样有必要考虑对象和分寸，不宜盲目和过度，否则可能适得其反。如果能够使"利己和利他"两相兼顾（既实现自我价值，又福泽身外他者）、互利共赢令人期待。如果必须在"利己和利他"两者之间有所取舍，当代人理应给予相对于收获、索取更为崇高的付出，奉献足够真诚的尊重和景仰。

当然，如果从其他角度对"利己和利他"进行深入解读（如"精致的利己主义者""粗糙的利己主义者"等），同样可以将针对这一价值取向的多元样态的思考推向深入。

（二）在选材环节怎样突出"丰富"的视域

在围绕"利己和利他"这一话题进行分析并以此为立足点选择作文素材时，的确有必要考虑如何使作为发展等级衡量标准之一的"特征"中包含的"丰富"这一特点在作文的选材中真正得以彰显。

如果从人事角度来设计选材对象，自然可以放眼中外、涵纳古今。当然，如果在这一常见的时空视域中重点关注来自中国当代尤其是新时代最具有代表性的国人——如改革先锋、时代楷模、感动中国人物以及"七一勋章""共和国勋章"获得者等等——无疑会更有说服力和感召力。

例如，在"七一勋章"获得者中，有出生入死、浴血奋战的革命战士，有常年坚守边疆、巩固国防的戍边英雄，有扎根基层、一心为民的优秀干部，有兢兢业业、锐意探索的专家学者。有人历经革命斗争与建设改革的各个年代、阅尽世纪沧桑，也有人正值芳华，却为了国家的尊严、人民的幸福献出了宝贵青春。他们都用自己的行动践行着初心与使命，无愧于共产党员的光荣称号，他们值得在这一特殊的历史时刻接受全党全国人民最崇高的敬意……上述人事无疑契合主题中的"利他"二字。

如果从观念角度来设计选材对象，可以在富有经典性和时代感的名言警句中发掘一系列真正符合"唱响主旋律，壮大正能量"的素材，无疑也会使"利己和利他"的评价视角更加宏阔和广远。

例如，推动建设人类命运共同体，源自中华文明历经沧桑始终不变的"天下"情怀。从"以和为贵""协和万邦"的和平思想，到"己所不欲，勿施于人""四海之内皆兄弟"的处世之道，再到"计利当计天下利""穷则独善其身，达则兼济天下"的价值判断……同外界其他行为主体命运与共的和谐理念，可以说是中华文化的重要基因，薪火相传，绵延不绝。新时代中国人民致力于实现中华民族伟大复兴的中国梦，追求的不仅是中国人民的福祉，也是世界各国人民共同的福祉……

当然，在选材方面，素材的新颖与否、典型与否、是否凸显品位、是否考虑详略，同样值得推敲。

（三）在语言维度如何实现"有文采"的诉求

在高考作文基础等级的评价标准中，从"表达"层面出发针对语言的评价是"通顺"和"流畅"，从"特征"这一发展等级的评价标准出发，则需要补充"文采"这一必备条件。

所谓"文采"，除了应该充分考虑句式的复与单、整与散、长与短，还应该关注考试大纲在语言文字运用板块特别考查的简明、连贯、得体以及准确、鲜明、生动等不同方面，由此涉及修辞手法（例如比喻、排比、反问、对偶等）在落笔行文中的合理运用。当然，与"文采"有关的评价角度，除了上述几个方面以外，是否在"引用"方面突出写作者的个性与积淀，同样属于考场写作评价尺度中不可忽略的一个重要方面。

所以，恰如其分地引用古代典籍或当代文献中的名句妙语，无疑会使全文在文采维度别开生面、更胜一筹。例如，围绕"利己和利他"这一话题，既可以从黄宗羲的《原君》一文中引用"夫以千万倍之勤劳，而己又不享其利，必非天下之人情所欲居也"，借古鉴今，突出今人"利他"行为的可贵；也可以引用鲁迅的《这也是生活》一文中的"无穷的远方，无数的人们，都和我有关"，以此来彰显"利他"情怀的高远；还可以选择作为"杂交水稻之父"的袁隆平生前的一句经典表达，印证"利他"精神的伟大——"我一直有两个梦，一个是禾下乘凉梦，一个是杂交水稻覆盖全球梦。禾下乘凉梦，是让国人吃上米饭，保证粮食安全；覆盖全球梦，是提升全球水稻产量，造福人类"。

二、适应训练

（一）微写作训练

1. 北京大学中文系著名学者钱理群先生在《大学教育究竟要培养什么人才尖子》一文中指出"精致的利己主义者"的主要问题在于信仰缺失，由此必然会将个人的私欲作为唯一的追求目标。日本著名企业家稻盛和夫也曾在《活法》一书中强调"唯有极致的利他，才是最好的利己"。近日班级将会举行以"利己和利他何者更重要"为主题的辩论赛，请作为反方一辩（观点是"利他更重要"）的你准备一份200字的辩词，辩词中需要引用钱理群或稻盛和夫的语句至少一次。

[导写]

在辩论赛中，正反双方一辩的辩词都很重要，因为它在内容上属于审题、立论、佐证、判断四个环节中的第一个，重在逻辑思维的运用和辩题内容的分析。类似一篇以议论说理为主的文章需要开宗明义，在写作之前应该明确己方的立场和观点。在这个意义上，作为秉持"利他更重要"这一观点的反方一辩，在驳斥对方观点、陈述己方观点的同时，可以选择合理引用钱理群与稻盛和夫的观点，在充分强调"利己"的不足时，同步展现"利他"的优点，由此论证更有力度。

2. 2019年感动中国十大人物颁奖典礼上给予钟扬先生的颁奖词中有一句"倒下的时候双肩包里藏着你的初心、誓言和未了的心愿"。2021年感动中国十大人物颁奖典礼上给予朱彦夫先生的颁奖词中有一句"与自己抗争，向贫穷宣战，一直在战斗，一生都在坚守"。请你结合《守好党的"生命线"》或《追梦》，为这两位获奖者中的一位撰写一篇题为《您的最令我感动的瞬间》的短文，要求至少从文章中引用一个事例和一句名言，200字左右。

[导写]

本则材料围绕2019年和2021年"感动中国人物颁奖词"给予钟扬和朱彦夫两人的评价性文字展开。针对钟扬的评价侧重于"不忘初心""矢志不渝"，围绕朱彦夫的表达凸显出"脱贫攻坚""犯其至难"。写作时可以结合《光明日报》或《大众日报》上刊发的文章，围绕最符合"感动"这一要求的人、事、言中的某一方面写作，在事例的选择与概括上、在言论的提炼与表达上关注其典型性和代表性，从而真正实现在搭建"瞬间"的同时铸就"永恒"。

（二）模拟题训练

1. 阅读下面的材料，根据要求写作。（60分）

"上善若水，水善利万物而不争。"老子之所以推崇水，很重要的一个原因就是水包含了"利他"精神。在中国传统文化中，贤人的境界是"自利利他，胸怀天下"。但现在不少人认为，利他与利己是对立的，利他就是牺牲自我，利他思维违背人的本性，因为"人不为己，天诛地灭"！究竟应该"利己"还是"利他"？这个问题引起了同学们热烈的讨论。

请你联系社会现实，写一篇演讲稿，表达你对这个问题的认识和思考，并在班会上与同学们交流。

要求：自拟标题，自选角度，确定立意；不要套作，不得抄袭；不得泄露个人信息；不少于 800 字。

[导写]

从材料内容出发，应该重点关注字里行间呈现的多重引文。无论是老子的观点、贤人的境界还是不少人的认知，都体现了其各自观点的不同角度。行文包含的立意和论述应该紧密围绕"自利"（或"利己"）和"利他"（或"利人"）二者的关系展开。

审题时可以结合《论语》中的"修己以安人"以及《孟子》中的"穷则独善其身，达则兼济天下"和《大学》中的"大学之道，在明明德，在亲民，在止于至善"等名言警句，既使概念的内涵、外延界定清晰，又能明确二者的对立统一。审题立意时，既不应片面狭隘地将"利他"等同于无私，将"利己"等同于自私，也不应将"利己"与"利他"二者的关系理解为完全对立。切题立意可以包含以下角度：利人利己，并行不悖；利人者，人恒利之；利己修身，利他平天下；始于利己，终于利他；利己利他，互利共赢；等等。

此外，写作要求中对于文体（演讲稿）的限定，也突出了关注格式、落实情境的多元任务类型。应重视开篇称呼语和问候语的使用，包括在"动之以情，晓之以理"的同时兼顾行文结构的清晰巧妙。

2. 阅读下面的材料，根据要求写作。（60 分）

材料一：阿里巴巴集团的创始人马云曾在演讲时说：做任何生意，必须想到三个赢，第一个是客户赢，第二个是合作伙伴赢，第三才是你赢。三个赢，少任何一个，生意都没法做下去。这就是互联网时代最了不起的利他主义。

材料二：北京大学中文系教授钱理群曾说，我们的一些大学，正在培养一些"精致的利己主义者"，他们问题的要害在于没有信仰，没有超越一己私利的大关怀、大悲悯，没有责任感和承担意识，必然将个人私欲作为唯一追求。

材料三：中山大学天文与空间科学学院院长李淼说，最善于利己的人，往往也最善于利他。与之相反，理想色彩过重的人，在牺牲自己的时候，牺牲起别人也轻而易举。

请你联系社会现实，写一篇作文，表达你对这个问题的认识和思考。

要求：自拟标题，自选角度，确定立意；不要套作，不得抄袭；不得泄露个人信息；不少于 800 字。

[导写]

题目给出的三则材料中包含的内容各自涉及不同的观念、立场。材料一从企业家马云对于做生意包含的"三个赢"的介绍入手，强调了"利他"的价值。材料二从学者钱理群对于名校教育培养"精致的利己主义者"这一现实的观点着眼，突出了"利己"的弊端。材料三从科学家李淼的认识出发，提出了辩证审视"利己"和"利他"有机结合的价值和意义的可能。结合三则材料的共性，可以围绕"生活在当代社会的人们应该如何面对利己和利他的种种选择"立论。如果针对三则材料的观点进行权衡和比较，材料三给出的观点相对全面、公允，属于在审题立意中可以合理选择的最佳角度，既不倡导"毫不利己，专门利人"的绝对无私立场，也不认同"人不为己，天诛地灭"的极端自私观念。诚如鲁迅在《拿来主义》一文中所倡导的，应该放出眼光——有辨别，应该运用脑髓——不自私。

总之，北京大学著名学者钱理群教授在《盗火者》节目访谈中曾说："之所以出现精致的利己主义者，就是教育不能给学生提供一种理想，提供一种信仰，当一个人没有理想、信仰和目标的时候，他唯一的驱动力就是利益。"从"立德树人"的根本任务出发，让立足新时代、争做新青年的莘莘学子通过阅读和写作来做出关于"利己和利他"的斟酌和取舍，的确意义不凡。

（本文发表于《长春教育学院学报》2024 年第 1 期）

"生活在树上"的作文是否存在"落差"与"错位"

——浅议2020年浙江省高考语文满分作文《生活在树上》

"生活在别处"作为法国作家米兰·昆德拉的小说代表作的题目在中国是众所周知的,而意大利作家卡尔维诺的小说代表作、"我们的祖先"三部曲之一《树上的男爵》作为经典之作同样备受推崇。当"生活在树上"这句可谓博采众长的表述成为近日国内媒体持续关注的热点时,于我而言,一种不吐不快的感受也的确油然而生。

东师附中往届的优秀学子、当下在北京301医院骨科研究所实习的吉林大学学生刘礼贤同学,在此前分享给作为她过去的语文教师的我一篇2020年浙江省高考语文学科满分作文。

作为曾在2004—2006年有幸以东北师大文学院硕士研究生的身份连续3年参加吉林省高考语文作文组阅卷工作并在此后于东北师大附中高中部执教十三载的一名语文教师,我有必要将自己阅读这篇题为《生活在树上》的作文的感受和思考与关注此文的朋友们分享。

虽然诚如《林教头风雪山神庙》一课第二段的首句所说"且把闲话休提,只说正话",但我仍然觉得有必要首先将几句看似"闲话"的"正话"立此存照。

众所周知,吉林省将在今年秋季正式进入国家推行的普通高中新课程实施阶段,在各校新高一上学期即将使用的统编版语文教材必修上册的第六单元收入了毛泽东的文章《反对党八股(节选)》,文中的三言两语令身处当下的我感同身受,姑且引用至此,共同回首。

"空话连篇,言之无物,还可以说是幼稚;装腔作势,借以吓人,则不但是幼稚,简直是无赖了。""射箭要看靶子,弹琴要看听众,写文章做演说倒可以不看读者不看听众吗?""语言这东西,不是随便可以学好的,非下苦功不可。""我们不是硬搬或滥用外国语言,是要吸收外国语言中的好东西,于我们适用的东西。""他自己是在做概念的游戏,也会引导人家都做这类游戏,使人不用脑筋想问题,不去思考事物的本质,而满足于甲乙丙丁的现象罗列。"(以上引文详见《普通高中教科书语文必修上册》第88—93页)

之所以不厌其烦地引用上述文字,我也想借此表达自己对《生活在树上》一文的观感。

在表达自己的见解之前,我依然有必要提示读者朋友了解被这"一石"激起的"千层浪"。

8月2日,浙江教学月刊社微信公众号"教学月刊"发布文章称:该篇作文,第一位阅卷老师只给了39分,但后面两位老师都给了55分的高分,最终作文审查组判为满分,陈建新老师称赞该文"老到和晦涩同在,思维的深刻与稳当俱备"。传媒人朱学东也在微博上发表的题为《我为什么会给浙江高考满分作文打高分》一文中强调"出现了,罕见,更应该鼓励。这个意义上,给满分,我也不反对"。

8月3日,当代作家马伯庸在微博评论中称:也许这篇作文的风格是故意为之,就像当年的《赤兔之死》,成色如何且不论,至少夺人眼球是做到了。马伯庸给予该文的评价是"辞不配位",即"学术界颇为流行的不说人话的行文方式,充斥着怪异造作的翻译腔与不分场合的术语滥用,不免有堆砌炫技之嫌"。《中国青年报》编委、社评部主任、首席评论员曹林在《浙江这篇高考满分作文侮辱了语文》中对这篇满分作文的评价是:"看第一遍时难受,第二遍时难受+2,第三遍时难受+3,终于崩溃。"教育部原新闻发言人、语文出版社社长王旭明在《如此作文该如何给分》中认为"主题立意固然不错,但也读不出什么超群独到之处,尤其是其堆砌辞藻、名人名言和偏难怪旧的词语之表达,无论从考生的表达还是其产生的客观导向性上,都不该给满分"。而广东省语文特级教师雷声以《生活在树上——一次危险的言语体验》为题发表评论认为,"对广大学生而言,这篇满分作文意义不大,对于作者而言,这是一次危险的言语体验,也是关乎自己人生的一场真切的实践体验"。福田中学语文教研组组长李园园认为,"这篇文章可以是高分作文,但不适合作为示范性作文。尤其对于广东的考生来说,甚至可以说是反面的例子"。

相信落笔至此，任何未曾阅读此文的读者颇有"奇文共欣赏，疑义相与析"的兴致。我暂且从两个维度入手分享自己的阅读感受。

我的阅读感受之一：语言佶屈聱牙，不知所云

嚆矢、滥觞、振翮、越矩、张本、沉锚、内嵌、祓除、薄脊、塑型、觉感、祓魅、赋魅、一觇、反智、洇、降格、场域、玉墀、婞直……

我不禁把令自己初读一头雾水的疑惑与各位读者分享：哪位朋友在不翻查辞典、不浏览网页的情形下，能够为《生活在树上》一文中的七段文字里出现的上述词语给予言简意赅的准确释义？以上词语无疑会令众多读者产生巨大的无力感、陡然的失落感、纯粹的自卑感。这番文笔的确令人"叹为观止"甚至望而却步。也许只有从事西方文艺理论与批评的译介与研究的高校学者才有资格对此作出真正"权威"的"定评"。这种马伯庸先生所说的因为"不说人话"而"夺人眼球"的"堆砌炫技"的语言的确令作为语文教师的我"目不忍视""耳不忍闻"。正如李白在《经乱离后天恩流夜郎忆旧游书怀赠江夏韦太守良宰》中所写的"清水出芙蓉，天然去雕饰"，也如元好问在《论诗三十首其四》中所写的"一语天然万古新，豪华落尽见真淳"，语言的清新自然、明白如话正是去粉饰、少雕琢的体现，是营造意境不可或缺的。它诚如朱光潜先生在《咬文嚼字》一文中所说的"咬文嚼字，在表面上像只是斟酌文字的分量，在实际上就是调整思想和情感"，"无论是阅读或是写作，字的难处在意义的确定与控制"。

我的阅读感受之二：选材叠床架屋，华而不实

海德格尔、卡尔维诺、达达主义、麦金太尔、柯希莫、韦伯、尼采、陈年喜、切斯瓦夫·米沃什、维特根斯坦……在别处（昆德拉）、虚无（萨特）、欲上青云也无时无刻不在因风借力（《红楼梦》）、场域（考夫卡）、反智（霍夫斯塔特）、婞直（《离骚》）、遗世独立（苏轼）、单向度（马尔库塞）……

众所周知，高考作文的选材应该力争实现评分标准中"发展等级"里提及的"丰富"，也即真正做到博古通今、学贯中西。而历数浙江考生在这篇作文中的选材内容，毋庸置疑是将西方近现代的哲学、文学、伦理学、语言学、美学、社会学、政治学等来自人文社会科学领域的不同大师的理论、学说信手拈来、为己所用。即使如朱学东所肯定的考生"围绕主题的展开的逻辑演绎能力"可以在行文中直接或间接引用上述名人名言里通过分析领会，但其在选材上带给读者的感受，恰似岳珂对于辛弃疾《永遇乐·京口北固亭怀古》一词的"新作微觉用事多耳"的评价。从本篇作文的选材内容和类型审视，作为一位中国考生文章中理应具备的"中国作风"和"中国气派"（毛泽东语）是否略显捉襟见肘？如果仅仅依托上述范围相对狭窄的理论资源，又如何践行那番运用脑髓、放出眼光的智慧？

也许当代学者熊培云的著作《自由在高处》——该书旨在从个体角度探讨身处转型期的人们如何超越逆境，盘活自由，拓展创造，积极生活——更能够凭借深入浅出的语言、适可而止的选材帮助读者理解"生活在树上"的某种可能。作为2020年浙江高考满分作文的《生活在树上》，即使被阅卷者认为属于"思维的深刻与稳当具备"的佳作，却也是看似阳春白雪，听来曲高和寡。

作为教育家和"优秀的语言艺术家"的叶圣陶先生在《诚实的自己的话》中说："譬如论事，为才力所限，自以为竭尽智能，还是得不到真际，就此写下来，便成为虚伪或浮夸了。"虽然倡导"深度语文"的王开东老师在《浙江满分作文，练歪了的九阴真经》中指出自己给这篇作文打52分，但这篇看似"生活在树上"的作文的确与言人人殊的评价标准存在某种"落差"与"错位"。事实上，它能够长时间立足于舆论的风口浪尖，这一现象更值得深思。

最后，作为过去的吉林省高考语文作文阅卷者之一，我想分享自己的四点感触。

第一，在规定的作文阅卷时间（每篇少于1分钟）中，试图将《生活在树上》（或风格类似的作文）读通读懂，尤其是在准确判断其立意是否切题的基础上把握其选材、结构、语言等多方面的得失，的确难上加难。对于此类作文的赋分，无论满分还是低分均有失公允。

第二，虽然孔子推重"和而不同"，虽然龚自珍向往"不拘一格"，但是否类似《生活在树上》的最终脱颖而出却明显褒贬不一的作文只能通过满分来彰显其存在的价值和意义呢？

第三，《生活在树上》一文也是在包括组长和成员的阅卷组反复审阅、分析、评判（从初评、复评到终评）后获得满分的，难以排除其中个人给予定评的可能。对于其他具有与之相异的个性和优长的却在有限的阅卷时间内被无意或有意地忽视以至于湮没的考场佳作，难道这只能用"死生有命，富贵在天"来理解和接受吗？

第四，如果每一年的各省高考语文阅卷工作都严格遵循温儒敏老师强调的"高考阅卷应该有保密性，所有参与阅卷者均不得向外透露阅卷情况"这一"纪律"，也许类似《生活在树上》这篇作文引发的一系列争论就不复存在了，任何一位给予满分的阅卷者或收获满分的考生都会心安理得。但是，是否只要如温儒敏老师所说的"要尊重阅卷组的裁定""应当请专业人士去研究"就能完全避免出现一系列类似的或其他的问题？评价标准的合理性、评价操作的科学性、评价过程的透明度怎样才能真正建构并形成，从而使名副其实的存高远之志、为博深之学的考生在相对公平、公正、公开的高考活动中交出一份满意的答卷，驻足走向成功的起点？这的确是值得我们每一位国人思考和追问的。

教案篇

JIAO'AN PIAN

煽动新的背叛

——舒婷《神女峰》教学设计

【教学设想】

《神女峰》是人教版《中国现代诗歌散文欣赏》(选修)第三单元"爱的心语"中的课文。建议采用以学生自主学习为主,辅之以问答式、讨论式和讲授式相结合的教学方法。对于诗歌文本的初步感知,学生可以通过课前的自主诵读来实现。学生可以在课前浏览《神女峰》学案,通过不同的历史神话传说了解神女峰名称的由来,并思考诗歌疑难意象的多重内涵和主旨句的意蕴。教师应将课堂教学的重点放在诗歌诵读和问题探究两个方面,力求使学生在宏观上把握诗歌主旨、创作手法的同时,在微观上对疑难问题进行纵深发掘,使学生在反复诵读、感受诗歌音韵之美的同时,深入思考意象和情感中的疑难问题,并在课后结合比较赏析的方法来延伸自己的思考。

【教学目标】

1. 通过"杳鹤""春江月明""金光菊和女贞子的洪流"等疑难意象,理解现代诗歌意象的种类和选择方式。

2. 通过"新的背叛"和"与其在悬崖上展览千年,不如在爱人肩头痛哭一晚"等诗句感受诗歌文本中丰富的历史、哲学、伦理等多重蕴涵。

3. 通过"江涛/高一声/低一声"等诗句的韵律感受诗歌的建筑美和音乐美。

【教学重点】

1. 通过反复诵读和相应指导使学生充分感受诗歌的音乐美,理解诗情和诗意。

2. 通过几个具有古典文化内涵的疑难意象，使学生理解现代诗歌意象的选择。

【教学难点】

通过"新的背叛"和"与其在悬崖上展览千年，不如在爱人肩头痛哭一晚"等诗句，使学生把握特定历史时期的时代精神以及作品在中国当代文学史上的特殊地位。

【教学时数】

1课时。

【课前准备】

1. 学生熟读《神女峰》的诗歌文本，实现初步感知。
2. 学生浏览《神女峰》学案，了解神女峰名称的由来，思考疑难意象的内涵。

【教学过程】

一、导入

师生共同回顾教师在课前给学生提出的几个问题。（课件）

1. 你对诗人舒婷有哪些了解？
2. 你读过舒婷的哪些作品？
3. 你能背诵舒婷的哪首诗歌或哪些诗句？

明确：针对学生的回答进行梳理和总结，并对诗人舒婷进行简要介绍。（课件）

1. 舒婷，原名龚佩瑜，生于福建泉州，世代居住在厦门鼓浪屿。
2. 舒婷曾经出版过诗集《双桅船》《会唱歌的鸢尾花》以及散文集《心烟》等。
3. 舒婷是1980年代与北岛、顾城等齐名的"朦胧诗"派代表诗人。

"我如果爱你——绝不像攀援的凌霄花，借你的高枝炫耀自己"，这是舒婷在诗歌《致橡树》中发出的铿锵誓言；

"我是你河边上破旧的老水车，数百年来纺着疲惫的歌"，这是舒婷在诗歌《祖国呵，我亲爱的祖国》里留下的深沉思索。

作为一代人的呼声，它们早已成为脍炙人口的名句，流传至今。

舒婷近年来的作品（课件）主要有《舒婷的诗》和散文集《真水无香》，建议感兴趣的同学自行查阅。

今天，我们来学习舒婷的另一首诗歌名作——《神女峰》（板书：神女峰，舒婷）

二、解题——关于"神女峰"

问题：通过学案，我们可以了解到在中国古代，很多典故传说都和神女峰有关。读了舒婷的这首诗，大家觉得她笔下"在悬崖上展览千年"的"神女"主要来自哪个或哪些传说呢？

明确：它应该是文人笔下的文学形象和百姓心中的民间形象糅合而成的。

给学生展示神女峰的照片——这里有一条巨石突兀地伫立在青峰云霞之间，远望时的确有种亭亭玉立之美，别具风姿。

三、诵读

1. 学生诵读

首先，请全班学生把《神女峰》这首诗出声地自由朗读一遍。

其次，请一位男同学来朗读一下《神女峰》，其他学生认真聆听。

再次，请一位女同学对此前男同学的朗读略加点评，提示学生点评时注意——优点说足，缺点说准。

最后，请这位女同学按照自己的理解把这首诗再朗读一遍。（教师在朗读技巧上给予充分的指导，提示学生关注声音的抑扬顿挫、语调的轻重缓急）

问题：我们会注意到，《神女峰》这首诗第一节最后三行诗句的排列很特别，"江涛/高一声/低一声"这里每句第一个字错后几格排列，诗人为什么要这样写？这里有什么独特的表达效果？

明确：这种排列在诗歌创作中叫作"错格"。从外在形式上，形象地体现出波涛滚滚的江水此起彼伏、高低不平的声响；当然，这里跌宕起伏的不仅是涛声，更是抒情主人公的心绪。所以，朗诵时对于外在的诗行、内在的诗情都要细心感受。

2. 教师诵读

教师声情并茂地朗读一遍《神女峰》，和同学们交流个人的理解和感悟。

3. 学生诵读

诗人余光中说过:"读诗要像演奏家那样把诗的生命激发出来。"教师请全班学生饱含激情地再次自由诵读一遍《神女峰》。

四、探究

问题:大家通过课前预习和反复诵读,对诗歌文本有了初步感知,也或多或少会存在一些困惑和疑难。在这首诗的理解上,大家有什么问题?哪里没有读懂?

学生提出的问题可能林林总总、细大不捐,但基本上都不会超出诗歌的意象、情感或抒情主人公形象这几大方面。

教师指点学生鉴赏诗歌的基本方法——通过诗歌的意象去体会诗人的情感(板书:意象,情感)。首先从意象入手探讨。

1. 意象探究

①"杳鹤""春江月明"

问题:当大家看到"杳鹤""春江月明"或"人间天上"这样的意象时,是否会有一种似曾相识之感?是否会联想到某些中国古典诗词作品或名句呢?

明确:白居易《长恨歌》——"但令心似金钿坚,天上人间会相见";李煜的《浪淘沙》——"流水落花春去也,天上人间";崔颢《黄鹤楼》——"黄鹤一去不复返,白云千载空悠悠";张若虚《春江花月夜》——"滟滟随波千万里,何处春江无月明?";等等。

其实,瑞典汉学家马悦然先生就说过:"舒婷的诗没有晦涩难懂的内容。她比她年轻的诗人同行更多地受到古典诗歌的影响。"(课件)

问题:你是如何理解"杳鹤"与"春江月明"这样的意象的?舒婷想借用这两个意象表达什么?

明确:看似不好理解,其实完全可以从它们的传统意蕴入手来分析。"杳"就是"遥远,无影无踪"的意思。"杳鹤"是指杳如黄鹤、可望而不可即的事物,比如虚无缥缈的理想、无法兑现的承诺。

"春江月明"在张若虚的诗中无疑是一种美景,这里说"无数次"可以理解为每个人身边的月满月亏、潮涨潮落,这些景观虽然司空见惯、无甚新奇,却也真实可感、触手可及。

问题:一个是遥远的、缥缈的,一个是身边的、实在的,这两个意象放在一起，就形成了什么？

明确：对比。

问题："错过"一词突出了什么情感？

明确：这里突出了一种惋惜、伤感之情，惋惜的是——神女为遥不可及的爱情执着守候，失去无数俯拾皆是的美好。

②"金光菊和女贞子的洪流"

问题：根据大家的反馈，这首诗最令我们困惑的意象莫过于"金光菊和女贞子的洪流"。大家读过学案上对这二者的介绍，思考一下：舒婷为什么选择这两个意象来写？这两个意象有怎样丰富的蕴涵？谁能尝试解释一下？

明确：首先，"金光菊"和"女贞子"是巫峡中常见的植物，这首诗写在长江上。当诗人船行江中，它们聚合成迎船而来的滔滔"洪流"，令诗人触景生情，这是自然而然的。

其次，这生机勃勃、奔腾不息的"洪流"，与静默地伫立千年的神女峰之间，恰好形成了动静结合、对比鲜明的景象，很有张力，富于表现力。

再次，看到"菊"和"贞"这两个字，从传统文化内涵着眼，会产生哪些感悟？

这两个意象都具有传统内涵，"菊花"在中国古典文学作品中往往象征着什么呢？教师提示学生回忆陶渊明的诗句"采菊东篱下，悠然见南山"——隐逸高洁的品性，也可启发学生联想苏东坡的"荷尽已无擎雨盖，菊残犹有傲霜枝"——坚贞自守的情怀。"女贞子"本是植物名，这里诗人使用双关的手法，用它来巧妙地暗示传统道德倍加推崇的女性贞洁观念。

2. 情感探究

①"煽动新的背叛"

问题：坚贞、高洁历来是人们推崇和追求的人格，它们为什么要"煽动新的背叛"？它们想背叛什么？

教师用大屏幕呈现一段文字，请一位同学来读："我们对女性的奉献、牺牲、大义大仁大勇精神除了赞美褒扬之外，是否常常记住还要替她们惋惜、愤怒，并且援助她们寻找自我。"（课件）

这是舒婷在安徽参观一些传统女性的牌坊和祠堂后写下的感悟。

问题：看了这段文字，大家对"背叛"二字的内涵是否拥有了更加真切而具体的理解？

明确：诗人要煽动的是对从一而终的传统爱情观的背叛，是对女性从属地位的背叛，是对把人的幸福作为牺牲品的道德的背叛。

问题："背叛""新"在何处呢？

明确：这首诗写于"文革"结束不久的1981年，当时人们的思想和感情还比较受禁锢，不太勇于去追求个人的幸福。所以，诗人所说的背叛在此时显得尤为惊心动魄。

所以，生活在同一时代的诗人顾城说："黑夜给了我黑色的眼睛，我却用它寻找光明。"生活于同一时代的诗人北岛说："告诉你吧，世界/我——不——相——信，纵使你脚下有一千名挑战者，那就把我算作第一千零一名。"（课件）放在历史背景中思考，背叛，堪称整整一代人的心声。

小结：这首诗在意象的运用上体现出鲜明的传统风格（板书：传统），在情感的表达上也流露出浓重的现代观念（板书：现代）。

（板书：人）当然，这些意象都是抒情主人公眼中的意象，一切感情都是抒情主人公内心的感情。（板书：将"人"和"意象""情感"分别相连）

②"与其在悬崖上展览千年，不如在爱人肩头痛哭一晚"

问题：我们常常把一首诗中画龙点睛的词句称为诗眼，《神女峰》这首诗的诗眼应该是哪一句？对你而言，哪一句最震撼心灵，令人印象深刻？

明确：这首诗的诗眼一般被认为是：

与其在悬崖上展览千年，

不如在爱人肩头痛哭一晚。

在这两句中，诗人使用了"与其……不如……"这样一个选择句式，坚定地做出了自己的选择，告诉我们什么才是真正的幸福。

问题：难道用痴心的守候来见证生命中的一往情深，不可以吗？舒婷是否在告诫我们——爱情无须坚守，背叛都有理由？

明确：学生在理解这两句话时应该关注"展览"这个词，《现代汉语词典》中"展览"的含义就是——陈列出来供人观看。也就是说，如果我们对于爱情的坚守，是为了成为某种楷模和典范，是为了供别人观赏和膜拜，是为了拥有某种名望和声誉，就是没有任何价值和意义的；反之，如果这种坚守纯粹出自个体自觉的选择、独立的追求，也就无可指摘。

无论是坚守还是放弃，都应该出于自我的选择，而非他者的强迫，这才是真正意义上对"人"的价值和尊严的尊重。恰如鲁迅先生在小说《伤逝》中借女主人公子君之口说出的那句振聋发聩的话——"我是我自己的，他们谁也没有干涉我的权利"。

所以，在历史上看，从传统到现代，是一个漫长的进程；在爱情观上，舒婷以背叛的姿态告别传统，走向现代，她用诗歌解放了作为一座山峰的神，从而还给我们一个大写的"人"。（板书：将"人"与"意象""情感"两词分别相连，构成巨大的"人"形图案）

五、收束

建议学生带着对《神女峰》全诗崭新的理解，再次将诗歌自由地朗读一遍。

附1：板书设计

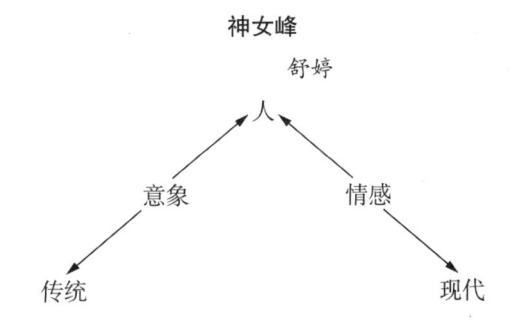

神女峰

舒婷

人

意象　　　情感

传统　　　现代

附2：《神女峰》学案

一、课文（略）

二、补充阅读资料

1. 神女峰及其传说

①陆游《入蜀记》中对神女峰的描述。（略）

②传说之一：巫山神女，就是传说中协助大禹治水的瑶姬。

③传说之二：战国时楚国的辞赋大家宋玉创作的《高唐赋》和《神女赋》写楚怀王曾与巫山神女在梦中欢会，此后神女就树立了永远忠贞于怀王的志节。怀王死后，他的儿子楚襄王和宋玉游览巫山，神女虽一度对宋玉萌生爱意，又被襄王苦苦追求，却终于用理性战胜情欲，不为所动。宋玉虚构的这个典故留给后世对巫山神女无尽的遐思。唐代诗人刘禹锡的《巫山神女庙》

和李商隐的《无题》，都是有感于此写下的诗篇。

④传说之三：据说古代一位女子的丈夫因故远行，女子便每天爬上高高的山峰极目远眺，思念丈夫。无论风吹雨打、严寒酷暑，日日如此，久而久之，便化作巫峡上的一座山峰。人们为了纪念她，将其命名为神女峰，又称望夫石。

2. 金光菊和女贞子

①金光菊：多年生草本花卉植物，开花期花朵繁多，花色金黄，鲜艳夺目。

②女贞子：一种具有药用价值的植物女贞的果实，外观呈椭圆形，紫黑色。

金光菊和女贞子都是长江三峡中巫峡沿岸常见的植物。

三、思考题

1. 你如何理解"为眺望远天的杳鹤/而错过无数次春江月明"这一诗句？
2. 你如何理解"金光菊和女贞子的洪流/正煽动新的背叛"这一诗句？
3. 这首诗中最令你怦然心动的诗句是哪一句？为什么？

四、课外比较赏析

1. 同中见异：洪亮《神女峰》（1980年）。
2. 异中见同：舒婷《惠安女子》（1981年）。

（本文发表于《中学语文教学》2012年第12期）

"没大没小"的境界

——汪曾祺《多年父子成兄弟》教学设计

【教学设想】

"父与子",是古今中外文学创作的母题之一,古人所谓"君君,臣臣,父父,子子"的观念对于中国传统伦理道德影响至深。中国当代作家汪曾祺的一篇散文佳作的题目是《多年父子成兄弟》,颇有离经叛道的意味。本课采用以学生自主学习为主,辅之以问答式、讨论式和讲授式相结合的教学方法。对于文章内容的初步理解,学生可以通过课前的自主浏览来实现。教师将课堂教学的重点放在从题目、结构、主旨、语言等多个角度鉴赏《多年父子成兄弟》一文,力求使学生在宏观上把握文章主旨和创作手法的同时,在微观上对疑难问题进行纵深发掘,结合拓展分析,延伸自己的思考。

【教学目标】

1. 使学生在对课文阅读与思考、探究与讨论的过程中对写人记事类型的散文写作方法和评论技巧拥有进一步的了解和掌握。

2. 使学生在新时代国家经济飞速发展的当前,重新思考中华民族伦理道德的传承和变迁的价值,以亲情为视角深入领会平等、和谐、友善等社会主义核心价值观的意义。

【教学时数】

1课时。

【课前准备】

1. 学生重新翻看初中阶段学习过的汪曾祺的散文《金岳霖先生》,并体会其写作手法。

2. 学生预先浏览课前统一发放的《星斗其文，赤子其人》《沈从文先生在西南联大》。

3. 学生针对《多年父子成兄弟》一文进行较为详细的"批注式阅读"，适时勾画积累。

【教学过程】

一、导语引入

"父与子"，是古今中外文学创作的母题之一。俄国作家屠格涅夫有部著名的长篇小说就以此为题。西方现代派文学奠基人、被人们称为"作家中的作家"的卡夫卡，一辈子都生活在父亲的阴影下，父子冲突在他的作品中留下了深深的烙印。而鲁迅的散文《父亲的病》《我们现在怎样做父亲》也是对这一母题的思考与延伸。圣人孔子曾说过"君君，臣臣，父父，子子"，就是讲父亲要像父亲，有为父之道；儿子要像儿子，有为子之道。而当代作家汪曾祺先生有一篇散文的题目就叫《多年父子成兄弟》，很有些离经叛道的意味。今天，就让我们通过一种独特的父子关系，来品赏汪曾祺笔下的"奇人奇文"。（板书：多年父子成兄弟）

二、默读课文

虽然同学们在课前对这篇文章做过"批注式阅读"，内容并不陌生，但我希望在深入鉴赏和交流之前，大家把这篇文章再次默读一遍，看看是否能产生一些崭新的体会和认识。

在同学们再次走入文本的世界、感受其艺术魅力之后，我们从全篇着眼，探讨几个重要的问题。

三、题目阐释

文章的题目是《多年父子成兄弟》，我想请大家谈谈如何理解题目中的"父子"二字，换句话说，这里的"父子"指的都是谁。（生答）

教师总结——可以说，这里的"父子"有多层内涵：首先，它是指汪曾祺和他的父亲（汪菊生先生）；其次，它是指汪曾祺和他的儿子（汪朗），当然也包括他的两个女儿（汪明、汪朝），因为汪曾祺的女儿也说过"多年父女成兄妹"；再者，它也包含了作为祖父的汪曾祺和他的孙女们之间的祖孙关系。所以，文章题目中的"父子"并不仅仅指父亲和儿子之间的关系，它强

调的其实是长辈和晚辈之间的关系。(板书：长辈晚辈)

由此可见，"成兄弟"这三个字并不简单，它是不是单纯指兄弟之间的手足之情？恐怕不尽然。用汪曾祺的话来描述最恰当，也就是他的亲家母指责小孙女的那句话，怎么说的？(生答)

教师总结——"没大没小"，确实是"没大没小"。汪曾祺的两个女儿小时候经常在爸爸头上梳小辫儿扎头绳儿，乱揪一通，手上也没个准儿，疼得汪曾祺直咧嘴，但他还总是夸奖她们"能干"，自己顶着一头的花花绿绿若无其事地做事。孩子们成年后，一看到汪曾祺为创作冥思苦想时，就问："老头儿，又憋什么蛋了？"汪曾祺就说："我这次要下一个大蛋了！"还有一次汪曾祺画了一幅写意花卉（大屏幕呈现），自己很满意，对子女们说："这张不赖，谁想看看？"两个小孙女最先跑去看，一个说："老头儿，你真浪费，纸上留这么一大块空白干吗？"转过头对另一个说："给他画只小鸭子怎么样？"另一个就说："别瞎画，等老头儿死了，没准这张画就值钱了！"你看，这家庭可真是"没大没小"啊！

关键是，汪曾祺怎样看待他亲家母这句话？用原文来回答。

——我觉得一个现代化的、充满人情味的家庭，首先必须做到"没大没小"。(板书：没大没小)

所以，大家想一想：汪曾祺想借他父亲的这句名言——"多年父子成兄弟"告诉我们一个什么道理？(生答)

教师总结——"多年父子成兄弟"是一种境界，正像鲁迅所说的：它不是在宣扬"孙子理应终日痛打他的祖父，女儿必须时时咒骂她的亲娘"，而是提示我们——长辈和晚辈之间应该在彼此平等的基础上相互理解、相互尊重，在亲情的感悟中共同成长。

四、结构分析

既然"多年父子成兄弟"是汪曾祺的父亲留给他的一句名言，我们就首先来看一看，在汪曾祺心目中他父亲是怎样的人。大家迅速浏览文章，尝试回答这个问题。(生答)

教师总结——首先，父亲是个绝顶聪明的人；其次，父亲是个很随和的人，我很少见他发过脾气，对待子女，从无疾言厉色；再次，父亲对我的学业是关心的，但不强求。

显然，这个问题不难，这几句话也就是文章第二至四自然段每段的段首句。请同学们思考一下：每一段都以段首句概括全段内容，三个段落一路写下来，是否在写法上有些单调和死板？如何理解？（生答）

教师总结——同学们分析得都很有道理。这个问题，实际上涉及散文的写作技法和个人风格，说起来可能见仁见智，不必强求一致。我是想到了汪曾祺先生另一篇脍炙人口的写人记事的散文名篇《金岳霖先生》，那篇文章大家都读过，似乎也是这样的行文风格。在描述金岳霖教授的"有趣"时，他写下这样一番文字。

请大家看大屏幕——（请一位同学来朗读一下）

金先生的样子有点怪。

金先生教逻辑。

金先生是研究哲学的，但是他看了很多小说。

金先生是个单身汉，无儿无女，但是过得自得其乐。

金先生朋友很多。

金先生晚年深居简出。

金先生治学精深，而著作不多。（大屏幕呈现）

上述语句都是我从《金岳霖先生》这篇文章中很多段落里抽取的段首句。可见这种开门见山、提纲挈领式的写法很受汪曾祺先生青睐。而我们读者读来也有一种自然流畅之感，用王国维的话来说——其辞脱口而出，无矫揉妆束之态。也许你觉得这么写未免有些"随便"，但这"随便"正是汪曾祺追求的境界，也未尝不是"苦心经营"的结果。汪曾祺自己很推崇苏东坡的一句话——"大略如行云流水，初无定质，但常行于所当行，止于所不可不止。文理自然，姿态横生"。（《答谢民师书》）（大屏幕呈现）我想，这"行云流水"未尝不是汪曾祺的夫子自道。

五、主题研讨

同学们，对于"多年父子成兄弟"这个主题，尤其是对"没大没小"这一点的表现来说，文章中哪些文字留给你的印象最为深刻，让你觉得最不可思议？请同学来读一下。（生答）

我十七岁初恋，暑假里，在家写情书，他在一旁瞎出主意。我十几岁就学会了抽烟喝酒。他喝酒，给我也倒一杯。抽烟，一次抽出两根，他一根我一根。他还总是先给我点上火。我们的这种关系,他人或以为怪。父亲说:"我们是多年父子成兄弟。"

教师总结——儿子写情书,父亲出主意,这确实称得上"够哥儿们意思"啦!而且,汪曾祺对烟酒的嗜好,是终其一生、"矢志不渝"的。这其中父亲给他的影响恐怕不可小视。我给大家介绍两桩人事。

众所周知,汪曾祺毕业于西南联大,除了他推崇备至的恩师沈从文外,他还深受闻一多先生的赏识。当年闻一多在西南联大中文系开了三门课——楚辞、古代神话和唐诗,汪曾祺都选了。闻一多上课有一个特点:可以抽烟。老师抽,学生也可以抽。他往往一进教室就点上烟斗,还问一问学生:"你们谁抽?"老师的烟,学生一般不好意思要。但等到老师点烟之后,下面会抽烟的学生也开始吞云吐雾了,这其中就有汪曾祺。我看这也可以叫"多年师生成兄弟"。从汪曾祺晚年的照片上,大家也可以感受到他当年烟不离手的癖好。(大屏幕呈现)

汪曾祺的嗜酒如命更显而易见,请大家看一副对联(大屏幕呈现)。这副对联是汪曾祺晚年参加四川作协笔会时为五粮液酒厂即兴题写的。哪位同学来为我们读一下?上联是"任你读通四库书",下联是"不如且饮五粮液"。这读书的境界与饮酒一比,高下自见。

在上段文字中,汪曾祺说"我们的这种关系,他人或以为怪",也就是对于这种父子关系,可能并非人人都很欣赏。

下面请同学们看一幅漫画(大屏幕呈现)。这是著名画家丰子恺先生的作品,画面上呈现的恰巧是一位父亲给儿子点烟的场景。值得关注的是这幅漫画的题目——《似爱之虐》,画家的观点就在题目之中,不言自明。

再请大家看一段文字（大屏幕呈现），找一位同学朗读——

只要思想未遭锢蔽的人，谁也喜欢子女比自己更强，更健康，更聪明高尚，——更幸福；就是超越了自己，超越了过去。超越便须改变，所以子孙对于祖先的事，应该改变，"三年无改于父之道可谓孝矣"，当然是曲说，是退婴的病根。（鲁迅《我们现在怎样做父亲》）

同学们，当你看过丰子恺的漫画和鲁迅的文字后，对于汪曾祺父子二人一起写情书、抽烟、喝酒这种特殊的父子关系是否会产生一些新的思考？你是欣赏、向往还是反感、拒斥，为什么？给同学们两分钟时间，前后桌的四位同学可以讨论、交流一下。

下面，请大家各抒己见，畅所欲言。（生答）

教师总结——刚才，大家都从各自的理解出发，对这个问题进行了深入的探讨，我也受益匪浅。下面，我谈谈自身的感受。

首先，丰子恺和鲁迅两位先生的见解自然很有道理，那是有着极强的责任感和使命感的父爱的体现，也是我们应该认同和推崇的定位。

在现实生活中，像汪曾祺家的这种父子关系，即使不能说绝无仅有，恐怕也为数不多。

这种"没大没小"，一方面可能取决于汪曾祺的父亲那种聪明、随和、散淡的个性；

另一方面可能和汪曾祺的母亲去世较早，父子之间的亲情更加醇厚有一定关系，请大家注意，是"多年"父子成兄弟（汪曾祺的老伴就经常指责他"从小没母亲，生活习惯特糟糕！"）；

再者，在汪曾祺心目中，他的父亲聪明绝顶、多才多艺，又是他喜欢的那种"不失其赤子之心"的"大人"，所以他对父亲始终有一种孺慕之思。

在这种心境下，无论抽烟还是饮酒都是父子之间的一种"有情"的交流方式。有人说，汪曾祺是中国最后一个纯粹的文人，从这父子两代人共同追求的名士风度来看，此言不虚。

总之，我们可以赋予这种关系一种"同情的理解"，或者用金岳霖先生的话来说，毕竟这也是蛮"好玩"的。

六、写法探究

1987年出访美国的汪曾祺曾经在哈佛大学和耶鲁大学做演讲，对于"中

国文学的语言问题",他发表了一些真知灼见,我来读一下(大屏幕呈现)

　　语言的美,不在语言本身,不在字面上所表现的意思,而在语言暗示出多少东西,传达了多大的信息,即让读者感觉、"想见"的情景有多广阔。古人所谓"言外之意""弦外之音"是有道理的。(《中国文学的语言问题》)

　　下面,请同学们在《多年父子成兄弟》这篇文章中认真发掘,有哪些语句体现了语言的"暗示性",也就是汪曾祺所认同的"言外之意""弦外之音"?给大家两分钟时间。

　　下面,我们就来共同分析和交流一下细读文本后的收获,你认为哪句话别有深意,或者说"言有尽而意无穷",这样表达又有什么效果?(生答)

　　①"他认为乐器中最难的其实是胡琴,看起来简单,只有两根弦,但是变化很多,两手都要有功夫。"

　　(其实写文章又何尝不是如此,看似轻松平易,实则苦心经营。有的文章语言粗看不见精彩,细品才见功力,可谓单纯里孕育丰富,平实中自有性灵)

　　②"他养的一盆素心兰在我母亲病故那年死了,从此他就不再养花。"

　　(老师读到这一句就不期然地想到一位古人及其名作,不晓得同学们是否也有会心之感。这位古人就是归有光,这篇作品就是《项脊轩志》。大家还记得那篇文章的最后一句吗?"庭有枇杷树,吾妻死之年所手植也,今已亭亭如盖矣。"风格极为相似,这是一种巧合吗?当然不是。汪曾祺说过:"我受影响最深的是明朝大散文家归有光的几篇代表作。归有光以清淡的文笔写平常的人情,亲切而凄婉。这和我的气质很相近。")

　　③"我母亲死后,他亲手给她做了几箱子冥衣。"

　　(情深义重,无一"爱"字而字字皆为"爱",爱在"亲手",爱在"几箱子",唐人司空图说"不着一字,尽得风流",此句有此神韵)

　　④"他做的皮衣能分得出小麦穗、羊羔、灰鼠、狐肷。"

　　(绝顶聪明、心灵手巧,多情重义、情真意切)

　　⑤"用胡琴弦放风筝,我还未见过第二人"

　　(钦佩仰慕之情,尽在这绝无仅有的感慨之中)

　　我们常说,文章贵在含藏,作者不能把什么都写尽,要留给读者思考、品味的空间,让读者去捉摸,去补充。俗话说"话到嘴边留半句",用《红楼梦》里尤三姐的话来说叫"提着影戏人儿上场,好歹别戳破这层纸"。尤其是写情，要少做直接的议论、抒情，省去工笔的描绘，去除着意的渲染，消弭雕琢的痕迹，只在轻描淡写中，以含蓄、节制的笔法点到为止。要让独特的忧伤、内在的欢乐在不经意间自然流露。这就叫"言近而旨远，辞约而旨丰"（板书："言近而旨远，辞约而旨丰"）。这种着意"留白"的艺术追求，也就是汪曾祺从古人那里承继下来的"中国式抒情"（板书：中国式抒情）。

汪曾祺曾经说过："我是希望把散文写得平淡一点，自然一点，'家常'一点的。"但这个希望可不简单，因为在苏东坡眼中，这正是大家手笔的体现（大屏幕呈现）——

"大凡为文，当使气象峥嵘，五彩绚烂，渐老渐熟，乃造平淡。"（苏轼）

以上，我们从题目、结构、主旨、语言等多个角度鉴赏了《多年父子成兄弟》。我想，丰子恺的一幅漫画准确地传达了汪曾祺的隐忧。（大屏幕呈现）

在这篇文章的结尾，他说，"一个想用自己理想的模式塑造自己孩子的父亲是愚蠢的"。然而时至今日，这样的父亲依然所在多有，所以近百年前鲁迅所说的话依然发人深省：父亲对于孩子，一要理解，二要指导，三要解放。能否重新认识自己的父亲，如何去体会父辈的爱，怎样面对父子之间的关系，我想《多年父子成兄弟》会给同学们带来很多启示。用美国哲学家弗洛姆的话来说就是——父亲是教育孩子，向孩子指出通往世界之路的人。而这个人的理想就是——自己背着因袭的重担，肩住了黑暗的闸门，放你们到宽阔光明的地方去；此后幸福地度日，合理地做人。

（本文发表于《中学语文》2012年第3期）

朱湘《书》课例实录·执教感言

一、导语引入

首先请同学们看一下屏幕上呈现的这个人，他是济慈。【课件】——一位英年早逝的英国诗人，才26岁。据说，他曾经恳请朋友在自己的墓碑上写这样一句话——这里躺着一位把名字写在水上的人。时隔不到一个世纪，一位29岁的中国诗人纵身跳入扬子江中，告别尘世，他曾被鲁迅先生称为"中国的济慈"，他的名字叫——朱湘【板书】。

二、作者简介

对于朱湘其人，我们简单了解一下。朱湘，字子沅。【板书】我们常说：在中国的姓氏文化中，在含义上名、字相关。众所周知，湘水和沅水都在今天的湖南省，所以虽然朱湘的祖籍是安徽太湖，但因为他生于湖南沅陵，所以名湘，字子沅。恰如《边城》的作者沈从文一样，他也诞生在一片青山秀水之间。作为一位和闻一多、徐志摩的新诗创作风格相近的新月派诗人【课件】，他留给后世的诗集主要有《石门集》《草莽集》【课件】等等。他的诗歌代表作是《采莲曲》【课件】。

三、课文导读

在这堂课上，我们品赏诗人朱湘创作的一篇散文——《书》【板书】。它来自朱湘的一部散文集《中书集》【课件】。

【问题】一提到"书"，大家自然而然地会联想到一些与"书"有关的成语、谚语或诗句、名句。谁来说一下，你想到了什么？

学生回答："书到用时方恨少，白首方悔读书迟""书山有路勤为径，学海无涯苦作舟""读书破万卷，下笔如有神""生活里没有书籍，就好像没有阳光；智慧里没有书籍，就好像鸟儿没有翅膀"……

【问题】朱湘如何看待、理解和评价"书"？

下面，请同学们认真地默读一遍这篇文章。

四、课文解读

（一）结构把握（宏观）

【问题】众所周知，一本书的内容常常分章、节呈现，那么一篇以"书"为题的散文又会呈现出怎样一番结构或思路呢？请大家再次迅速地浏览全篇，梳理一下文章的思路，尝试用关键性的词或短语来概括。（学生回答）

教师总结：书的外形—字的体式—藏书人的命运—作书人的命运—读书人的命运。【板书】

由此，篇章的结构就不难理解了。如果说文章的前半部分是"写书"，即围绕"书"这个阅读的客体来写，那么文章的后半部分就是"写人"，围绕"人"这个属于收藏、写作、阅读的主体来写。【板书】

（二）语言赏析（微观）

【问题】众所周知，新月派大诗人闻一多曾经提出过诗歌有"三美"的主张，即音乐美、绘画美、建筑美。既然朱湘也是新月派的代表诗人，他的散文中恐怕也会流露出一种充满诗意的美感。请大家再次浏览这篇文章，尝试用笔画出你认为具有美感的文字，一会请大家读一读、品一品。

学生甲："我选择的是文章第二段中的一句话——令我们以为这书是一个逃免了时间之摧残的遗民。他所以能幸免而来与我们相见的这段历史的本身，就已经是一本书——这短短的一两句话，就使用了比喻、拟人的修辞手法。显然，在作者看来，书就仿佛是遗民，经历了岁月的淘洗，承受了种种变故和磨难才得以幸存，这样的书，一定积淀了丰厚的历史和文化内涵。"

学生乙："我选择的是文章第三段中的一句话——还有那一个个正方的形状，美丽的单字，每个字的构成，都是一首诗；每个字的沿革，都是一部历史——这就恰如诗人余光中在他的散文佳作《听听那冷雨》中所说的：'只要仓颉的灵感不灭，美丽的中文不老，那形象，那磁石一般的向心力当必然长在。'"

教师总结：对于同学们的鉴赏和评价，我完全认同。其实，从这篇文章对"飙"和"婚"这两个字的含义的形象化描绘着眼,大家也可以体会到:我们的汉字,不但充满诗意,也始终散发着历史、文化的韵味。

下面,我们简单感受一下作者在第四段写到"印书的字体"时提到的柳、欧、褚、颜这四种名家书法的风范【课件】。

可以说,无论是对这些字体的类别抑或功能,大家都会拥有一些真切的体悟。

学生丙:"我选择的是文章第五段中的一句话——在这些姓名别号之中,你说不定可以发现古代的收藏家或是名倾一世的文人,那时候你便可以让幻想驰骋于这朱红的方场之中,构成许多缥缈的空中楼阁来——作者在这里围绕着'书'展开了一番天马行空般的联想。"

【问题】他主要联想到了什么?(学生回答)

教师总结:首先,是读书人的身份:少年还是老者,才子还是儒者。其次,是"书"的来历:是子孙不孝而舍弃,还是遭兵逃反而失窃,还是家道中落而还债。这一番联想的确让人叹为观止。

【问题】请同学读一下第五段中从"书的旧主人是这样。我呢?"一句到段尾。

最难得的是,作者的联想由"过去"到"今天",由"他人"到"自我"。如结尾说的"正如这现在读着这本书的我,不能知道我未来的命运将要如何一般"。

【问题】这不禁让我想起了《红楼梦》中林黛玉所写《葬花词》中的一句,哪一句?

学生丁:"尔今死去侬收葬,未卜侬身何日丧。"

【问题】对于篇章的第六段,大家不难理解,作者朱湘延伸着他哪些方面的联想?

学生戊:"他是在思考作书人的命运有哪些不幸。是烧为乌有呢,还是标作禁书;是悲哀呢,还是失望。"

教师总结:毫无疑问,这里依然在延伸着他的思考。

【问题】大家在品读文章第七段时,产生哪些独到的感触?

学生己:"如作者所说,'天下事真是不如意的多',脆弱的美人、兀傲的文士,他们的遭遇可想而知,但真正的读书人都是性格倔强、精神倍增。"

【问题】在读这一段时，你们对于作者提及的诸多文史典故是否了然于心？它们涉及何时、何人？

学生庚："'挑柴读书'是明朝冯梦龙小说中的典故，'牛角挂书'是隋朝李密的典故，'囊萤、映雪'是晋代车胤、孙康的典故。这里朱湘运用一系列典故，表达了自己对读书人'学问已成''头发早白'的感慨。"

（三）主题探究（宏观）

众所周知，古人在写作上常常提倡"凤头，猪肚，豹尾"，我们再来鉴赏一下本文结尾呈现出的艺术笔法。

我来读一下：咳！不如趁着眼睛还清朗，鬓发尚未成霜，多读一些"人生"这本书罢！

【问题】在深入解读、鉴赏全文后，请大家思考：它的结尾对你们有何启示？（学生回答）

教师总结：在我看来，这一段收尾的文字言简意赅，堪称妙笔。为什么呢？这篇文章在形式上的结构，就是"由书及人"；它在内容上的主题，也可以称之为"由书及人"。无论是形式（或结构），抑或内容（或主题），两者恰如其分地构成了一篇"形神兼备"的传世佳作。

【问题】祖先的经典《礼记·学记》上说"非学无以致疑，非问无以广识"，大家在品读本文时，是否会发掘出某些在你看来略显不足之处？

学生辛："我觉得这篇文章的题目既然是'书'，作者就应该针对自己读来别有会心之感的名篇佳作咀嚼、玩味一番，但本文谈'书'略显笼统和抽象，缺少某种细致和具体的品赏，而后又过渡到'人'，似乎不太切题。"

学生壬："我不太同意刚才这位同学的说法，这里的'书'的含义应该可以从具体和抽象的不同角度来理解，未必一定拘泥于具体的书籍。'由书及人'恰恰是对'人生'这本大书的真切的叩问，我觉得这非常符合作为新月派诗人的作者——朱湘的个性和心理。"

教师总结：南宋大儒朱熹说过，"读书无疑者，须教有疑；有疑者却要无疑，到这里方是长进"。只要真正细读文本，进而走进作者的心灵世界，对作品即便存在疑惑，也自然会产生一种先贤所说的"同情之理解"。诚如欧阳修所说："立身以立学为先，立学以读书为本。"借用孙立权老师的一句话，衷心希望大家今后"多读书，读好书，让我们的人生与书为伴"。

五、板书设计

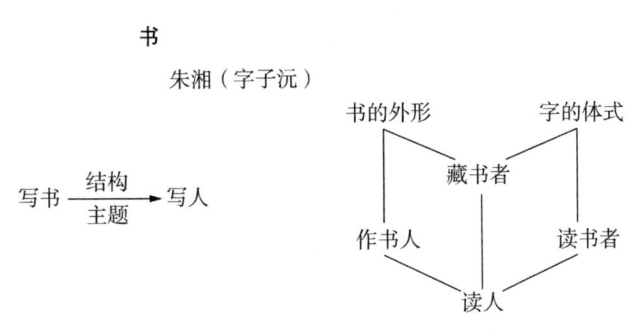

```
            书
      朱湘（字子沅）

                书的外形    字的体式
                     ╲    ╱
                     藏书者
    写    结构    写
    书 ─────────→ 人
         主题
                   作书人    读书者
                     ╲    ╱
                      读人
```

朱湘《书》执教感言

自从2012年3月加入我省教育学院"张玉新导师工作室"，我和其他学员在张玉新教授精心设计和组织的"授课以相观摩""游学以开眼界""读书以示功底""观察以求致用""反思以谋发展"等一系列教研活动中得到诸多锻炼自我、展示交流的机会。从某种程度上来说，我们个人专业成长上的点滴进步都离不开导师的示范引领和学员的切磋砥砺。正是在由工作室组织开展的教研活动中，我不断反思自己的教学理念，研究自己的教学策略，改进自己的教学方法，力争在从"模仿教学"走向"独立教学"的过程中迈出更大、更稳、更快的步伐。

静心凝神地回首本次活动中决赛现场授课的准备与实施过程，的确有不少的思索和感悟流诸笔端。

首先，针对所有参赛者的第一重考验，是比赛选用的同一型授课文本。

本次决赛前现场抽取的用于同题讲解的新月派诗人朱湘的散文《书》，实则选自中语会副理事长王鹏伟教授主编的《人文读本》。不但此前它并未出现在当下任何版本的中学语文教材中（就我所知，在人教版高中语文教科书中曾经收入闻一多的《死水》，现今通用的人教版高中语文课本必修第一册中收入了徐志摩的《再别康桥》，此外便无新月派诗人的作品），而且针对它进行深入解读和阐发的研究、评论文章也可谓凤毛麟角。因此，所有参赛选手都站在同一起跑线上。显而易见，这在无形中提示每一位参赛的从教者，"就是不给你更多的备课时间，不提倡从查找资料那样的外围入手研究课文，不提倡所谓的试讲。你既然是新秀，是青年教师中的佼佼者，就必须具备抛开参考书、自主处理教材的功夫"。诚如张玉新教授此前所说："我曾经在不同的场合很'刻毒'地说过语文教师的读书面——'大于等于教材，小于等于教参'。"此时此刻，在教材和教参都无法依托的情形下，宁舍技巧而取学识的考验真正到来了。

其次，针对所有参赛者的第二重考验，是比赛考查的个性化教学设计。

诚如张玉新教授所言："狭义地说，语文学科的教学设计就是语文教师为了实现一定的教学目标，依据语文学科内容主题、学生特征和环境条件，运用教与学的原理，为学生策划学习资源和学习活动的过程。"在"导语引入"和"作者简介"的入课环节，我尝试落实"知人论世，以意逆志"的教学方法。一方面，我以鲁迅先生的经典评价为桥梁，将同样作为诗人的异域的济慈和本土的朱湘进行参照比较，尝试对篇章作者的文学史地位给予充分的肯定，为其后的文本解读营造一个合适的期待视野。另一方面，我尝试调动学生思考与发掘和"书"这一关键词有关的成语、谚语或诗句，目的就是由"人"入"文"，水到渠成地引导学生进入课堂教学的核心环节——文本解读。在我看来，至关重要的是，应选择最恰如其分的方式来搭建课堂教学的核心架构。于是，我力图从"结构把握→语言赏析→主题探究"，也即"宏观→微观→宏观"的教学逻辑入手，落实对文本进行探幽抉微、巨细靡遗的解读尝试。

最后，针对所有参赛者的第三重考验，是比赛评价的生成性课堂风格。

索尔蒂斯在为小威廉姆·多尔的《后现代课程观》一书所作的序言中说："课程不再是跑道，而成为跑的过程自身。而学习则成为意义创造过程之中的探险。"也许可以这样理解，"现代"的课程观念往往使教学拘囿于课前"预设"，仿佛跑道一般（在跑道上有固定的区域、路线和方向、目标），无法充分激发学生的想象力和创造性；而"后现代"的课程观更关注"对话"教学中新知识的"生成"，就像师生在共同探险一样，永远无法预知前方是坦途还是逆境，因此面临着无数种可能性，而崭新的"意义的生成"也恰恰完成于这个紧张与兴奋并在的"探险"过程中。遗憾的是，由于备课时间紧张、个人能力有限，真正具有"生成"特质的内容不多。唯其在课堂学习渐近尾声时，我抛出"发掘某些在你看来略显不足之处"这一问题，似乎启发了学生尝试跳出对经典给予绝对认同的思维框架，在"独立之精神，自由之思想"

的畅行中，以辩驳与问难的方式走入"深度语文"的学习境界。

时至今日，我始终认为，能够得到从教单位东北师大附中李桢校长的批准，受到我校语文教研室主任、吉林省名师工作室主持人孙立权老师的推荐，有幸加入"张玉新导师工作室"进修、深造，对我个人来说是一种无上的光荣。我牢记并笃信张玉新教授的一句话——"你要时刻问一问自己，对自身而言，业务究竟是一块金砖，还是一块敲门砖？"在这个意义上说，前辈们在学术人格上的魅力，永远是我钦敬和自省的标尺。

【参考文献】

[1] 张玉新. 学识导向还是技巧导向——新秀评比断想//在形下之作与形上之思间徜徉［M］. 长春：长春出版社，2011.

[2] 张玉新. 精读很重要——有感于"半部论语治天下"//在形下之作与形上之思间徜徉［M］. 长春：长春出版社，2011.

[3] 张玉新. 先学后教，学以致用［J］. 中学语文教学，2012（12）.

[4] 小威廉姆·多尔. 后现代课程观［M］. 王红宇，译. 北京：教育科学出版社，2006.

（本文发表于《语文教学通讯》2014年第7、8期）

别开生面，细大不捐
——《谏太宗十思疏》教学设计

【教学目标】

1. 了解避讳、婉曲等劝谏艺术，分析对比、引用等论证方法，探究以参较式阅读赏析经典的价值。

2. 理解魏徵匡世济民的自觉意识、建言献策的担当精神，感受古人心怀天下的胸襟，锻炼自身的理性精神和批判性思维。

【课前准备】

1. 浏览《谏太宗十思疏》的课下注释，结合权威译文疏通文意，积累文言知识。

2. 阅读《贞观政要》《旧唐书》中与魏徵《谏太宗十思疏》中的"十思"内容对应的相关史实。

3. 阅读《贞观政要　君道第一》与贾谊《论积贮疏》，进行参较式阅读赏析。

【教学过程】

一、导入

朕观古先拨乱之主皆年逾四十，惟光武年三十三。但朕年十八便举兵，年二十四定天下，年二十九升为天子，此则武胜于古也。少从戎旅，不暇读书，贞观以来，手不释卷，知风化之本，见政理之源。行之数年，天下大治而风移俗变，子孝臣忠，此又文过于古。昔周、秦以降，戎狄内侵，今戎狄稽颡，皆为臣妾，此又怀远胜古也。

（《贞观政要　慎终》）

今人借此可以充分感受到唐太宗对自身的文治武功、怀柔远人拥有无上的自信。面对创造了"贞观之治"的一代盛世明君，偏偏有一位曾经的劲敌、后来的臣子，选择力排众议、直言劝谏。众所周知，在中国古代，臣子向帝王提出意见，被称之为批逆鳞。商朝贵族比干直言劝谏商纣王休养生息，反遭挖心之祸；唐朝名臣韩愈直言劝谏唐宪宗毁弃佛骨，而被外放潮州；明朝忠臣海瑞直言劝谏明世宗勿宠方士，终被罢官入狱。臣子的进谏成功与否，部分取决于君主的性情、品质，也和臣子的措辞、陈述息息相关。在贞观十一年（637年），《谏太宗十思疏》横空出世，为后人留下了彪炳千秋的人格、流芳万古的佳作。

二、任务之一：探幽抉微

1. 如何理解"德不厚而思国之理"中的"理"？

明确："理"应为"治"，该字因避唐高宗李治的名讳而改。《贞观政要》成书于唐玄宗在位的开元年间，吴兢将魏徵上疏中的"治"改为"理"，是出于避讳的需要。类似的例证还有柳宗元《种树郭橐驼传》中的"以子之道，移之官理"。上述两句中的"理"作为"治"的避讳字，取其"治理、统治"的动词用法。"治"字含义中的"安定太平"和"理"字含义中的"治理得好"含义相近。《吕氏春秋·劝学》中的"圣人之所在，则天下理焉"和《后汉书·蔡邕传》中的"运极则化，理乱相承"两句中的"理"也和"乱"构成了反义连用。

2. 如何理解"怨不在大，可畏惟人"中的"人"？

明确："人"应为"民"，该字因避唐太宗李世民的名讳而改。文中"怨不在人，可畏惟人"两句，出自《尚书》。"怨不在大"见于《尚书·康诰》中周王所说的"怨不在大，亦不在小"，而"可畏惟民"见于《尚书·大禹谟》中帝舜所说的"可爱非君？可畏非民？"。魏徵出于正面陈述的需要，有意将《尚书》原文中的反问句"可畏非民"改成了"可畏惟民"，既可能缘于他有意强调"民"的重要性，也可能有意减弱语气的强度。其实在唐太宗当政时，唐朝实行二名不偏讳的制度，即只要"世""民"两字不连续出现，可以单独使用。魏徵上疏中的"可畏惟民"被改为"可畏惟人"是吴兢在编写《贞观政要》时有意改动的，下文中"则思知止以安人"一句的"人"亦如此。

3. 如何理解"总此十思，宏兹九德"中的"九德"？

明确：该句含义可以理解为能完全做到这十个方面，而弘扬一切的高恩大德。"十思"强调的是理念和律令,"九德"突出的是实践与结果。有人认为,该句可以按照修辞中的借对——通过借义、借音等手段,使诗歌对仗、工整——来理解。如杜甫《曲江》中的"酒债寻常行处有,人生七十古来稀"里的"寻常"和"七十"属于借义对,而刘禹锡《陋室铭》中的"谈笑有鸿儒,往来无白丁"里的"鸿儒"和"白丁"属于借音对。所以,本句中"九德"的"九",可以表示确数,亦可虚指数量之多。"九泉"含有"地的极深处"之意,"九天"含有"天的最高处"之意。虽然《尚书》《左传》中的"九德"属于确数,但本文的"九德"就是在强调德行之"多"之"高",属于借义对。

三、任务之二:钩玄提要

1. 在《谏太宗十思疏》中,既存在于题目中,也存在于主旨句中,还存在于作为篇章内容主体的文字中的应该是哪个关键词?

明确:关键词就是"思"。既是题目"谏太宗十思疏"中的"思",也是首段中"居安思危,戒奢以俭"中的"思",还是文章结尾"总此十思"中的"思"。全文先以"思国之安"起笔,既以"居安思危"为纲,又以"十思"为目,后以"何必劳神苦思"作结。魏徵曾说:"祸福相倚,吉凶同域,唯人所召,安可不思。若能思其所以危,则安矣;思其所以乱,则治矣;思其所以亡,则存矣。"围绕所谓"危、乱、亡",理应"三思而后行"。正如《古文观止》针对本文的点评文字所说:通篇只重一"思"字。也似清人林云铭在《古文析义》中所说:本文"以思字作骨","皆坐思耳","故有十思之目"。总而言之,唯其善于"思",方可无须"思"。

2. 《谏太宗十思疏》一文的论证结构属于哪种常见的类型?

明确:魏徵在文章首段提出了中心论点"居安思危,戒奢以俭",在第二段进一步论证为什么要"居安思危,戒奢以俭",在第三段论证怎样"居安思危,戒奢以俭",可见作者正是按照"是什么—为什么—怎么办"这一典型的递进式逻辑进行论证说理。由此可见,全文的三个段落,在结构上层层递进、环环相扣,在论证思路上严谨细致、纲举目张。

3. 举例分析《谏太宗十思疏》一文在写作中运用的论证手法。

明确:文章并非以开宗明义的方式提出"十思",而是首先指出探讨天下治理的基础在于"积德义","积德义"是抽象的道理。运用类比论证,通过

"木固其根""水浚其源"可以将抽象的道理具体化、深奥的问题通俗化。

在文章首段的第一句,作者紧密围绕"根""源""德"三者进行正面立论;第二句则再次以包含"源""根""德"三者且以"不"定位形成的排比句进行反面论证,以正、反结合的形式构成对比论证,真正凸显劝谏的主旨。首段第三句中"下愚"和"明哲"的评价,是委婉的陈述,也是严肃的劝诫,该句既从正面阐述君主理应践行的人事,也从反面强调"不念居安思危、戒奢以俭"的危害,在对比论证中再次引出"伐根以求木茂,塞源而欲流长"这一和本段第一句前呼后应的类比论证。两种论证手法在首段运用得圆融自然,可称之为"关锁",用词上前后对称,逻辑上严密一致,结构上有机统一。

对比论证的手法集中体现在文章的第二段。第二段论证历代君主能够创业、无法守成的普遍规律,强调人君之德大多衰落于功成志得之后,追问兴邦为何、丧邦为何,探讨后将问题归结到"可畏惟人"和"载舟覆舟"。整体采用对比论证,一正一反,两相结合,进一步阐释了"居安思危,戒奢以俭"的必要性和重要性。

此外,引用论证在全文中也表现得淋漓尽致。例如,"居域中之大"以及"见可欲""知足""知止"都是典出《老子》,"怨不在大,可畏惟人"是典出《尚书》,"载舟覆舟"是典出《荀子》,"谦冲而自牧""三驱以为度"是典出《周易》。引用论证也让文章在说理上包含丰富的文化底蕴,增强了论点的说服力。

4. 举例分析《谏太宗十思疏》一文在写作中运用的修辞手法。

明确:南朝刘勰在《文心雕龙》中说"喻巧而理至""比类虽繁,以切至为贵"。文中的比喻运用得游刃有余,本体和喻体在含义上完全吻合。第一段开篇以生动形象的比喻"木之长""流之远""求木茂""欲流长",深入浅出地阐释了"积其德义"这一至理。第二段结尾凭借"载舟覆舟""奔车朽索"等比喻论证了"居安思危"的重要性。

文中的排比同样层出不穷,无论是首段开篇"求木之长""欲流之远""思国之安",还是后文中的"源不深""根不固""德不厚",抑或是第三段中的"智者""勇者""仁者""信者",还有从"见可欲"到"罚所及"十句。此外,对偶、反问、设问等修辞手法在文章中的运用的确俯拾皆是。

四、任务之三：条分缕析

1. 魏徵为什么不以开门见山的方式在首段向进谏对象唐太宗提出"十思"，而是首先从常识和经验的角度论证德义的重要性？

明确：本文题目中第一个字"谏"的含义至关重要、意味深长。所谓"谏"，本义是直言规劝。诸葛亮在《出师表》中就写过"不宜妄自菲薄，引喻失义，以塞忠谏之路也"。直言规劝，需要研究劝谏对象的基本情况，例如身份、个性、心理、思想，包括劝谏的对象和劝谏者的关系，尝试站在对方的立场上思考问题。毋庸置疑，臣子劝谏君主，成功与否的主动权属于君主，劝谏者要斟酌劝谏的方式。如果直截了当地提出解决方案，无疑是对君主当前行为的直接否定，劝谏的效果自然无法保证，甚至可能引火烧身。

魏徵先谈德行道义，不仅是从臣子劝谏君主这个具体语境出发，也是尝试从力行君道这个高度来作文章，为下文真正提出"十思"奠定理论基础。苏洵在《谏论上》中曾说："吾观昔之臣，言必从，理必济，莫若唐魏郑公。其初实学纵横之说，此所谓得其术者欤？"魏徵早年研究纵横之术，在揣度君主心理、讲究劝谏方法上获益良多，也借此提高了他的谏议的被采纳率。正如当代语文教育家孙绍振先生的评价："本文言尽深峻之思，而语极婉曲之功。"例如魏徵在陈述时使用"人君""元首""君人者""君"这类泛称，而没有使用"陛下""上"这种当面对话的第二人称，对方会因此感受到充分的尊重。"臣虽下愚"一句，强调自身愚昧无知，既是语意的委婉，也是心态的谨慎，通过自我贬低增加安全系数。"而况于明哲乎"属于反问句，恰到好处地将批评君主转化为赞美君主。用心良苦的启发，循循善诱的铺垫，关键在于婉转推进。

2. 苏洵在《谏论上》中说："可为谏法者五：理谕之，势禁之，利诱之，激怒之，隐讽之之谓也。"举例说明魏徵在《谏太宗十思疏》中运用了上述哪些谏议手段对唐太宗进行规劝。

明确：首先，根据史料记载，唐太宗李世民为政期间存在很多思虑欠妥的做法，但魏徵在《谏太宗十思疏》中一桩具体人事都没有提及，他采用"隐讽之"的做法，或类比推理，或借古讽今，都是有的放矢、暗有所指。其次，首段中"必固其根本""必浚其泉源"是用来类比治国"必积其德义"；然后又通过正反对比，论证"积其德义"的重要性，采用的是"理谕之"的方法。再次，第二段列举历朝君主的成败皆在"殷忧而道著，功成而德衰"，百姓在朝代更迭中有"载舟覆舟"的力量，借此提示君主，采用的是"势禁之"的方法。最后，第三段指出：理想的君主可以实现"文武争驰，在君无事""鸣琴垂拱，不言而化"的治国效果，采用的是"利诱之"的方法。由此看来，除了所谓"激怒之"这一做法外，其他的方法，魏徵均有采用。

五、任务之四：参较品赏

1. 结合选自《贞观政要》《旧唐书》中的典型事例，以点带面地分析魏徵在《谏太宗十思疏》中所谓"十思"的具体所指。

明确：王珪谏太宗出美人，张玄素谏修乾阳殿，孔颖达谏太宗"其容若虚"，魏徵谏太宗止泰山封禅，虞世南谏太宗勿纵情畋猎，魏徵谏太宗纳谏"慎始"而难"敬终"，魏徵劾小人权万纪与李仁发，太宗不识宇文士及谄媚，魏徵谏太宗勿宠长乐公主，太宗自悔误杀张蕴古，上述典型事例依次对应课文第三段中包含的"十思"，在讲评时可以重新调整顺序，提示学生凭借自身对事例内容和课文语句的理解进行参较式阅读，尝试从十个方面准确归类。同时结合《贞观政要 慎终》中包含的魏徵评论进行深入理解。

2. 品赏唐太宗在收到《谏太宗十思疏》之前的表现和此后以亲手下诏的形式给予魏徵的答复，感受课文的价值。

省频抗表，诚极忠款，言穷切至。披览忘倦，每达宵分。非公体国情深，启沃义重，岂能示以良图，匡其不及！朕闻晋武帝自平吴已后，务在骄奢，不复留心治政。何曾退朝谓其子劭曰："吾每见主上不论经国远图，但说平生常语，此非贻厥子孙者，尔身犹可以免，"指诸孙曰："此等必遇乱死。"及孙绥，果为淫刑所戮。前史美之，以为明于先见。朕意不然，谓曾之不忠，其罪大矣。夫为人臣，当进思尽忠，退思补过，将顺其美，匡救其恶，所以共为治也。曾位极台司，名器崇重，当直辞正谏，论道佐时。今乃退有后言，进无廷诤，以为明智，不亦谬乎！危而不持，焉用彼相？公之所陈，朕闻过矣。当置之几案，事等弦、韦。必望收彼桑榆，期之岁暮，不使康哉良哉，独美于往日，若鱼若水，遂爽于当今。迟复嘉谋，犯而无隐。朕将虚襟静志，敬伫德音。

（《贞观政要 君道第一》）

明确：史载唐太宗在贞观初年励精图治、节俭谨慎，但随着功业日隆、内外无事，在一派文治武功的欢呼声中，也开始忘乎所以、日渐奢靡，大兴土木、广求珍宝，四处巡游、劳民伤财，变得"喜闻顺旨之说""不悦逆耳之言"。在收到奏疏后，唐太宗亲自撰写诏书答复魏徵。他以西晋臣子何曾为例，批评了"退有后言，进无廷诤，以为明智"的做法，借此肯定了魏徵"体国情深，启沃义重"的美德。他不但承认自己的过失，赞扬魏徵的劝告，而且将奏章放在案头，作为警诫，"披览忘倦，每达宵分"。唐太宗此举无疑充分证明了魏徵《谏太宗十思疏》一文的价值所在。

3. 比较汉朝贾谊写给汉文帝的《论积贮疏》第二段和魏徵《谏太宗十思疏》的语言风格，举例分析个中高下。

汉之为汉，几四十年矣，公私之积，犹可哀痛！失时不雨，民且狼顾；岁恶不入，请卖爵子，既闻耳矣。安有为天下阽危者若是而上不惊者？世之有饥穰，天之行也，禹、汤被之矣。即不幸有方二三千里之旱，国胡以相恤？卒然边境有急，数千百万之众，国胡以馈之？兵旱相乘，天下大屈，有勇力者聚徒而衡击；罢夫羸老易子而咬其骨。政治未毕通也，远方之能疑者，并举而争起矣。乃骇而图之，岂将有及乎？

（贾谊《论积贮疏》）

明确：贾谊善于从反面落笔，在论证灾害发生必然性的基础上，通过假设论证揭示旱荒可能带给国民深重灾难，将皇帝没有接受劝谏的后果描述得异常惨烈，例如"卒然边境有急，数千百万之众，国胡以馈之？兵旱相乘，天下大屈，有勇力者聚徒而衡击；罢夫羸老，易子而咬其骨"，言辞犀利，直率激切。与其相比，魏徵在劝谏中运用的欲擒故纵、避实就虚、举重若轻的措辞显然更胜一筹。诚如唐太宗对侍臣所说："贞观之后，尽心于我，献纳忠说，安国利人，成我今日功业，为天下所称者，惟魏徵而已。古之名臣，何以加？"

六、结语

魏徵离世之后，唐太宗曾经对臣子说"以人为镜，可以明得失""今魏徵殂逝，遂亡一镜矣"，由此可见劝谏艺术的意义所在。无论是宋代大政治家、文学家范仲淹留下的"宁鸣而死，不默而生"的箴言，还是作为中国现代文学之父的鲁迅留下的"敢想、敢说、敢做、敢当"的名句，抑或北京大学著名学者钱理群教授的导师王瑶先生留下的"不说白不说，说了也白说，白说也要说"的警语，都同样激励后人知无不言、言无不尽。今人依然可以通过理解魏徵匡世济民的自觉意识、建言献策的担当精神，感受古人心怀天下的胸襟、舍我其谁的魄力。

【参考文献】

[1] 陈明洁. 略议《谏太宗十思疏》文本的避讳现象——兼谈中学语文教材的选文处理 [J]. 语文学习，2020 (11).

[2] 李文伟.《谏太宗十思疏》进谏技巧浅谈 [J]. 中学语文教学，2021 (11).

[3] 张华军.《谏太宗十思疏》备课札记 [J]. 中学语文教学参考，2021 (1).

[4] 王锦旭.《谏太宗十思疏》：一篇安国策，经典永流传 [J]. 中学语文教学参考，2022 (4).

[5] 孙绍振. 化直接批评为普遍议论——读魏徵《谏太宗十思疏》[J]. 语文建设，2020 (12).

[6] 林存富. 谏议传统：君臣制衡的样本 [J]. 语文教学通讯，2021 (7、8).

[7] 陆精康. "十思"：莫谓谏臣空议论——《谏太宗十思疏》备课资料 [J]. 中学语文教学，2001 (12).

走近名家，妙笔生花
——高中语文写作类校本教研个案

一、教学目标

"走近名家，妙笔生花"是由笔者设计和执教的一门针对东师附中2019级高一学生语文学习开设的以传记类的专题节目观赏以及作文写作人事素材积累为主要内容的校本选修课，旨在通过学生对教师精选播放的不同类型的专题节目的观赏和记录，充分了解不同时代、国度、领域的大师、名人的成功经验和杰出成就。一方面有助于学生养成在读书与观影中认真积累与作文写作相关的人事素材并善于在考场写作中灵活运用的习惯；另一方面，帮助学生开阔眼界，树立目标，在高中阶段的语文学习中践行东师附中的学校精神，坚持理想、追求卓越。

二、教学内容

第一讲：专题内容——动画之王沃尔特·迪士尼（传媒）；观赏节目——《档案 幻想工程师：华特·迪士尼》；阅读材料——袁成亮《一切都从一只老鼠开始——动画大师沃尔特·迪士尼的传奇人生》。

第二讲：专题内容——"杂交水稻之父"袁隆平（农业）；观赏节目——《人物 为时代而歌：袁隆平》；阅读材料——祁淑英、魏晓雯《袁隆平：农校里走出来的科学家》、庄志霞《杂交水稻之父》、袁隆平《我成功的秘诀：知识、汗水、灵感、机遇》《我要那么多钱做什么》。

第三讲：专题内容——"苹果"教父史蒂夫·乔布斯（科技）；观赏节目——《人物 影响世界的百位人物：乔布斯》；阅读材料——史蒂夫·乔布斯《求知若饥，虚心若愚——在斯坦福大学2005年毕业典礼上的演讲》。

第四讲：专题内容——"非典"卫士与医学泰斗钟南山（医学）；观赏节

目——《大家 敢医敢言：钟南山》；阅读材料——蔡敏婕《医者钟南山：八旬仍在一线践行医学梦想》。

第五讲：专题内容——"新东方"创始人俞敏洪（教育）；观赏节目——《人物 新东方创始人：俞敏洪》；阅读材料——《男人就是一本书——〈俞敏洪传奇：从草根到精英的完美奋斗历程〉前言》。

第六讲：专题内容——"格力"女强人董明珠（商业）；观赏节目——《面对面 董明珠是怎样炼成的》；阅读材料——《乱世枭雄董明珠：一代传奇的书写》《董明珠：我为什么经常和别人吵架？》。

第七讲：专题内容——"喜剧之王"周星驰（演艺）；观赏节目——《看见 旁观者：周星驰》；阅读材料——《周星驰的传奇一生》。

第八讲：专题内容——篮球巨星姚明（体育）；观赏节目——《筑梦者：姚明》；阅读材料——沈洋《人生的下半场要开始了——专访姚明》。

三、教学过程

（一）观赏

笔者首先为选修本课的学生播放了一期主要由央视相关频道系统策划、制作并播出的专题节目（如《档案》《人物》《面对面》《看见》等），并预先提示学生在认真观赏的同时分门别类地进行记录（关键信息）和积累（人事素材），总时长约40分钟。

（二）讨论

在完成专题节目观赏后，笔者提示学生结合自己的观感和笔记围绕如下三个问题中的一个进行思考，做好先后发言、集中讨论的准备：

1. ××的人生经历最令你难忘的是哪些人事？简要概括。
2. ××的人生经历带给你哪些启示？简要概括。
3. ××的人生经历用哪几个词语来概括最为恰切？简要概括。

在预留出10分钟思考、梳理、总结的时间后，笔者集中安排学生自愿发表个人见解，围绕自己选定的题目畅所欲言、各抒己见。完成后，笔者与学生分享自己预先系统梳理和总结的适合作文写作摘选和积累的人事言论等素材，总时长约30分钟。

（三）积累

在完成讨论环节后，统一发放教师选编印制的收入了名家传记、新闻报道、专题访谈等不同类型文章的"拓展阅读材料·名人传记"材料。材料中的每篇文章都包含笔者预先以加粗字体和加下划线的方式特殊提示的重要内容，提示学生在浏览时特别关注和积累。同时思考：从文章着眼，可以找出哪些词语来概括××的生命历程？梳理总结。之后，师生之间围绕这一问题进行讨论和分享，从而在材料中及时勾画和积累。总时长约 20 分钟。

四、考查内容

在"走近名家，妙笔生花"校本选修课完成一半（4 课时）的内容后，笔者在第 4 节课的下课前为学生统一布置一项作业（包含作文题目、写作要求、作文纸等）：开放型材料作文训练。提示学生在一周后的校本选修课上课前统一提交，笔者在课后批改赋分。

（一）作业题目

阅读下面的材料，根据要求写一篇不少于 800 字的文章。（40 分）

一位参加歌手大赛的选手终于进入决赛，但他在决赛的第一轮比赛后就被淘汰了。离开舞台前，他请求能有最后一次机会，把准备在第二轮比赛用的歌曲献给大家。

他的演唱非常成功，赢得了全场观众掌声和叫好声。

当他准备离开舞台的时候，一位评委对他说："如果你把刚才演唱的歌曲放在第一轮来参赛，被淘汰出局的不会有你。下次再参加这样的比赛，应该利用好最适合自己的歌曲。"

要求选好角度，确定立意，明确文体，自拟标题；不要脱离材料内容及含意的范围作文，不要套作，不得抄袭。

（二）作业要求

1. 明确立意之后、落笔成文之前，集中翻看此前课上积累的观赏笔记和发放的阅读材料。

2. 保证在作文写作中至少使用与以往了解的名家中的两位有关的合理恰切的人事素材。

3. 严格按照考场写作时长（50 分钟）独立、认真完成，写作时不再翻看任何文字材料。

五、写作讲评

在完成作文阅卷赋分后,笔者集中为学生讲评此项"开放型材料作文"的审题和选材。

所谓透视,常常是指艺术家在作画之时,将客观物象在平面上准确地表现出来,使其具有立体感和远近空间感。在透视方法的选取上,西洋画与中国画有所不同。西洋画一般采用"焦点透视",观察者固定在单一立足点上,将视域中的物象如实描绘。中国画的"散点透视"则强调观察者根据需要,可以移动立足点进行多点观察,将不同视域中的物象汇集到画面中。

绘画艺术中的透视理论对于材料作文的审题和立意具有重要的启示意义。对于一个材料内涵具有丰富性和复杂性的开放型作文题目,写作者在审题立意时,就可以尝试运用从"散点透视"到"焦点透视"的方法。

对于一则看似封闭而实则开放的材料,应该首先着眼于材料的整体内容,围绕材料内在的层次、脉络,将其具有的丰富蕴涵条分缕析地加以明确,即将立意的所有可能性一网打尽,做到"散点透视"——求全责备。

其次,在众多立意角度之中,尝试发掘可以统摄材料全篇的主旨性立意,摒弃无关宏旨的次要性立意,在平分秋色的主旨性立意中"择善而从",选择自己驾轻就熟的立意角度,有针对性地纵深发掘,实现"焦点透视"——情有独钟。

从散点和焦点两相结合的透视角度看,例题中的材料该如何审视和定位呢?发散思维,认真阅读材料,针对材料对参赛歌手、大赛评委、现场观众这三类不同的行为主体的描述逐句推敲,可以发掘出材料中有四句话可以成为写作者切入立意的角度:

①"如果你把刚才演唱的歌曲放在第一轮来参赛,被淘汰出局的不会有你。"②"应该利用好最适合自己的歌曲。"③"离开舞台前,他请求能有最后一次机会,把准备在第二轮比赛用的歌曲献给大家。"④"他的演唱非常成功,赢得了全场观众掌声和叫好声。"

第①句话的启示:老子说,"知人者智,自知者明"。一个人在面对挑战时,应该认清自己,抓住机遇;在走向成功的道路上,充足的实力、合理的策略都是不可或缺的;好钢要用在刀刃上。第②句话的启示:世间事物没有最好的，只有最适合的，适合自己的才是最好的；为人处事，只有善于扬长避短，方有可能左右逢源。第③句话的启示：一个人即使遭遇坎坷与困厄，也不要放弃自信的心态和傲然的情怀，恰如美国作家海明威所崇尚的——永远保持压力下的风度。第④句话的启示：对于那些遭遇失败和挫折后却依然保有其尊严和风度的人，人们应该给予其应有的尊重和勉励，因为人生中并非永远"以成败论英雄"。

以上是从"散点透视"的角度对材料中可能蕴含的作文立意进行了全面的发掘和梳理，至于做何选择，就要看写作者"焦点透视"的能力和积淀，这一点自然见仁见智。不过选择从前两种立意着眼，可能更易于把握材料的主旨或隐含的价值取向。

从选材上看，无论是迪士尼、袁隆平，还是乔布斯、钟南山，此前4节课上分享、积累的不同名家的生平事迹中明显包含许多切合作文立意角度的适合作为素材使用的内容。

除此以外，在留学期间弃医从文并进而成为中国现代文学之父的鲁迅，因不擅长实验物理而专攻理论物理从而获得诺贝尔物理学奖的华裔科学家杨振宁、李政道，放弃苹果、微软、谷歌等大公司高管的职位，选择在国内开办创新工场的华人科学家李开复，毕业于哈佛大学却没有走进华尔街，反而在篮坛上为信仰而战的华人球星林书豪等等，数不胜数的名家的人生历程都可以与本题中的立意实现对接，拓宽思路，自然可以将合适的素材信手拈来、为己所用。

六、成果展示

以下四篇作文，是笔者从自己执教的校本选修课的课时作业中精选的优秀作品。按照40分满分的考场写作的评价标准来衡量，都获得了36分的高分。这四篇作文除去立意、结构、语言等方面的专长外，选材上的优势显而易见，部分地实现了笔者执教本课的教学初衷和成果预期。以下篇章中加下划线的内容凸显立意、呈现结构，加方框的内容则见证了选材的精当恰切。

道不在众，期于适己

岳柏序（2019级高一16班）

"履不必同，期于适足"，魏源所言浅显，却道明了深刻的道理：走在适合自己的道路上方能通向理想，站在适合自己的位置方能绽放光芒！

适合自己的，才是最好的。陶渊明适合的是采菊东篱的幽然、带月荷锄的浪漫。倘若他继续宦海浮沉，何来田园鼻祖？扎克伯格适合的是大胆创业，倘若他挣扎于哈佛学业，未见能够抓住商机全心投入，成就脸书辉煌。赫本适合的是纯真优雅的表演风度，倘若她效仿金发女郎来取悦观众，就不会有"人间天使"之称。

他们都选择了最适合自己的定位与方法，才得以在各自的领域大放异彩。若方法不适合，则有如夜明珠置于光天化日下，纵有一腔热血、满腹经纶，亦无法将才能发挥到极致，自然无法企及理想的高度，甚至可能终其一生，默默无闻。

而若想找到适合自己的道路和位置，对自身条件的清醒认识是问题的核心。正如对于盲目的船来说，所有方向都是逆风。所以，必先认识自我，才能够依此选择适合的方法。且看"抗非斗士"钟南山，其在大学期间几乎因体育成绩优异而被选入国家队，但他坚持着自己的医学梦。他深知自己的素质最多只是个"亚洲飞人"，远不够顶尖水平，所以毅然选择了更适合自己的医学，终得以在世界医学史上留下灿烂的一笔。

认识自己，是选择适合道路的第一步。而最考验我们的则是需要拥有不盲目跟从大众的勇气和智慧。

在出国热袭卷中国时，俞敏洪经过再三的留学失败终于意识到出国的道路或许并不适合自己，于是当千万人蜂拥出国之时他特立独行，开办培训学校。"新东方"的成长证明了他选择道路的契合。

面对留学热，俞敏洪只问适合，不问潮流，专注走在适合自己的路上，纵使踽踽独行，纵使路远马亡。正是这种告别盲目跟从的亦智亦勇，使其正确选择了适合自己的通路，成为"新东方之父"。

一个人，只有选择适合自己的道路，才能尽展风华；一个企业，只有施行适合自己的运营模式才能立足市场；我们国家，唯有走中国特色社会主义道路方可立于世界之林。由此观之，适合自己的，便是最好的！

而今，在信息爆炸、科技发展的新时代，我们往往在面对一个问题时有多种选项。此时，不要盲目追随他人的脚步，不要错误地认识自己的需要。以清醒战胜盲目，感受最适合你的那一个，相信它便是最好的选择！

履不必同，期于适足，道不在众，期于适己。

逐梦者，需自知优长

王晗（2019级高一16班）

每一个有理想有追求的人，我们皆可谓之"逐梦者"。在奋斗的路上，能清醒地认识自我的优势，并把握好自身条件的逐梦者，方可在浩瀚人海中脱颖而出，触碰梦想。

生活没有预演，面对充满未知的将来，只有把握住每次机会展示自我的优长，才不会在逐梦者的队伍中被淘汰。参加比赛的歌手历经重重考验进入决赛，只因参赛的歌曲不适合自己而被淘汰出局，他演唱的备选曲目之精彩令众人叹兮惋兮，但面对无法重来的结果也无可奈何。若他能充分认识到自己的优势劣势，是否就能在逐梦路上迈出一大步？唯有利用好自身条件，自己的人生才得以"晋级"。

自知优长，能让自己确立梦想，让自己的一切努力都有了方向。动画大师沃尔特·迪士尼若无清醒的自知，何来赫赫有名的迪士尼电影？童年的迪士尼在仙鹤农场上观察小动物，就手持一支画笔快速作画，甚至翻动画页来看"动画片"。家庭的不幸变故让他小小年纪就辛苦卖报纸，他的意志被苦难所磨炼，他没有失去美术方面的优长，也能清楚地知道自己在这方面的热爱与天赋，便确立了自己的梦想——从事漫画与摄影工作。正是他的自知给予他明确的梦想，让他放手一搏，百折不屈，最终成就了动画王国之最。

自知优长，能让人在面临人生的选择时选择最适合自己的路。医学泰斗钟南山一直致力于呼吸疾病的研究与治疗之中，令人意外的是，年轻时他还从事过体育项目，曾打破四百米栏全国纪录。但选择搞体育只能达到亚洲水平，不如做医生有前途，于是他义无反顾地担起了救死扶伤之责任。深刻了解自己的优长劣势，找到最合适的路去逐梦，一个人便未来可期。

这个世界犹如巨大的舞台，每一位逐梦者都跃跃欲试，期待着成功。逐梦的人，绝不会毫无目的地游走，而是会每一步都全力以赴，追求卓越的自我。全力以赴，逐梦者便能把握优势、自知优长。

逐梦，何以自知优长？

自知者，必善于自省。自我反省是自知的前提，只有自省的人才能真正了解自己的优缺点，才能把握住机会、发挥优势，在逐梦人生的过程中不会被淘汰，甚至成为最闪耀的光芒，终将实现梦想。

以是自知优长者方得以逐梦。

机遇，成功的敲门砖

郑欣桐（2019级高一22班）

歌手选错歌曲，也错失了成功的机会，之后的所有努力都化为无谓的挣扎。由此观之，机遇是成功的先决因素之一，甚至机遇比实力更重要。

"大鹏一日乘风起，扶摇直上九万里"，大鹏不凭借风力飞翔，哪里能攀上九霄高空；"力田不如逢年，善仕不如遇合"，百里奚和孙叔敖不遇明君贤主，哪里能举于市井之间。正是他们把握住珍贵的机遇，才有了一展才华的舞台，否则百里奚只能沦为奴隶，孙叔敖也只是一介凡人。

有时，机遇比实力更重要。我们都知道"杂交水稻之父"袁隆平的名字，但他艰辛而漫长的科研之路却鲜有人知。他于1960年开始杂交水稻的研究，持续了十年的坚持与沉潜，其间伴随着无数次挫败，质疑声甚嚣尘上。直到1970年发现"野败"，在四年后研究才出现转机。积累和勤劳的品质固然重要，可如果没有命运的眷顾，一切实力都将被悄然埋没。在袁隆平总结的八字成功秘诀中，"机遇"二字即在此列。因此，每个人的成功，机遇功不可没。

机遇降临之后，如何去把握它呢？私以为需要具备足够的冒险精神和敏锐头脑。在苹果公司创始之初，合伙人韦恩选择拒绝公司百分之十的股份，退出公司，谨慎的他不愿意承担风险，想退回安全地带，殊不知错过了未来巨大的利益，因为如今苹果公司百分之十的股份就高达七百二十亿美元。再看"新东方之父"俞敏洪，他敏锐地察觉到20世纪80年代出国热潮中潜伏的商机，经缜密考虑后毅然离开北大教师的岗位，从一间十平米的教室起步，创办了中国第一所专业的出国培训学校。如果俞敏洪犹豫不决，或许成功的大门就不会再次向他敞开，他人生的高度也将仅限于一位普通教师。

每一位成功者都是搭上了机遇的快车，而机遇不会在你准备充足时到来。自古时势造英雄，只有抓住机遇，才能造就属于自己的时势。

如果没有机遇降临，千里马将才美不外见，陈涉、吴广仍然默默无闻；如果没有把握好机遇，将不会有如今的微软创始人比尔·盖茨和阿里巴巴之父马云。

让我们用一双敏锐的眼，锁定人生中埋藏的机遇，以机遇之砖叩开成功之门。

巧用优势化坎坷

刘小彤（2019级高一16班）

任何事情都有其长也有其短。只要对其优势巧加利用，朽木也不失为可雕之材。人生路上，我们要充分发挥自己的特长，扬长避短，纵使坎坷荆棘也将化为光明坦途。

选手在决赛的首轮被淘汰，但评委给予他准备的下一首歌以高度评价。没有合理地发挥自己的特长，他失去了让自己在舞台继续发光发热的机会。由此观之，能够利用好才能、发挥出优势的人，才是真正有能力获得成功的人。

优势就是一个人拥有的超过他人的有利态势。巧用优势使李白官场失意却诗坛流芳，难酬壮志的他将一切才华倾注于诗酒之中，终成一代诗仙，令人叹服。巧用优势使鲁迅为唤醒国民毅然弃医从文，以笔代戟在黑暗桎梏中撕扯出一片光明，他的文章引领了多少迷途的青年。巧用优势使韩寒为心中文学梦而毅然辍学，让笔墨在文学殿堂中肆意挥洒，让思绪在自己热爱的天地间纵情游历。他的小说鼓励了无数人勇敢追梦，勇敢做自己。

明确方向，合理发挥才能，方能业有所精，方能在你热爱的领域创造一片属于你的天地。

挣扎于使你麻木的事业、浸泡在固有的模化式思维中不可能碰撞出奇迹的火花。而沃特·迪士尼正是凭借对动画的兴趣与无限热情，利用充满创新性的活跃思维，才为世界动画开启了新篇。

然而，在利用自己优势的同时，脚踏实地、吃苦耐劳也是必不可少的。新东方成立初期，俞敏洪放弃了大学教师这一安逸的工作，在破楼中教书，亲自接送学生。寒来暑往，他利用其突出的领导能力、宽容和善的性格，让他的团队日益壮大。他的演讲字字朴实又字字深入人心，寓教于乐是新东方最显著的特色，也是它最迷人之处。

"诸君风骨，后继有人"，如今中国的质量与分量就在我们手上，我们更应好好发挥自己的优势，发挥我们青春的活力，坚定，积极，勤勉，面对风雨不再飘摇，面对险阻更加坚定，时刻抱有敢为天下先的觉悟，奔赴远方。

"你有光明,中国便不再黑暗。"让我们将青春凝聚成中国力量,让人生在实现中国梦的奋进追逐中展现出勇敢奔跑的英姿。

专注,热爱,致力于你期盼之事,必有收获。选择合适你的,把握属于你的,活出本色,在芳华绽放之处绽放出吾中华之荣光!

评论篇

PINGLUN PIAN

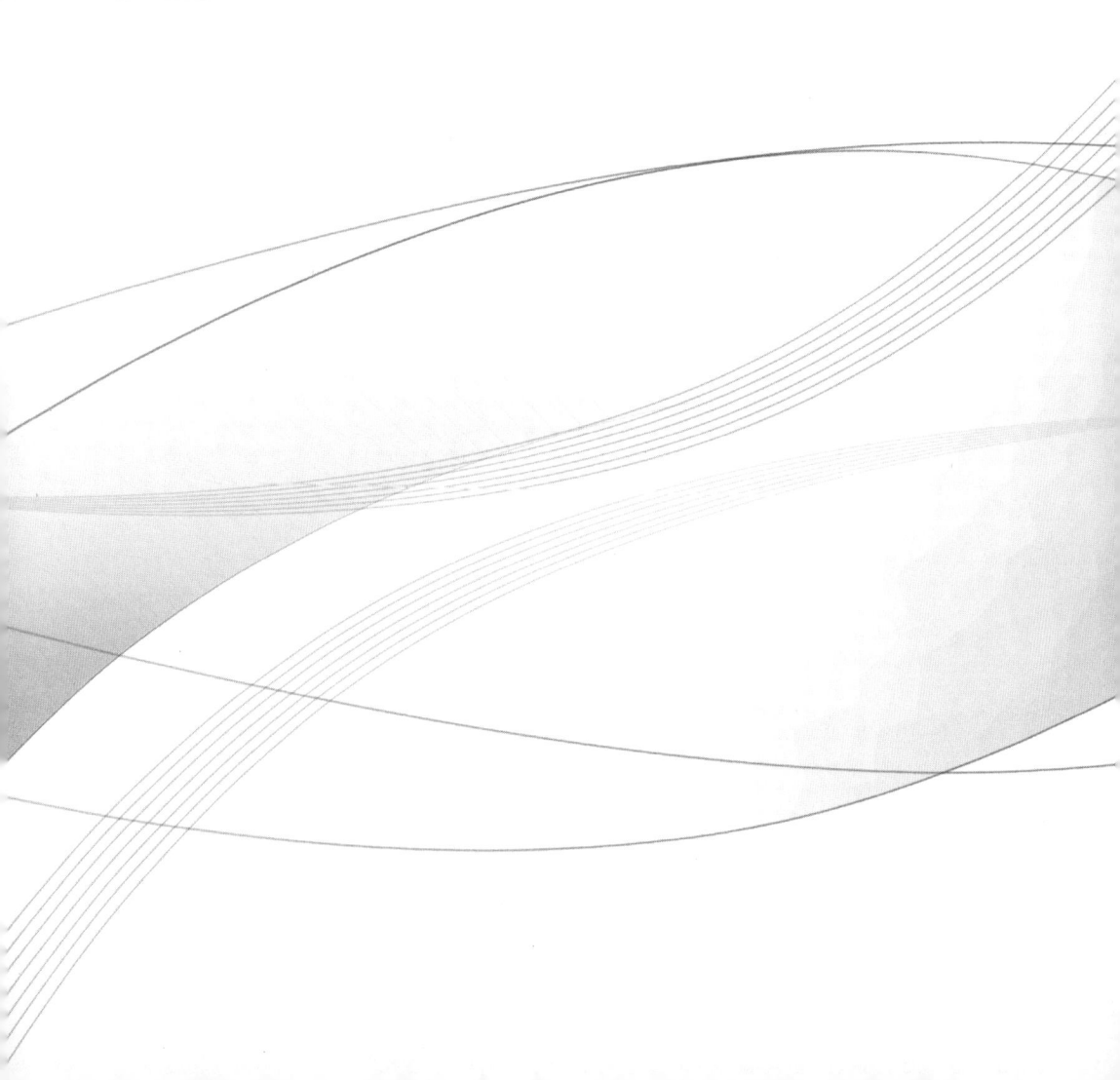

有志，有识，有恒

——品读《曾文正公家书》的三重感悟

作为东师附中老校长的陈元晖先生曾经对青年教师们说："你们不是读书少，而是读书太少。我每月的工资有一半都用来买书，我的家里空间不大，但是连厨房都到处堆着书。"

作为东师附中语文人的前辈张翼健先生也说："母语训练离不开读、写。多读多写是传统语文教学的一个宝贵经验。青年教师们，要提高自己吗？多读书，多动笔吧！"

我也为此向全校师生推介这本让自身和历届附中学子受益匪浅的好书——《曾文正公家书》。

众所周知，作为在中国近代历史上成就震古烁今、名号毁誉参半的晚清中兴名臣，曾国藩在20世纪前后众多叱咤风云的国人心目中，始终备受推崇。梁启超说过："吾党不欲澄清天下则已，苟有此志，则吾谓《曾文正集》，不可不日三复也。"毛泽东也说："愚于近人，独服曾文正。"

事实上，多年以来，吉林省长春市的初中师生对于曾国藩其人并不陌生，因为由吉林省教育学院张玉新教授主编的长春版初中语文教材八年级上册第20课就收入了曾国藩的《谨言箴》一文。同时，在近年投入使用的统编版小学教材五年级上册第八单元第25课《古人谈读书》中也收入了《曾文正公家书》中的一段文字（详见后文）。我对于曾文正公的了解，主要源于以下几本书：其一，是晚清时期由李鸿章、李瀚章从《曾文正公家书》中摘录选编而成的《曾文正公家训》；其二，是著名清史专家萧一山在20世纪抗战时期撰写的《曾国藩传》；其三，是当代作家唐浩明撰写的曾荣获姚雪垠历史小说奖的长篇历史小说《曾国藩》；其四，是当代学者郦波在央视百家讲坛评说《曾国藩家训》时的讲稿。

曾国藩其人、其作何以如此引人瞩目？品读本书，读者自然可以拥有见微知著的契机。

在《曾文正公家书》中,有这样一段表达令人印象深刻(本段文字即如前所述,收入统编版小学教材五年级上册第八单元第25课《古人谈读书》):"盖士人读书,第一要有志,第二要有识,第三要有恒。有志,则断不甘为下流。有识,则知学问无尽,不敢以一得自足,如河伯之观海,如井蛙之窥天,皆无识者也。有恒,则断无不成之事。此三者缺一不可。"

我也就此围绕有志、有识、有恒这三方面,分享自己在阅读时收获的三重感悟。

首先,"有志"二字,恰如其分地帮助读者理解东师附中校训的上句"志存高远"。

曾国藩说:"凡将相无种,圣贤豪杰亦无种。只要人肯立志,都可做到的。侄等处最顺之境,当最富之年,明年又从最贤之师,但须立志向,何事不可成?何人不可作?"显而易见,人生在世,无论做人还是成事,切记以"立志向"为先,用蔡元培先生的话来说就是"抱定宗旨"。

不仅要立志,曾国藩还告诉读者:"苟能发奋自立,则家塾可读书,即旷野之地、热闹之场亦可读书,负薪收录,皆可读书;苟不能发奋自立,则家塾不宜读书,即清净之乡、神仙之境皆不能读书。何必择地?何必择时?但问立志之真不真耳?"由此可见,既然要"立志",就要坚定不移地"真立志"。用明人李贽的话来说,就是贵在葆有一颗"绝假纯真"的"童心"。

曾国藩在担任京官的青年时期曾写下诗句:"一朝孤凤鸣云中,震断九州无凡响。莫言儒生终龌龊,万一雉卵变蛟龙。"当时他既没有创立大名鼎鼎的湘军,也没有剿灭震动中外的太平天国起义,更没有开展轰轰烈烈的洋务运动。毋庸置疑,"立大志"成为他后来不断建功立业、名传后世的心灵起点。

曾国藩对于"立志"的推崇,最令读者敬重的,莫过于其对"立志读书"的倡导。曾国藩说:"凡人多望子孙为大官,余不愿为大官,但愿为读书明理之君子。银钱、田产最易长骄气逸气,我家中断不可积钱,断不可买田,尔兄弟努力读书,决不怕没饭吃。"

读者可以进一步追问:一个人为什么应该"立志读书"呢?曾国藩说得好:"人之气质由于天生,本难改变,惟读书则可变化气质。"对于今人而言,读书更是改变命运的重要途径。

我的第二重感悟是所谓"有识"。在曾国藩看来,何谓"学求博深"?

既然曾国藩倡导青年人应该"立志读书",那么我们应该"读什么书"呢?曾国藩的见解是:"读经典之书,与圣贤为友。"他说过:"余所好者,尤在陶之五古、杜之五律、陆之七绝,以为人生具此高谈襟怀,虽南面王不以易其乐也。"

在明确了阅读对象之后,随之而来的问题就是"怎么读书",曾国藩启发后人的方法包括精读泛读,相辅相成。

他说:"读书之法,看、读、写、作,四者每日不可缺一。看者,《史记》《汉书》《近思录》《周易折中》之类是也。读者,《四书》《诗》《书》《易经》《左传》诸经、李杜韩苏之诗、韩欧曾王之文,非高声朗诵则不能得其雄伟之概,非密咏恬吟则不能探其深远之韵。"显然,在曾国藩心目中,"看书"和"读书"是两个截然不同的概念,他所说的前者类似于今人所说的泛读,后者则类似于精读。泛读是供开阔眼界之用,突出一个"博"字;精读则是为人治学的根基,强调一个"深"字。两者应该相得益彰。

在明确了两种不同的阅读方法后,曾国藩继续提示读者在"读"这一方面应该如何实践,那就是——熟读成诵,深思涵泳。曾国藩说:"尔欲作五古七古,须熟读五古七古各数十篇。先之以高声朗诵,以倡其气;继之以密咏恬吟,以玩其味。二者并进,使古人之声调拂然若与我之喉舌相习,则下笔为诗时,必有句调凑赴腕下。"这也就是俗话说的"熟读唐诗三百首,不会作诗也会吟",诵读功夫对于读书而言意义重大,它是强化记忆并进而使阅读与写作紧密结合的重要途径。

在"怎么读书"这个问题上,曾国藩的另一个建议就是——观其大略,博览群籍。他说:"儿读书有难解者,不必遽求甚解。有一字不能记者,不必苦求强记,只须从容涵泳。今日看几篇,明日看几篇,久久自然有益。"事实上,这也正是陶渊明在《五柳先生传》里所说的"好读书,不求甚解",过分地纠缠在少数疑难问题上,执着于一城一池的得失,势必得不偿失,反倒是观其大略,熟读深思子自知,真正做到了收放自如。

在"怎么读书"这个问题上,曾国藩还强调应该做到手眼并用,圈点批注。

他说:"尔治经之时,无论看注疏,看宋传,总宜虚心求之。其惬意者,则以朱笔识出;其怀疑者,则以另册写一小条,或多为辩论,或仅著数字,将来疑者渐晰,又记于此条之下,久久渐成卷帙,则自然日进。"这正是我们耳熟能详的多年以来由孙立权老师倡导的"批注式阅读",金圣叹、脂砚斋、毛宗纲、张竹坡等人对四大名著的圈点批阅如今都已成为"批注式阅读"的经典范本。从治学来看,这种"手眼并用"的阅读的确功不可没。

笔者的第三重感悟是"有恒",它也启示我们如何理解东师附中学校精神里的那句"追求卓越"。

古希腊哲学家亚里士多德说过:我们的习惯造就了我们。卓越不是一次行为,而是一种习惯。在习惯这个问题上,一向严于自律的曾国藩在青年时期自行制定了颇为严格的"日课"条例。比如:"早起,黎明即起,醒后勿沾恋!读史,丙申购《二十三史》,大人曰:尔借钱买书,吾不惮极力为尔弥缝,尔能圈点一遍,则不负我矣!嗣后每日点十页,间断不孝。作字,早饭后作字半时,凡笔墨应酬,当作自己课程,凡事不为待明日,愈积愈难清。"从日常起居到读书练字,事无巨细,曾国藩无不以一种坚忍不拔的意志去笃实践履。

在写给长子曾纪泽的信中,曾国藩巨细靡遗地指点他面对练字中的难关时应该如何处置:"余于凡事皆用困知勉行工夫,尔不可求名太骤,求效太捷也。以后每日习柳字百个,单日以生纸临之,双日以油纸摹之。临帖宜徐,摹帖宜疾,专学其开张处。数月之后,手愈拙,字愈丑,意兴愈低,所谓'困'也。因时切莫间断,熬过此关,便可少进;再进再困,再熬再奋,自有亨通精进之日。不特习字,凡事皆有极困难之时,打得通的,便是好汉。"

显然,此处提出的所谓"困知勉行"的功夫,已经超越了对练字这种具体行为的意义,而是上升到一种治学、为人、处世的大智慧的层面。这和鲁迅先生所说的"不克厥敌,战则不止"的"韧性的战斗"的精神内涵颇为相似。对于每一个无法不遭遇困境、挫折的现代人而言,"困知勉行"都具有普遍性的指导意义。在2012年吉林省张玉新教授导师工作室成立仪式上,我作为学员代表讲话,提及"立足于导师工作室这个绝好的平台,志存高远的我们更要刻苦自励,困知勉行,早日练就扎实过硬的内功和外功,在从技向道的教学境界的发展中积极进取,力争上游"。其中的"困知勉行"这四字,正是来自于阅读本书中此段文字的收获。

曾国藩也曾身体力行地来勉励兄弟子侄们事事都要做到"有恒"。他说:"学问之道无穷,而总以有恒为主。兄往年极无恒,近年略好,而犹未纯熟,自七月初一起,至今则无一日间断。每日临帖百字,抄书百字,看书少亦须满二十页,多则不论。自七月起,至今已看过《王荆公文集》百卷,《归震川文集》四十卷,《诗经大全》二十卷,《后汉书》百卷,皆朱笔加圈批。虽极忙,亦须了本日功课,不以昨日耽搁而今日补做,不以明日有事而今日预做。"作为一个军务繁忙、日理万机的封疆大吏,曾国藩能够始终如一地坚持阅读和写作,并以一种近乎严苛的态度去约束自我、身体力行,也许这正是他成就"中兴第一名臣"的美名并被人誉为实现了"立德、立功、立言"这所谓"三不朽"的完人的原因之一吧。

事实上,阅读《曾文正公家书》绝不止于开阔眼界、增长见识,对自身的语文教学亦时有启示。

犹记多年前在讲解人教版高中语文选修教材《中国古代诗歌散文欣赏》中的散文《庖丁解牛》(引用"余决计此后不复做官,亦不作回籍安逸之想,但在营中照料杂事,维系军心。不居大位享大名,或可免于大祸大谤。目下官虽无恙,须时时作罢官衰替之想")和《种树郭橐驼传》(引用"尔虽体弱多病,然只宜清净调养,不宜妄施攻治。若服药而日更数方,无故而终年峻补,疾轻而妄施攻伐,强求发汗,则如商君治秦、荆公治宋,全失自然之妙。柳子厚所谓'名为爱之,其实害之',陆务观所谓天下本无事,庸人自扰之,皆此义也")等篇章时,我都从《曾文正公家书》中选取了上文提及的箴言警句与学生分享,借此深化学生对课文主旨的理解。

在讲解人教版高中语文选修教材《中国文化经典研读》中的《大学》一文时,笔者亦引用曾国藩的遗嘱《日课四条》中的文字:"一曰慎独则心安。自修之道,莫难于养心。心既知有善,知有恶,而不能实用其力,以为善去恶,则谓之自欺。方寸之自欺与否,盖他人所不及知,而己独知之。故《大学》之'诚意章'两言慎独。"借此,我们可以帮助学生深入理解经典对于今人治学为人的重要意义。

当然，《曾文正公家书》中包含数不胜数的值得我们反思和积累的名言警句，例如"盛时常作衰时想，上场当念下场时""艰苦则筋骨渐强，娇养则精力愈弱""天下古今之庸人，皆以一惰字致败；天下古今之才人，皆以一傲字致败""天下事知得十分，不如行得七分"等等。

诚如曾国藩的一句名言所说："天下断无易处之境遇，人间哪得空闲的光阴？"从教多年来，我由衷地希望附中学子们在阅读和写作中同样葆有"勤学好问，多思求是"的风范，正所谓"莫问收获，但问耕耘"。

（本文发表于《吉林教育·综合》2021年第4期）

"述学"与"论政"的二重变奏
——读《胡适之先生晚年谈话录》随感

即便唐人李义山留下了"莫道桑榆晚,为霞尚满天"的传世名句,对于芸芸众生而言,"晚年"毕竟是一段让人感到失落和无奈的生命旅程。不过,对于那些学思精深、望重士林的大师而言,"晚年"似乎不仅意味着经年的阅历与厚积的学养,也昭示着丰盈的记忆和独特的性情。无论是余英时先生的《陈寅恪晚年诗文释证》,抑或艾恺先生的《这个世界会好吗?:梁漱溟晚年口述》,都以"晚年"的视界使我们对时下热议的"民国风度"拥有了别样的体认。

正是在这一语境中,我走进了胡颂平先生撰述的《胡适之先生晚年谈话录》。1948年底,在国共逐鹿东北的辽沈战役结束后,形势急转直下,战争的阴云笼罩着平津一带。时任北京大学校长的胡适先生,和那一代的知识分子一样,面临着"何去何从"的艰难选择。一些对新中国充满期待的人留在了大陆,而另一些对国民党政府旧情难忘的人则跟去了台湾。"无地自由"的胡适先生最终选择去国,开始了寓居美国纽约的十年天涯之旅。1958年,应邀担任国民党政府"中央研究院"院长的胡适回到了国民党治下的台湾,开始了他生命中最后四载的晚年岁月。

恰好在这时,本书作者胡颂平走进了胡适的生活。

通过余英时先生的《中国近代思想史上的胡适》一文,我们可以了解到胡颂平撰写《胡适之先生晚年谈话录》(以下简称《谈话录》)的背景。

胡颂平和胡适之间的渊源其来有自。早在1928年胡适出任上海吴淞中国公学校长时,胡颂平就是该校学生,在思想上受过胡适的熏陶。1946年,作为国民党政府公职人员的胡颂平曾经协助胡适代办教育部的很多工作。在胡适的晚年生活史上,胡颂平更是扮演了极为重要的角色。胡适赴台担任"中央研究院"院长期间,胡颂平既是胡适的秘书,又担任他的私人顾问,同时照顾他的日常起居，因此有得天独厚的条件和机会来观察和记录胡适晚年的言行。于是，在胡适去世四年后，胡颂平便承担了编著《胡适之先生年谱长编初稿》的任务，穷五年（1966—1971）之功，完成了皇皇三百万言的巨著。

而我读到的《谈话录》，就是胡颂平未曾记载在《胡适之先生年谱长编初稿》一书中胡适晚年的珍贵的言行。对于阅读时别有会心之处，我往往圈点勾画。事后反观，依然感慨良多。一些思考和启示也就随感随记，在胡适的"述学"和"论政"两个方面都不乏体悟。

"讲学复议政"，从而在学术与政治之间徘徊不定，可以说是胡适心中终其一生的纠结所在。在陈平原先生撰写的《中国现代学术之建立：以章太炎、胡适之为中心》一书中，我读到1944年胡适在自己的日记中写道：

我是一个有病的人，只希望能留此余生，做完几件未了的学术工作。我不能做应付人、应付事的事业了。

在同书中还转引了胡适写给汪精卫的一封信中的内容：

一犬不能同时逐两兔，又积习已深，近年稍任学校行政，每苦毫不感觉兴趣，只有夜深人静伏案治学之时，始感觉人生最愉快的境界。

与其他著述相比，日记和信函会相对真实地留下胡适彼时的心境，也为我们走进胡适的心灵世界提供了一条合适的路径。在这一方面，《谈话录》的价值自然不言而喻。

假设与求证：《谈话录》中的述学篇

先生今天清晨四时才休息。于是说起："每天有六小时的睡眠就够。在此地，太太不在此，没有人管我，可以放肆些；我终觉得这么静的夜去睡觉太可惜了，多做点工作，好玩。"（1959年3月2日）

先生是用吟味一首诗或一首词的意境来消磨病中的时光。（1961年3月2日）

这两天，先生在看《大藏经》的史传部。有时上床休息时，也带到床上来看。这么又厚又重的精装本在床上来看是非常辛苦的。护士小姐把它收好放在书架上，一会儿又被先生拿去看了。（1962年1月15日）

在我眼中，晚年的胡适是一个格外惜时的人，无论是日常生活抑或病中休养，大都手不释卷、笔不停批、口不断诵。一生热爱读书、崇尚治学，却因国事艰危难得余暇于此，以致成就有限，恐怕是胡适此生最大的遗憾之一。

他的传世经典《中国哲学史大纲》和《白话文学史》都是只有上册出版的"半途而废"之作，毕二十年之力研读《水经注》的作为也令后学不以为然。但无论怎样，你从胡颂平的观察和记录中依然可以窥得这位"但开风气不为师"的大师的执着与勤勉的学者风范。

我的太太以前对人家说："适之造的房子，给活人造的地方少，给死人造的地方多。这些书，都是死人遗留下来的东西。"（1961年2月4日）

三十七年冬，我在北平撤退时，只带了三部书，一部是《乾隆甲戌脂砚斋重评石头记》，一部是《陶渊明集》，一部是钱牧斋的《杜诗笺注》。（1961年5月20日）

作为一个读书人，胡适对书的偏嗜是不言而喻的；持家主妇江冬秀对丈夫汗牛充栋的藏书多有怨言，也是可以理解的。近日，在东北师范大学教育学部于伟教授的题为"陈元晖先生的教育学家之路"的报告现场，我有幸在视频中听到了陈元晖先生的一席肺腑之言。陈先生对当年教育系的教师们说："你们不是读书少，而是读书太少。我每月的工资有一半都用来买书，我的家里空间不大，但是连厨房都到处堆着书。"想来，从这番语重心长的劝诫，我们也能体会"适之造的房子，给活人造的地方少"一句的蕴涵。对于学贯中西的一代宗师，在"天地玄黄"的时代变局中，连自己爱惜如命的善本、珍本和大量藏书都无法保全，乃至随身携带寥寥三册匆匆离去，令人唏嘘不已。仅从他选择的这三部书来看，胡适的学术眼光和人格理想也足见一斑。

今午饭后的水果是木瓜。先生又问："《诗经》里'投我以木瓜，报之以琼琚'，是不是就是今天吃的木瓜？"（1959年1月24日）

今早胡颂平到医院时，先生已经换过药了。先生说："四本《基度山恩仇记》已经看完了……那三本的缺页、错字、译笔错误的地方，我都做了记号，希望他们不要把那三本丢了。"（1959年4月16日）

台大医院的护士徐秀梅、廖杏英、吴玉琳三个人来见先生，说：白居易《长恨歌》里"回头一笑百媚生，六宫粉黛无颜色"两句诗，徐秀梅、廖杏英两人读的是"回头"，吴玉琳读的是"回眸"，她们争的不得解决，所以来请教，谁输了，要请赢的看电影。先生叫胡颂平去查《四部丛刊》和艺文影印《白氏长庆集》本，原来艺文翻印宋版本作"回眸"，《四部丛刊》影印明万历丙午秋吴郡娄坚的刻本作"回头"，第二天先生笑着对她们说："你们谁也没

有输，谁都不要请谁看电影了。"（1959年4月29日）

　　胡适一生受清代朴学和杜威实用主义哲学的影响，从早年撰写深受蔡元培赏识的《〈诗三百篇〉"言"字解》，到晚年孜孜不倦地考证《水经注》，一以贯之地将自己提倡的"大胆的假设，小心的求证"的治学思想笃实践履。在品尝木瓜时，都不忘以比较的眼光审视先秦时代的"词与物"，在住院疗养期间还要对为消遣而重读的外国小说译本做一番校勘，至于为了护士们之间的打赌而指示秘书查阅古籍原典，这一系列细节无不彰显出胡适其人的"考据癖"。看似微不足道的作为，却恰恰使一个拥有敏锐的学术感觉、严谨的学术态度、求实的学术精神的学者形象呼之欲出。

　　做研究工作决不能由别人代查的，就是别人代为查出来，还是要自己来校对一遍。凡写文章，一定要查原书。（1959年3月30日）

　　记性好的并不是天分高，只可以说，记性好可以帮助天分高的人。记性好，知道什么材料在什么书里，容易帮助你去找材料。做学问不能全靠记性的；光凭记性，通人会把记得的改成通顺的句子，或者多几个字，或少几个字，或者变更了几个字，但都通顺可诵。这是通人记性的靠不住。引用别人的句子，一定要查过原书才可靠。（1961年9月26日）

　　凡是有大成功的人，都是有绝顶聪明而肯做笨功夫的人，才有大成就。（1961年1月26日）

　　自己时时刻刻警告自己，写字不可潦草，不可苟且！写讲义必须个个字清楚，免得"讲义课"错认抄错；写杂志文章必须字字清楚，免得排字工人认不得，免得排错。字写得规矩与否，就可以看出这个人的是否负责任。我总觉得写字叫人认不得是一件不道德的事。（1961年9月20日）

　　对于从事人文社会科学研究的人而言，"记性好"无疑是得天独厚的禀赋。事实上，无论是陈寅恪抑或钱钟书，其学术成就无不得益于此。胡适则一针见血地指出，"记性好"恰恰是易于导致"天分高"的"通人"们出现舛误的地方。因此，胡适对于治学中"自己校对""查原书"做法的强调，正是"有一分证据，说一分话"的观念落实，这对于今天任何一个有志于学的人来说，都是切中肯綮的箴言。这种看似愚拙的"笨功夫"与世间少有的"绝顶聪明"相结合，在胡适看来，正是拥有"大成功""大成就"的前提。这一观点，与晚清时曾国藩提倡治学者应力避"傲""惰"二字的观念有异曲同工之妙。毕竟，如胡适一般在写字时尚且保持一种"不可潦草，不可苟且"的自省意识的大师级学者并不多见，这其中流露出的对于"责任"的守持、对于"道德"的佑护，实在是令人钦敬有加。

韩退之提倡作古文，往往也有不通的句子。在唐宋八大家里，只有欧阳修、苏东坡两人是写通了。（1960年3月21日）

从现存的文字材料来看，"通"还是"不通"，确乎是胡适判断古人和今人的文章高下的重要标准之一。对于"不通"，胡适这样阐发："骈文、律诗，都是对对子；一直到八股，还是对对子。可见对对子，是一条死路。"这显然与他当年留学归国前后首倡"文学改良"时"须讲求文法，不用典，不讲对仗"的思想一脉相承。即使陈寅恪在《与刘叔雅论国文试题书》中曾列举不下五种理由来强调"对对子"作为学生语文素养考核之标准的价值所在，胡适这种从语言入手改造文化和思想的路径，对于现代中国的启蒙运动的意义也不容小觑。

读至此处，又想起当年旁听立权师讲解韩愈《师说》一文时，曾与诸生探讨"夫庸知其年之先后生于吾乎"一句的语病。也即"年"应该论"大小"或"长幼"于"吾"，若论"先后生于吾"则应去"年"留"其"，否则即为搭配不当的病句。初闻此论，即感醍醐灌顶；又见胡语，益觉诚哉斯言。王荆公所谓"学者不可以不深思而慎取"之言，实乃至论。

今天先生谈起中学的国文选本，说："所谓国文，是要文章写得好，可以给学生做模范；为什么要选治国平天下的道理？党国要人的文章也作国文念了，他们的人很重要，但文章未必写得好。这些也编入教科书里去，其实是不对的。"（1959年4月23日）

胡适在半个多世纪前的见解，令人不禁心生感慨。从他这番话里，我们也可以依稀感受到"学统"与"政统"之间的内在紧张。于是，当时代危局和现实困境无法使胡适一心一意地治学时，我们就不得不正视这位被唐德刚称为"无可救药的乐观主义者"在"论政"时的冷峻目光。

容忍与自由：《谈话录》中的论政篇

我年纪越大，越觉得容忍比自由还更重要。其实容忍就是自由：没有容忍，就没有自由。（1958年12月16日）

从来经师对于耳顺的解释都不十分确切的。我想，还是容忍的意思。古人说的逆耳之言，到了60岁，听起人家的话来已有容忍的涵养，再也没有"逆耳"的了。（1958年12月26日）

人家骂我的话，我统统都记不起了，并且要把它忘记得更快更好！（1959年3月22日）

我不主张革命，我只主张不流血的转移政权的；但不流血的转移政权之后用"反国家组织"来取缔人民的自由，我是不赞成的。（1961年5月20日）

我挨了40年的骂，从来不生气，并且欢迎之至，因为这是代表了自由中国的言论自由和思想自由。（1962年2月24日，【注】即胡适去世当天）

"岂不爱自由，此意无人晓。情愿不自由，也是自由了。"据说，这首小诗是胡适早年对于不得不遵从母命与发妻江冬秀成婚一事的感慨之作。事实上，无论是在婚姻里，抑或在政治上，胡适的内心都在"容忍"与"自由"之间挣扎。为了"爱惜羽毛"，胡适容忍了与韦莲司、陈衡哲、曹诚英、罗慰慈等一个又一个心心相印的中国或美国的女友挥手作别。为了争取有限的政治自由，无论是抗战抑或冷战时期，胡适都不得不容忍国民党的一党专政和蒋介石的独裁统治。所以，年逾不惑的胡适在自题小像中写下"做了过河卒子，只能拼命向前"，年近古稀的胡适把孔子所说的"耳顺"解释为"容忍"，也就都顺理成章了。

从政治追求来看，"自由"是贯穿在胡适生命历程中的一个至关重要的主题词。无论是早年创办《独立评论》杂志，还是晚年策划《自由中国》月刊，他都一以贯之地践行倡导"言论自由""思想自由"的自由主义政治理念。回望胡适这位五四新文化运动中的风云人物直到生命走到终点的那一刻依然对"挨骂""欢迎之至"的襟怀，依然为"自由"摇旗呐喊的身影，不禁令人心生感慨。

个人有个人的身份，本着我们的知识，本着我们的良心，认为是对的，就应该说话。（1960年3月12日）

我觉得应该做的，只要百分之六十对国家有利，百分之四十被骂，我还是不怕被骂的。（1961年9月5日）

我慎重考虑了一个星期，觉得国家已经到了生死关头，只有同意。我复了蒋委员长一个电报，大意是这样的："现在国家是战时。战时政府对我的征

调，我不敢推辞。"（1962年1月7日）

胡适及其同时代的知识分子，虽然在五四新文化运动中以批儒反孔的方式来展示自身告别传统的决绝姿态，但他们中的很多人内心深处都涌动着一种基于儒家入世精神的使命的自觉。明人张岱在《四书遇》中说："不知不可为而为之，愚人也；知其不可为而不为，贤人也；知其不可为而为之，圣人也。"在这个意义上，胡适亦不乏圣人情怀。以"良心"和"知识"为本，冒天下之大不韪，敢"说"敢"做"，这的确是中国古代士大夫"虽千万人吾往矣"的精神传承，恰如梁漱溟念兹在兹的"吾曹不出如苍生何"。也正是在这个意义上，胡适一生对宋人范仲淹《灵乌赋》中的名句"宁鸣而死，不默而生"倍加推崇。

对于抗战爆发后胡适尽弃前嫌接任中国驻美大使一事，余英时先生有极为精湛的分析。在《从〈日记〉看胡适的一生》一文中，他说：

胡适毅然受命于危难之际，出使美国，完全是为了实现他早在1935年关于中日战争的一个充满着先见之明的构想，即中国在破釜沉舟、单独苦战三四年之后，终能促成太平洋的国际大战。即胡适在大使任内，运用一切方式和力量推动美、日交恶，一心一意把美国带进太平洋大战，使中国可以有"翻身"的机会。

从这个角度来看，胡适对于抗战复国、民族解放的贡献的确是居功至伟。

我不禁想起王汎森在《傅斯年：中国近代历史与政治中的个体生命》中记载的傅斯年抨击国民党政府两任行政院长的事件。作为五四运动的学生领导人之一、时任"中研院"史语所所长、国民参政会参政员的傅斯年，在1945年和1947年相继指控孔祥熙和宋子文的贪污、渎职、擅权等多项罪名，迫使前者辞去中央银行总裁、财政部长和行政院长的职务，亦使后者下台，从而使胡适、朱家骅、王世杰、翁文灏、蒋廷黻、钱端升一派以"清流"身份参政的自由主义知识分子的群体人格在历史上熠熠闪光。

作家韩石山曾提出一个说法"少不读鲁迅，老不读胡适"，而我却要说"鲁迅、胡适，都不可不读；尤其是青年鲁迅和晚年胡适"，这也算是我读胡颂平先生的《胡适之先生晚年谈话录》的心得之一。

心声尽吐，一念如初

——季羡林《留德十年》断章批注

一

那时候有两句名言："毕业即失业"，"要努力抢一只饭碗"。一个大学毕业生，如果没有后门，照样找不到工作，也就是照样抢不到一只饭碗。如果一个人能出国一趟，当时称之为"镀金"，一回国身价百倍，金光闪烁，好多地方会抢着要他，成了"抢手货"。（第7页）

此时此刻的我们，看到这"两句名言"，难免感慨良多。

对世纪之交的莘莘学子而言，"毕业即失业"似乎一语成谶，让人于无形中得到历史循环的痛切之感。而并非属于"官二代""富二代"的青年们，无疑要尽其所能地把"努力抢一只饭碗"作为自己追求的梦想所在。

时至今日，以出国留学的方式来"镀金"，是否的确会实现"身价百倍"的递增，并顺理成章地作为"抢手货"为人激赏，似乎更令人心存疑虑。也许正是身处于类似的困境之中，季羡林先生的人生选择与价值诉求，才格外值得今天的我们咀嚼玩味。

二

他再三劝我，到德国后学保险，将来回国，饭碗决不成问题，也许还是一只金饭碗。这当然很有诱惑力。但却同我的愿望完全相违。我虽向无大志，可是对做官、经商，却决无兴趣，对发财也无追求。（第15页）

读至此处，确乎让我有一种发自内心的感同身受。

毋庸置疑，"做官""经商""发财"，时至今日，依然是国内大多数学人的"兴趣""追求"之所在。对于生活在当下中国的我们而言，似乎法国社会学家布尔迪厄笔下的政治精英、商业精英、文化精英，已经成为迫不及待的认同对象和理想归宿。

但是，对于同样"向无大志"的我来说，季老的肺腑之言难免真切而热诚。犹记余英时先生在《中国史学界的朴实楷模》一文中评价学长严耕望时倾吐的一番肺腑之言——"他一生从不求多赚一分钱，也不想增加一分知名度，因此避开任何不必要的活动，以免浪费宝贵的光阴"。作为东北师大附中教师团队中的普通一员，只要能真正地告别妄贪私利、苛求虚名，把一腔热血尽情抛洒在"志存高远，学求博深"的精神土壤，就可能无限地接近砥砺自身德行那"勤奋严谨，善诱慎行"的人性光辉。

三

几年前，我有时候同吴组缃、林庚、李长之等几个好友，到这里来闲谈。我们都还年轻，有点不知道天高地厚，说话海阔天空，旁若无人。我们不是粪土当年万户侯，而是挥斥当代文学家。（第15页）

当我看到季老此处提及的所谓"清华四剑客"时，心中的钦羡之意不禁油然而生。

年少时，我就在央视播放的名著改编版经典电视剧《红楼梦》片尾看到与曹禺、沈从文、启功等大家并置的学者吴组缃之名；后来在大学中文系读书时，又拜读过他的小说名作《箓竹山房》等，感慨颇深。

说到林庚先生，我不禁会想起当年求学时读过的余杰那篇风格自然、情韵悠远的散文佳作《林庚先生》；作为当今著名古典文学大家袁行霈的老师，林庚先生的《唐诗综论》和《林庚楚辞研究两种》至今都是我备课乃至命题时爱不释手的佳作。

至于李长之先生，其学术地位和成就更是毋庸置疑。无论是《孔子的故事》《道教徒的诗人李白及其痛苦》这些脍炙人口的佳作，还是《鲁迅批判》《司马迁之人格与风格》等传世名著，如今读来无不令人有醍醐灌顶之感、击节称赏之意。

回望当下，无论是求学于师大，抑或任教于附中，始终钟情于文学的我，身边是否还存在那样一些为作品而"海阔天空"地促膝长谈，为教学而"旁若无人"地自出机杼的挚友呢？在我心中，真正涌动不息且追怀不已的，诚如我为校刊《争鸣》所写的发刊词——无井蛙窥天之视界，有海纳百川之襟怀；无孤芳自赏之拘执，有高谈阔论之洒脱；无一团和气之作伪，有针锋相对之率真；无因循守旧之暮气，有别开生面之朝风。于我而言，即使一辈子都仅仅是一个"教书匠"，上述追怀若能实现于万一，亦无怨无悔。

四

　　此后，我常常到古城墙上来散步，在橡树的浓阴里，四面寂无人声，我一个人静坐沉思，成为哥廷根十年生活中最有诗意的一件事，至今忆念难忘。（第 46 页）

　　在如今这个充满喧哗与骚动的时代里，大多数人的内心恐怕都如当年身处清华园的朱自清先生一般——颇不宁静。如果的确能够暂时摆脱纠缠一个人生命旅程的——房子、车子、票子——那些似乎让人不堪重负的大大小小，哪怕真正短暂地回归到"寂无人声"的心境，在"静坐沉思"中感受自然、人生、内心中的起起伏伏，实属难能可贵。

　　也许，诚如附中校内每个办公室里悬挂的那句诸葛孔明的传世名言的节选——宁静致远——一样，其实办公室里真正意义上的"众声喧哗"在今天已属凤毛麟角，若能在静谧安坐中乐享"沉思"之趣，依然令人向往。在这个意义上，立权师于多年来呕心沥血地编辑、出版至今的《铎音》杂志，始终是我心中难能可贵的"诗意的栖居"之所在。

五

　　虽然只有一个学生，他（注：指季羡林先生的博士导师哥廷根大学瓦尔德施密特教授）仍然认真严肃地讲课，一直讲到四点才下课。（第 55 页）

　　原来是德国飞机制造之父，蜚声世界的流体力学权威普兰特尔教授。我赶忙喊一声："早安，教授先生！"他抬头看到我，也说了声："早安！"他告诉我，他正在看操场周围的一段短墙，看炸弹爆炸引起的气流是怎样摧毁这一段短墙的。他嘴里自言自语："这真是难得的机会！我的流体力学实验室里是无论如何也装配不起来的。"（第 85 页）

　　正在轰炸高峰时，全城到处起火。人们都纷纷从楼上往楼下地下室或防空洞里逃窜，急急如漏网之鱼。然而独有一个老头却反其道而行之，他是从楼下往楼顶上跑，也是健步如飞，急不可待。他是一位地球物理学教授。他

认为，这是极其难得的做实验的机会，在实验室里无论如何也不会有这样的现场：全城震声冲天，地动山摇。(第85页)

瓦尔德施密特是以学术为天下之公器，想把自己的绝学传授给我这个异域的青年，让印度学和吐火罗学在中国生根开花。(第110页)

近来，我读陈平原先生的《作为学科的文学史》一书中《"文学"如何"教育"——关于"文学课堂"的追怀、重构与阐释》一文，感触颇多。对于国人而言，传道、授业、解惑，这一流传千年的师教传统是否一如既往地延续至今？恐怕言人人殊。

回望季老对自身留德十年期间的"师道"感悟，想必多数人都会产生"虽不能至，心向往之"的感慨。瓦尔德施密特教授这种面对"一个学生"悉心教诲的专一，这种"一直讲到四点才下课"的执着，无不令人对在德国人精神血脉中承传已久的那种严谨、认真的气度钦佩不已。至于那两位从事流体力学和地球物理学研究的大学者在战火纷飞、危机四伏的情势下表现出的那种对科学精神的秉持信守和不懈追求更是令人肃然起敬。

回望近代以来中国学人匆匆而过的身影，恐怕触动人心的多是遗憾和无奈。

诚如陈平原先生在《中国现代学术之建立——以章太炎、胡适之为中心》一书中指出的，一代国学大师胡适先生始终没有处理好"求学"与"问政"之间的关系，无论怎样一心向学，都不免因入世的渴望而在政治的旋涡中越陷越深。这既成就了一位"开拓一代风气的历史风云人物"，也窒息了一名现代知识分子楷模的学术生命。

事实上，曾经受教于胡适先生的历史学家罗尔纲在《迁平后每天时间表》一文中介绍，胡适先生不打麻将不跳舞，不看电影不听京戏，唯一可称为娱乐只能归之于倾谈。也许这样看来他应该在学术研究上废寝忘食吧，可事实并非如此。他除了上下午分别在北大和中华教育文化基金会上班外，还要在外应酬，在家接待来访者，每天只睡5小时，在书房则只能工作3小时，这正是所谓"社会活动家"的生活。罗尔纲曾慨叹："胡适每天的时间排得密密麻麻如此，他的生活是铁定不移的。根据这个情况，胡适只有成为一个社会活动家，而不可能成为学者。"

想想当下国内的部分学者和专家们吧，他们大多身兼数职，无论是学术的抑或社会的；他们头上闪耀各种光环，无论是相称的抑或相左的；他们频繁地穿梭于各类会议，无论是学界的抑或政府的。试想他们还能剩余多少时间再安排给读书、研究与备课、讲学呢？时至今日，恐怕已然没有几人再像陈平原先生那样以"独上高楼"的姿态去坚守学统了吧。

至于令季老一生难忘、始终追怀的异域恩师们，当下中国，尚有几多？

我常常会想起：立权师在为学生讲解《荆轲刺秦王》一课中"廷刺秦王"的文段时，特意身着唐装，手持青剑，意欲启发学生思考和探讨为何秦王之剑"不可立拔"，这无疑令在场的学生和听课教师兴奋异常。

我常常会想起：立权师为了使午后昏昏欲睡的孩子们精神焕发，亲自深情地朗诵毛泽东的《沁园春·长沙》一词，那抑扬顿挫、洪亮高亢的声音，那激情满怀、吞吐日月的气势，至今记忆犹新。

我常常会想起：立权师看到我桌上闲置的那本历史学家陈垣所著《史讳举例》的薄册，顺手抄起，仰头靠坐在椅中，捧书聚精会神地翻看。在整个上午，阳光煦暖的窗前，他的专注与沉静令我印象深刻、感念不已。

六

昨天买了一张西格教授的像片，放在桌子上，对着自己。这位老先生我真不知道应该怎样感激他。他简直有父亲或者祖父一般的慈祥。我一看到他的像片，心里就生出无穷的勇气，觉得自己对梵文应该拼命研究下去，不然简直对不住他。（第104页）

起初读到"觉得自己对梵文应该拼命研究下去，不然简直对不住他"一句，颇感费解。求学之人，对恩师心存敬意，本是人之常情，但这种受到"无穷的勇气"的激发所产生的内驱力，是否有"矫俗干名"之嫌呢？近来的从教经历给予我一种恍然大悟之感，那启示来自于同事王玉娟老师发给我的短信："她们（指欢然、欣然姐妹）说，同学们觉得不好好学语文，对不起跃庭师……说怕不进步老师失望……"和令季老感念于心的西格教授相比，我的作为完全不值一提；但这种师生情谊，在曾受病痛困扰的我心中，似乎永远是弥足珍贵的。

七

我学习的兴趣日益浓烈，每周两次上课，我不但不以为苦，有时候甚至

有望穿秋水之感了。(第111页)

　　对于季老不以上课为苦,对恩师心存"望穿秋水之感",我也坚信不疑。自从2007年执教于东北师大附中伊始,我就有幸以师徒带教的形式就教于立权师。由于近7年来我们师徒二人始终在同一个年级从事语文教学,与其他同门相比,我拥有得天独厚的条件亲炙师教、沐浴深恩。在师徒带教的影响下,在听课学习的滋养中,我深切地感受到,立权师无论在为人抑或为学上,无论在理论还是实践上,都给予我巨大的感召和难得的启发。诚如古圣先贤所言,"虽不能至,心向往之","非曰能之,愿学焉"。

　　即便在病后,我不得不花费大量的时间和精力在常规教学的备课和学生作业的批改上倾注心血,但在听闻立权师将为我省骨干教师团队上观摩课《鸿门宴》和《离骚》时,我依然要到场聆听并尽己所能地认真记录。我始终认为,可能他的教学设计(或课堂实录)暂时不会整理发表,对作为听者的我们而言,那永远是一笔难得的财富。

八

　　有一天,下课以后,黄昏已经提前降临到人间,因为天阴,又由于灯火管制,大街上已经完全陷入一团黑暗中。我扶着老人走下楼梯,走出大门。十里长街积雪已深,空无一人。周围静得令人发怵,脚下响起了我们踏雪的声音,眼中闪耀着积雪的银光。好像宇宙间就只剩下我们师徒二人。我怕老师摔倒,紧紧地扶住了他,就这样一直把他送到家。我生平可以回忆、值得回忆的事情,多如牛毛,但是这一件小事却牢牢地印在我的记忆里。(第112页)

　　读过此段文字,我自然而然地想到此前读过的一篇文章《章培恒与蒋天枢:一脉相承的特立独行》。复旦大学中文系的许道明教授曾经留下这样一段文字:"记不清何人向我谈过,一天,章先生随蒋先生外出办事,晚间完事后,他照例陪送老师归家。途中来了一场大雨,车到第一宿舍大门,遍地清湿,而蒋先生脚上套的却是家常的布鞋。学生背老师,是章先生的最初提议,自然被蒋先生坚拒。那年章先生的年岁好像也已直逼花甲,安全第一嘛,弄不好两个老头,一老一小跌成一团,终究不是好玩的。于是,老师蒋天枢跨出车门,松爽地进了大门直奔寓所,学生章培恒脱下皮鞋,一手拎着,在黑夜里穿着一双白袜跟在老师的身后。"

对于季老来说,为什么"这一件小事却牢牢地印在我的记忆里"?恐怕不言自明。诚如启功先生书写的北京师范大学校训——学高为师,身正为范——一般,"勤学好问,多思求是"的学生,对于"勤奋严谨,善诱慎行"的教师而言,似乎永远是其拥趸。季老简洁而真切的笔墨无疑令人心生感念,无论是"踏雪的声音",还是"积雪的银光",都在视听之间传达了一种难得的美感,这美感的递升也恰恰来自于"宇宙间就只剩下我们师徒二人"的独特感悟。正因为"怕老师摔倒",所以"紧紧地扶住了他",这段原本短暂的求学经历,却铸成了此生永恒的难忘记忆。

于我而言,年岁渐长,马齿徒增;加之病痛所及,感触丛生。我立誓铭记于心的是,"批注"二字的模糊记忆并非来自金圣叹抑或脂砚斋,而是来自于立权师。

落笔至此,心声尽吐;得失无碍,一念如初。

萧公权《问学谏往录》阅读札记九则

一

严格地说，他不是所谓"经师""史家"或"学者"。但他却是一位优秀的教师，虽然他不曾进过教育学院，或研究过教育原理。他针对学生的需要，选用适当的教材，引起学生的"求知欲"，领着他们在不知不觉间步步前进。（萧公权《问学谏往录·蒙师与业师》）

作为一名从教十多年的中学教师，尤其是始终在课堂教学上反复引领学生背诵、解读荀子的《劝学》和韩愈的《师说》的语文教师，我对萧先生给予令自己难忘的这位教师的评价非常认同。在几千年来的中国历史上，无论在哪个阶层、哪个领域，名不副实的人事、评价所在多有。类似"经师""史家""学者"的名号，在当下的中国可谓不胜枚举，但是真正堪称"大师"的国人，在近百年来已然渐行渐远。所以，萧先生推崇的这位"不曾进过教育学院""研究过教育原理"的普通的教师，能够"针对学生的需要""选用适当的教材"，进而引领自己的学生"在不知不觉间步步前进"，实在是难能可贵。也许，正是在这个意义上，我们理应葆有对自身教学观念和方法的深切反思，进而在教学实践中不断摸索、提升。钱理群先生曾说："附中（南京师大附中）之为附中，就因为它拥有众多的教育家。不同于一般的教书匠，他们不是向学生强制灌输知识，而是最懂得如何让学生自己做学习的主人。"于我而言，与其做一位"名利双收"的"教育家"，不如做一个尽职尽责的"教书匠"，这也是我近来每次步入校园，回眸看到角落里的陈元晖先生时发自内心的省悟。

二

当他在晚间灯下评阅我们的窗课的时候，他让我站在他的身边，看他批改。他一面用笔批改，一面说明，何以某一字错用，某一句欠妥，某一点发挥未能透辟，或某一处题旨未能明了。有作得较好的地方，他手不停挥，浓圈密点，表示奖许。（萧公权《问学谏往录·蒙师与业师》）

读到萧先生对自己求学时老师针对其作文进行批改一事的回忆，我不禁感慨良多。忆往昔，立权师、晓娟师、玉杰师等前辈的悉心指导和教诲永志难忘。

在十多年前刚到东师附中正式执教的第一个学期，我选择了梁实秋的《记梁任公先生的一次讲演》作为自己的新教师研究课选篇。在这次研究课试讲时，立权师前往听评课。令我感念至今的，不仅是他在我试讲前就针对我教学设计中存在的问题提出宝贵的修改意见，也不仅是他在突然流鼻血的情形下依然坚持全程听课，更是他在听课后，细大不捐地为我提出了11条具体的改进意见和建议。例如，怎样删减导语中矫揉造作的文字、作者介绍中繁冗驳杂的表述，对人物的逸闻趣事怎样灵活处理、穿插运用，怎样调整课件中图片和文本的呈现顺序，怎样设计板书，甚至对课件上的字体和标点中出现的大量不规范现象，也全数指出。在后来的研究课完成后，立权师同样及时为我指出教学中存在的新问题，例如我把课文题目中的"讲演"误读成"演讲"，引用文献时标注的出处出现错误，即"诗言志"一句出自《毛诗序》而非《诗经》，给学生默读的时间较短，等等。

对于从教首轮的备课组长潘晓娟老师，我始终葆有敬重和景仰之意。在上述的研究课完成后，晓娟师就这堂课的教学设计与我进行了交流。她在充分肯定我的教学能力的前提下，语重心长地提示我：这篇课文按照教材的选篇要求，属于学生自读课文，把本课设计成以教师讲授为主的课型，是否有些保守；如果更加尊重学生的主体性，积极调动学生实现课堂自主学习，在教学互动中呈现新课程的教学理念，是否更为合理。所谓"良药"和"忠言"的价值正在于此，晓娟师的坦率和真诚，让我切实感受到经验丰富的长辈对于晚辈直言不讳的无私关爱。晓娟师在非教学性备课上的认真态度和活跃课堂气氛的教学方法始终令我钦佩。

不久之后，王玉杰老师在我的百花奖公开课白居易《长恨歌》试讲的听、评课过程中诚挚率直的评价态度、一丝不苟的学术精神，同样令我记忆犹新。玉杰师是我高中时期的老师，也是我来到附中提前上岗阶段的备课组长。无论从哪个方面说，她都有充分的理由照顾我的情绪，宽容我的稚拙，回护我的缺陷。但她能够以客观、公允的态度，从对学校工作、教研室活动，特别是我个人教学成败的严谨负责精神出发，巨细靡遗地将我在教学思路上的偏差、课程内容上的繁复、课堂节奏中的失当，以及在候答时间的处理、课堂氛围的营造、回应学生的方式等多方面存在的问题切中肯綮、一针见血地指出，的确令我感激不尽、钦敬有加。公开课完成后，玉杰师从教师行为的对话与理答方式等多方面对我的课进行评析，归纳出我的六种理答方式（引用式、比喻式、成语式、技法式、复述式、强化式），包括对课程学法指导的充分肯定，都让我体味到别样的关怀与勉励。

三

民国四年我去上海进学堂，民国九年我到美国留学，不时致书问候他。他回信屡次以"通古今，贯中西"勖勉我。教导奖掖之恩，令我没齿难忘。（萧公权《问学谏往录·蒙师与业师》）

读至此处，年岁渐长、白发日增的我感触丛生。遥记16年前，作为东北师大中文系本科二年级学生的我，在翻读世纪之交热销的"黑马文丛"的代表性著述——余杰《火与冰》《铁屋中的呐喊》等——之后，曾代表当时的同寝挚友给对当时的青年学子奖掖提携、倍加呵护的北京大学中文系的著名学者、现代文学研究专家钱理群先生写信请教升学与就业的选择问题。我有幸收到当时正在病榻上疗养的钱先生那整整2页字迹略显潦草的殷切教诲——"在大学里，最重要的是自己自由地阅读与写作……直接地与站在人类文明制高点的大师巨人进行精神的对话、心灵的交流……不管外界环境怎样，周围的同学做什么选择，反正我'定'下心来，按照自己的追求埋头读书……一边教书一边读书，也很有意思……我也是当了一辈子老师的，就在病房里，也还在读书，我们也就以此共勉吧"——对于这番教诲，我始终倍加珍惜、妥善保管；此刻翻看，依然心潮澎湃。后来，我在攻读中国现当代文学专业的硕士学位时，担任文学院研究生刊物《关外》的执行主编，有幸时常向钱先生约稿并寄送刊物，进而在后续的升学报考中又曾恳请并得到钱先生的亲笔推荐——李跃庭同学对于学术研究有很大的热情，有探讨精神与思考问题的强烈兴趣，对文学有感觉……多年以来，我对先生于从未谋面的晚辈一如既往的殷切关怀和悉心指导始终感念不已。

如今想来，在东北师大附中从教以来，除了始终借助钱先生的《中国现代文学三十年》《名作重读》《心灵的探寻》《大小舞台之间——曹禺戏剧新论》《丰富的痛苦——堂吉诃德与哈姆莱特的东移》等著述来辅助自己针对鲁迅的《记念刘和珍君》《祝福》《〈呐喊〉自序》以及曹禺的《雷雨》和莎士比亚的《哈姆莱特》的经典课文进行深度备课外，我也先后购买、收藏了钱先生主编的《新语文读本》（高中卷）以及先生荣休时重返母校南京师大附中执教后留下的关于中学语文教育的若干新著——《鲁迅作品选读》《语文教育门外谈》《中学语文教材中的鲁迅作品解读》等。每次翻读这类书籍，我都感到眼界大开，受益匪浅。毋庸置疑，有幸通过这些著述受教于钱先生，堪称作为中学语文教师的我所能收获的最大的荣幸。

犹记在附中语文人于3年前共同前往南京师大附中交流、学习期间，我有幸在该校的校史馆中看到钱先生的多张照片，尤其是他倾尽心血为学生开设且后来出版苏教版选修教材的课程《鲁迅作品选读》的众多场景，让人倍感温馨。

时至当下，我也常常向自己的学生推荐钱先生的大作《与鲁迅相遇——北大演讲录之二》《鲁迅作品十五讲》等著述。而钱先生的旧文、新篇，也有很多被我选入自己为一届又一届的附中学生编发的"时文快递"（收入《我的北大之忧，中国大学之忧》《想起朱光潜先生》《王瑶先生的九句话》等）和"名作欣赏"（收入《校园风景中的永恒》《想起了七十六年前的纪念》《〈民国那些人〉：承担，独立，自由，创造》等）。犹记去年夏天，当我得知自己执教的几位优秀学生（吕虹烨、许文骞等）在第二届北大培文杯原创作文大赛中获奖的喜讯时，便与作为赛事组织者之一的黄维政先生取得联系，得知他正是钱先生的关门弟子，颇有得遇知音之感。

此时此刻，看到自己书桌上那本反复品读的《1948：天地玄黄》，抚摸着钱先生的近作《岁月沧桑》的外封，期待着网购到家而急于拜读的先生自述《一路走来》，我不禁产生一种无形的冲动：无论如何，一定要选择合适的契机，和挚友同赴京城拜访年近八旬的钱先生，分享绵延近二十载的那份难能可贵的师生之谊。

四

　　我最大的困难，最基本的问题，仍旧是英文程度不足。为求解决这个基本问题，我把最多的时间，最大的努力，放在英文一门课程里面。例如每日黎明，住堂的同学都尚未起床，我已悄然走上六楼宿舍上面的屋顶。朗诵英文课本，约三十分钟才回到宿舍去梳洗。

　　我在病中当然不能温习功课预备大考。好在我的功课平日已经用心做过，因此无论小考或大考来临，我用不着"临时抱佛脚"，在考期前几天"挑灯"苦读。（萧公权《问学谏往录·青年会中学的师友》）

　　读至此处，我想到了自己在近年来的读书、备课、批改等一系列教学工作中，一如既往地要求自己尽量独自一人在安静的环境中优质高效地完成每项工作。也许，用所谓"恨活"来形容，亦不无道理。即使因此而被视为属于"场依存型"不得已而为之的人，我亦无怨无悔。

　　诚如《礼记·中庸》里的那句名言："凡事预则立，不预则废。"萧先生在求学阶段，通过已经养成的良好的学习习惯，恰如其分地诠释了"有备无患"这个为人处世的至理。无论是针对自己最为薄弱的学科——英文——付出的极大努力，还是在小考、大考来临之前，重视常规学习中一点一滴、脚踏实地的积累，如果能够坚持不懈地将最适合自己的良好习惯有效养成，一定会对自己未来的发展与进步大有裨益。

　　犹记《故都的秋》一文的作者郁达夫早年在杭州中学读书时，与后来的诗人徐志摩是同班同学，因为多次参与学生运动而频繁退学、转学。在15岁那年，郁达夫索性放弃在校学习，而是选择在家自修。他每天早晨7点前读一个小时英文，上午学习中国古典文献，读背唐诗宋词、《资治通鉴》等，下午学习现代西方科学著述，晚上散步、运动一小时。这一年的生活极有规律，年少的郁达夫也因此获益匪浅，为后来留学日本期间顺利考入名古屋第八高等学校并在东京帝国大学经济系完成学业奠定了坚实的基础。

　　由郁达夫，我又想到了日本作家村上春树在《当我跑步时我谈些什么》这本书中与读者分享自己永远奔跑的内心。他那段平实的话语，的确对每个人都颇有启示："然而坚持跑了一段时间后，身体积极地接受了跑步这事儿，与之相应，跑步的距离一点一点地增长。跑姿一类的东西也得以形成，呼吸节奏变得稳定，脉搏也安定下来了。速度与距离姑且不问，我先做到坚持每天跑步，尽量不间断。"

五

我批评提倡白话文学者的言论，认为过于偏激。我不赞成"打倒孔家店"，认为反对孔子的人不曾把孔子的思想与专制帝王所利用的"孔教"分别去看而一概抹煞，是很不公平的。现在回想起来，我真是不识时务，但我不能承认我的看法毫无理由。（萧公权《问学谏往录·清华两年的收获》）

如今想来，最初读到这段文字还是在余英时先生的文章《〈现代儒学论〉自序》中，余先生整段引用了萧先生这番表述，力图诠释所谓当时中国知识人"在立身处世方面却仍守儒家的旧义不变"这一道理。但余先生也明确地表示出"孔子的思想"在当下中国的吊诡之处："我认为儒学的合理内核可以为中国的现代转化提供重要的精神动力，然而我也不相信中国今天能够重建一个全面性的现代儒家文化。"

每次讲到《中国文化经典研读》这部选修课本收入的《〈论语〉十则》时，我都会想到鲁迅先生的杂文《在现代中国的孔夫子》（收入《且介亭杂文二集》）中的些许文字。在今天读来，它们对处于世事纷扰却葆有真正的"独立之精神，自由之思想"的知识人而言，依然具有别样的光华。权且引用下面的语句，重新感受一番——"孔夫子之在中国，是权势者们捧起来的，是那些权势者或想做权势者们的圣人，和一般的民众并无什么关系。然而对于圣庙，那些权势者也不过一时之热心。因为尊孔的时候已经怀着别样的目的，所以目的一达，这器具就无用，如果不达呢，那可更加无用了……孔子这人，其实是自从死了以后，也总是当着'敲门砖'的差使的。"

用冯友兰先生在《三松堂自序》中的一段反省来分析那真正的"不公平"，无疑是恰如其分的："如果自己没有真实的见解或有而把它隐蔽起来，只是附和暂时流行的意见，以求得到某一方面的吹捧，这就是伪，这就叫作哗众取宠。"也许，从萧先生的感悟出发，无论在过去、现在乃至将来，自己可能都会是一个"不识时务"的人。

六

二十几岁的时候，我立志不做"官"，专求"学"。这个志愿我始终不曾

放弃。我虽不从政,不入党,但对于国家的前途并非漠不关心。[萧公权《问学谏往录·是亦为政(一)·谈教育》]

众所周知,孟子所说的"穷则独善其身,达则兼济天下"是中国自古以来士这一阶层始终奉行的圭臬。但无论何时,始终会有另类的个体的存在,如果真能做到"穷亦兼济天下",那正是对感时忧国的情怀一如既往的坚守。诚如历史学家董每戡先生所言:"书生都有嶙嶒骨,最重交情最厌官。倘若推诚真信赖,自能沥胆与披肝。"犹记中国政法大学前校长江平先生被美国记者问到"从校长岗位上退下来有什么感受"时他的回应:"可以不说那些违心的话了,可以不去干那些不得不做的没有用的事了。"事实上,每一个真正笃志求学的现代知识人,都要力争超越子夏所说的"学而优则仕"这条似乎亘古不变的信条,在始终充满刺丛的路上姑且走走。也许,我们存在的意义就是在那条必然通向"坟"的旅程中,把"反抗绝望"的信念矢志不渝地融入自己一点一滴的行动之中。

七

我"立言"的宗旨是很简单的:把平日学思所得有关国家社会进步的意见提出供政府和国人的参考。所见未必有是,但所知无不尽言……我也知道,在当时的情况下,我的劝告不会发生效力。但"心所谓危,不敢不告",姑且说出,聊尽我心罢了。[萧公权《问学谏往录·是亦为政(一)·谈教育》]

在中国历史上,立德者谁?孔孟是也。立功者谁?秦皇汉武、唐宗宋祖是也。立言者谁?屈子、渊明、子美、子瞻是也。作为一个现代知识人,萧先生所葆有的利用自身的"平日学思所得"力争对于"国家社会进步"有所贡献的祈望,实在是难能可贵。在钱理群先生所谓的"精致的利己主义者"已经理所当然地成为当下中国各个领域的"成功人士"时,回首这番对于"治国平天下"矢志不渝的向往,依然会感喟不已。至于萧先生"所知无不尽言"的态度,同样令我感同身受。真正的知识人理应一如既往地践行王瑶先生那三句传世名言:"不说白不说,说了也白说,白说也要说。"诚如白岩松先生在新作《白说》代序中说的:"知识分子在目前的中国,大多只是'公知',很公共,却常常不够'知识分子'。其中很多人,与'理性'无法靠边,而这些人,又怎能列入到知识分子的群落中呢?真正的知识分子,不仅要有当下，更要有责任与远方。"

八

我相信"粗浅的实用主义"是中国教育停滞的一个主因。教育家和学生往往不能认清大学教育的真正功用在培养青年人的求知欲，在坚定他们为学问而问学的志趣，换言之，在使他们对致知穷理的工作抱着古人所谓"敬业"的诚挚态度，不把毕业文凭看成敲门砖或踏脚石。〔萧公权《问学谏往录·是亦为政（一）·谈教育》〕

在进入 1980 年代以来的改革开放的 30 年间，所谓"粗浅的实用主义"在诸多领域里大行其道，而所谓"教育停滞"这一长期以来的现状也是有目共睹的。我近年来为附中学子编印的"时文快递"的诸多篇章，就大都关乎当下中国的高等教育。例如杨东平的《向百多年教育模式宣战》《毛坦厂中学是怎样的学校》，钱理群的《我的北大之忧，中国大学之忧》《想起朱光潜先生》，林琳的《高考"特殊通道"的核心在于公平》《从"复旦投毒案"反思底线教育的缺失》，熊丙奇的《"放弃高考"和"逃避高考"的错位》《北大附中雾霾停课与学校自主办学》《教师节的焦点应是教师的待遇和权利》《大学先修课程该怎样开？》《"押题"式应试考试思维应该改变了》《"疯狂补课"是高考改革信用"透支"的结果》，再如施一公的《中国大学的导向出了大问题》、温儒敏的《要让学生多读"闲书"》、王传涛的《撕书打老师是高考前的"病态狂欢"》、李镇西的《学生给老师撑伞何错之有》、郎咸平的《叩问教育公平》、王小妮的《那些阴沉、猜疑、敏感的年轻人》，等等。借此，我们可以清醒地意识到，中国大学教育的走向始终值得我们忧思。当然，如果我们读过邓康延、梁罗兴编写的《盗火者：中国教育革命静悄悄》，对此的感受势必更加真切。

九

"讲学自由"只能在学校师生自动选择条件之下存在。因此政府对于文教机关的监督应当避免干涉课程的内容、教员的思想，以及师生的一切学术活动……战后中国面临着千头万绪、难于解决的善后问题。同时武力攫取政权的威胁一天比一天严重。加以大学中学里面学风颓弊，学潮起伏。我在这样的局势之中讲学术独立，谈学术研究，当时虽然觉得理直气壮，振振有词，事后看来真有痴人说梦之感。〔萧公权《问学谏往录·是亦为政（一）·谈教育》〕

对于自由的期冀，属于百年中国的几代知识人前仆后继的渴望。正因为毕生坚守着"士之读书治学，盖将以脱心志于俗谛之桎梏，真理因得以发扬。思想而不自由，毋宁死耳"的执念，作为历史学家的陈寅恪，给后人留下了仰之弥高的风骨。正因为"不愿违背自己的主张"，作为国学大师的钱穆婉拒了老师吕思勉邀请回归的召唤，"愿效法明末朱舜水"，在域外继续传播中国文化。正因为发自内心地向往海阔天空的生活，才使"原谅我这一生不羁放纵爱自由"的高亢激越的表达，塑造了香港摇滚乐队 Beyond 的那种不屈不挠、无怨无悔的气度，始终震撼着听者的心扉。

否则，勉为其难地屈心抑志，逆来顺受地言听计从，也就失去了所谓自由的真意，从而在举世誉之或非之的局面下，彻底告别徜徉于逍遥之境的可能。

犹记钱理群先生回顾自己的求学生涯时感慨道：附中（南京师大附中）最令人怀想的，就是自由。也许，"讲学术独立""谈学术研究"在百年中国不同的历史时期，始终属于真正意义上的"痴人说梦"。萧先生在钱理群先生所谓"天地玄黄"的时代旋涡中留下这番对"讲学自由"教育原则的阐发，可谓"于我心有戚戚焉"。此时此刻，权且借用鲁迅先生的文章题目——立此存照——来重温胡适先生的晚年箴言"容忍比自由还更重要"给予我们的当代启示。

静躁浮沉一任天

——《孙立权语文教学实录》跋

讲学论道廿一载,不觅封侯益见才。语重心长随缘处,言和意顺自在来。

文章星斗桢干立,诗酒风流桃李栽。成人之美真名士,守经达权亦开怀。

——李跃庭《丙申庆生题赠映雪斋主》

之所以思及自己在六年前创作的这首小诗,正是因为时至今日,那份美好的夙愿——全诗四联首字连缀成句"讲语文成",即寄望《孙立权语文教学实录》能够"不日成之"——终于指日可待,不亦快哉!

犹记在创作这首小诗的同时,我也曾拟写一副对联,表达内心对恩师的感念与祝福,其下联曰:立权生新民,垂范东北,有《札记》立言。

正是在两年后的春日里,我在参加东师附中第四届语文学术节教研活动时,有幸将恰逢其时出版的《孙立权语文教育札记》一书推荐给荟萃一堂的诸多师友。

也正是这一首小诗、这一副对联,让时至今日已然从教十五载的我的思绪,不禁在此时此刻重返当年。

令我始终念兹在兹的,是当年意气风发的自己在初涉教坛的拜师仪式上与立权师互赠箴言的难忘瞬间。立权师化用叶圣陶先生的名言写出的那两句话——"教,是为了不用再教;学,是为了更好地教"——也成为多年来作为语文人的我在自省中成长、于砥砺中蜕变的人生箴言。这份珍贵的师徒之谊,恰如苏子笔下的"江上之清风与山间之明月",无远弗届,生生不息。

回首自身在多年来因受教于立权师而有幸获取的种种智慧,我首先联想到《所论多平允,述考俱谨严——评〈孙立权语文教育札记〉》那篇文章。事实上,无论是"非教学性备课""参较式阅读"还是"文献意识",都是我在那篇文章中着力钻研和推介之所在。也许当我尝试把上述观念、方法运用到对于师徒之谊的回首与珍视,更能见出那份历久弥深的价值和意义。

在十年前到附中执教的第一个学期，我选择了梁实秋先生的《记梁任公先生的一次讲演》作为自己的新教师研究课选篇。在这次研究课试讲时，立权师前往听评课。令我感念至今的，不仅是他在我试讲前就针对教学设计中存在的问题提出宝贵的修改意见；也不仅是他在转瞬之间流鼻血的情形下，依然坚持全程听课；更是他在听课后，细大不捐地为我提出了11条非常具体的改进建议。例如怎样删减导语中矫揉造作的文字和作者介绍中繁冗驳杂的表述，对于人物的逸闻趣事如何灵活处理、穿插运用，如何调整课件中图片和文本的呈现顺序，如何设计板书，甚至对课件上的字体和标点使用的不规范现象，也全数指出。在后来这堂研究课完成后，立权师同样及时为我指出了教学中出现的新问题，例如我把课文题目中的"讲演"误读成"演讲"，在引用文献时标注出处存在讹误——"诗言志"一句出自《毛诗序》而非《诗经》，包括自己留给学生默读的时间较短，等等。

——李跃庭《萧公权〈问学谏往录〉阅读札记九则》

至于令季老一生难忘、始终追怀的异域恩师们，当下中国，尚有几多？

我常常会想起：立权师在为学生讲解《荆轲刺秦王》一课中"廷刺秦王"的文段时，特意身着唐装，手持青剑，意欲启发学生思考和探讨为何秦王之剑"不可立拔"，这无疑令在场的学生和听课教师兴奋异常。

我常常会想起：立权师为了使午后昏昏欲睡的学生们精神焕发，亲自深情地朗诵毛泽东的《沁园春·长沙》一词。那抑扬顿挫、洪亮高亢的声音，那激情满怀、吞吐日月的气势，至今余音绕梁，记忆犹新。

我常常会想起：立权师看到我桌上闲置的那本历史学家陈垣所著《史讳举例》的薄册，顺手抄起，仰头靠坐在椅中，捧书聚精会神地翻看。在整个上午，阳光煦暖的窗前，他的专注与沉静，令我印象深刻，感念不已。

——李跃庭《心声尽吐，一念如初——季羡林〈留德十年〉断章批注》

读至此处，又想起当年旁听立权师讲解韩愈《师说》一文时，曾与诸生探讨"夫庸知其年之先后生于吾乎"一句的语病。也即"年"应该论"大小"或"长幼"于"吾"，若论"先后生于吾"则应去"年"留"其"，否则即为搭配不当的病句。初闻此论，即感醍醐灌顶；又见胡语，益觉诚哉斯言。王荆公所谓"学者不可以不深思而慎取"之言，实乃至论。

——李跃庭《"述学"与"论政"的二重变奏——读〈胡适之先生晚年谈话录〉》

以上的三段文字，正是我结合自己的阅读心得和思考撰写书评时有感而发的内容。用见微知著形容，可能所言不虚；但寥寥数语，点到为止，难免挂一漏万。

历数多年来立权师给予我的教诲、引导、提携、关照，可谓恒河沙数、不胜枚举：

也许，那份情谊存在于《语文读本：批注式阅读教程》和《孙立权语文教育札记》以及《中外名诗选读》等多部由我参与编订的著述。

也许，那份情谊存在于《作文通讯》多年来刊发的由我撰写的10篇论文、我的学生完成的47篇佳作。

也许，那份情谊存在于先后发表于《语文教学通讯》《长春教育学院学报》《吉林教育》等期刊的关于立权师教学方法论研究的10篇论文。

也许，那份情谊存在于接手"时文快递""名作欣赏"这项编辑任务多年来我从为学校、年级，到为班级、自己先后编发却从未更换题头的几百份材料上……

诚如诗人穆旦在《赞美》一诗中所说，"我有太多的话语，太悠久的感情"，多年来师徒之间的"同声相应"绝不仅限于上述种种——

在2008年，我有幸和立权师共同参加东师附中第26届教学百花奖课堂观察研究课活动。立权师的《易水诀别》和我的《长恨歌》分别演绎了"短文长教"和"长文短讲"的不同尝试。

在2011年，我有幸和立权师共赴福州参加《作文通讯》杂志年会，与诸多闽派语文人切磋交流，其时在酷暑烈日的考验下同游鼓浪屿的场景历历在目。

在2019年，我有幸和立权师作为分获"陶然人师"和"万人名师"称号的附中语文人同时受邀为学校的"读书节"活动完成专题报告。

在2021年，我有幸和立权师共同参加东北师范大学"前沿课堂"（2021秋）全国初中语文国家级教学成果在线观摩研讨会（线上），完成彼此的微报告……

"在大路上多少次愉快的歌声流过去了，多少次跟来的是临到他的忧患。"

从2019年秋季开始，立权师与我不在同一个年级共事，作为"同行十二年"的弟子，我逐渐感受到一种难以名状的寂寞。无论是办公室窗前的欢声笑语，还是办公位桌上的笔痕墨迹，似乎不约而同追随他的身影，渐行渐远，若即若离……

当时间定格在2021年的夏天，几个忙碌的身影，将一摞摞厚重的书籍搬起，将一段段陈旧的记忆抛离。"传承民族文化，守望中国灵魂"，也许彼此心中念念不忘的，始终还是这一句。

的确是恍若隔世，当我终于从记忆的河流中上岸，才发觉立权师的嘱托——作跋——尚未落笔，用BEYOND的歌词中最令人难忘的词语来描述，不胜"唏嘘"。

事实上，正如《现代汉语词典（第7版）》所示："跋"是一般写在书籍、文章、金石拓片等后面的短文，内容大多属于评介、鉴定、考释之类。也许，于我而言，以"卒章显志"的形式印证本文作为"跋"的价值，依然不失意趣。

时至今日，重返母校并拥有大学教席的立权师，依然未曾忘情自己苦心孤诣、披肝沥胆近三十年的中学语文教育。正如余华先生坦言自己正是在面对疫情考验的隔离境遇中完成了小说《文城》的创作，立权师能够在《孙立权语文教育札记》问世4年后，从心所欲将《孙立权语文教学实录》的第一辑"公开课实录"整理出版，的确堪称我辈语文人乃至不同代际莘莘学子的一大幸事。

据立权师讲，他执教的大型公开课有200多次，不重复的公开课题目约40个。本书精选了20节公开课实录。这20节公开课，作为弟子兼同事的我，也有幸在现场聆听多节。其场面之壮观、氛围之热烈、收获之巨大、影响之深远，绝非三言两语可以尽述。

无论是《愚溪诗序》（其时作为东北师大文学院硕士研究生的我和时任十一高语文人的李林到场聆听），还是《重读"易水诀别"》（我正是在这节课之前于同一场地完成了自己的公开课《长恨歌》）；无论是《青春作伴好读诗》（我在首轮常规教学中坚持每日到立权师执教的文科实验班听课，对于新诗的钟情就此生发），还是《离骚》（犹记立权师在评聘特级教师述职时曾播放本课的精彩片段，当年杨威的听课点评同样异彩纷呈）；无论是《鸿门宴》（当时负责撰写教研室例会总结的我，也将这节课的听课笔记融入了后来关于"非教学性备课"的论文写作），还是《〈人间词话〉十则》（正是立权师引介的王兆山那首《江城子》始终提示作为教书匠的我努力成为一个"真人");无论是《中国文化中的梅花》(四人轮番登台献艺,令所有观者大饱眼福;王春点评的"跨界""混搭"也令本课在人大报刊复印资料的转载中别开生面),还是《江雪》(这节课千人爆棚的盛况空前似乎无须多言,不同听课者的感受同样载入史册,留驻心间)……相信立权师能够体谅我自此始终难以收放自如的笔触,诚如庄子所言:依乎天理,因其固然。弟子兴之所至,率性而为;无可奈何,不亦快哉!

众所周知,立权师早年在附中明珠校区执教的其他经典课例《汉字造字法》以及《孩童之道》《〈论语〉十则》等,也曾经先后以片段的形式在其专题讲座中适时闪现,意义不同凡响,价值毋庸置疑。至于多年来始终备受欢迎的校本选修课《前卫艺术》,和那同样拥趸无数的作文指导课《视角改变与语言陌生化》,也能让观者在堪称视听盛宴的文字之旅中尽享一份获益匪浅的快乐。

至于"立权师趣话"和"孙立权语文教学答问",对于钟情"孙立权语文名师工作室"公众号的同人、学子、家长等诸多朋友而言,那些短小精悍亦可谓妙笔生花的文字,想必也会唤醒彼此对于抖音账号"孙立权教语文"的向往,从而真正走近和结识这位"有趣的语文老师"。

犹记立权师年过不惑时在庆生席间吟出的那首七言自寿诗,以此收篇、自勉:

四十春秋去似烟,青丝飞白立人前。

余心唯愿常如水,静躁浮沉一任天。

(本文收入孙立权《孙立权语文教学实录》)

走近钱学森

——张纯如《蚕丝：钱学森传》读后随感

我准备尽我最大的努力，来帮助中国人民建设一个能令他们活得快乐而有尊严的国家。

——钱学森

国庆前夕，自己在同仁书店无意中瞥见一部名为《蚕丝》的人物传记。传主是作为"两弹一星"元勋（亦被称为"中国导弹之父"）、刚刚去世不久的著名科学家——钱学森，该书的作者是已故美籍华人女作家、《南京浩劫》（又名《南京大屠杀》）一书的作者——张纯如。

无论是传主的生平，抑或作者的文笔，都令我为之神往和敬服。毕竟爱不释手，于是当即买下。

在随后休假的三天时间里，我断断续续地细心捧读，感觉思想和心灵都受到极大的震撼。个中所得，亦有不吐不快之感。

犹记钱学森先生离世不久，我在为附中学子编发的阅读材料"时文快递"中，就选登了他生前最后一次公开谈话的实录《人学要有创新精神》。在那篇文章中，钱先生通过对自身长期学习和工作过的母校——美国加州理工学院——的人才培养策略、学术研究氛围的深情回忆和详尽介绍，对中国当时的教育体制（尤其是高校杰出人才的培养机制）可能存在的问题给予分析和评价，借此表达了自身真挚、急切的渴望。

拜读张纯如先生的这部传记，自身仿佛回归到98岁的钱学森先生在近一个世纪的生命历程中所走过的那些灾难深重、忧患重重的年代，跟随作者睿智而深刻的识见、细腻而灵动的笔触，体味一位爱国科学家童年的家世和壮志、青年的拼搏与成就、中年的荣耀和挫折、晚年的功业与梦想。那种命运的平平仄仄，不禁令人的内心为之跌宕起伏。

在《蚕丝》一书中，作者给我留下印象最为深刻的文字，莫过于贯穿钱学森先生一生的自然科学精神与文学艺术素养完美融合的天赋和追求；莫过于他从上海交大乃至中国庚子赔款的留学生中脱颖而出，用一年时间获得麻省理工学院（MIT）的硕士学位；莫过于他有幸拜当时世界上首屈一指的空气动力学大师冯·卡门为师，顺利取得加州理工学院（CIT）的博士学位；莫过于作为二战期间美国最早的火箭研发小组"敢死队"重要成员，他为军事科学所做的巨大贡献，以及他成为喷气推进实验室主任和该领域的世界权威的显赫；莫过于他年仅35岁就获得麻省理工学院终身教授这一殊荣并成为美国导弹研发和太空拓展计划的主要专家等诸多奇迹。

如果作者张纯如的笔力仅仅滞留在传主成就获取的线性描述上，亦无甚高论，难能可贵的是，她借助大量的历史资料、解密档案、人物访谈，清晰而生动地呈现了1950年代初期在所谓麦卡锡主义盛行的年代里钱学森被美国移民局限制离境、被联邦调查局逮捕审讯、被美国政府驱逐出境等一系列鲜为人知的史实。作为当时的学界新星和创新天才的钱学森，在麻省和加州的教学业绩和人际关系似乎也充满了众说纷纭的丰富性和复杂性。面对孑然一身的老父在大洋彼岸期待团圆的渴盼，面对导师的赏识、同事的推重、学子的追慕，面对贫穷落后的新中国的崭新建设的召唤，面对强大先进的美国广阔的发展前景和优裕的工作生活条件，钱学森的内心并非没有犹豫和困惑，挣扎与矛盾。

无疑，《蚕丝》将这些可能被来自主流话语所谓的宏大叙事遮蔽或缝合的灵魂伤口和历史裂痕忠实复现，令人不禁为那"时运不齐、命途多舛"的人生际遇而感慨良多。

我也由此思及奥斯卡影帝拉塞尔·克洛主演的电影《美丽心灵》中塑造的美国数学家、1994年诺贝尔经济学奖得主约翰·纳什，他何尝不是一位难得的天才？他以博弈论作为原创理论而奠定其学术地位，能够在麻省理工学院的惠勒研究室主持工作，破解黎曼难题。凡此种种，却依然难逃冷战的时代氛围和麦卡锡主义阴影带给其内心的巨大压抑而精神失常。在某种意义上，这些科学天才的成就恰恰来自于时代赋予的机遇，但其局限与困厄，也大多拜时代所赐，的确令人唏嘘不已。

读罢全书，方得闲暇认真思考题目中的"蚕丝"二字。作者张纯如先生为何以此来命名钱学森的传记？思考片刻，所得有三：其一，钱老一生的经历，恰如蚕的蜕变，时时更新而成长；其二，以唐人李商隐的诗句"春蚕到死丝方尽"作解，形容钱老一生对于科学领域的贡献，恐不为过；其三，钱老归国后领导五院自主研发的国产导弹亦有名为"春蚕"者，语涉双关，亦可成为原因之一。

想和这个世界谈点什么
——韩寒《1988：我想和这个世界谈谈》简评

这条路没有错，继续前行吧。

——题记

一对漂泊无定的男女，一辆1988年出厂的破车，一条崎岖不平的道路，一段共同追忆往事的真情诉说。

读罢韩寒的《1988：我想和这个世界谈谈》（以下简称《1988》），亦有不吐不快之感。

作为一部仅有15万字的长篇小说，该书不到半日即可阅毕，情节虽然谈不上引人入胜、扣人心弦，但总会令人产生一蹴而就的阅读冲动。由是观之，韩寒在小说叙事的把握上可谓驾轻就熟。

四处流浪的前报社记者路子野，驾着一辆名为"1988"的改装废旧车，与偶然相识的性工作者娜娜，一路漂泊三天三夜。也许，可以将之视为韩寒呈现给读者的故事框架。似乎有人以"公路小说"来定位《1988》，我未曾读过此类小说的经典——凯鲁亚克的《在路上》，仅仅欣赏过题材与之类似的昆德拉的小说《搭车游戏》、文德斯的电影《德州巴黎》。

在路子野和娜娜的交往中，尤其是你来我往的对话里，不时嵌入彼此对过往的种种记忆。那些记忆，关乎友情、爱情、理想、挫折……

从小说的叙事来看，韩寒以洗练畅达的文字，在节奏的控制上疾徐有致、舒缓自如。情节中必要的缺省或留白之处，处理得极有分寸，愈发显出一种稳健和成熟的气派。

例如，韩寒对于路子野童年暗恋的同学刘茵茵和挚友10号的命运的处理，就别具匠心。以一桩交通事故的简洁叙述，让自己爱恨交织的两个人在生命的旅程中戛然而止，令曾经纯情的向往和蛮性的崇拜在青葱岁月中化为一声叹息,也许这是主人公人生中的第一次重大挫折。

再如,情节中对于路子野青年时代的恋人——艺校表演系学生孟孟的结局的交代,同样是前呼后应、针脚细密。当二人最后一次分手时,"她说,我其实已经改行了""我说,行了,不用往下说了"已然暗示孟孟的堕落。在后文中,当娜娜聚精会神地看过孟孟的照片后说"我认得她,她就是孟欣童"时,读者自然意识到,作者通过娜娜之口巧妙地点出了孟孟的归宿——沦落为性工作者。而这段感情的失败与作为媒体从业人员在工作中遭遇的现实困境紧紧地纠缠在一起(所谓一份工作、一个女人),这似乎是主人公人生中的第二次重大挫折。

娜娜,作为小说的女主人公,被韩寒以细腻传神的笔触刻画得生动鲜活。她并非一般意义上的"无情的婊子"(正如孟孟也并非平常所说的"无义的戏子"),她只是一个善良、坚忍,有自己的惰性和无奈,亦时不时闪耀着母性的伟大光辉的女人。作为性工作者,她靠"销售自己"来维持生计,但她坚持对形形色色的或憎恶或喜欢的嫖客收费,不管上百还是一毛。因为,她要确认这只是工作,她要保留一种方式——只有爱人才能免费拥有自己——来维护自己灵魂的尊严,这也是她践行的职业操守。当她得知自己已有身孕就不再工作,购买《怀孕圣经》,了解生育常识,要为这个孩子缔造一个健康的体魄、正常的人生。虽然在小说的结尾,娜娜似乎因为性病(疑似 AIDS)而消失在路子野的行旅生涯中,但两年后她的姐妹托付给主人公的女婴,无疑代表了娜娜对他的信任和寄望、对女儿的爱怜和期许。

茵茵、孟孟、娜娜,韩寒似乎有意以这依次出现在路子野生命中的三个女孩,来见证其生命中所有理想的不断破灭,以及对于现实愈加顽强的抵抗。

在这部小说中,韩寒以一种弥漫着反讽的冷峻笔触,用或隐或显的方式,对现实种种激情点射。从洗浴中心的色情服务,到城管人员的知法犯法、公安部门的非法取证;从禁锢思想的学校教育,到坑害病患的医院设施;从性交易、负面炒作等娱乐圈潜规则,到删改稿件、销毁报纸的新闻界黑幕;从群体事件到苏东剧变……韩寒延续了他在杂文创作中犀利刻毒、一针见血的风格,对生活的时代、身处的世界进行无情的嘲讽和批判。借用鲁迅先生的话来审视,这部小说正可谓"感应的神经,攻守的手足",因为"其中有着时代的眉目"。

对于搭上了 70 后末班车，也算作半个 80 后的自身而言，小说中涉及"1980"或"1990"年代的种种文化元素着实引人瞩目。玻璃弹珠、花仙子、纱织小姐、不死鸟一辉、紫龙、冰河、"为革命保护视力"的眼保健操、录音机、雷锋、黄继光、刘胡兰、红领巾、《十万个为什么》、《娃哈哈》，以及小虎队的《青苹果乐园》《爱》《男孩不哭》、张雨生的《我的未来不是梦》、罗文的《尘缘》、张学友的《祝福》、苏芮的《奉献》、辛晓琪的《承认》……在令人眼花缭乱的同时，于不经意间我仿佛看到了属于自身的当年影像。

以上，是我初读此书的直感，若他日再读，容或别有会心。

最后，以韩寒在小说中通过主人公路子野之口说出的一段话来结束本文——

不要以为现实可以改变你，不要被黑夜染黑，你要做你自己，现实其实没有你想象的那么强大，现实不过是只纸老虎……

雾中风景

——观影笔记两篇

一、关于《朗读者》

德国存在主义哲学家海德格尔的高足——著名犹太裔政治哲学家汉娜·阿伦特曾在《集权主义的起源》《论革命》等著作中对法西斯主义极权政治的实质做出了精辟的分析。她对二战之后接受审判的曾供职于集中营的前纳粹军官艾希曼的尖锐批判，可能是《朗读者》这部电影的编剧（即《朗读者》小说的原作者）的创作灵感来源。

《朗读者》属于一部关于爱情和历史的电影，个体情感与集体记忆之间的纠缠与割裂，使这部影片充满了叩问人性的深度和道德思考的张力。曾出演《辛德勒的名单》《英国病人》的男演员拉尔夫·费因斯和以《泰坦尼克号》而闻名于世的女星凯特·温丝莱特的联袂演绎，更为本片增色不少。

在1950年代的西德，高中生迈克尔由于某种机缘与一位比他年长20岁的电车售票员汉娜共同坠入爱河。两人之间的相互吸引绝非止于肉身的欢愉和感官的刺激，而是为一种特殊的纽带所维系——朗读。情感朴拙、不善言辞的汉娜对于文学有着异乎寻常的感受力和热情。每次与迈克尔幽会时，目不识丁的她都会请对方为自己朗读世界文学经典作品——从荷马到契诃夫，从雨果到托尔斯泰，可谓数不胜数。

恋情无疾而终的若干年后，作为法律系本科生的迈克尔旁听了一场针对几位前纳粹集中营女看守的公开审判会。他意外而震惊地发现作为被告之一的汉娜当年因恪尽职守而犯下的种种罪行，这也令他格外矛盾与痛苦。

然而，当几乎所有的被告都试图通过一份写有汉娜亲笔签名的报告将罪行全部推卸到本不识字而毫不知情的汉娜身上时，了解汉娜被毁谤和构陷这一事实的迈克尔在灵魂的挣扎中放弃了挺身而出为其作证和辩诬的机会,致使汉娜被判处了刑罚远重于他者的终身监禁。

为了弥补心灵的亏欠,迈克尔即使在成家立业后,也不辞辛苦地自行录制文学名著的朗读磁带,并源源不断地邮寄给身处狱中的汉娜。深受感动的汉娜也始终努力自学文字书写,并尝试用稚拙的文字与迈克尔通信交流。

多年以后,当汉娜获得假释即将提前出狱时,前来看望她的迈克尔被那爬慢皱纹的苍老容颜所震惊。他心中对汉娜不光彩的历史的纠结油然而生,也许眼前这垂垂老矣的她也令他不无嫌恶,这一切使得他的表情冷漠而不知所措。

为此,痛不欲生的汉娜最终选择在迈克尔迎接她出狱的前一天自缢身亡,在即将获得自由的黎明曙光前结束了自己脆弱不堪的生命。她以决绝的方式实现了灵魂的忏悔,迈克尔却因此而不得不永远面对那座"压在心上的坟"。

存在主义哲学家萨特曾说"人的任何选择都是自由的",可这自由选择的结果却令人如此不堪。面对这种灵魂挣扎的苦难,我们又该做何抉择?

关于爱情,本片使我想起了爱尔兰诗人叶芝的《当你老了》和法国作家杜拉斯的《情人》。

关于历史,本片使我想起了哲学家阿多诺的一句名言——奥斯威辛之后,不应再有诗。但我也想起了犹太诗人策兰的名作《死亡赋格》,它以另一种方式告诉我们:奥斯威辛之后,应该有诗。

而在我看来,《朗读者》这部电影,正是一首"奥斯威辛"之后的"诗"。

二、关于《本杰明·巴顿奇事》

我希望你有时能驻足于这个令你感到惊叹的世界,体会你从未有过的感觉,我希望你能见到其他与你观点不同的人,我希望你能有一个值得自豪的一生,如果和你想象的生活不一样,我希望你能有勇气,重新启程。

大卫·芬奇导演的电影《本杰明·巴顿奇事》讲述的的确是一件奇异之事。影片起始,描述了一位盲人工程师有感于年轻的儿子在一战中丧生的惨剧,呕心沥血特意制造了一座逆转的时钟,以表达自身的丧子之痛和渴望时间倒流、阖家团圆、幸福如初的衷情。

就在这一年——1918年——也即一战结束的那一年，在美国路易斯安那州的新奥尔市，一个纽扣商人世家的新生儿呱呱坠地，然而他出生时就呈现出一副垂垂老矣的暮年之态。爬满皱纹的苍老面容令人不寒而栗，以至于被他的父亲遗弃在敬老院。在一对善良的黑人夫妇的抚养下，本杰明逐渐成长——不过他的成长异于常人，别人是越来越衰老，而他却是越来越年轻。也许，只有他的个体命运和那逆时运转的大钟息息相关。

在本杰明的成长历程中，他与和祖母共同居住在敬老院的小女孩黛西情投意合。看起来年近花甲却正值青春年少的他，踏上了一艘航船，以水手的身份遍游世界各地。在珍珠港事件后，又随船长和船员们志愿参军，抗击法西斯潜艇，也经历了种种奇妙之事，拥有了丰富的人生体验。战后的本杰明回到敬老院，与他的黑人养母相依为命，他在大都市纽约找到了已然长大成为一名优秀舞蹈演员的黛西。然而，此时青春靓丽的黛西无法理解本杰明那不惑之年的外表下纯真热情的内心，两人再次擦肩而过。

一个女人在逐渐衰老，而深爱她的男人却在返老还童，这是何等不可思议。是啊，这两段天然逆行的人生之旅注定会有交点到来。于是，在黛西因车祸断腿而不得不告别舞台之后，在本杰明被倔强要强的黛西拒绝之后，他们的爱情之花终于在若干年后悄然绽放——本杰明历经漂泊后回到了敬老院，与在此等待他多时的黛西相遇。此时，她43岁，他49岁，她经历变故成熟而富于风韵，他屡受磨难稳健而朝气蓬勃。他们在一起度过了一生中最快乐的时光，在恰当的时间、恰当的地点，面对恰当的人。

然而，那一天总会到来，黛西会成为老妪，本杰明会变为婴孩。为了让自己的妻女能拥有常人的生活，本杰明黯然神伤地选择离去。多年以后，闲居在家的黛西照顾着从少年不断蜕变为孩童乃至婴儿的本杰明。最终，在黛西的怀抱中，本杰明在凝眸这个女人片刻之后合上了双眼，终结了他奇幻而伤感的人生旅程。

由布拉德·皮特和凯特·布兰切特两位超级巨星演绎的影片无疑会给每位观者带来巨大的震撼。更加令我震撼的是，这部作品原来改编自美国著名作家菲茨杰拉德的同名短篇小说，而这位作家曾是凭借《了不起的盖茨比》《夜色温柔》等诸多名作影响包括海明威在内的几代美国人的文学大师。作品对战争的反思，对历史的勾勒，对人性的挖掘，对命运的追问，都令人感慨良多。

也许，每个个体都渴望拥有永恒，尤其是在那些良辰美景、赏心乐事发生的时刻，可"欢乐极兮哀情多"，连"千古风流人物"都将被滚滚而去的大江淘洗净尽，更何况更为渺小凡常的个体呢？只是，我们与灵魂的伴侣，与心中的向往，总会在某一刻相逢，那就把握住相逢的一瞬，在有限的日子里尽情分享幸福留驻的分分秒秒。此外，如哈姆雷特所言：沉默吧。

感悟篇

GANWU PIAN

吾侪亦悲精魂落

——我所认识的许烁

题记：东北师大附中 2007 级高二 30 班（文科实验班）学生许烁因煤气中毒事故，于 2009 年 3 月 17 日离世。在许烁同学远行三周年（2012）、五周年（2014）、十周年（2019）之际，笔者都曾汇编文稿"时文快递""名作欣赏"以示纪念。在许烁同学远行近十五年之际，笔者再次分享旧作，权作一次回眸。难以割舍的，依然是那份"交会时互放的光亮"。诚如鲁迅先生在《记念刘和珍君》中所说：就将这作为菲薄的祭品，奉献于逝者的灵前。

许烁并非我的学生，然而，与他相识和交往的记忆，却令我引以为幸。

此时此刻，在许烁远行以后的第四天清晨，我强烈地感到有写一点东西的必要。

就在几天前的课间，许烁和郝旭来向我咨询语文科考试默写篇目的范围，我略感诧异地回答："必修一到五册的默写篇目和李白的《春夜宴从弟桃花园序》，孙老师没有通知你们吗？"谦和而厚道的郝旭微笑着未置可否，许烁则近我一步，俯下身来，一只手遮住嘴，用那惯常的轻快急促的语速，压低声音对我说："孙老师告诉我们只考选修教材《中国古代诗歌散文欣赏》里的篇目，呵呵。"那略带神秘与快慰的狡黠的神情历历在目，如今想来却令人痛彻心扉。

初识许烁，皆因他那异乎常人的外表。

那时，东师附中青华校区教学楼的走廊里经常会看到一个魁梧壮硕、髭须满面的男生风风火火地东奔西走。与同龄人相比，那略显成熟的外表让他格外引人注目。

在年级组织的第一次文化知识百题竞赛后，正在语文教研室备课的我听到身后一个男生郁闷而兴奋地向王瑞老师抱怨："老师，这题怎么这么难啊？范围太广了，像韩剧和某些电影我都没有看过啊！"作为命题人，我本能地回头一瞥，原来正是那个面色白净、头发略卷的"大胡子"学生，他正毕恭毕敬地俯身聆听王瑞老师的谆谆教诲。

"这是一个认真的孩子"，我对自己说。

文科出身的人，往往拙于应对日常生活中琐碎的技术性难题，对于电脑和网络故障，多数语文老师尤为感到捉襟见肘、力不从心。令人羡慕不已的是，王瑞老师似乎很少为此而困扰——那确乎仰仗于许烁的才华。据说这孩子是计算机和网络技术应用方面的高手，很多令旁人抓耳挠腮的问题，他却迎刃而解，其高效与精准让人叹为观止。作为年级党支部书记的唐大友老师，在创办反映年级党建工作、报道师生先进事迹的"旗帜"网站时，也得益于以许烁为首的几位同学的大力协助。许烁那种排忧解难的热情、扶危济困的气度，使人不期然地想到《水浒传》中的梁山好汉。

于是，那标志性的络腮胡子显得越发可爱了。

如果对于理科实验班的高才生来讲这种技术性的动手能力微不足道，那么另外一件事则不能不令我对许烁刮目相看。

全国中学生语文能力竞赛决赛过后，师生们对于比赛结果都翘首以待。当得知荣获一等奖的学生里有许烁——那个看似糙汉却才华横溢的兢兢业业、彬彬有礼的"大胡子"科代表——时，我对他的赏识之情油然而生，可谓钦敬有加。虽然对于熟识他的朋友而言，这原本就属于实至名归。

所以，当高一学年暑假过后许烁和几位同学荣获全国中学生英语电视演讲大赛一等奖时，我们已然少了几许兴奋和惊异，多了一份坦然与欣喜。新学期伊始，当得知许烁等几位原理科实验班的青年才俊相继进入文科实验班学习，作为一名从事语文教学的教书匠，我的内心深处充满了由衷的幸福与激动、期待与憧憬。

这份激动与憧憬从何而来？

立权师为许烁撰写的挽联中有"道德文章，誉满校园"一句，我以为是中肯而恰切的。

犹记上个教师节前后，也即高二新学年开学式那天下午，散会后绝大多数学生都欢快地汇入涌出校门的人流。唯独许烁、张辰阳几位同学手捧一些仪式剩余的花束，大汗淋漓地推开语文教研室的门，他们向在座的老师敬礼后，径自走到窗边立权师座位所在的那个角落。其时，立权师有事没在，只听得他们几人七嘴八舌地议论、筹划着什么,而后又悄然无声,良久未去。我回身一望,只见几人弯腰躬背始终在立权师桌前忙碌着。于我而言,科代表尽职尽责一些,也是理所当然,所以并未在意。

哪知翌日清晨,立权师为自己眼前的"景观"笑逐颜开,啧啧称赞。我等趋近一看,原来桌上用菊花、康乃馨等鲜花的花瓣和枝叶歪歪斜斜地摆出"节日快乐"四个大字,五颜六色、姿态横生,真令人拍案叫绝。原来这就是许烁们不辞辛苦的秘密杰作!我对立权师戏言道:"这不恰恰是您讲授的校本选修课《前卫艺术》提供给他们的灵感吗?"立权师沉思片刻,却只说了"仁义"二字。孔子讲仁,孟子谈义,我认为这个评价是非常合理的。已届不惑之年的立权师,渐臻宠辱偕忘、俯仰随缘之境,少有喜形于色之时,而那天他却兴致勃勃地用相机拍下这一杰作,保存在电脑里,传发在博客中,时时欣赏回味。

如今,再看这幅照片,耳畔皆是静默,心中一片悲凉。

当我竭尽全力试图在脑海中追寻许烁留下的些许痕迹时,仿佛看到我的《长恨歌》公开课试讲时,许烁在滔滔不绝地言说自己如何喜爱"鸳鸯瓦冷霜华重,翡翠衾寒谁与共";似乎听见他与张辰阳就中国传统文化知识和同事赵卿老师辩驳问难、高谈阔论;隐约记起他在立权师的百花奖公开课上慷慨激昂地朗诵"风萧萧兮易水寒,壮士一去兮不复还"……

然而,从今以后,将再也不见他手捧电脑,在语文教研室门口躬身而退的身影;从今往后,将再也不见他在课堂上手捧《边城》,与师生分享版本研究心得的情景;从今往后,再也不见那熟悉的美髯,再也不闻那轻快的嗓音……

呜呼!无法可想,无从落笔。

从某种程度上来说,迄今为止,许烁是我所结识的可谓绝无仅有的学贯中西、博古通今的优秀学子。多少师长都把赓续文化传统的伟业、再造中华精神的重任,寄托在以许烁为代表的有抱负、有担当的杰出弟子身上。得知噩耗的那一刻,我不禁潸然泪下,我想到孔子痛失颜回与子路时那搥胸顿足、呼天抢地的悲愤,我想到鲁迅先生留在《为了忘却的记念》中的文字——我沉重地感到我失掉了很好的朋友,中国失掉了很好的青年。

昨天,听说"家在吉林"杯中学生作文大赛的获奖学生名单已经公布,荣获一等奖的学生里也有许烁。我的心不禁回到那寒冷的冬日，立权师在课堂上充满兴奋地朗读林英奇的《其黑如墨，其白如宣》，朗读许烁的文章《那泪水浸润的土地》，那厚重的历史感，那浓浓的故乡情，使教室内充盈着春日融融的温暖。其时，许烁面色中的羞涩与坚毅依稀可见。

斯人已逝，岂不痛哉？文章千古，继往开来。

在忘却的救主快要降临之时，我沉痛地写下上面的文字，权作对许烁君的一丝怀念。希望有感于这个年轻生命之陨落的所有人，铭记这位匆匆的过客；希望这个感动附中的灵魂，在这片他所深爱的故土上，安息长眠。

作于己丑年二月二十四日

草作小诗一首：

惊悉三十班学子许烁不幸辞世，悲从中来，怆然涕下，作七绝以慰许兄在天之灵。

仲尼痛失回与由，
吾侪亦悲精魂落。
弱冠未及身先许，
唯见孤星空闪烁。

学 子 三 题

对于很多附中人而言,"轮回"的期限是三年。在我走近这第二个"轮回"的终点时,回首三年前的人事,依然感慨不已,于是翻出 2011 年夏日的旧作,让回忆来讲述那些年我们曾经熟知的女孩……

一、菁菁姑娘

晶晶姑娘是"喜剧之王"周星驰在电影《大话西游》里对莫文蔚饰演的白晶晶的称呼。

如今,再次听到这个称呼则使我想起了当初高一9班,后来高二30班的才女王菁菁。

菁菁姑娘留给我印象最深的莫过于她的英气、豪气、灵气、才气。

第一次听到王菁菁这个名字,还是在立权师的课堂上,且这个名字我听一次就记住了。一头利落的短发,一副挺拔的身姿,铿锵有力的语言,圆润清澈的嗓音,尤其是那一股男孩般的英武豪迈之气。犹记当时,我想起了童话里的小木偶——匹诺曹。

对菁菁姑娘的肃然起敬,主要是因为她在课堂上的精彩发言(因为我常常是听课教师)。那些鞭辟入里的分析、别出心裁的阐释,每每令人啧啧称赏。时日一长,很多都淡忘了,只是记得在立权师的百花奖公开课《〈易水诀别〉赏析》的课堂上,当立权师请一位同学用现代汉语语法分析的框式图解法来分析"太子及宾客知其事者,皆白衣冠以送之"一句的结构时,场下沉默良久,文科实验班的诸多才子才女无人举手应答。此时,王菁菁自告奋勇,从容大气地走上讲台,抄起一根粉笔,"轻描淡写"一番。顷刻之间,一幅准确精美的语法分析图示呈现于在场的 700 余名师生眼中,令人叹为观止。她的学识、气魄,令作为语文老师的我亦自愧弗如。

犹记 2008 年奥运火炬在长春传递仪式举办那天清晨,全校师生都在自由校区 A 座前的操场上集合。正在与同学交谈的我，突然感到肩膀上遭到重重的一击，扭头一看，王菁菁和另一个女孩带着顽皮的笑声飞奔而去。再低头看自己的身上，已然被贴上了一张精致的五星红旗不干胶。

2010 年的盛夏，属于附中全体师生的丰收季节。吉林省高考成绩公布的第一时间，我们便得知王菁菁的总成绩位列吉林省高考文科前 10 名，真是让人钦佩不已。其实对于她而言，这原本就是顺理成章之事。区区高考成绩，当然无法涵盖她的一身优异。

菁菁姑娘，如今还葆有那番"假小子"的非凡气度吗？

二、印象胡楠

又一年高考的大幕徐徐落下，似乎这一年的时光格外短暂，总是不期然地在脑海中浮现出当年的人事。也许年过而立且记忆开始衰退，于是我便想用一支笨拙的笔来刻下曾经清晰而渐趋模糊的影像。

近来在胡楠的日志中看到她对喧嚣一时的"两个附中"（即师大附中、吉大附中）之争进行的深入思考，联想起此前读过的蔡淞任、张冠雄的同题文章，不禁感慨他们的大气与成熟。也许对于和胡楠拥有相同身份的同学来说，对这一事件做出非此即彼的判断，原本就是欠妥。谭嗣同的那句"去留肝胆两昆仑"，能帮助我们对个体的选择拥有一种同情的理解。无论如何，都不能让丰富和复杂在单一话语中被遮蔽和消解。两个母校，赋予它们共同的毕业生一种似乎尴尬的"两难"境地。但胡楠们的清醒的看法，令我欣慰地感到，并非每个人，都落入那曾经烜赫一时的"敌我意识的陷阱"。是啊，能够真正葆有"独立之精神，自由之思想"始终难能可贵。

初识胡楠，是在立权师的校本课《前卫艺术》的课堂上。

依稀记得，当时立权师在大屏幕上呈现一幅画作，请在座学生思考画面的内涵，无人举手作答。坐在门旁听课的我端详良久，亦百思不得其解。没想到，转瞬之间自己就被身后第一排一个举手回答问题的女同学震撼。她起身高谈阔论的具体内容我已然不复记得，但顷刻间产生的钦佩和赞赏，到如今依然记忆犹新。

那个女孩，就是胡楠。

三年后的盛夏时节，当胡楠的名字与 2010 年吉林省高考文科状元（汉语言类）联系在一起时，我丝毫不感意外，这原本就属于实至名归。

犹记高二之际，同事在企业界的朋友曾有一事相托，就是请立权师为自己经营的家具城题写一段文字，以作宣传之用。谁料洒脱的立权师索性将这个题目布置给自己文科实验班的学生，许诺将在众多习作中遴选上品，以友人馈赠的润笔作为奖励。结果是，胡楠用骈散相间的文言写就的《橱柜铭》在数篇佳作中脱颖而出、拔得头筹，获得了立权师奖励的《鲁迅全集》（2005年新版）一套。令我辈为师者欣羡不已的，当然不止这套全集，更是胡楠那卓尔不群的文采华章。

台湾师范大学附属中学的崔沁老师来到附中讲学时，在图书馆报告厅听课的师生不下 700 人。崔老师给文科实验班 30 班的莘莘学子讲解《烛之武退秦师》，与常见的讲法不同，她更侧重从修辞这个角度切入文本，深入探究人物的语言，借此分析其性格。崔老师在大屏幕上呈现这样一段话——"白流苏对范柳原说：'炸死了你，我的故事就该完了；炸死了我，你的故事还长着呢！'"（张爱玲《倾城之恋》）——请在座学生畅谈感受。胡楠思忖片刻，率先举手，侃侃而谈：这里既表现了女主人公对爱情坚忍的誓言，也是在委婉地索求对方的温情和爱（大意如此）。她体会的真切和描述的细腻，令听课者不约而同地报以掌声。于是，烛之武的那句"臣之壮也，犹不如人，今老矣，无能为也矣"的含义也就不言自明。印象中，胡楠的发言是那次公开课唯一的学生发言。这一点，也令我们对崔老师"独断专行"的授课方式印象深刻。

今年 3 月 17 日那天，我给 2010 级高一年级全体学生印发了往届优秀学子许烁的参赛作文《那一片泪水浸润的土地》，同时刊发的还有胡楠和蔡淞任写于许烁远行不久的怀念文章。这一期"时文快递"的内容，还是在高一上学期给学生讲授《记念刘和珍君》一课时我就想好的。读着胡楠和蔡淞任的文章，我不禁热泪盈眶，这个远去的身影是我们心中永远的痛，而这些真挚而深情的文字，也许能让那颗闪烁的孤星和世间的我们就此获得一丝宽慰。

许烁、蔡淞任、王菁菁、胡楠等同学，并非我的学生，我不过是因为听课、代课的种种机缘，与他们相遇、相识。作为"附中过客"的他们，却留给了我如许深刻的印象和恒久的回忆。可能，这源于某种共同的志趣、相似的向往，源于生命的交集、难忘的记忆。

师大附中有很多有趣的老师和同学，值得我们写一写。请允许我套用汪曾祺在《金岳霖先生》一文的结尾，表达我对师生们的敬意。

三、有关车宇佳的四个瞬间

2010年5月31日，作为附中2010届学生代表的车宇佳在高三毕业典礼上发表演讲。

此前百日誓师中蔡淞任慷慨激昂的召唤、鼓舞人心的动员依然回荡心间，在这离别之际，车宇佳又会带给我们1800多名师生怎样的感触呢？

听到下面这段感人肺腑的话，作为教师的我不禁眼角湿润——

"不会忘记我们的同窗，不会忘记我们有着同样年轻的心与澎湃的热血，有着同样扬起的头和坚毅的目光，有着同样灿烂的微笑和高远的理想。我们携手并肩、披荆斩棘，我们荣辱与共、朝夕相伴。如果你身边正坐着你的好朋友，好好和他握个手吧，在心里默默对他说：多谢你发现我、认识我、喜欢我，多谢你倾听我、懂得我、支持我，多谢你陪伴我、安慰我、体谅我，多谢你让我相信生命有一种绝对，多谢你是这世上无与伦比的美丽，多谢这段有点曲折却流光溢彩的路，有你，有一千八百多名伙伴一同走过。"

车宇佳曾说："这是我高中三年最骄傲的时刻，也是你我最难忘的时刻。"是啊，这一刻令无数学子为之动容、为之涕泣，多少位老师回到办公室后依然难以忘却、感喟不已。

这似乎是毕业前车宇佳留给我的最后一个清晰的瞬间。

趁着忘却的救主尚未降临，时光，倒流吧，回到3年以前。

2008年6月1日：高一13班语文课后。

既然是国际儿童节，为什么不能让拥有童心的师生共同追忆一个充满动漫的童年呢？于是，我在课间利用投影设备为自己班里的学生放起了少年时代所钟情的动漫的片头。播放到《灌篮高手》的片头、片尾时，我注意到班级门口伫立着一个小巧玲珑的女孩，她那充满阳光的笑脸上洋溢着单纯和快乐，就那样执着地凝神观赏，直到上课的预铃响起依然恋恋不舍。

这也许是车宇佳留给我第一个印象深刻的瞬间。

2008年11月22日，东北师大附中第26届教学百花奖立权师公开课《〈易水诀别〉赏析》课上。

当立权师肯定了康钟予写下的有关"易水诀别"的感悟，并以"在康钟予心中，荆轲是个爷儿们"来作结后，车宇佳也起身朗读了她留在立权师博客上的文字。不知别人作何感想，车宇佳的声音在我听来是格外独特的，那独特来自于轻盈、灵动而始终如一的"孩子气"（我似乎找不到更好的语词来替代这三个字）。她那段感悟文字的最后一句是"一年后再见他，最想做的是忘记他；他从来不需要任何人的一声叹息"，话音未落，掌声响起。

还有一个瞬间，已然记不清是何时了，应该是高三时为立权师代课的课后。

在讲解模拟试题的现代文阅读时，我一时兴起，给30班的学生讲起了水仙花，讲起了它在西方文化语境中所具有的"自恋"的含义，对潘光旦翻译霭理士的《性心理学》中这一概念时使用的"奈煞西施"的绝妙津津乐道，并随手在黑板上写下了"自恋"这个词的英文写法。课后，手捧文曲星的车宇佳冲出教室，追上走廊里的我，指出我的书写中有一个错误。那个错误至今已然不记得了，似乎正确的是 narcissism。我感到惭愧，并请她及时在黑板上予以更正和强调。是啊，作为 Culture（李文化老师）的英语课代表真是认真负责、锱铢必较！

其实在9班、30班、13班、12班、21班、20班听课、讲课的日子里，车宇佳们有无数闪光的瞬间令我感怀、钦佩。遗憾的是，那时的我，对记忆拥有太多的自信，于是更多的瞬间流逝了。请允许我引用车宇佳那段毕业演讲中的开场白来结束我此刻的回忆——

"或许经年之后，你已记不得布宜诺斯艾利斯的经纬度，记不得氢氧化铜的颜色，可你依然会记得今天，记得此时的心情。让我们把对母校的眷恋、对师长的感激、对伙伴的不舍都化作一句没有期限却笃定真挚的诺言：我们不会忘记。"

同 人 三 题

一、交锋——我和卢建波的"恩怨情仇"

卢建波属马，我属羊。

他在东北师大美术系深造时，我亦在中文系苦读，他长我一届。

犹记大三时，我当时的女友（今日的夫人）告诉我：一个才华横溢的美术系男生和女友携手签约东师附中。之所以了解这一点，是因为这个男生当时的女友（今日的夫人）就是她的本系同年。

这个男生，就是卢建波。

如今，我在东师附中工作虽已近五载，却始终无法与教龄已有十年之久的卢建波比肩。

这比较无关年头，他的确堪称一位天才。

其书法画艺我且不论，自有后人评说，令我感喟不已的，首先是他的语言天赋。

诚如莘莘学子所言，卢建波就是一位单口相声大师，他的美术课被学生亲切地称之为"两周建波秀"即为明证之一。

我俩一见面，必然以"公"互称。我称其"卢公"，他称我"庭公"，且弯腰90度鞠躬。这是他开的先例，我不过是奉陪而已。有趣的是，他每次还要问我《论语》背得如何，提示我应持之以恒云云。在我看来，这主要是表达对立权师的景仰和揶揄之情。

我曾为他解释为何称之为"公"。我的说法是：在中国古代，诸侯排行是公、侯、伯、子、男。我以"公"称呼，正是表示对他的尊重；若称之为"侯"，则略嫌不敬。此外，法国巴黎有座世人皆知的艺术圣殿，名曰"卢浮宫"，从卢建波的体重来看，虽然已如超级大国的战略核武器一般不断削减，但还是"浮"不起来，只好省去一字，称之为"卢公"。对于我的解释，卢建波也只是笑而不语。

东师附中的文艺杂志《铎音》第1期出版后，语文组同人皆为封底上教师们的画作和剪纸啧啧称赏。当时卢建波恰好在身旁，我故意对别人的作品大加赞许，却并未提及他的大作；当不得不评价其国画时，我又只对他题款的书法予以肯定。记得他当时的表情极为无奈，只是把大手搭在我的肩上做亲密状，对在场的人说："我俩站一块就是——文艺复兴。"

教师节外出活动时，我和立权师、唐志强老师等几位前辈搭乘卢建波的车。在车上，他不禁又向我挑衅。他说："跃庭，你知道吗？我经常和我们艺术组的美女们提到你，说你是难得的才子，对于《金瓶梅》很有研究。"我听后差点喷了，当即回应："说实在的，我还真没读过《金瓶梅》。主要是因为没有完整版的，不值一买。都是此处删去若干字一类，实在无聊。而且没有原版的配图，艺术上大打折扣。"卢建波笑笑："那怕啥呀？你补写不就行了，我给你配图呗！"

由此可见，这厮颇有王朔的风格，为了把你拉下马，甘愿自贬身价。我算服了。

但毕竟少有人与他对峙过招，或因交情，或因兴致，或因水平，或因心性。对于他的发难，我素来照单全收，而且无所保留。正所谓"来而不往非礼也"，先贤所言极是。

某日下午，我从高二18班门前经过——刚从洗手间回来，感到那教室中有一男子正在上课，并未在意。忽然，发觉身后有人以低沉的男中音特意地咳嗽一声。我转身一看，原来是卢建波。他站在门口，笑眯眯地对我说："咋样，进来听听课啊？"我出于正常反应连忙推辞："不了，谢谢啊。"谁知他更加热情，一再邀请："来吧，来吧。"于是，我真的打算进屋听课了（毕竟从前后几届学生的口碑中，自己就已然对他的课神往倾心了），就说："好啊，那我进去了。"在我拔腿欲进时，他终于告饶了："行了，哥们，谢谢啊。"看来，他也有吃不消的时候。

我尤为佩服的是，居然在上课时他都一点正经没有，其人行事之风格由此可见一斑。

但是，卢建波的才华又不止于斗嘴扯淡，他是真的肚里有货。

犹记4年前，他就通过一节关于后期印象派——似乎是凡·高——的公开课赢得全省专家和同行的一致好评,并因为其教学、科研的重大成就而荣膺艺术学科"省级学科带头人"。当然,在他的从教生涯中,类似的荣誉自当数不胜数,我所知甚少。他指导的学生社团,红红火火,成果斐然;他开设的校本课,匠心独运,大受欢迎。如今,他更是跨年级、跨校区、跨学部,为不同层次的学生上课,走南闯北,说东道西,真神人也。

我想起卢建波在2011年东师附中教师新年联欢会的音乐小品《非诚勿扰》中扮演的神马先生,那头戴礼帽墨镜、身披风衣围巾的酷似肥版发哥的造型惊艳全场,不过最令人记忆深刻的,莫过于他追求浮云小姐失败后那句洒脱的话——算了,毕竟我还有××(他夫人)。

近来,在高考监考、开学典礼、教师节等一系列大型活动中,我们接触日多。彼此碰面时除了惯常的以"公"互称、弯腰鞠躬、吹捧恭维、挖苦嘲讽、明枪暗箭、不亦乐乎之外,更多了一些的确正经的交流。卢建波常常谈起他对"外师造化,中得心源"等中国艺术精神的独特理解,谈起他从自身创作出发对于"诗是无形画,画是有形诗"的深切体悟,谈起他对附中美术学科长远建设的一些奇思妙想和创新之举。从齐白石、张大千、高更、莫奈的艺术追求,到如今中外文物市场的行情走势,可谓天上地下、无所不知,古往今来、无所不晓,真是令见识浅陋、资质平平的我辈眼界大开,自叹弗如。

犹记前几日,我与他在艺术教研室对谈时,言及他对书法教育苦心孤诣而形成的宏大构想,以及打通文学和艺术并进而实现合作教研的创新思想时,我对他的敬重之情油然而生。交谈之中,我无意中看到他的一些书法后题名是卢剑波,甚感意外。"原来你是这个'剑'啊!"我随口问道。"对,不是贝字旁那个。"我瞬间一愣,他狡黠一笑。这厮,还是那副德行!

毕竟是卢建波,不,应该是卢公才对。

二、"较真"的宋绪光

几年前的某日晚课前,时任文科实验班班主任的宋绪光老师,行色匆匆地来到语文组,见到我劈头就问:"跃庭,你说孔子说的那句'子不语怪力乱神'能证明孔子是一个唯物主义者吗?"我说:"恐怕不能这样讲。"他进而又问:"那你说该怎么理解这句话呢,你们给学生讲《论语》时一般怎么解释呢?"我看到身后办公室一角的立权师,对他说:"正好孙老师在这,还是请他给您解释一下吧,我们讲读《论语》时参考使用的《论语注译》就是他编著的。"于是,绪光老师就与立权师展开了探讨,我也在书架上翻出杨伯峻和钱穆的《论语》注本参与了讨论。显然,孔子的"不语"并不代表他对"神"的蔑视与否定,更多应该是一种出于敬服而不妄言的谨慎、平和的态度。绪光老师质疑的这种说法(即所谓孔子的唯物主义精神),其实来自于学生做的一道命制粗陋的政治题。从自身的理解出发,他觉得这一说法有误,稳妥起见,便来向语文老师求证。作为政治教研室主任,宋绪光老师针对教学中的细微之处虚心求教、一丝不苟的"较真"精神,令我尤为敬佩。

犹记两年前执教物理的尹雄杰老师在给学生命制大练习以前,也咨询过我与语文相关的问题。那是一道关于位移和相对运动的选择题,题干所用的材料是宋代诗人陈与义的一首七绝(题目已然忘却)。尹老师请我来做一遍,我凭借对诗文字面含义的理解和中学时的物理常识,居然选对了答案。尹老师也心满意足地离开了。

与这样的同人共事,我的确感到由衷的荣幸。

三、中世纪是黑暗时代吗?——旁听历史组宋大千老师一课有感

日前,听说历史组宋大千老师即将在高二的文科实验班讲授公开课,我兴致盎然,意欲前往。此前虽然没有听过他讲课,但其在学生中的口碑不禁令人神往,加之《中世纪是黑暗时代吗?》这个课题原本就带有一种挑战成见、破除迷信的意味。

今日,我和历史组的多位同人一起兴致勃勃地旁听了这节课。

这节课是以学生活动为主的研究性学习成果展示课,班级四个小组近20名同学以中世纪王权和教权的斗争、中世纪的大学文化、中世纪的基督教对日常生活的影响、中世纪城市的兴起与发展等四个论题为报告和研讨的核心,进行了全面的梳理和精彩的阐发。作为一名语文教师,我获益匪浅。同学们的介绍使我对这段处于古罗马、古希腊这个黄金时代和文艺复兴、宗教改革这个新黄金时代之间的特殊的历史时期拥有了崭新的认知和理解。

由于同学们预先所做的准备十分充分,资料丰富,论述深入,以致大千老师的点评和总结在时间上略显捉襟见肘。但在有限的几分钟讲解中,其逻辑严密的思路、优雅流畅的表述、铿锵有力的语调、挥洒自如的气度表现得

淋漓尽致。寥寥几笔勾勒的板书图示，便令观者对欧洲的古代、中世和近代的历史沿革关系一目了然，从而在某种程度上对人们习焉不察的世俗之见"中世纪是黑暗时代"产生了一定的冲击，有益于开阔观者的视野，修正其固有的观念。

听课过程中，我也产生了一些想法：其实德国思想家马克斯·韦伯的名作《新教伦理与资本主义精神》正是将资本主义经济的诞生归之于欧洲人讲求赎罪、奉献的新教信仰。从这个角度来说，中世纪的文化（尤其是基督教文化）确实起到了承前启后的重要作用，具有光明的一面。记得当年在大学读书时，我曾在逢增玉教授的建议下购买了罗素的《西方哲学史》，但阅读时更偏爱近代乃至现代哲学，对中世纪的哲学（如圣奥古斯丁等）兴趣不大。当年在撰写硕士论文时，也曾读过几本关于法国年鉴学派的史学著作，买过一本雅克·勒高夫的《中世纪的知识分子》，还买了布克哈特的《文艺复兴时期的文化》等，可惜都因为精力不济，没有认真研读。否则，谈到中世纪的大学文化和经院哲学，也许我还能和同学们认真探讨一番。

听课时，我想起哈佛大学中国文学教授王德威先生的名著《没有晚清，何来五四》，王教授的著述是在近代文学中发掘后世五四新文学诞生的渊源和基点。我想，大千老师所提出的"中世纪是黑暗时代吗？"这个问题，在史学研究上同样意义重大。

也许，诚如鲁迅所言："在进化的链子上，一切都是中间物。"唯其作为"中间物"而存在，自然光明与黑暗兼而有之，不可一概而论。

是为听课感受，笔而记之。

附录：

对话宋大千
——对中世纪问题的延伸思考

昨日午休时，读过我的听课随感后，大千老师来语文组与我交流《中世纪是黑暗的世纪吗？》一课的授课心得。促膝交谈片刻，我对这一课的感受和理解又得以深入，可谓受教颇多。

大千：这节课原本在上学期就应该完成，属于访美归来后的研究型公开课，我不想用以往常见的那种做作痕迹很重的方式来呈现。只是在本周一将6

个论题发给根据兴趣自发成立的 4 个学习小组，他们选择了 4 个论题，并在课后开展合作探究。在此期间，除了提供个别参考书目和学术网站，我没有给予任何的具体指导和帮助。

跃庭：所以，这堂成功的展示课看似以学生表现为主，实则教师在幕后的策划与设计亦功不可没。因为教师的作用分有形与无形，后一点常常被忽略。

大千：学生的表现确实出乎我的意料，个别问题也是我在备课中没有涉及的，我感觉自己也很受启发。

跃庭：学生的表现非常精彩，尤其是几位男同学，特别是研究基督教文化那一组的同学，脱稿演讲时侃侃而谈、从容不迫，显得十分大气和专业，我很佩服。

大千：你提到的韦伯那本书是《新教伦理与资本主义精神》，其中"精神"二字很重要，这是韦伯切入资本主义起源的一个维度，比如救赎、节俭等等观念的形成，作用不容忽视。当然，后来贪欲的发展又是另一个层面的问题了。这本书我读过若干遍，启示很大。其实，在整个西欧历史的发展进程中，基督教文化的作用是自始至终的。比如学生们提到的共济会和利益集团问题，在今天的美国有 100 万个利益集团，对当代政治的参与都与宗教信仰息息相关。这是他们凝聚人心的一种方式、共同体构成的基础，我们则缺乏这一基础。

跃庭：您说得很对。韦伯的理论影响很大，后来新儒家在研究日本的经济崛起时，曾提出所谓"儒教资本主义"的问题，就是借助韦伯理论来发展东亚儒教文化圈的经济理论。由于中国缺少一神教的能实现大一统的宗教信仰，所以过去维系共同体的形式就是费孝通所说的乡土中国的宗族关系、宗法制的体系。这种家族伦理（乡规族约）的维系可能比王朝政治的法律规约更为有效。不过，在乡土中国近百年的现代化进程中，这种关系已经完全破坏、不复存在，所以从某种程度上来说，中国缺乏以信仰来自我规约的道德律令。

大千：其实，因为时间关系，我无法深入去谈。在中世纪晚期，西欧已经出现了后来现代民族国家的雏形，而且中世纪城市的形态与先前古希腊的城邦有很多相似之处，这种体现在城市发展上的联系是不可割断的。

跃庭：我很欣赏您在板书中呈现的图示，就是用两个单向的箭头连接起

"古希腊、古罗马""中世纪""近代",并且在"中世纪"这个圆圈的外缘从不同方向以辐射线条的方式呈现切入"中世纪"的不同角度,如政治文化、大学文化、基督教文化、城市文化等等,然后最终导出近代的文艺复兴、宗教改革、启蒙运动、改革和革命。我觉得这个设计脉络清晰、一目了然,而且有纲举目张、豁然开朗的作用。

大千:你注意的这一点很重要。我在板书设计上确实有自己的构想,代表中世纪的圆圈,加上四周延伸出的众多线条,其实在外形上恰好构成一个放射光芒的太阳的形象。我是想以此来回答"中世纪是黑暗的世纪吗?"这个问题,也就是它带来了光明,照亮了古老的传统和后来的世界。

跃庭:原来如此!看来我当时的理解还是不到位,这种板书真可称之为"形神兼备"啦。我在讲庄子的《逍遥游》时,也设计了"鹏""抟扶摇""六月息"三个要点,并将后两个要点分别写在"鹏"的左上方和右上方,我和学生分析,大鹏要想一飞冲天、实现图南之志,必须依托这两个条件,缺一不可。然后将"鹏"和那两个要点之间各自连上一条线,在形象上就仿佛大鹏展翅的样貌。没有这两个翅膀,就无法实现鹏程万里的追求。在座的附中学子也是如此,我们的两条大翼,就是志存高远(徙于南冥)和学求博深(风水厚积)。只要我们深蓄厚养、待时而动,终将一飞冲天、翱翔万里。

跃庭:我觉得您这个论题很重要。比如在文学研究领域,一提到西方那个时代的经典,总是从但丁的《神曲》、拉伯雷的《巨人传》、塞万提斯的《堂吉诃德》入手,还是文艺复兴时期的作品。从古希腊到之前上千年间似乎没有文学,真实情况未必如此,一定有过渡形态,这里存在学术研究的生长点和空白领域。如果从文化、文学角度来观照中世纪的作用,可能会别有发现。此外,我觉得文史哲不分家,很多问题都具有共通性,相互之间的交流会开阔视野、增长见识。民国时期,陈寅恪先生在清华大学就是中文、历史、哲学三个系的导师。听您的课我很受启发,将来有机会还要继续学习。

大千:那是"教授中的教授"嘛,学术大师啊,我们很难企及。不必客气,我们还是互相学习。

(说明:由于我们的对话是在班小会期间进行,后面还有正课,匆忙之中未能深谈。我根据回忆也仅仅整理出以上内容,详略之间粗陋之处,自当文责自负,感谢大千老师指教)

入乎其内，出乎其外
——语文教学札记十则

一、非自觉式"非教学性备课"

犹记立权师曾提出"非教学性备课"这一概念，我在教学中体会到，对于语文教师而言，非自觉式"非教学性备课"可能尤为重要。

何为非自觉式"非教学性备课"？所谓非自觉式"非教学性备课"，其过程本身不但"目中无人"而且"目中无文"。我认为那就是一个语文教师的日常生活本身。当教师面对一个文本时，会下意识地把个体的生活经历、内心体悟，或自身的阅读、观影经验中看似与之毫无关涉的信息加以还原、萃取，以某种独辟蹊径的方式将其与文本解读相互联系，产生的教学效果往往会令人耳目一新。

兹以高中语文必修一教材中的《荆轲刺秦王》的备教策略为例，介绍一下自己在这方面的心得。例如《荆轲刺秦王》原文中有一句"荆轲废，乃引其匕首提秦王，不中，中柱"。我关注到教材上配发一幅不甚清楚的插图，意在以形象的方式描述这一惊心动魄的历史场景。我偶然间思及过去翻阅过的一本专著，就是哈佛大学美术史系巫鸿教授的博士论文《武梁祠：中国古代画像艺术的思想性》。我在这本书中找到了图案清晰、印制精美的汉代画像砖拓本，它在细节呈现上与教材的图片存在重要差别。我在这本书中还发现了由东汉思想家王充给予这幅画像的评价："欲言匕首之利，荆轲势盛，投锐利之刃，陷坚强之柱，称荆轲之勇，故增益其事也。夫言入铜柱，实也，言其入尺，增之也。铜虽不若匕首坚刚，入之不过数寸，殆不能入尺。"从两幅图片的差异和王充的评价入手，我为学生设计问题：你更认同哪一幅图片，为什么？你是否认同王充的见解？事实上，这就是把"用文学手法塑造荆轲英雄形象的多重可能性"这个问题交给学生探究，可能会使学生得到些许启示。

二、将追问进行到底

我在寒假时读过南京师大附中王栋生老师的大作《不跪着教书》中的《这不是尊重，是歧视》一文，似乎强调应该让学生充分理解教师的辛苦，不能提倡学生占用教师午休时间来问教交流，而最令他反感的是个别学生还以为这是理所当然，并习以为常。首先，我很认同王老师的见解，应该通过我们的言传身教让学生懂得对师长起码的理解、尊重，这属于"尊重的教育"的题中之义，对于一些智商较高、情商较低的学生而言，尤其需要加以点醒。

不过，我在教学中的感受主要是，目前学生在课后有兴趣与老师继续交流、深入探讨的少之又少（当然一定存在学科差异）。一方面，我很理解学生课业负担繁重，难免顾此失彼、捉襟见肘；另一方面，我也希望他们具有真切的问题意识和执着的追问精神，因为这可能是推进他们深入思考并有所收获的前提。所以，我一向提倡一种"穷追不舍"的做法，就是所谓"打破砂锅问到底"，不但应敢于质疑，而且要善于追问，尤其是在教师刻意回避或无意忘记的情形下反复追问，具备不达目的决不罢休的精神。用鲁迅先生的话评价，这叫"韧性的战斗"。反之，一味"替老师着想"，怀疑自己的问题的意义，担心影响老师的休息，认为沟通毫无价值等等，都放弃了"对话"的机会，也使自己在探索的旅途中裹足不前。

之所以产生这番感触，源于近来我想起学生韩佳芮问我《廉颇蔺相如列传》中的"求人可使报秦者"的"使"翻译成"派遣"是否可以。我在课上是按"出使"来讲解的。她曾在课后问我，我许诺在下节课答复她。后来，她在课上再次追问这一问题时，我才想起自己忘记查对，依然没有给予回答。刚才想到这个问题，索性翻查一下参考书，觉得理解成"出使"和"派遣"都可以，虽然语法上存在细微差别，但语义上基本相同。

我由衷希望每个同学对于自己的疑问都有这种"求甚解"的精神，事实上目前这样的学生是太少而不是太多了。浅尝辄止不但对自己轻忽放纵，也可能助长教师敷衍塞责的态度。对于师生而言，只有首先具有这种将追问进行到底的热情和毅力，将来才有可能达到"不求甚解"的达观、洒脱的境界。

三、想唱就唱

某日课上，我和学生共同鉴赏唐人张若虚的名作《春江花月夜》。讲到

"此时相望不相闻，愿逐月华流照君"一句时，我说："其实李白写给王昌龄的那句'我寄愁心与明月，随风直到夜郎西'也是类似的表达。既然我不能与你遍游天涯海角，那就让我这颗思慕眷顾的心与清风明月一道和你携手相伴吧。"讲到此处，我忽然想起台湾歌手费玉清演唱的那首著名的《绿岛小夜曲》中含义相似的歌词，但具体表述却无论如何也回想不起来。于是，在全班同学期待的目光和鼓励的掌声中，我索性为他们把这首歌清唱了一遍。唱完后，我终于想起了是这一句——"愿我的歌声随那微风，吹开了你的窗帘；愿我的衷情随那流水，静静地向你倾诉"。

其实，这堂课上我对李白诗歌和费玉清歌词的引用，完全是临时生成的，并非备课期间预设的，所以会出现记忆中断的情况，不过也因此而活跃了课堂气氛，启发学生深入思考。我讲柳永《雨霖铃》时为学生播放齐秦的《大约在冬季》，围绕歌词探讨自古至今抒情作品中虚实结合的写法；讲屈原《湘夫人》时为学生播放蒙古族民歌《敖包相会》，从歌词中发掘古今之人恋爱心理的相通之处，增强了学生的学习兴趣。

四、语文教学的"顺其自然"

近来年级备课组安排讲读的课文是《庖丁解牛》《祭十二郎文》《文与可画筼筜谷偃竹记》《种树郭橐驼传》。这四篇课文分别来自人教版高中选修教材《中国古代诗歌散文欣赏》中"散文之部"的不同章节。

按照年级的统一要求，我首先和学生共同研读了《庖丁解牛》一课。但这一课讲完后，我并未按照既定的序列讲授《祭十二郎文》。原因是：我注意到《庖丁解牛》中庖丁解牛之道的神髓是"依乎天理""因其固然""以无厚入有间"，而《种树郭橐驼传》中郭橐驼植木之性的核心是"顺木之天以致其性焉尔"，这两者之间的内在联系是毋庸置疑的。那种"顺其自然"的"无为"思想，是超越于"解牛"或"种树"等外在行为之上的精神通则。

我在后续备课中，又发现苏轼的《文与可画筼筜谷偃竹记》一文中苏辙所说的"庖丁，解牛者也，而养生者取之"和"今夫夫子之托于斯竹也，而予以为有道者"几句，依然与前文相承，探讨"进乎技矣"的艺术之"道"。由此看来，无论是解牛、种树、作画，都存在一个由"技"升华为"道"的过程。因此，我打破了原有教材三个单元的界线，按照文章内在思想的关联重组合并，自主设计了一个新的教学单元。这样讲解，使得课文与课文之间的过渡与衔接似乎不失"依乎天理""因其固然"之妙。

由此我想起立权师经常强调的一个教学思路——教师要用教材教，而不是教教材。我们要善于发掘经典文本之间的内在联系，敢于挑战教材编者的权威，按照"顺其自然"的教学规律灵活自如地选择讲授，可能会使学生在头脑中建构一个完整而系统的知识框架，而非亦步亦趋地老调重弹。

我的同事周海燕老师说：文与可去世后，苏东坡废卷而哭，思及曹孟德祭桥公文，倒是使人不期然联想起韩愈的《祭十二郎文》。我觉得深受启发。如此看来，四篇课文中，我"无心插柳"地最后进入《祭十二郎文》的讲读，反倒成了"顺乎天而应乎人"的恰切之举了。难得！难得！

五、"冥灵"究竟是什么

某日课上，我和学生共同探讨庄子《逍遥游》第二段。

我用大屏幕呈现了台湾漫画家蔡志忠绘制的《庄子说》插图，请学生思考一个问题：课本的注释中将"冥灵"一词解释为树，蔡志忠却将其画为神龟，你更认同哪一种理解？结合上下文谈谈你的看法。

几位同学踊跃发言，使我体会到了审视同一问题时视点的不同和见解的独到。

周树宇说："我从两个角度来看。首先，前文提到的朝菌、蟪蛄就分别是植物和动物，所以下文中的冥灵和大椿，也应该是动物和植物。两两相对，结构上才有前呼后应之妙。此外，如果仅仅用植物来说理，还不够全面、透彻，应该将植物、动物、人都引入讨论中，这样才能更充分地论证小大之辩的道理。"

李昂说："我记得李商隐的诗《韩碑》中有一句——"碑高三丈字如斗，负以灵鳌蟠以螭"。也许这冥灵就是一种带有神性而通灵的鳌吧，所以我觉得理解成龟还是有道理的。"

杜衡野说："我认为冥灵还是大龟，因为此前一直谈到北冥、南冥。这个'冥'是通假字，是大海之意。此处的冥灵也完全可以理解为大海中的生灵，而且是寿命很长的生灵。既然蔡志忠把大鲲画成了鲸鱼，那么冥灵完全有可能就是一种大海龟。"

王新元说:"我认为把冥灵理解成大龟比较好。因为在'曳尾涂中'这个典故中,庄子就是以死了三千年的神龟作喻,来表达自己的情志。这很可能就是他惯用的意象。即便这属于他的想象和创造,按照'重言'的写法来理解,谎言重复了一千遍就可能成其为真理。"

也许,我提出的"冥灵"究竟是树还是龟的问题,最终也没有定解(陈鼓应的《庄子今注今译》倾向于理解成龟),它也并非理解《逍遥游》主旨的关键问题,但借助这个问题,我尝试最大限度地激发学生们对于知识的分析力、理解力、想象力和迁移力,达到一种所谓"众声喧哗"的状态。这正是我追求的理想的语文课堂效果。

六、反抗作为"规训"的"教育"

在目前我所教的学生中,李昂、李潇天、赵冠舒等不约而同地在课前演讲或课堂讨论中质疑当下中国的(应试)教育制度并提出批评,表达了自身的无奈和忧虑,尤其是李昂、李潇天、索文天等拍摄的DV短片《道光通宝》至今令我印象深刻。试图在满足所谓应试教育的要求同时,又不丧失所谓素质教育的激情,"两手一起抓,两手都要硬",的确并非易事,其实类似的"制度"并非当下中国所独有。

法国思想家米歇尔·福柯曾在《规训与惩罚》《疯癫与文明》《临床医学的诞生》等一系列著作中,以知识考古学的方式探讨了学校、医院、监狱等现代文明机构诞生的历史及其"规训"人的秘密。这些机构必须以教育、治疗、监管等"生产"方式来"创造"适应其"驯化"的"工具",来维护主流意识形态的权威性和现实统治的合法性。所以,《飞越疯人院》《肖申克的救赎》《看上去很美》等电影恰恰就是对现代的医院、监狱、幼儿园对人的"规训"和"奴化"问题的深入思考。

我之所以在上下半年给予学生的新学期赠言分别是"独立之精神,自由之思想"(陈寅恪)和"人各有己,朕归于我"(鲁迅),就是希望他们尝试用独立的人格、怀疑的精神、边缘的姿态来观察和思考社会与人生中的真问题,并拥有解释与改造的动力与激情。也许我们的思想是稚拙的,也许我们的努力是有限的,但"知其不可而为之"的精神永远是可贵的。这也是我对东北师大附中这所名校的校训中"志存高远"一句的理解。

立权师曾在课堂上畅言:"孙老师的课堂,是解放区的天,明朗的天。"我也希望自己的课堂真正成为具有"对话"精神的课堂,用巴赫金的一句术语来描述,那应该是一种"众声喧哗"的"狂欢"的境界。虽不能至,然心向往之。

七、高一语文课本剧汇演随感

2011年6月的第一周,是东北师大附中高一年级语文课本剧汇演的日子。半月来,各班同学倾情打造的话剧精品在这一周悉数登台亮相,为全体师生奉献了一场场视听盛宴。作为评委之一,我个人对悲剧中的《盲声》(16班)、《茶馆》(24班)、《雷雨》(13班),喜剧中的《武林外传》(22班)、《关云长之回家的诱惑》(21班)、《窦娥冤》(23班)印象深刻,钦敬有加。

我始终认为,如果必修模块中唯一的戏剧单元的教学,仅仅依靠文本讲授来完成,将给学生的学习留下莫大的遗憾。对于戏剧的学习,应该让学生通过舞台艺术实践的切身体验来深入领会。在剧目的选择、剧情的改编、台词的斟酌、背景音乐的设计、演出服装的租借、反复的排练改进等一系列活动中,"自主,合作,探究"的学习理念在无形中得到较好的贯彻和落实。而对于斯坦尼斯拉夫斯基的"体验式"或布莱希特的"间离式"表演艺术,致力于悲剧或喜剧演出的同学们会获得最真切的感悟。

我不但在课堂上给学生播放经典电影《雷雨》或《王子复仇记》的片段,而且在班内的话剧汇演后安排了十个奖项的评比和简短的颁奖仪式。一些剧组和个人凭借精彩的表现得到了《莎士比亚四大悲剧》《元杂剧精选》《桃花扇》《牡丹亭》《西厢记》《长生殿》《雷雨》等图书作为奖励,部分学生还代表剧组或个人发表获奖感言,畅谈自身或团队在排演过程中的甘苦与得失。无论获奖与否,只要认真参与其中,就一定会收获经验或教训,从而得到某种形式的历练,而这一过程是最为可贵的。

我的感受是:无论观影、演剧还是其他类型的学习活动,只要对激发学生的学习兴趣、开阔其学术视野、增进其自主创造与合作发展的能力有益,就应大力支持、积极鼓励。

八、"涸辙而渔"

在讲解《囚绿记》一课时,我处理课文中的字词"涸辙"时,随口说道:

"不是有一个成语叫——'涸辙而渔，焚林而猎'吗？"课后，李潇天问我："老师上课时说的'涸辙而渔'，应该是'竭泽而渔'吧？'涸辙之鲋'是《庄子》中的典故。"我说："你说得对，当时我头脑中产生了接近联想，就随口一说，没想到你听得这么仔细，谢谢你的纠正。"

孟子言及人生有三大幸事，其一就是"得天下之英才而教育之"。我在教学中真切地体会到这种幸福感，它恰恰产生于孔子所说的"友直，友谅，友多闻"的师生交往中。在师生的共同探讨和相互砥砺中，"教学相长"的境界成为可能。教师应该摘下假面，以坦率和真诚的态度与学生平等地交流和对话。虚心听取他者的意见，对自我的提升无疑大有裨益。"弟子不必不如师，师不必贤于弟子"，这不仅是我们要求学生背诵的古文语句，更应该成为激发为师者清醒的自觉意识，并进而指导其行为的指针。如今，学生指出我的每一点不足和缺陷时，愧疚和充实的感受并存于心中，我应该给予他们最真诚的感激和赞美。

九、"虚"而不虚

2011年5月18日，是东北师大附中的教学开放日。在高一17班上完语文课后，在午休人潮涌动的走廊里，一位听课的女士与我交流说："老师，你在黑板上写的'虚伪'的'虚'字笔顺不对。"我立即请她在班级外墙上用手指勾画一下，她随即写了一遍。我对她说："谢谢你。笔顺的问题，我在课堂上一向不大重视。"她说："笔顺的问题，在小学生考试的时候都会被考到。"对于她的质疑和指点，起初我不以为意。事后，我觉得自身有正视这个问题的必要，于是上网查询了"虚"字的笔顺（笔顺编号：21531522431），又翻查了《现代汉语词典》，验证了她说法的正确性。我反思：自身对于这个部首的书写一向轻忽，而自己在汉字书写尤其是落笔笔顺上显然存在更多不足，需要不断改进和提升。我想：这个开放日对我而言很有意义，这意义不在于让听课者感受课堂的魅力、教师的能力、学生的水平，而是在于它可以提示教师发现自身的缺点和不足。荀子《劝学》中所言不虚——"君子博学而日参省乎己，则知明而行无过矣"。

十、课件的问题

近日，韩佳芮做课前演讲时为师生介绍特蕾莎修女伟大的一生，详尽的介绍和深情的诉说让我们受益匪浅。课后,我找到韩佳芮,和她探讨演讲时使用的课件问题。我建议她今后使用课件时预先设计好幻灯片的顺序(以免在演讲时现场搜索可能会顾此失彼),删去幻灯片上可有可无的文字(不要把自己要说的每句话都呈现在幻灯片上,那样会转移听众的注意力,只呈现需要强调的最重要的部分,或是需要观看才能理解的文字内容),幻灯片的背景图案不要过于花哨(那样会影响文字的观看),幻灯片背景与文字的颜色对比要鲜明(以免影响文字观看),等等。

我之所以会关注这个问题,并且及时提示她,是因为在我从教第一堂新教师汇报课试讲后,认真旁听的立权师总结了11条修改意见,连课件文字之间的标点符号(个别字的字体、字号)都做出具体指导,可谓细致入微,令我至今感喟不已、钦敬有加。

在这次东北师大附中首届语文学术节的公开课《多年父子成兄弟》课堂上,我精心设计好的课件,因为与现场的电脑格式不匹配,呈现时依然出现了错行、字体改变等问题,让我意识到提前试用设备或自备电脑的重要性。总之,事前精益求精才能事后减少遗憾。"凡事预则立,不预则废",不能抱着侥幸的心理得过且过。希望韩佳芮和所有同学都能以我的例子为教训,认真地关注每一处细节,更上一层楼。

岂因"荣辱"趋避之

——2010级高二6班语文辩论赛初赛观感

一、何谓"成败得失"

时至今日,"以成败论英雄是否可取"已然并非一个辩论的题目,而是值得我们直面和反思的现实问题。在一场由评委赋分的辩论赛中,似乎分数的高低决定了辩论的成败,然而"成败"又并非如此简单。就如同我们的辩题中关键词语的内涵有广义和狭义之分,有充分与必要之别,对于"成败"二字,应该有更为高远和超拔的认知与理解。

在我看来,对于任何赛事活动,"成功"的内涵都是丰富的——

只要我们以端正、认真的态度倾情投入、全力以赴,这就是成功。

只要我们在活动中全面表现能力,充分展示风采,这就是成功。

只要我们通过奋力拼搏,不但赢取对手的尊重,也能得到观者的推崇,这就是成功。

至于是否获得形式上的胜利,还要取决于作为客观因素的制度设计和作为主观因素的人为操作等具体条件。正所谓"谋事在人,成事在天",这并非自欺欺人的抚慰,而是古往今来先辈在实践中总结出的人生箴言。

反之,对于"失败",我们也不能单纯以结果来认定——

如果我们把荣誉称号的获取和评判结果的优胜看得过于重要,以至于失去了应有的淡定自然的情怀、平和宽容的心境,这也是失败。

如果我们淡忘了辩论的真谛和比赛的宗旨,把分数高低、输赢与否看得比手足之情、同窗之谊、集体利益、班级形象更为重要,这也是失败。

如果我们判断人事仅仅站在自己的立场,抑或盲目追随他人的眼光,失去了"独立之精神,自由之思想"的真义,乃或用毫无根据的假想揣测人心,用不负责任的言论妄下断语,这也是失败。

无论哪一个值得我们探讨的辩题,都会激发我们面对问题辩证思考的精神。古今中外的往圣先哲无不告诉我们:成亦是败,败亦是成;得中有失,失中有得。如果丧失了这种清醒的认识,"成败"毫无意义,一切"得"不偿"失"。

二、我看李昇

在我看来,李昇同学无疑是一名正在从优秀走向卓越的青年。

作为语文老师,我对李昇的了解,来自于他已经完成的四轮异彩纷呈的课前演讲,来自于他在戏剧节《盲声》舞台上的意气风发,来自于他在"一二·九"演讲比赛中豪情万丈的优异表现,来自于他在语文课堂上睿智深刻的独到见解,来自于他在辩论赛初赛第二场中近乎完美的总结陈词。

我常常和李昇一起探讨语文试题中的疑难,也曾与他在篮球赛场上并肩战斗,经常看到他在午间带着书本勤奋自修的身影。在我的印象中,李昇是一个刻苦自励、奋发向上的青年,更是一个理想远大、热爱祖国的青年。在李昇的身上,我看到了有志向、有担当的 90 后开拓进取、创造未来的希望的曙光。

李昇作为本次比赛的优秀辩手,在能力与表现上完全是无可挑剔的。李昇是否具备最佳辩手的素质,是否拥有获得最佳辩手的可能,回答是毋庸置疑的。他当然胜任这一荣誉,同样拥有这种可能。作为辩论队长,李昇为了团队的惜败而感到遗憾,为了不能给予辛勤付出的战友满意的结果而痛苦,对此我完全理解。正因如此,我们看到了他的责任心和使命感,我们看到了他的好品质和真性情。

但是,作为语文老师,抑或一位虚长年岁的兄长,我更希望李昇会有振拔和超越。这振拔来自于他直面成败以及得失的理性与成熟,这超越来自于他心怀团队乃至集体的眼光和襟怀。事实上,我已经看到了这一点,所以我应该给予李昇属于一名教师的敬服和钦佩。

我把同样的敬服与钦佩给予李昂、胡喆皓、王超然,因为在我心中,你们在本场比赛的场上和场下都让我见识了王者的风范。

三、评委打分之我见

我们的辩论赛在比赛的程序设计和运作方式上,与 1993 年国际大专辩论会相似，却又不尽相同。限于语文选修模块的活动类实践课程性质，限于种种客观条件，两者之间也存在不少差异。

首先，谈一谈评委的评判水平问题。

国际大专辩论赛的评委，大都是来自国内外华语学术界的知名学者和专家，如我们熟知的杜维明教授、余秋雨教授、王元化教授、孙康宜教授、金庸先生等等。与所有各国参赛选手相比，评委在学术水平、知识储备、人生阅历、思想境界等方方面面都具有绝对的优势。因此，相对于"入乎其内"的选手，评委能够"出乎其外"，在更加宏阔的理论背景与知识视野中进行相对客观、公允的评价与赋分。

我们的评委在评价能力与水平上是否存在不足？

回答是肯定的。我们辩论赛的7名评委同学，对于正反双方论题的理解与把握，与投入了大量时间与精力进行准备与研讨的选手相比，自然尚存差距，这就难免带来个别评分的具体操作过程中的欠妥与失当因素。然而，从现实条件出发，这是完全可以理解的。

其次，谈一谈评选过程中的主观性与倾向性问题。

我们的评委在评选过程中是否掺杂主观因素或倾向性？

回答是肯定的，也就是这种可能性是无法排除的。不但本场比赛如此，初赛第一场同样可能存在类似问题。事实上，即便是国际大专辩论会，来自国内的评委与来自海外的评委在面对大陆和台湾的代表队时，尚且无法保证绝对的客观公允，更何况朝夕相处、互有往来的同学呢？虽然把个人倾向性带入评分过程是欠妥的行为，但无论古今中外，即使在国会的投票、法庭的判决中也无法完全避免，我们又怎能在这个问题上求全责备呢？既然是无法避免的客观因素，我们就应理性看待，泰然处之。

再次，辩论赛计分的方法是否不够科学，缺乏公正性？

回答是否定的。为了最大限度的公平与公正，我们设计了包含团体得分和个人得分的评分表格，责成评委从不同的角度和方面对选手的个人表现和团队的整体发挥进行评价，分值细化的目标恰恰是为了降低评价中的主观性因素。如果盲目地采取海选或公投，反而会带来更多的不确定因素和评价失当现象。此外，在7名评委的打分中，分别去掉最高分和最低分，取平均值赋分，也是力图降低感情分的影响，将误差缩至最小的方式。如果同学们在计分问题上能有更好的建议，当然可以提出并在今后其他赛事中加以改进。

最后，谈一谈评委遴选的制度设计与程序问题。

我们的评委在遴选过程中是否存在特殊安排或有意偏向呢？

回答是否定的。我充分信任李潇天同学的组织能力和个人品质。在我向全班同学正式发布班级辩论赛的一切安排后，由他作为总策划负责落实相关程序和具体细节。在辩论赛的前期准备过程中，他和我始终保持沟通和对话，并在我和辩手、工作人员之间起到了很好的协调作用。评委的遴选完全遵照自愿申报与民主推选的方式来进行。由于自愿申报的评委人数有限，李潇天又提请各组组长进行安排，并在实际评判中落实了本组回避原则。评委遴选的具体过程，以及作为总策划的设想与苦衷，我想李潇天也会在近期给予说明和阐释，希望每个人都尝试设身处地地全面考虑问题，谨言慎行。

四、我的个人评价

每场比赛后，都会有同学真诚而急切地询问我对该场比赛的个人看法。作为辩论赛规则的制定者和推行者，作为对辩论赛进行总结性点评的语文教师，我觉得坦率地和大家分享我的个人感受与观点，也是必要和重要的。

初赛第一场后，我从复旦大学俞吾金教授提出的辩论的十大关系中重点提出第一关系，就是人格形象与辩论员形象的关系问题。诚如王沪宁教授所言，一场真正意义上的辩论，首先是人格之力。所以，拥有平等和尊重、洒脱与从容的态度，对于场上的双方辩手而言尤为重要。辩论是智慧的角逐，是思想的碰撞，是语言的交锋，也是品格的较量。巧舌如簧、含沙射影并非我们所追求的风格，声色俱厉、气急败坏也不是我们赞许的表现。诚如杜维明教授所言：明察秋毫的视德，从善如流的听德，对我们来说尤为重要。所以，要尊重对手的言说内容，尊重对手的发言时间，不插话、不接话，任何面露鄙夷、语含嘲讽、拍案而起、声色俱厉的表现都有损于辩手应有的人格形象。无论逻辑思维怎样、语言能力如何，如果辩手在形象上处于下风，已然失去了辩论应有的真义。

初赛第二场后，个别同学在和我交流时情绪激动，表述多有失当，我都及时且严正地表达了我的个人立场。青年人处在血气方刚的年龄，情急之下，一些失当的言行在所难免，我也尽量从大家的角度和心情着眼，未予当面批评。但是，明确地说明我个人对整场比赛个别选手表现的观察和见解，可能有益于帮助大家重新审视一些问题。

依照我个人的真实体会，在整场比赛中，正反双方的表现基本上势均力敌、难分伯仲，重新复核后的分数——0.8 的微乎其微的分差也反映了这一点。从这个意义上说，我依然认为，评委评分的过程无法做到绝对客观公正（每场比赛都如此），但评委确实是用打分真实地反映出其自身对全场比赛的评价。

为何我强调"全场比赛"？

在正方和反方从一辩到三辩的逐一陈词中，作为观众的我们，无不为他们思维缜密的立论和激情四射的反驳所倾服与喝彩。在这一过程中，双方赢得的支持和掌声都是平分秋色的，并没有显著的差异。

在自由辩论阶段，正方同学在整体配合方面表现较好，发言的同学虽然在思维敏捷度和语言表述的流畅性上略显不足，但语言简洁、互相策应，拥有一定的优势。而反方同学在临场应对的参与度上显得相对单一，三辩的发言反应快、表达好，但也失之于次数多、时间长，在整体配合上略显薄弱。

在总结陈词阶段，反方四辩的表现不尽如人意，在总结对方观点的纰漏并逐条批驳上准备不够充分，由于对辩词熟悉度不够，出现表达上的不够流畅现象，无论声音或气势上都不够充沛，未到 30 秒提示就终止了发言，无法把握住时间进行充分的论述和批驳，非常遗憾。而正方四辩在以上我提及的各方面都表现较好，辩词气势充沛、文采华美，表达豪情万丈、慷慨激昂，的确在这一环节中优势明显。所以，我注意到反方四辩落座以后，正方的四位辩手都给予真诚和热情的掌声，对此我非常欣慰。

坦率地讲，主席公布团队胜负结果时，我也稍感意外，我想部分反方辩手也会有同感。但客观地说，全场比赛中双方的整体表现确实相差无几。之所以作为观众的我们会有意外之感，主要取决于双方四辩的现场表现。因为双方四辩的总结陈词是全场比赛最后的高潮和亮点，容易左右观众的感受和判断。与反方四辩相比，最后发言的正方四辩近乎完美的总结陈词无疑使我们对其全队的综合评价有所提升，也即他个人的表现给全队带来了一种晕轮效应，从而使部分观众对于收束全场发言且辩论立场符合大众美好愿景的正方产生了一边倒的认同，从而缺乏对于反方在立论逻辑、事实呈现、价值呼唤中的客观认识和评价。

我的分析和评价也仅代表我个人的意见，无论辩手抑或观众，可以认同，也可以反驳。这里，我想引用一位同学在事后发给我的短信——我只想说双方势均力敌，没有人说自己的努力值得或应当胜利，因为对手也在努力着，就像高考。到现在我们听到的几乎都是某一方对自己的申辩，现在看来观众的盲目跟风才是最可怕的。也许，对于这位同学的言论，你会有所保留，但其指出的现象确实值得我们深思。

无论如何，我希望参赛的8位男同学对于作为评委的7位女同学的认真倾听和自我评价给予足够的尊重和认同。请记住海明威的一句名言：勇气是压力下的优雅风度。我相信你们，因为你们正在成熟、已经成熟。

五、我们今日的局限与超越

对于高二6班已经完成的两场辩论赛，我想我在赛后的总结和解说中已经付出了足够的时间和精力。在高二17班的同类比赛中，我并没有以上的投入，因为那两场比赛同样精彩，更重要的是，我看到了优雅的风度和友善的氛围。

著名学者钱理群教授说过：今日的北大、清华培养出来的，大都是一些精致的利己主义者。作为一位曾经为北大奋斗多年的老人，他在说出这番话的同时无疑是十分痛心的，他表达的忧思也是极为深刻的。

我由衷地希望，作为我省首屈一指的名校，东北师大附中的精英教育不要重蹈"覆辙"。我们理科实验班的学生，大都智商超群、成绩优异，能够成为你们的任课教师，我感到非常荣幸；在相互砥砺中教学相长，于我而言，也是巨大的收获。

但是，在你们成长的历程中，几乎没有遭遇过任何真正意义上的挫折和坎坷，过关斩将、一帆风顺的你们拥有太多的胜利、太少的失败，品尝过太多的成功、咽下过太少的苦水。真心希望你们能在困境中坚守，在磨砺中自强，在坎坷中迈进，在苦难中奋发。国际视野，天下情怀，需要始于足下，需要锲而不舍。

请尊重制度设计，哪怕它目前存在缺陷和不足。正因为认识到这一点，我们才会不断改进，即便会付出一些代价。如果任何人为因素都可以随意左右它，使此前和此后的努力陷于虚无，请恕我看不到真正的未来。

我依然真诚地期待着高二6班辩论赛的决赛，希望每一个6班人都能珍惜这对普通班同学而言十分难得的历时三年的手足之情、同窗之谊，共同渴望和迎接属于我们的更加具有挑战且充满成与败的未来。

吃，还是不吃，这是一个问题
——关于"嗟来之食"的课堂讨论

近日课上，我和2010级高二6班的学生共同探讨人教版选修教材《中国民俗文化》中《短文六则》里的《嗟来之食》。在学生疏通字词、理解文意的基础上，我设计了这样一个问题请他们思考，即：把《嗟来之食》一文视为一篇新材料作文的材料，在审读材料的基础上展开联想，尝试发掘构思成文的立意。我提示学生关注黔敖的举止、饿者的言行和曾子的评价。在学生独立地沉思默想两分钟后，我又给他们三分钟相互讨论和辩驳的时间。我发现学生彼此之间交流得格外投入和热烈，于是请他们就讨论的结果各抒己见、畅所欲言。

史明鉴一如既往地率先表态："我赞同曾子的观点，因为人的生命是最宝贵的，只有保全生命，才能拥有发展自我的其他可能。此外，当黔敖施舍的态度傲慢无礼时，不吃嗟来之食也是有道理的；但是当他已经道歉后，饿者就应该予以接受，这完全是合乎情理的做法。就比如历史上有名的介之推，他不就是为了维护自己誓死不为晋文公效力的所谓气节，导致自己被绵山的大火烧死？更可悲的是，他的行为连累了自己的母亲。因此，他既不忠君，也不孝亲，恰恰违背了儒家提倡的君臣之义和长幼之节。这难道不值得反思吗？"他的发言引来阵阵掌声。

而后，罗丁豪举手回答说："我的观点和史明鉴不同，我觉得饿者为了维护自己的气节和尊严选择不食而死堪称义举。因为对他而言，尊严比生命更为重要，为此付出一切乃至生命都在所不惜。我也因此想到了介之推，但我的理解和史明鉴恰好相反。我又想到明末清初的大学者顾炎武和黄宗羲等人，他们都是矢志抗清、宁死不降的名士，他们的品格恰恰来自于不吃嗟来之食的精神传统。"

黄红羽则对罗丁豪的见解持反对意见，她说："我很赞成孙宇晴的一种说法,就是文中的饿者混淆了尊严和面子这两个不同的概念。他选择一死并非为了尊严,而是为了面子。如果一个人连生命都不复存在了,又何谈尊严?一个人应该保全和发展自己的生命,在有生之年做出更多利己利他的事,这样活着才可称之为有价值、有意义。轻易地选择放弃生存的机会甚或自杀,本质上都是不道德、不负责的行为。"

看到一贯出语率真的陈雅慧也迫不及待地想要发言,我就请她来谈。她依然兴奋而热情地微笑着说:"我完全同意黄红羽的说法,而且我要补充的是,对我而言,即使黔敖并不道歉,即便是嗟来之食,我也可以接受,因为保全生命是第一要义,恰如此前我们观赏过的国际大专辩论赛比赛的论题。"我打断她说:"你指的是复旦大学和剑桥大学那场关于《温饱是不是谈道德的必要条件》吗?"她点点头接着说:"其实我也认同正方的观点,就是超道德并非一般意义上的道德。圣贤可以实现的超道德,对普通人而言,有太多的理想化色彩。"

我注意到高杨始终把手举得很高,跃跃欲试,就请她来说。她认真地说:"我觉得这个问题不能以简单的是非观念一概而论。在《大学》里,曾子的理想不是修身、齐家、治国、平天下吗?那么实现这些理想的前提首先是拥有生命,做到独善其身,而后才能推己及人,实现更高远的目标,而'吃'的选择也就符合情理,可以理解;当然,对于饿者来说,他维护自己的尊严和气节的行为也是值得同情和敬仰的。"

韩佳芮表示同意以上几位同学的看法,她补充说:"我记得一句名言——宽容别人,同时也就是宽容自己。这样一来,别人虽然犯有过错,却可以通过道歉和忏悔得到宽恕,减少内心的愧疚和不安;自己也得以保全生命,拥有创造未来的可能。可谓互惠互利的双赢之举。"

杜横野则淡定地说:"儒家的思想核心就是一个'仁'字,仁者爱人,是一种作为,既能保全自我,又能与人为善,成全他者的救济之心,何乐而不为呢?"

一向思考问题深入缜密的王新元起身说:"我认为,如何看待这个问题,主要取决于人对自身价值的定位。如果一个人渴望自己在现世有所成就,那么诚如曾子所言,自然可以吃;如果一个人期冀自身在后世扬名不朽,也完全可以选择不吃而死。前者是一种共时性的横向价值,后者是一种历时性的纵向意义，均有其可取之处。我认为，先秦时期儒家的思想从孔子、颜子到后来的曾子、孟子，已经出现了从空谈向实用的过渡，再到后世董仲舒那里，则完全与君主的统治哲学契合，从某种角度来看，也不失为一种进步。"

李昂也说："我同意曾子的说法，因为人守持的原则不应该是僵化和呆板的，它完全可以拥有一种灵活度和柔韧性，有时过度坚守反而是不可取的。"

偶尔举手发言却常常语惊四座的于昶说："我记得欧洲文艺复兴时代有一个著名的政治哲学家马基雅维利，他曾说过：只要我们做事的目的合理，为了实现这个目的可以不择手段。所以，如果一种原则或底线不能得到践行或坚守的话，甚至不断地妥协后退，最终极有可能从曾子的可以吃演化成马基雅维利的不择手段，而这无疑是危险且不可取的。"

时超终于无法按捺自己内心的冲动，起身慷慨激昂地陈辞："我们从小到大，几乎都听说过'嗟来之食'这个典故，懂得它告诉我们的道理是：人应该珍视尊严，保持气节。可我们似乎未曾了解到曾子的这番评论。随着年龄的增长，我们拥有了更多的人生经历，通晓了更多的人情世故，反而对这些基本的原则和底线产生了陌生感。我认为：尊严和气节有时的确比生命更重要；为了维护它们，人可以选择一死。我就想追问大家一句：假如我们的国家、民族再一次面对外敌入侵，你们会不会奋起反抗，会不会选择投降？"

有感于时超的反驳，一向思想深刻、见识独到却很少发言的王淦喆起身说："其实，尊严对于一个人而言至关重要，它不是你拿去羞辱践踏一番，再简单地清扫几下就归还，就会抚平创伤、复原如初的。有些底线是不能触及的，所以饿者的抉择是完全可以理解的。"

常常是压着下课铃声发言的李潇天终于举手，他以惯常的沉稳语态说道："我对于王新元提出的分析模型和时超的说法都比较赞同，他们的观点各有道理。但处于类似的困境中，我可能会以一种忍辱负重的方式保全性命，而后在积聚力量的前提下另谋途径、卷土重来。这里，我想强调的是，大家不要忘记文中的黔敖，这个人物也是我们思考的切入点之一。他的存在可能告诫我们，在施行救助别人的慈善义举时，也要考虑到他者的感受，予人以应有的平等和尊重，这可能是消弭误解、实现理解的前提。"

此时，下课铃声响起，时间紧迫，我只能就学生异彩纷呈的发言稍作总结。我说："这堂课关于嗟来之食的讨论很有意义，无论是参与发言的同学，还是认真思考的同学，都会有所收获。其实，透过这个问题的表面，我们可以发现，它引领我们思考一个更重要的问题，那就是——原则是否可以变通，底线是否需要坚守。站在饿者的立场上，士可杀，不可辱，宁为玉碎，不为瓦全；站在曾子的立场上，穷则变，变则通，通则久，忍一时风平浪静，退一步海阔天空。其实，这个问题的确是见仁见智的，它反映的是伦理学中绝对主义和相对主义的不同取向。类似的问题也许可以延伸我们的思考，比如：善意的谎言是否可以接受？有苦衷的背叛是否值得同情？也许，我们在今后的人生中很难遇到这种关乎生死的极端考验，但总有一刻，你要通过自己的思考做出现实的选择。今天的讨论，就是我们深入思考的起点。"

（本文发表于《吉林教育·综合》2019年第10期）

苏州诗会撷趣

——2011 年首届全国中学生校园诗会散记

前　言

在整整 6 年后，重新回首这篇当年写就的散记，依然感慨良多。时至今日，由笔者陪同参加 2011 年首届全国中学生校园诗会的三位附中学子——徐韫琪（2012 届 28 班）、刘东（2013 届 28 班）、李昂（2013 届 6 班）——如今均在北京大学攻读硕博连读的不同专业，实在是令始终以教书匠自许的笔者倍感欣慰。正所谓：缘，妙不可言。在深秋时节的三日里，于古城苏州留下的点滴记忆，对于曾经的为师者而言，始终弥足珍贵。

一、苏州园林

从拙政园出来后，徐韫琪不无遗憾地说："刚才匆匆走过，也没拍几张照片。"我疑惑地问："是人多太拥挤照不上，还是你的相机快没电了？"徐韫琪淡定地说："我是特意留些电和空间，等到了苏州园林再多拍点。"我诧异地问："拙政园不就是苏州园林里最有名气的吗？当然，还有我们来不及游览的留园、狮子林等等，难道你以为还有一座更著名的园林叫'苏州园林'吗？"徐韫琪恍然大悟："啊！"

二、诚实与勇敢

我、李昂、刘东和徐韫琪在晚间常常玩名为"诚实与勇敢"的游戏，四个人同时石头剪子布（或者打红十），胜者有权要求败者在诚实与勇敢二者之间选择并完成前者的要求。

某次，我胜，刘东负。刘东说："这次我选择'勇敢'。"我说："好的，那你就勇敢一把,站在宾馆四楼的走廊里放声背诵一遍王勃的《滕王阁序》的二、三段吧。"刘东顿时无语。哭笑不得的他,到底倾情演绎了一次名篇朗诵,李昂、徐韫琪亦乐不可支。

后来又轮到刘东选择"勇敢",我想到了常给犬子栋栋讲的《白雪公主》的童话,就说:"你脱鞋蹲在桌子上,对着墙上的大镜子反复说三遍——魔镜、魔镜,谁是这世界上最帅的男人?"于是,刘东不得不就范,将所谓"自恋"一次性诠释得淋漓尽致,我等异常钦佩。

终于轮到我"勇敢"了,徐韫琪出了个馊主意,让我给孙立权老师发一条短信,内容是——师傅,我爱你。对于素来深受尊师重教这一文化传统教化的我辈而言,这实为难事。但师生之间亦应平等相待,所谓愿赌服输是也。他们的要求我照办了,不过随即我又发送了一条用来解释的短信。翌日清晨,我收到立权师回复的短信——后半夜了,还不睡?

犹记李昂曾在宾馆四楼敲遍每一个房间的门,刘东曾单膝下跪手捧无锡排骨向徐韫琪大献殷勤,我曾不停地一边做俯卧撑一边口中念念有词,徐韫琪曾在关灯以后漆黑一片的房间中寻找我们三人,李昂曾钻进电视柜里三进三出模仿钟表里的小鸟报时,徐韫琪曾精彩献上《My heart will go on》一曲,李昂曾即兴吟咏诗篇,刘东曾将啤酒一饮而尽,徐韫琪曾打开房间的窗户,面对窗外的夜色大声说道:附中,我爱你……

当然,"诚实与勇敢"这个游戏最大限度地激发了人的想象力和创造性,同时也把人的调侃、恶搞、窥秘等等欲念以最平等、最公开的方式加以宣泄,的确是一项非常刺激的活动。

三、文人与酒

对于"文人与酒"这一话题的阐发,前有鲁迅先生的《论魏晋风度与文章和药及酒之关系》,后有王瑶先生的《文人与酒》,小子岂敢造次。

这次苏州之旅,我们师生四人因诗成行,以诗会友,自称半个文人恐不为过。而午餐、晚宴上的沙洲优黄(黄酒)、宾馆斗牌时的青岛啤酒,也算使我们与酒有缘。"文人"与酒的话题也便顺理成章。

犹记任教于北京大学中文系的陈平原教授曾深情忆起:王瑶先生当年指

导他攻读中国现代文学博士时，曾对他这个地道的广东人戏言"搞文学的人怎么能不会喝酒"。毕竟从王瑶先生的笔下，我们都会了解到，除了爱吃药的何晏、嵇康等人，阮籍、陶潜们是把文人与酒的缘分演绎得恰如其分了。所以，即便只是半个或不及半个的文人，浅斟小酌亦不能算作附庸风雅。

这次游学，我特意准备了三本书赠给李昂、徐韫琪和刘东。巧在三本书都是诗集，而且我在每本书的扉页上所题之言都是老杜的诗句"宽心应是酒，遣兴莫过诗"。看来，这几日的诗酒人生也是我早有"预谋"的。

抵达苏州的当天傍晚，苏州十中在金陵人家大酒店设宴款待来自全国各地的与会师生。席间，十中的李校长向我们介绍了当地的名酒——沙洲优黄。听说是黄酒，我顿时兴致盎然。毕竟上次品哑黄酒，还是在立权师的生日宴会上，匆匆几口，无暇深味，实不尽兴。以文学为志业，且以中国现代文学为专业的我，鲁迅、余华小说中的黄酒怎能不细加体会呢？于是，我便在觥筹交错、示敬应酬之间多饮了几杯，而同桌的其他老师皆不饮酒，所以多少有些意兴阑珊。

只记得等我离席招呼李昂他们一同去观前商业街购物时，在听到我脱口而出的玩笑之语后（至于是什么玩笑如今怎么也想不起来了），徐韫琪认真地问我一句："你喝酒了吧？"我当时一愣，便答道："是喝了，但这种黄酒与绍兴的无法相提并论，才 8.5 度，再喝无妨，呵呵。"似乎徐韫琪将信将疑，不知当时刘东和李昂作何感想。

第二天晚上，也就是我们参加了诗歌朗诵会、创作沙龙和联欢会回到宾馆后，我觉得应该用丰富的夜生活续写和充实这难忘的一日。我索性独自出门，去附近的商铺买了花生米、豆腐干和啤酒（听说当地的啤酒品牌以"雪花"和"太湖水"最为人称道，可惜我没有买到）。斗牌时，谁输了，就饮青岛啤酒一口。这三个孩子平时都不饮酒，据说李昂还能有两瓶啤酒的酒量。所以，顷刻之间，皮肤白皙的刘东和徐韫琪便已面泛桃花，可谓微醺。两个男孩都很有风度，帮助徐韫琪分担了半罐啤酒。四罐啤酒下肚，为我们的扑克比拼和"诚实与勇敢"增色不少。

第三日午间，在游览过拙政园之后，我们途经狮子林，步行到赵记大酒楼，参加了主办方安排的最后一顿盛宴，这次终于出现了久负盛名的阳澄湖大闸蟹。席间，李昂、徐韫琪和刘东纷纷主动请缨，每人都跟我要了小半杯黄酒，我们频频举杯，互相致意。想来这黄酒的味道似乎不及啤酒清爽，倒是多少有点藿香正气水的滋味，偏淡而已，但难得有此良机，在珍馐美馔和满座高朋之间潇洒喝一杯。看来，他们几人或多或少也对酒有了些感情。

其实，我并不是真正会品酒之人，更非嗜酒如命之辈。也许是受了立权师的感染，他此前带我去福州和厦门时饮酒不辍，起兴赋诗的情境如在目前。是受了苏州这古韵依然的小城的影响，是受了如诗如画的三日行旅的催发，对于我这个白酒、啤酒、黄酒、红酒都算是沾过却又"君子之交淡如水"的人而言，这份闲情逸致才是最可宝贵的。

劝君更尽一杯酒，与尔同销万古愁。

好诗！好酒！

附记之一（2017）：

在2014年10月，也就是三年前的秋天，我带领2016届29班的周子荐、许文骞、吕文郁、王美苏四位同学参加当时在北京市101中学举办的全国首届中学生朗诵大会，在游览北京大学时有幸再次见到徐蕴琪和刘东这两位本科就读于北京大学中文系的优秀学子。如今，我把两人当时发给我的以及去年秋天李昂发给我的短信内容一并分享如下：

欢迎老师，我不胜荣幸！祝您和同学们一切顺利，我在这里恭候大家！（徐蕴琪）

跃庭师，我今天下午的事情现在才结束，活动之后有总结，时间匆促，还怕打扰您休息。周六上午我就要去湖北参加一个支教项目了，怕没时间与您相见，回长再聚，祝学安！替我向师弟师妹们表达歉意，也烦请您向权爷、绪光带好！（刘东）

李老师，我已经通过了复试，推荐免试到北京大学攻读博士学位（直博），所在的院所是北京大学地球与空间科学学院，将要继续从事地球科学的学习和研究工作。另外，也了解到韫琪学姐直博到北大攻读古典文学方向，刘东直博北大现代文学方向。学生以后一定更加努力，不辜负一切的努力和机缘。（李昂）

附记之二（2023）：

　　整整 12 年后，当初携手参加首届全国中学生校园诗会的三位附中学子——徐韫琪、刘东、李昂均已告别校园，择业履职。徐韫琪留在北京，在人民教育出版社工作；刘东前往香港，任教于香港城市大学；李昂在福建的省属国企以副总经理的身份挂职锻炼以后，将到具体的县市区担任副县长。而我，依然在东师附中的语文课堂上，为了从容应对"三新"（新课程、新教材、新高考）的挑战而沉潜治学，笃行不怠。海内存知己，天涯若比邻。待到重逢日，诗酒亦殷勤。

我所了解的李天航
——忆东师附中 2016 届优秀学子李天航

虽然这篇文章还是当年作为李天航同桌的孙正满怀诚挚地请我为她题写的一段文字,但是,落笔成文时,在昔日重现的瞬间,我也努力尝试着,把我的记忆中有关她的片影撷取出来。在这样一段纯粹线性的点滴记录中,相信也能唤醒 29 班学子们彼此之间的同窗之谊。

2014 年 8 月,2013 级高二 29 班(文科实验班)成立之初的语文课上,时常举手发言、观点睿智独到的女孩让我印象深刻的,首推李天航。

2014 年 8 月,登录东师附中校园外网浏览我校新闻时,我得知刚刚在深圳中学圆满闭幕的 2014 年先锋中学生国际圆桌会议上,李天航在创新公益活动的准备和展示中呈现了出众的英语才智和表达能力。同时,作为附中"T5"舞蹈社团的骨干,她在才艺展示中表演了精彩的爵士舞。在引领 29 班同学回顾这则新闻时,作为语文教师的我也格外自豪。

2014 年 9 月,开学之初的教师节前后,引领 29 班同学在青华校区操场上全力以赴地排练广播操的,正是李天航。在动作熟练、姿态优美的她的引领下,29 班的广播操演练无疑成为一道亮丽的风景。

2014 年 9 月,在东北师大运动场上举行的附中运动会上,我携手栋栋(吾子思明),在环游全场的过程中和熟悉的同事们、同学们一一问候,合影留念,收获美味。有一个瞬间,我印象深刻。身着舞蹈服装的李天航,一次又一次地,在跳远的沙坑前纵身一跃,那种专注的神情、飞动的姿态,时至当下,我依然记忆犹新。

2014 年 10 月,在网上查询资料的我无意中看到一则几年前刊发于《城市晚报》的新闻《初中小女生,谱曲献恩师》。当我看到李天航的名字后颇感意外。尤其是关于她弹唱那首诗人穆旦的名作《在寒冷的腊月的夜里》的那段文字,不禁再次心生敬意。所以,在此前的晨读播放《大师》节目并呈现穆旦其人时，我想葆有诗情的她也一定会再次回首三年前的难忘瞬间，并拥有崭新的理解和认识。

2014年10月，在一个周末的中午，坐在东师附中青华校区办公室中的我，充分地感受到了我校英语文化节那难得的氛围。我伫立窗前，放眼望去，舞台上的主持人中，李天航和许文骞那俏丽的身姿瞬间映入眼帘。而在此后的《神偷奶爸》节目的配音活动中，几位来自29班的女孩清灵的妙音，无不令我敬佩，作为她们的老师，我心悦诚服。

2015年4月，第十六届"新世纪杯"全国中学生作文大赛的教师获奖证书下发时，我也荣幸地获得了指导教师二等奖、三等奖。这番表彰，当然就是来自于李天航和许文骞这两位才女写作《道歉书》的生花妙笔。由此回想，高二上学期伊始，在我以练笔的形式要求全班同学写作关于《边城》的文章时，李天航的那篇让我印象深刻。她选用了书信的文体，模仿了傩送的口气，那细腻的文笔，那娟秀的字迹，让我钦羡不已。这篇文章，也自然作为我首选的佳作之一，和全班同学分享。至于后来，她用新诗的结构，为杨绛先生写作练笔；她用小说的体式，为国荣哥哥写作周记……每一篇的用心，都令我感念非常。

2015年5月，在赵文轩、许文骞主持的班级英语联欢会上，我欣赏到李天航的个人舞蹈表演。虽然她身着校服，但大方的仪态、优美的舞姿还是让我们父与子眼前一亮，班内的掌声更是经久不息。当然，她在其后演讲、辩论等一系列活动中的精彩呈现，同样是有目共睹的。

2015年9月，当我在班级教师节的庆祝活动中聆听到李天航和同桌孙正两人在现场合作弹奏的《辰光》这首歌曲，发自内心的感动不禁油然而生。2007年就职于东北师大附中，从教至今，这应该是我收到的最为珍贵的教师节礼物。那优美的曲调，那轻盈的歌声，在两位同学的倾情演绎下，的确堪称一种难得的享受。所以，时至今日，我仍能够用口哨将这支献曲自然而然地吹起，的确是情不自禁。

2015年10月，在29班全班同学为我精心筹备、共同献礼的生日聚会上，李天航独自弹奏的一曲无名的生日献歌，同样令那时的我难以忘怀。我的感触可以用此后静心写下的一段文字来清晰传递：曲调悠扬，歌声婉转；难忘的回忆，萦绕在耳畔；分享的刹那，闪回在眼前；双语妙音，动人心魄；山水在中，乐之依然；教学相长方自在，海阔天空已忘言。

也许，对于曾患脑炎以致记忆力大不如前的我来说，能够把一年多来关于李天航的记忆的碎片重新拾起，并尝试将它们重新镶嵌成一面小巧的魔镜，而所有充满青春气息的美好的回忆，也将永远呈现在这面镜子里，实属不易。

我由衷希望，29班的每位同学都能如我一般，珍存那每一句温馨的话语、每一个真挚的眼神，把这两年来的肝胆相照、荣辱与共的生命历程沉淀在自己存高远之志、求博深之学的奔跑的内心之中。

最后留下的，是借用李天航在自己的小学作文中写下的一句——孩子们，向快乐出发，向自由出发——来表达我的心曲。同学们，纵使，时光荏苒；即便，天各一方；我们，永远，在一起。

附文之一：

生日献歌
——赠李跃庭老师

词曲：李天航

甲午盛夏　热风携憧憬的花

开在三尺讲台　阳光晕染了头发

风度翩翩　徜徉渊博的深海

文质彬彬　坚守风骨的山峦

Remember country road 歌声萦绕耳畔

批阅大师时文　体悟时事经典

儿童节的动漫

哆啦A梦和童颜

绿荫场地清晨

同并肩　大步向前

万人丛中因缘见

手执书墨笔钩连

挥毫衣袖芬芳染

余香一生难消散

生花妙笔师亦友

日行千里倚良言

快哉得君伴两载　愿吾师

乐水亦乐山

附文之二：

生日祝辞（节选）

——赠李跃庭老师

执笔：杨博涵

看起来很晦涩的新诗

几乎没人读得懂的古文

我从来不敢回答的提问

"六一"动画片和棒棒糖的童趣

怦然心动和哆啦Ａ梦的Ｔ恤

自己在假期和儿子的种种奇遇

PPT里数不胜数的书名和大师

钱穆、胡适、余英时

鬼打墙般出现的周星驰

当然，还有名作欣赏、时文快递

将构成我们此生对语文最难忘的记忆

他啊，真的是一个太好的人了

他会拿出甚至是假期的时间，无比耐心地

挑出我们自己都没发现的不计其数的错别字

一道诗歌鉴赏题找出四个答案

然后告诉我们"锱铢必较，细大不捐"

他会把大练习答案亲手抄到答题纸上

每堂课PPT的工作量

都大得我们无法想象

有时他看起来有些木讷

但我们明白那是他内心的执着

萨冈曾写给萨特：

这世界疯狂，没人性，腐败

您却一直清醒，温柔，一尘不染。

——以此表达我们对您的感动与敬重

附文之三：

乙未生辰获赠廿九厚礼，自题以献

李跃庭

卅六远逝如不见，时或逾矩似疯癫。

博闻妙笔①动虚室，天籁佳音②驻心间。

一心埋首潜山③侧，自甘沦落④瘴江边。

才野无疆同甘苦，浴沂风舞共华年。

【自注】①博闻妙笔：代指高三29班学生杨博涵代全班学生题写给愚师的生日赠言。②天籁佳音：代指高三29班学生李天航为愚师现场弹唱的生日献歌。③潜山：著名华裔历史学家余英时先生原籍安徽潜山。④自甘沦落：典出陈寅恪先生《癸巳秋夜，听读清乾隆时钱唐才女陈端生所著〈再生缘〉卷十七第六十五回中"惟是此书知者久，浙江一省遍相传。髫年戏笔殊堪笑，反胜那，沦落文章不值钱"之语，及陈文述〈西泠闺咏〉卷十五〈绘影阁咏家□□〉诗"从古才人易沦谪，悔教夫婿觅封侯"之句，感赋二律》一诗中的"文章我自甘沦落，不觅封侯但觅诗"一句。

三重来往意，六载师生情

第一重：2016

敬爱的跃庭师：

  我是王子萌，这个九月，我已入学坐落于海口市的海南大学，中秋假期前往广州游玩，于 9 月 16 日下午前往中山大学。中山大学有很多古朴的建筑、草木，还有陈寅恪先生曾居住的地方——陈寅恪故居。在那个故居的前方便是陈寅恪先生的雕塑。故居前有一条小路，应该就是学校为陈先生专门修建的一条。我还细心地发现楼前有种植的竹子，竹子就在屋前小路旁，可以联想到余英时先生住所旁的竹林，也可象征陈先生人格之挺拔。我来到故居附近请人帮忙拍了我和陈先生的合影，并且我拍了故居的介绍石刻，以及屋子的另一面。前面是草坪，当时光线正好，我将草坪和故居拍在了一起，很是优美、宁静（这张照片是我很得意的作品）。此外，中山大学有近代中国十八先贤铜像广场，包括秋瑾、谭嗣同、蔡元培、梁启超、章炳麟等，其中前两位只拍了背面。

  我有幸来到陈寅恪先生的故居，游览美丽的中山大学校园，并和陈先生合影，收获颇丰啊。

  离得远远，我便看到陈先生雕像上有花束，而且纸上标注的日期正是 9 月 16 日，感觉很有缘。

  我喜欢旅行，不断开阔视野，也喜欢发现。听说海南大学里便有苏轼的像，军训艰苦过后的第一个假期还是很有趣的。进入大学的我会不断前行，多阅读、旅行，不断开阔视野，志存高远，学求博深。现在想想高中岁月有很多回忆，我感激我的老师们，也很想念你们。我看到崔宇婷在空间里分享了一些在香港中文大学的经历，对她还是有很大的挑战，比如学粤语等等，不知道老师有没有关注空间的动态呢？高中时咱们班同学已经去过香港游学，海南离香港挺近的，我想香港之行的实现不会很困难。就说这些吧……

王子萌
2016.9.16

子萌：

你好！

能够在中秋佳节收到你来自海南的祝福和诸多价值不菲的中大留影，我非常欣慰，谢谢你这份难能可贵的节日厚礼。

想来，你之所以能够游览中山大学，为陈寅恪先生故居拍下如此精美的照片，并在当日传发给我，个中原因我还是了解的。毕竟，你的正直、严谨、重情、沉稳，是我从教三年来感受颇深之处。犹记你在高一时的诗歌朗诵会上深情朗诵的苏轼《江城子》一词，犹记你在高一时的戏剧汇演中对《北京人》中角色的生动诠释，犹记你在课前讲话中对许鞍华电影《黄金时代》的深刻剖析，犹记你用心写作并被选入班级佳作选辑的个别篇章，犹记你每次在课上感觉获益匪浅后急于在课下与我分享心得的兴奋与率真，犹记你常常一心一意地把虽然晚交但一定上交的作业亲自给我送去，等等。在过去的三年中，虽然与很多同班同学相比，你的成绩或排名不占优势，但是你的人格和气度是我很钦佩而欣赏的。

你是当之无愧的我教过的优秀学子，你的所思所感，你的语气文风，使我对自己于课上的辛勤付出和你在生活中的笃实践履，都葆有真正的成就感，谢谢你。

当然，身在海南，你一定要抽空游览儋州。此前课上多次和你们提及苏轼一生行迹的几个关键地点——黄州、惠州、儋州，这些地方和他留下的颇多作为经典的"贬谪文学"精品关系密切。自然，当我再次为今后的学生们讲解苏轼的《赤壁赋》《念奴娇　赤壁怀古》《方山子传》等等名篇时，也会和他们分享往届学长留存的珍贵影像。

既然身在海南的高校就读，对于王小妮老师的《上课记》等反映当下海南教育现状的书籍你可以随便翻翻，也一定会从中受益，要时刻提醒自己在真正钟爱的学科、专业学习中脚踏实地、孜孜以求。我在去年年初的寒假里，也曾经和家人同赴海南三亚游玩，那里的南海风物和东北特色，我记忆犹新。

一如既往地为博深之学，自然会一步步走近心中长存的高远之志。努力吧，知行合一，理想的锚地就在前方不远处等你。

李跃庭　敬复
于丙申中秋

第二重：2018

敬爱的跃庭师：

您好！我是子萌，此次暑假之旅主要涉及广西和云南。在广西的旅游中前往了柳州市。当时是7月14日，到达柳公祠时，细密的雨持续地在下，之前在动车上温习了余秋雨先生所写的文章《柳侯祠》，所以在不久之后的游览之时会有会心之处，文中提到的碑文、柑香亭、罗池庙都得以印证。柳州是柳宗元生命的终点，在这里他留下了兴明文教、解放奴隶的政绩。在他去世之后，他的好友韩愈作《迎享送神诗》作为纪念柳宗元的碑文，宋时柳州人请贬谪广东的苏轼书写此碑文，后于南宋嘉定年间被刻成石碑，被称为"荔子碑"。它具有十分珍贵的价值，因为它所联结的是三位伟大的文人，又称为"三绝碑"。关于它的流传又是一段传奇，可以说柳宗元去世以后历朝历代的柳州地方官员都会记起他，留下自己的碑文、亭台，形成了一个城市的文脉。

在昆明之时游览了国立西南联合大学旧址，西南联大的名字带给人丰富的联想，大师云集、报国情怀，电影《无问西东》也描述了西南联大的教学情景：昆明大雨瓢泼，铁皮教室屋顶发出巨大声响，"静坐听雨"。在躲避日机空袭的防空洞里，仍有教师授课，联大学子投笔从戎……而大师们，如陈寅恪、傅斯年、钱穆、沈从文、冯友兰、吴宓、朱自清等人更是代表了民国的风骨，至今让人追怀。我追怀那些心怀国运、追求自由的精神，"一二·一"反内战游行就是一例。浮雕里学生的激愤还是具有很大的冲击力，还有纪念碑后面的联大抗战以来从戎学子的名录，正是"天下兴亡，匹夫有责"的真实写照。当下我们更要回首在最艰难的时代，人们是怎样看待国家、国事的，是怎样看待教育和学者的。从联大出来之后在文化巷散步，原本这里不叫文化巷，正是由于这里有诸多学者如老舍、冰心等人闲时喝茶，成为文化聚集的地方而改名。

暑假之行有自然景观又不乏人文历史的相辅相成，实在是一次愉快之旅。另附于以上两处拍摄的照片，说不定在未来的语文课上可以得到展示。祝老师身体健康，假期愉快！

王子萌
2018.8.15

子萌：

你好。

非常感谢你和我分享自己在广西和云南旅行时留下的珍贵的照片！

从你对自己柳侯祠之旅的记述之中，我能体会到你依然如过去一样珍惜内心收存的文化记忆。无论是余秋雨先生的散文，还是韩愈所作的诗歌，想来你的文化之旅一定会使自己心中的文脉生生不息。将来我再次讲解柳宗元的《种树郭橐驼传》时，一定会和每一届学子分享你用心传递的景致。

昆明作为气候意义上真正的"长春"，和现代历史的最大关联莫过于西南联大。无论是以往播放过的《大师》节目（尤其是梅贻琦、张伯苓、沈从文等），还是推荐阅读的书目（如徐百柯《民国风度》等），都使西南联大成为现代中国文化、学术、教育历史上的一座令后人永志难忘的丰碑。相信将来我再次讲到朱自清的《荷塘月色》、沈从文的《边城》等课文时，同样会让你传发的关于西南联大的影像留驻于你的学弟学妹心中，始终熠熠生辉。正所谓：器识为先，文艺其从，立德立言，无问西东。

你在来信中留下的文字已然谱写了你的心曲，将来有机会我也会和自己的学生分享这份由文字构成的难得的交流。

再次推荐你翻读陈平原先生的著作《抗战烽火中的中国大学》和资中筠先生的作品《士人风骨》，相信你也会拥有不同常人的观感和体悟。

祝你学业进步，万事遂心。

李跃庭　敬复
于 2018 年 8 月 19 日

第三重：2019

敬爱的跃庭师：

您好！

大一时和您通信时您提到过的东坡书院终于成行了，经过了这么久才去，我还是太懒了。东坡书院位于海南省儋州市中和镇，距离我所在的海南大学

130 公里，由于考虑到东坡书院地处偏僻，故租车前往参观。驶离高速后有专门修的观景路线，但车辆稀少，两旁并不见人家，以各种野生植物为主，后来到达东坡书院时，心中猜想：景区会不会只有我和朋友两人前往呢。不过所幸东坡寄居儋州之事并未被人们忘记，景区内游客数量有数十人之多。

我感叹东坡 922 年之前来到此处该是怎样的荒凉，花甲之年的他心中其实已经下定了必死的决心来到这里，是很悲观的，但是他来到这里后东坡身上的那股生命力又生发出来，移崇尚巫蛊之风、传播医术、兴办学堂、开采水井……他的学生考中了海南历史上的第一个举人。虽然他在儋州的时间只有三年，但他在人生最后时光里依旧积极有为，让人敬佩不已。他有着充分的理由颓废下去，是他的人格力量支撑着他做正确的事。东坡一直以来都是如此。

书院里有一尊东坡居士立身铜像，呈迈步状，苍颜白发的东坡头戴斗笠踏步前行的样子生动地呈现了儋州东坡的精神面貌。值得一提的是，雕像身后的两株松树。身处海南三年，我发现松树并不常见。这里的松树和东坡居士的高风交相辉映。另外，我的照片里有以时间命名的共四张照片，拍摄于海南大学海甸校区，其中三张是图书馆墙壁的雕刻，文章是《赤壁赋》，另一张是东坡像，该石像竖立于 1988 年，距离海甸岛原海南大学成立仅仅 5 年时间，校区内有一大湖名曰东坡湖。苏东坡是海南大学也是海南重要的文化核心。就像当年从蛮荒一步步迈向文明，今日之海南也立足于原本薄弱的基础上，走出自己新的一步。作为在海南大学就读三年有余的学生，我十分感激东坡先生，因为东坡来过这里，这里就不能称为文化荒野，他的精神也将继续滋养着这里的学子、这里的人们去积极有为地书写自己的人生。

又是许久未和您联系了，不知道您一切顺利否？衷心地祝愿您身体健康，工作一切顺利！

学生：王子萌
2019 年 12 月 6 日

子萌：

你好。

非常荣幸能够再次收到身在海南求学的你与我分享与同伴游赏东坡书院的影像和心境，谢谢你一如既往地用心留存这些珍贵的视觉藏品。

犹记你以往和我分享自己漫步于中山大学时留存的陈寅恪先生的坐像和与故居相关的一系列珍贵的照片；以往你去西南联大观光时分享了很多照片，

也的确令人对抗战烽火中中国大学的顽强生存和发展唏嘘不已。

你在来信中提及的"大一时和您通信时您提到过的东坡书院",的确也让我产生了回首当初自己落笔所写的内容的兴趣。"身在海南,你一定抽空游览儋州,此前课上多次和你们提及苏轼一生行迹的几个关键地点——黄州、惠州、儋州,这些地方和他留下的颇多作为经典的'贬谪文学'精品关系密切。自然,当我再次为今后的学生们讲解苏轼的《赤壁赋》《念奴娇 赤壁怀古》《方山子传》等等名篇时,也会和他们分享往届学生留存的珍贵影像。"上述文字也再次强化了我将在本月下旬为高一学生讲解《赤壁赋》时分享你这次传发的照片的决心。相信你用心分享的场景、画面、细节,也会让有心的同学在阅读自己钟情的林语堂的《苏东坡传》时感受真切。令我感念的是,租车前往与你所在的海南大学距离上百公里的东坡书院,这番"言必信,行必果"的举措绝不是所谓"太懒"的表现,它恰恰再次印证了以往我对你的认识——正直、严谨、重情、沉稳。此外,诚如你所说"在他人生的最后时光里东坡依旧积极有为",这番气度与风范,恰恰值得所有在自己的人生之旅中遭遇挫折与考验的人景仰和追慕。从某种意义上说,此时此刻,作为同样品尝过人生中的酸甜苦辣因而常常感觉五味杂陈的作为教书匠的我,也越来越钦佩东坡内心葆有的那份常人难得的洒脱与旷达,正所谓"虽不能至,然心向往之"。我也相信,每个遭遇过逆境与挫折的人都会在某一刻迸发出你所谓的"生命力",那种"人格的力量"才是最可宝贵的。

已然在东师附中执教十三载的我一切安好,即使将来也会面对使用统编版新教材和陪伴学生面对新高考等一系列考验,我也会葆有通达的心境。想来你在 2016 年的秋天和 2018 年的夏天也先后和我分享了自己从旅游观光中收获的种种,如今已然大四的你是选择就业还是升学呢?如果是就业,是否有明确的地点和方向呢?如果是升学,是选择国内高校还是海外名校呢?我坚信你也会将自己心心念念的"积极有为地书写自己的人生"的箴言笃实践履。将来本科毕业并实现了就业或升学的选择后,返长时可以抽空回母校附中走一走、看一看,相信你会让我拥有更多意想不到的收获。顺祝你学业有成、万事遂心。

李跃庭　敬复

于 2019 年 12 月 6 日

师生互答，此乐何极

跃庭师：

您好。

有一些话想要对您说。没有时间雕琢，也不愿繁饰，就是一些普普通通的段落。

2017年11月8日的晚课前，我来到28班，就这样成为28班的一分子。我清楚记得，那天是语文晚课，观看关于金庸的专题节目。那是我在28班上的第一节课。

两天后星期五的语文课上，您的PPT上呈现了舒婷的《致橡树》与我作为学生代表发言的照片（未解之谜：您是如何找到那张照片的？我自己都没有）。当时我真是受宠若惊，感动于您的亲切与细心，同时也体会到您课上抓住契机适时拓展的苦心。语文课从此牢牢吸引了我，我想这也是我如今成绩尚可的原因之一。

随后的作文大练习我依然记得，"小溪与大海"的那一篇因为我作文偏题，您在办公室给我详细讲解了题目。我重写之后居然被您选作范文！用感叹号，因为那真的是莫大的鼓励。从高一到那时，无论是大型考试还是大练习，我的作文从未高于33分，更别提被选为范文。从那次以后，我的作文就开始有了起色，也许是受了28班氛围的感染。

短短一年，您教给我太多。

学习选修课本《中国古代诗歌散文欣赏》时，我开始在本上记笔记。从小到大，我不曾想过语文课需要专门记笔记。但您准备的内容实在太丰富，我如果不记下来就只是走马观花。那种文史互证的独特视角和形式多样的丰富内容，让我怦然心动。跟随您的思考题，虽然惧怕发言，但我真切地学会了思考。我同样不曾想过，有一天我会喜欢上记笔记时奋笔疾书的感觉。我想这正是您强调的"非教学性备课"的魅力所在。

如今进入复习，不再有学习教材时的新鲜感，我依然感觉到您对拓展讲解的良苦用心。每一节语文课，讲课讲题或是节目活动，包括之前的培优课，您都在用心诠释"独立之精神，自由之思想"。听了一年的语文课，我觉得自己的思维都向着活跃甚至跳跃的方向演进。受您的感染，我在做政、史题时开始主动发现其中的文史内容，与语文相联系，非常有趣。

我一直爱着语文，却一直没有自信。直到现在我也无法认为自己语文好，总觉得是因为运气好，客观题正确率高，才造成了我成绩还可以的假象。作文也是一样，我觉得自己根本不会写作文，最近更是觉得写不成话。靠您的教导、28班的氛围和自己的一点点努力，我才取得了这个成绩。

我非常不善言谈，尤其在众人面前紧张得不行，相信您也有所感受。但最近那次暑期活动分享汇报，我感觉放松了许多，在没有稿子的情况下讲了十多分钟，相当佩服自己，这得益于读书与观影报告会的历练、上课发言的锻炼还有思维的活络。语文课真的改变了我。

从给您发第一封邮件时的诚惶诚恐与生疏，到如今的舒适自然，输入与输出的过程让我对人文社科有了更丰富的认知。我享受交流中的畅快喜悦，每一封邮件都是紧张学习生活中的一份放松的快乐。或鼓励，或解惑，或分享，您或长或短的回复，都化为我投入学习的动力和成长的推力。包括我选择中文系为目标，是在自己感兴趣的基础上，但在一定程度上也是受您的影响。

没有华丽的言语，这些都是我的心里话。感谢您一年来的陪伴和鼓励，感谢您让我重新发现语文的魅力。

祝您身体健康，心情舒畅，永葆童心！教师节快乐！

舒婷
2018年9月10日5点30分

舒婷：

你好。

由衷感谢你用心寄送的节日祝福！虽然如你所讲，这些文字未尝雕琢，不曾繁饰，不过是一些普普通通的段落，但于我而言，它同样弥足珍贵。毕竟，这是一张由点滴记忆用心编织的网，我们借此也可以重拾一些清晰可感的富有价值的闪光的留存。

你尚且记得自己在高二 28 班上的第一节语文课——观看《杰出华人　查良镛》——想来这也是你和一系列真正意义上的大师之间难得的缘分。这种缘分，从你作为班中可谓凤毛麟角的持之以恒地完成练笔的学生一事即可见出。

至于当初在课上呈现舒婷的代表作《致橡树》的片段和你作为学生代表发言的照片，主要是借此表达对于作为 28 班新生的你的欢迎。当然，这也的确得益于袁绪富主任、万利丰老师、王瑞老师先后向我提及你，并有意推荐、引导你在高二上学期转学文科实验班等一系列背景人事。至于你的照片，当初我应该是在附中净月校区的外网新闻中找到的，目前净月校区外网登录不畅，将来有空找到时，另行传发给你。

当然，关于"大海与小溪"的作文修改一事，的确如你所说，作为新近加盟 28 班的同学，你可能对以往课上我始终强调的考场作文基本要求（立意、选材、结构、文采）不太熟悉，所以在帮你了解寓言型作文立意切题的重要性的同时，我也希望借此使你对考场写作的基本规范拥有更多的认识，从而力争在今后的写作中做到游刃有余。

如你所说，在高二时段的各册语文选修课本的学习中，无论是课堂笔记，还是课上发言，你的确表现出真正意义上的端正的态度、合理的方法、良好的习惯，这也很可能是你的语文成绩（总成绩）在班级内部（文科系列）始终处于领先地位的重要原因（过去也曾听说你从来不上课外班，这无疑也是真正实现从优秀走向卓越的重要前提）。这种良好的发展趋势，从你所说的"做政史题时开始主动发现其中的文史内容"等细节清晰可感。

正所谓"满招损，谦得益"，只要你始终葆有一种谦逊的态度，在将来的语文学习（包括其他各科学习）中取得更加优异的成绩，可谓指日可待。无论是读书，抑或是观影，都希望你们在开阔眼界、积累见识的同时，也能通过专题报告的形式，让自己的思维水平和表达能力得到综合、全面的锻炼。这些能力绝不是单纯刷题能够获取的。所以，将来你在和全班同学分享你对陈丹青先生的《陌生的经验》一书和《末代皇帝》这部电影的观感时，你的快速成长和真知灼见也会被同学们认同和推许。用心的准备、精美的课件、流畅的表达、精准的时间，的确都需要一次又一次的磨砺。

至于未来就读大学的专业选择，从兴趣出发固然是一方面，至少在本阶段，兴趣也可以推动自己的学习不断进步。当然，是否以中国语言文学作为自己的终身志业，可以在将来拥有更高远的平台、更开阔的视野后，再从多方面做认真的权衡与合理的取舍。

最后，还是感谢你能用"心里话"来分享自己加入 28 班这个集体后收获的一系列与语文学习相关的感悟和思考。于我而言，这也属于教师节时收获的一份别样的礼物。

李跃庭　敬复

2018 年 9 月 10 日 20 点 45 分

附录：

跃庭师：

您好。

从 2017 年 11 月（也是我来到 28 班的第一个月）至今，我发给您 40 封、收到您 25 封邮件。它们涵盖文档、图片、音频、视频、演示文稿等形式，也记录了我包括但不限于语文的学习和生活。它们不仅是高中生活的珍贵记忆，更将是我一生的财富。

高考在即，时间有限，只有寥寥数笔，当作暂别。我想毕业不会是终了，而是成长与新的开始。未来值得展望，而下一封邮件永远值得期待。

永远爱您的苑舒婷

2019 年 6 月 1 日 18 点 39 分

舒婷：

你好。

谢谢你历数这一年半来的书信来往。正所谓教学相长、互通有无，于师者而言，它们同样是珍贵的记忆和一生的财富。你时常提出的问题或商榷，使我获益良多；你和一迪之间的欢声笑语，我同样印象深刻；来自你们的每一份情，我都会珍视与收存。

最后这一周，希望你们葆有"沉潜"的坚毅，笃实践履，隐形的翅膀，让梦恒久比天长，留一个愿望让自己想象。

李跃庭　敬复

2019 年 6 月 1 日 19 点 11 分

大智若愚，秀外慧中

——一对师生在毕业季的真情告白

题记：

老师，谢谢您的回复，谢谢您精彩的最后一课，谢谢您的赠书（闾丘露薇《我所理解的世界》）。我看了不到十页，觉得非常喜欢，等到高考结束我一定好好品读。

没有多长时间就是毕业典礼了。我记得《城南旧事》的结尾，在毕业典礼时，英子想："我们是多么喜欢变成大人，我们又是多么怕呢。当我们回到学校的时候，无论多大，老师，要永远拿我当个孩子呀。"现在的我也是这样想的。希望我能永远做您的学生，我也愿意一直和您分享——我所理解的世界。（节选自智慧2019年5月31日回复的电子邮件）

老师：

您好。

快毕业了，我买了个礼物送给您，希望您喜欢。

高中三年的语文课，真的令我"怦然心动，若有所思"。无论是第一节课上您提示我们理应葆有的"独立之精神，自由之思想"，还是您讲解毛泽东《沁园春·长沙》时提及的"当同学少年做了万户侯时，能否忍受其他的少年视自己为粪土"，抑或是学习《再别康桥》一诗时，在您的朗读中我明白了之前自己认为平淡无奇的一首诗美在哪里。

我经常翻看以前的语文必修、选修教材，尽管只是我在课上记载的零散的语段，回看起来也十分精彩。您备课时一定很辛苦吧，谢谢您的付出。

在语文课外，您也给了我很多帮助。

我记得我嗓子不舒服时您送的含片，记得我的背诵学案丢了您还帮我复印一份，记得我下课没问上问题您特意在课后发邮件给我。谢谢您经常提问我，如果您不提问，我可能三年都不会举手。其实我也很想说，但总觉得如果我说得不好很耽误大家时间。谢谢您把我幼稚的练笔传发给严歌苓、陈丹青两位老师，无论是表扬还是批评都让我受益匪浅。您是我从小到大所有老师里唯一一个在我送礼物后发短信感谢的，也是唯一一个每次用完椅子后都自己搬回去的老师。每次听到"学为人师，行为世范"，我都会想到您。我觉得您就是一个"有学问，有文采，有热心肠的学者"，是我心中的"独立精神，自由思想"。

可能我只是您曾经的学生，但您是我永远的老师。

我过去语文学得很不好，也不喜欢看书。但在高中以后，语文让我很自信，尤其是作文，可能是我唯一一点长处了。尽管作文只需"知之"即可，但我其实是"好之""乐之"的。每次写作文时，我都觉得自己的思维很活跃、很充实。高中三年我也买了很多书，虽然大部分都没看，但我变得很喜欢读书了，最重要的是我知道我想做什么了。我希望做一个在工作中对社会有贡献，在生活中让身边的人幸福，爱读书、有情感、会思考的人。

记得您说"唯其尽心尽力，自当无怨无悔"，但高中三年，我没有尽心尽力。我在很多节语文课上睡过觉，写过数学练习册。很多次语文作业没写，很多份考得很差的考试卷都没有认真分析。尤其是高三一年，作文写得一次比一次差，我对语文的热情也没有那么高了。但高中快毕业时，我真的有些后悔。可能高考不能改变命运，但读书可以。如果我考出长春，我经济独立，我有令我骄傲的事业，生活就会很不一样。所幸迷途未远，我还有好几个十七年。请您相信，今后我一定不会自怨自艾，我一定放下过去向前看。

老师，不久后我们就将离去在人海茫茫，可能以后我们能见面的次数屈指可数了，但我希望我们的师生情谊可以地久天长。祝您永远幸福、平安。

智慧

2019 年 5 月 30 日

智慧：

你好。

非常感谢你在毕业之际和我分享自己在高中语文学习中品味到的酸甜苦辣，这对于即将分别的师生而言，的确是一份难得的厚礼。

让我欣慰的是，你用心记下了我在课上和你们反复申说的人生箴言。很多关于课堂教学和课下交流的细节，包括你对我个人备课投入的认知，的确让我至今读来倍加珍惜。

三年来，你的练笔和作文，虽然并非篇篇上佳（高三阶段的部分篇章可能不同程度地存在着偶尔偏题、字数偏多、占格拥挤、书写潦草等问题），但无论是最初落笔还是事后修改，你的用心和投入都是显而易见、有目共睹的。至于把你的作文与名家分享，这是作为从教者的道义所在，恰恰说明了"弟子不必不如师"，这一点也是我倍感骄傲之所在。

能够被你称许为"永远的老师"，的确也让从教至今十二载的我倍受鼓舞。谢谢你对我在语文教学上的设计和投入的认同和赞许，恰如鲁迅先生赠给瞿秋白的那句话——人生得一知己足矣，斯世当以同怀视之。

由衷希望你能够重新振作，努力摆脱可能面对的困扰和迷茫，在今后有限的时间里如你所说"不会自怨自艾""放下过去向前看"，脚踏实地，稳扎稳打。

同时，谢谢你能够用心感受彼此。也许有时候，类似亲情的感受就产生在不经意间的关乎语言、动作的种种细节，这恰恰印证了你自己内心的细腻和专一。

当然，你用心赠送给我的茶杯和两篇用来留念的习作，我也会妥善保管和使用，再次谢谢你的情真意切。虽然暂时离别，但类似的文字交流依然可以让我们认知彼此、互通有无。若有联系、沟通的需要，可以随时留言，我也会适时回复。

顺祝你金榜题名，梦想成真。

李跃庭
2019 年 5 月 31 日

尾声：

谢谢你分享自己用心倾听的切身感受，你对高数的无奈与期待，也让我产生了"同情之理解"，而以教育学为志业的学子还有必要钻研人体解剖生理学，这种"无可奈何"也让我想到了你对"月亮错觉的形成"的苦心钻研。你分享的照片我悉数收存。无论是雪景，还是黄叶，都让我感受到一种用心留存的珍贵：启功先生的满头白发和白胖鼻头、鲁迅先生睁一只眼闭一只眼的无奈表情、小巷深处红墙一侧的金灿灿的"摇钱树"，都堪称异趣横生的佳作。生物学、解剖学，以及更多似乎与教育学"八竿子打不着"的学科，一定能够"恰如其分"地帮助你——智慧——不断地"洞见"无限的"未来"。这一点从你的英语考试和高考一样只扣1分中"显而易见"。（节选自李跃庭2019年12月3日、19日回复的QQ留言）

余音绕梁的青春旋律

——对 2016 级高一 21 班诗歌朗诵的倾听与感悟

"人,诗意的栖居在大地上",这份时至今日已然成为现代人具有共通性的至高追求,正是来自存在主义哲学家海德格尔阐发的德国诗人荷尔德林的诗句。当我们真正有缘感受一份诗情,领略一种诗意,参透一重诗性时,它正是在通往那个向往已久的圣地的征程中携手迈出的一步步而留下的清晰的印记。

我对所谓"古韵清扬"板块这番诗意的真切领会,来自于用心聆听他们倾情演绎的中国古典诗词的吟诵。

《侠客行》这首传颂千年的佳作,那种"三杯吐然诺,五岳倒为轻"的豪放不羁,那份"纵死侠骨香,不惭世上英"的慷慨勇武,在张诗雨意气风发、铿锵有力的表达中,的确予人一种浮想联翩的景象,"深藏身与名"的影子,仿佛渐渐消逝在充满诗韵的绵绵细雨之中。

《湘君》这首《九歌》中与《湘夫人》并行世间的名篇,被张楚若凭借鲁迅先生所谓"其思甚幻,其文甚丽"的楚风楚韵以低沉的语调、舒缓的节奏用近乎吟诵的方式呈现,亦令那"时不可兮再得,聊逍遥兮容与"的感受萦绕在每一位听者的心头。

邢淳杰对白衣卿相那首《雨霖铃》的有力再现,似乎同样把"杨柳岸,晓风残月"的景致渐渐清晰地呈现在听者的眼前,那份"执手相看"却"无语凝噎"的哀愁,那份不知"与何人说"却常驻心间的"千种风情",在他抑扬顿挫却又怅然若失的表达中,久久挥之不去。

《戚氏·晚秋天》这首共三片而长达 212 字的宋词中仅次于吴文英《莺啼序》(240 字)的最长的慢词,被刘添艺用徐缓的语气、低沉的声调、恰切的韵致呈现。于是,从黄昏、深夜到清晓,那秋日的景观、词人的往事、客居的幽思,都渐渐复现在我们眼前。虽然柳永"未名未禄,绮陌红楼"并非我们向往的所在，但终有一日，我们也会再度回首那份属于自身的"当年少日，暮宴朝欢"。

张清新的《牡丹亭》，近乎完美地诠释了"古韵清扬"的真谛。如果勉强用文字定位那份情调，恐怕始终言不尽意。无论如何，那份特立独行的优雅，让我不禁想到《红楼梦》第二十二回"西厢记妙词通戏语　牡丹亭艳曲警芳心"中的话语："偶然两句吹到耳内，明明白白，一字不落，唱道是：'原来姹紫嫣红开遍，似这般都付与断井颓垣。'林黛玉听了，倒也十分感慨、缠绵，便止住步，侧耳细听，又听唱道是：'良辰美景奈何天，赏心乐事谁家院。'听了这两句，不觉点头自叹，心下自思道：'原来戏上也有好文章。可惜世人只知看戏，未必能领略这其中的趣味。'"又如白先勇在小说《游园惊梦》中所写："洞箫和笛子都鸣了起来，笛音如同流水，把靡靡下沉的箫声又托了起来，送进'游园'的'皂罗袍'中去。"当然，张清新歌声中的那份清丽、那份新意，想必也会让更多的听者真正领略到"三月不识肉味"的真谛。

当然，来自"世纪乡音"板块的每个合唱，也都会让聆听者心潮澎湃，从而产生一种"言之不足，故咏歌之"的想象。

在张诗雨、余依巧对《水祭》情真意切、余韵悠长的表达中，"水中躺了千年的诗魂"仿佛真正"从江心踏波而来"。

在宫沛萌、金苡竹的双重告白里，那种童心未泯的"想涂去一切不幸""想在大地上，画满窗子"的渴望，也让"都习惯光明"的"任性"追求再次唤醒我们这一代人应有的良知。

而陈乃赫、高依迪、于海慧共同献上的《寻李白》，那嘹亮的声音，那跌宕的语势，更让我们真切感受到"痛饮狂歌空度日，飞扬跋扈为谁雄"的飘逸洒脱的风格和气度。

在诗歌朗诵会上的每个瞬间，都会有灵动的光影音韵牵引着我们的感觉，它来自"世纪乡音"板块，也来自"漫卷西风"板块。

也许，那是姜超杰"这一刻独自望着星空""享受仅有的拥有"的"寂寞"时的那份"手之舞之，足之蹈之"的洒脱和快意。

也许，那是李绍宁和沈道弘分别手捧的吉他、共同凝眸的乐谱。此时此刻，那份"年轻欢畅的时辰"，正是前者挪动脚板上下跃动的节奏，正是后者摘下眼镜妙指翻飞的轻灵。

也许，那是张楚若再次献上《她走在美的光彩》中那份同样含纳了"音乐美"的双语妙音。

也许，那是献上《致云雀》的"七君子"（郑泽轩、李洋、韩浩良、关凯文、聂凡博、李绍宁、卢昌林）错落有致的队列、此起彼伏的声音，或高亢，或低沉，或舒缓，或峻急，似乎"比一切欢乐的音律，更加甜蜜美妙"，从而"全世界就会像此刻的我——侧耳倾听"，那也正源于你们这些"欢乐的精灵"。

也许，那是由美国民谣歌手 Hedy West 创作的《500miles》凭借韩浩良和王德宇共同创造的一唱三叹、回环往复的旋律——You can hear the whistle blow a hundred miles——依然在我们的心中回荡不已。

是啊，沈祖伊忙碌的身影，王淇和张乃晨穿插的闪现，于海慧蹲坐在黑板前、讲台下而时不时调试音频、切换界面的迅疾……无论如何，恰如诗人穆旦所说："我有太多的话语，太悠久的感情。"相信每个用心聆听的人，都会将这份短暂的欢愉长久地贮存在心里。毋庸置疑，这将再次证明，我们，也曾经拥有那份——诗意的栖居。

我们一直在努力，我们永远在一起
——由三个笔记本、一场演唱会引发的回忆

自我 2007 年春季于东师附中从教以来，迄今共收到三个特别的笔记本。这些笔记本因为承载了历届莘莘学子对我的深情厚谊而变得格外珍贵。想到它们，我的心中就涌动着无限的感谢、感激、感动、感念之情，感恩之意无以言表，聊作回顾，以遣己怀。

第一个笔记本来自于 2010 年的盛夏。

2007 级学生毕业前夕，由我执教的高三 21 班的近 50 位同学以留言的方式为我献上了他们最诚挚的感谢和祝福。读着那些真切的话语，我不禁眼角湿润。我所付出的，不过是一名普通教师应尽的职责，而同学们的肯定和赞许，使我尤为振奋、格外感激。那一张张照片，那一句句话语，连缀彼此，永记我心。

第二个笔记本来自于我在今年春夏之交为挚友赵卿老师代课的班级——高一 22 班。

短短的一个月间，我与 22 班同学在语文学习中分享阳光、分担风雨，我在教学中更是感受到别样的欣喜。那铿锵有力而又万众一心的朗读，是我所未曾聆听过的；那热情洋溢而又异彩纷呈的课本剧表演，是令我钦佩不已的；在我卸下重任与同学离别之际，大家的伤感与泪水，更是令我有愧于心的。是啊！也许我真的应该努力克服个人的困难，与他们携手同行，相伴到底。每个人留在这个笔记本上的只言片语，让我拥有了一名代课教师所能收获的最大的荣耀和幸福。

第三个笔记本来自于我目前所教的高二 6 班。

全班 60 名同学无一例外地以自己独特的个性、文体、语言、风格对我的生日寄予了诚恳而热忱的问候与祝福——藏头古诗、骈文短章、抒情新诗、对联、散文、随感、书信、高考题答案、课件……大家的才华横溢、真情告

白无一不令我自愧弗如。为这样一群青年做老师，压力与动力并存，成就和挑战同在。无论是热情的道谢，抑或真诚的赞许，无论是发自内心的感念，抑或风趣率真的歉意，无不令我感动之至。原来他们记得我课堂上偶然间的一句神来之笔，记得课后我和他们倾心交流的只言片语，记得我为课代表布置工作的不厌其烦、巨细靡遗，记得我为之不辞辛苦、孤军奋战的"名作欣赏""时文快递"。在这深秋时节，我清晰地感受到：从那一段段文字中，流淌出温暖的春意。

由衷地感谢组织同学们为我书写留言和祝福的三位课代表——李寒阳、梁圣帝、孙宇晴，感谢每一位留下你们珍贵的笔迹的亲爱的同学，你们的认同和推许，是我人生中最重要的鼓舞和激励。

感谢高二17班同学为我精心准备如此盛大的生日庆典，这是我从教以来所未尝经历的。

全班同学倾情演绎的祝福合唱、美味香甜的生日蛋糕、微光闪耀的生日蜡烛，以及金嘉琪、林姁悦、马健、翟益良、吴严、王博、赵伟材、邓玮祯、刘海钊、李尚泽、李依娜、商添雄、张聃倪、赵云龙等众多同学依次登台献上的歌曲和一声声"跃庭师，生日快乐"的祝福，还有那些从文科班逃课回到班里参与活动的同学，让我再次眼角湿润、声音哽咽。我实在难以用任何言语表达此刻的感动和感激——此时无声胜有声。时间在一分一秒地过去，算上我为大家演唱的《恋恋风尘》和《外面的世界》，这堂课势必将成为李跃庭生日庆典的专场演唱会。全世界被压迫的人民在"占领华尔街"，而全班给予我祝福的同学也无意中占领了我的讲台。是啊！我精心准备的课程内容和习题讲解就这样付之东流了，可我又多么愿意在这个日子里给予他们一次属于自己的狂欢和已然难得的相聚。奶油抹在了脸上，幸福绽放在心里。谢谢你们！十七十七，勇争第一，这是你我共同的铭记和期许。

还有那么多来自天南海北的短信、留言让我难以历数，感念不已。

亲爱的孩子们，我一直在努力，我们永远在一起。

我对北大"培文杯"活动的点滴感悟

作为板桥先生的传世名言,"难得糊涂"已然是中国知识人耳熟能详的心语。

而由享誉中国的未名湖和博雅塔构成的所谓"一塔湖图",更成为莘莘学子心向往之所在。

作为被第二届"北大培文杯"创意写作大赛重点推介的两位获奖的才女吕虹烨、许文骞的语文教师,我沉潜在内心深处的那份虽不能至的缺憾,也终于烟消云散。

青田也好,白塔也罢,在吕虹烨的笔下,这迥然相异的空间意象,就恰如白石、青麦这两位主人公那不同寻常的名号追求。白石始终怀藏修建白塔的期冀,青麦也一直保有开垦青田的愿景。无论如何,从此岸到彼岸,从现实到理想,始终存在着难以规避的困境和无法应对的挑战。

关键的问题是:该作何选择。这番思考的面向,始终在提示我们鲁迅先生所说的那一句"却也像在歧路上的办法一样,还是跨进去,在刺丛里姑且走走"。借助散文诗《死火》中的那番表达来衡量,与其"冻灭",不如"烧完";沿用钱理群先生笔下王瑶先生那番经典的告白来理解,与其"坐以待毙",不如"垂死挣扎"。具有觉醒意识的现代人可以葆有对白烨先生所说的"一种超越庸常生活的理想生活方式"的追求,并为之而笃实践履,无怨无悔。

从篇幅、体裁上看,许文骞的《左右》属于一部短篇小说。她从备选题目中弗罗斯特的《未走之路》的字里行间,悟得了其中可能蕴含的主题,并运用恰如其分的构思来演绎,的确尝试以"鲜活的视角"和"独特的手段"创作出一部具有"深厚人文情调"和"独特审美感受"的佳作。在我看来,她的创意、想象、构思和表达,无疑传递出本届比赛追求的"新感觉""新形式"和"新思想"。在我读来,它具有与意大利著名作家卡尔维诺小说《树上的男爵》相似的独特的风格气韵。

鲁迅先生的另一篇散文诗《过客》，无疑提示了我们"走"这一反抗绝望的实践的价值和意义所在。可以说，这篇小说创作本身的意义已然超出了潜在的功利诉求。诚如作者所写"他留住了一座座青山，那些带不走的喜欢与怅然"，也恰似谢冕先生所评价的："要追求梦想，打破陈旧的生活观念时，必定要走出去，这样生活才充满阳光。"

在我看来，"北大培文杯"活动本身，有效践行了"思想自由，兼容并包"这一由蔡元培先生在百年前提出的办学方针。它通过"博采众长，雅集群贤"这一创意写作活动，真正回归了"传承文化，守正创新"这一难能可贵的切实追求。而对于有幸参赛的任何一位真正践行"志存高远，学求博深"这一校训的东北师大附中学子而言，能够在大师荟萃、名家云集的未名湖畔躬身聆训、亲炙师教，的确堪称受益终生。

忆往昔，正是病榻落笔的钱理群先生和殷切勉励的王一川先生，坚定了作为大学中文系学生的我对于文学的向往和追求，把矢志不渝作为自身成长的底线。当我看到自己倍加赏识的孩子们有幸得到谢冕先生的赞许，那也是一种难得的"新的崛起"；她们也有幸收获了曹文轩先生的推重，从而打开属于自己的"小说门"。不仅如此，无论是去年钱理群先生的那篇《王瑶先生的九句话》，抑或昔日陈平原先生的《请加入这道"风景"》，乃至早年林庚先生的《青与绿》等，都曾被我印发给学生开阔眼界、增长见识，始终堪称令我校师生赞不绝口的金玉良言。

当然，对于所有真正有志于"我手写我口"的莘莘学子而言，所谓"闻道有先后，术业有专攻"的古训，在他们的心中一定会薪火相传、生生不息。即使面对"李约瑟难题"的困扰，尽管承受"钱学森之问"的重压，我也由衷相信：每一位在"北大培文杯"创意写作活动中脱颖而出的才华横溢的有志青年，都能够凭借那份难能可贵的想象力和创造力，顺利地实现"心灵的探寻"，成功续写"老北大的故事"。

虽已至，心犹向往之

——香港中文大学游记感怀

谈及香港中文大学，于我而言，较早的记忆，似乎来自两位先后从教于此的著名学者，即国学大师饶宗颐先生和经济学家郎咸平教授。前者的人生追求与学术成就，曾出现在我为往届学生选播的专题节目和为高考备考编发的实用类文本阅读专题学案中；后者对当下中国经济（亦包含文化、教育诸多方面）发展现状及走势的深刻剖析，也曾被我以全文或节选的形式收入自己为学生编印的多期"时文快递"。

当然，作为香港中文大学前身之一的新亚书院，更是令我心仪、追怀之所在。无论是作为新亚书院创始人的钱穆先生，还是作为其高徒的首届毕业生余英时先生，时至今日，均已成为享誉中外、闻名遐迩的一代史学大家。前者在《国史大纲》"弁言"（《凡读本书请先具下列诸信念》）中强调"所谓对其本国已往历史略有所知者，尤必附随一种对其本国已往历史之温情与敬意"；后者在探讨从古至今由"士"到"知识人"一脉相承的思想、政治传统时倡导一种矢志不渝的"中国情怀"。他们始终令我钦敬和景仰。至于当代其他来自中国大陆或美国进而最终从教于香港中文大学的学者、文化人（如陈方正、李欧梵、金观涛、刘青峰等），更是所在多有。

尤为欣慰的是，这次游赏香港中文大学，由我此前教授三载的东北师大附中2016届毕业生崔宇婷（现就读于香港中文大学和声书院）负责全程引领、陪伴，并承担导游、摄像等多项工作，协助我完成这次意义非凡的游学之旅。

聆听着宇婷娓娓道来的讲解，我步入新亚书院的校园。首先映入眼帘的便是典雅而不失清新的钱穆图书馆。所憾时值周日，该馆休息，我索性在馆前留影，聊作孺慕之思。

沿该馆正门右侧前行不及百步，蓦然回首，立有"NEW ASIA COLLEGE"字样的牌匾的环形多阶场地——大学广场——清晰可感。在"新亚书院"这一英文名牌左右两侧，分别竖立了十个左右的长方形的刻有历届学生名录的石碑。我兴致盎然地迅速走到名牌左侧的首块石碑前，"1952"（即新亚书院首届毕业生获得学位的年份）之下"文学院"学生名录中，"余英时"这三个字赫然入目。目及此处，我不禁感慨万千。

　　思及两年前身处寒假的我，逐渐通过一系列的专著、讲座、节目，对曾经担任新亚书院院长兼香港中文大学副校长、在近十年来先后荣获美国克鲁格人文与社会科学终身成就奖和台湾首届唐奖汉学奖的历史学家余英时先生其人其作拥有了更加全面而深入的认知和理解。后来在自身的讲学和研究中，也时常引介余英时先生著述（如《士与中国文化》《朱熹的历史世界》《现代儒学的回顾与展望》《中国思想传统的现代诠释》《论戴震与章学诚》等）中关乎历史人事评价的只言片语，从文献意识出发，以参照与比较两相结合的方式进行文本解读。如今看来，大都切中肯綮，略显别具手眼。

　　当然，也正是凭借余先生《犹记风吹水上鳞——敬悼钱宾四师》《一生为故国招魂》等数篇缅怀业师钱穆先生的行迹的文章，我对于钱穆先生的兴趣油然而生，从而通过《八十忆双亲　师友杂忆》这部经典著述对钱穆先生的人格与志业葆有了更为真切的领悟。诚如我在一篇引导学生练笔的下水文《守正不移，知行合一》中所写的一段文字——

　　……正因为毕生坚守着"士之读书治学，盖将以脱心志于俗谛之桎梏，真理因得以发扬。思想而不自由，毋宁死耳"的执念，作为历史学家的陈寅恪，给后人留下了仰之弥高的风骨。正因为"不愿违背自己的主张"，作为国学大师的钱穆婉拒了老师吕思勉邀请回归的召唤，"愿效法明末朱舜水"，在域外继续传播中国文化。正因为发自内心地向往海阔天空的生活，才使"原谅我这一生不羁放纵爱自由"的高亢激越的表达，塑造了香港摇滚乐队Beyond的那种不屈不挠、无怨无悔的气度，始终震撼着听者的心扉……

　　由此可见，虽然未及入门的钱穆图书馆和只手抚摩的余英时名录，都仅仅是有形的文字、静止的影像，但它们留驻于观者心中的那份信念和气度，却是时刻涌动、生生不息的。

　　在新亚书院树木丛生、百草丰茂的园林小径中穿梭，无论是儒家的至圣先师孔子，还是新儒家的代表人物之一唐君毅先生，一古一今两位名家的雕像，无不给予于静谧中漫步的观者一番难得的启示，那正是钱穆先生倡导的对于中国文化传统理应葆有的那番温情与敬意。由此，我也想到了过去读过的让自己印象深刻的余英时先生的一句话："我一直希望，将中国传统讲仁道、尊重人的尊严与价值，与西方讲人权、自由、开放社会相互配合，使二者相辅相成。"

当然，记忆中真正堪称美景的所在，无不得益于宇婷用心为我留下的珍贵的光影瞬间。犹记三年前就读高一时来到香港中文大学参加游学活动的宇婷写于自身感悟《香江之行》里的一段文字："这是一个月牙形装满清水的小型池子，左深右浅；如果蹲下，沿着池子边缘向远方望去，就成了个三层夹心饼干——天空与池水间，点缀着现代化的高楼大厦。'小月牙'的凹处生长着一棵苍老但遒劲的古榕树，它就仿若一位老神仙，守护着'水天合一'。"此刻在我看来，在万条垂下的枝叶映衬中，我伫立于水天一线，背靠氤氲而迷幻的近水远山，身处真切与模糊的形影之间，目及沿垂枝而滴落水面的微雨留下的波纹点点。这眼前的一切，无不令人心驰神往、思绪蹁跹。

也许是我游赏的时间有限，也许是我此刻的笔力稚拙，只能将师生畅游香港中文大学的若干个难忘的瞬间重现：高锟先生和杨振宁先生两位曾经荣获诺贝尔物理学奖的华人科学家雕像在校园中伫立的身影，和声书院里饶宗颐先生亲笔题字并刻于石上的"和声"二字，宇婷引领我在新闻与传播学院中发现并留存的免费赠阅的《读书好》实体杂志的最后一期和《新亚生活月刊》（2016年12期），宇婷在新闻与传播学院中下楼时脚下一滑不慎倒地的瞬间，我们撑伞在崇基学院一侧未园湖的亭台中漫步时偶遇的聚食面包屑的麻雀，宇婷赠送给我的由"人""山""酥"三个字和院训"知、仁、忠、和"四字构型的和声书院院徽，和宇婷挥手作别前我选择与之合影的地铁站口的自由女神像……

诚如诗人穆旦先生在其名作《赞美》一诗中所说："我有太多的话语，太悠久的感情。"于我而言，在此校游览的这番记忆，必当永驻心间。

未名侧畔闻奇语，燕园问道摘星辰

——例谈在北大新语文研修班收获的多重感悟

2019年10月30日至11月2日开办的北京大学"新语文"教师研修班是北京大学中文系为东北师大附中量身打造的高端研修项目，北京大学中文系的知名学者与东北师大附中一线教师共同深入学习、探讨、研究高中语文教学中的重要问题，为东师附中语文教师提供了丰厚的思想资源和先进的教学理念，如邵永海老师的《古代汉语》、温儒敏老师的《语文教育改革的方向》、汪锋老师的《语文审辨与阅读教学》、程苏东老师的《早期文学经典导读》、程翔老师的《教有学理的语文》、贺桂梅老师的《毛泽东诗词的地理视野与哲学观》、漆永祥老师的《中国古代文化》、刘勇强老师的《细心体贴、方许你看的〈红楼梦〉》、吴晓东老师的《现代文学经典导读》等等。

笔者主要借助培训研修中认真聆听的两个讲座收获的感悟以点带面地呈现此次北大之行的巨大收获。

第一重感悟：关于贺桂梅教授的讲座《毛泽东诗词的地理视野与哲学观》。

回顾自身的求学历程，我于2003—2006年在东北师大文学院攻读中国现当代文学硕士学位期间，曾经认真阅读过钱理群、吴福辉、温儒敏三位先生撰写的《中国现代文学三十年》、洪子诚先生撰写的《中国当代文学史》。在这两部同样出于北京大学中文系名家之手的学术著述中，作为读者的我，对于贺桂梅老师参与完成的《中国当代文学史》的"下编 80—90年代的文学"部分内容印象深刻。虽然从2007年到2019年的13年来，我于东北师大附中从事中学语文教学与研究工作，但诚如孔子在《论语》中所说的"知之者不如好之者，好之者不如乐之者"，我至今仍然葆有对所谓"二十世纪中国文学"进行认知和研究的兴趣。

2019年11月1日上午，贺桂梅老师于北京大学中国语言文学系在近3个小时的专题报告中，为作为学员的我们先后介绍了选择重读毛泽东诗词的原因、毛泽东诗词的文本构成，提示我们从"诗与画"来认识"山水"与"天下"的地理视野，启发我们从"诗与哲学"来感受抒情主体与辩证法哲学，她也介绍了以跨学科、长时段角度进行文学解读的方法。

于我而言，自己曾经翻读现任神奈川大学教授的日本学者木山英雄先生的著述《人歌人哭大旗前——毛泽东时代的旧体诗词》（收入对杨宪益、黄苗子、荒芜、启功、郑超麟、李锐、杨帆、潘汉年、毛泽东、胡风、聂绀弩、舒芜、沈祖棻等旧体诗词作者的评论文章），对于其中《〈沁园春·雪〉的故事——诗之毛泽东现象》一文印象深刻，尤其是作者对"江山如此多娇，引无数英雄竞折腰""欲与天公试比高""俱往矣，数风流人物，还看今朝"等几句的阐释，均可见出其尝试从"知人论世"的角度对作品进行剖析和解读的用意。

从贺桂梅老师深入浅出的讲解中，我们对毛泽东的诗词观，包括旧体中的新意，拥有了更多的认识。贺桂梅老师围绕人教版初高中语文课本中选入的《沁园春　雪》《沁园春　长沙》等一系列毛泽东诗词作品进行了以点带面、巨细靡遗的分析和评价。贺桂梅老师引用电影《一代宗师》中的台词"见自己，见天地，见众生"一句，也让我想到目前在北京大学中文系攻读古代文学博士的徐韫琪同学赠给我的韩毓海先生的签名著述《天下：江山走笔》，让我想到了当年撰写硕士论文时引用的沈从文先生《湘行散记》中的文字，的确感触颇深。

贺桂梅老师的报告不仅帮助我们重新认识毛泽东诗词的文化、哲学、政治意义，也让我们通过她的研究方法对李零、唐晓峰等国内学者和布罗代尔、葛兰西等域外名家的成果和创见拥有了更多的认识和了解。由此可见，我们将来在使用统编版教材重新讲解《沁园春　长沙》等作品时也会将贺桂梅老师的真知灼见与自己的学生分享。也许，作为当代著名学者的贺桂梅老师在学术研究中体现出的类似"究天人之际""通古今之变"的若干努力也真正会给说者和听者带来"成一家之言"的独特感受。

第二重感悟：关于程翔先生的讲座《教有学理的语文》。

昔日重现，历历在目。犹记最初与程翔老师见面，还是在 2014 年秋季于北京 101 中学举办的全国首届中学生朗诵大赛的活动准备期间。当时我和前去参赛的东师附中的四位同学重新感受并演绎了作为诗人艾青代表作之一的

《雪落在中国的土地上》。我也有幸和作为北京101中学副校长的程翔老师合影留念，留念的初衷也来自于所谓"未见其人，先读其文"。

最初了解程翔老师，还是在自己撰写论文《〈雷雨〉研究与教学现状述评》（发表于《中学语文教学》2013年第4期）时。我曾经认真细读了程翔老师那篇题为《说〈雷雨〉》（发表于《中学语文教学》2012年第1期）的文章。犹记程翔老师在论文中指出了版本问题会在一定程度上影响读者对文本的准确理解。他在文章中所举的例子，正是人教版高中语文必修四课本第一单元收入的《雷雨》剧本中有三处台词和原作最初版本相比都做过明显的改动。如原作最初版本中的"朴园，你找侍萍吗？侍萍在这""这些傻话也请你不必说了""我难道不知道这样的母亲只给自己的儿子丢脸么"等，都会令读者耳目一新。

在本次培训活动中，2019年10月31日18点到21点期间，程翔老师以《教有学理的语文》为题，从阅读和写作两个宏观角度为我们进行了巨细靡遗的推介和深入浅出的讲解。其态度之真诚、品格之谦逊，课例之丰富、语言之生动，情感之充沛、见解之独到，始终令听者产生耳目一新、醍醐灌顶的感触。作为学员，我也迫不及待地在课后与程翔老师围绕"《雷雨》一课是否在高中语文的统编版教材中依然收入"和"新版教材是否会选择真正意义上的《雷雨》原本即最佳版本刊印"以及"诞生于不同历史时期的三部影视剧《雷雨》中分别由孙道临、鲍方、郑榕等表演艺术家扮演的周朴园形象哪一个更深入人心"等一系列问题进行了充分交流。

事实上，作为学员，我也能够从程翔老师声情并茂的讲解和言近旨远的提示中感受到曾执教于北京大学中文系的著名学者钱理群教授多年前的著述《大小舞台之间——曹禺戏剧新论》一书从历史变迁和文化嬗递的角度深入剖析曹禺其人其作的意义和局限的价值。

程翔老师在讲座中从接受美学角度提及的所谓"作者意"和"读者意"两个概念，也让我思及2017年高考语文山东卷命制论述类文本阅读题时选用的童庆炳先生的《论审美移情》（节选自《中国古代心理诗学与美学》）一文。程翔老师在分析统编版高中语文教材必修上册中当代作家茹志鹃的小说代表作《百合花》时，提示我们应该格外关注新媳妇的神态、动作和语言描写，从而体会笔法的高妙。他还提及当代作家铁凝的小说《哦，香雪》，我也借此想到了 2006 年高考宁夏、海南卷中的文学类文本阅读题是围绕作家铁凝的短篇小说《孕妇和牛》来命制的。而最为切近的 2019 年高考新课标卷一的论述类文本阅读题（笔者对本题的研究文章《独具慧眼，切中肯綮——2019 年高考语文全国卷Ⅰ论述类文本阅读命题评析》已发表于《长春教育学院学报》2019 年第 9 期）选择的命题文本《照亮和雕刻民族的灵魂》（原载《人民日报》2019 年 3 月 22 日）等一系列篇章，也启发我和程翔老师围绕作家的创作生命和语言风格与其身份变迁和时代话语的关系等一系列问题进行了交流与探讨，作为学员的我受益匪浅。

正可谓：未名侧畔闻奇语，燕园问道摘星辰！中国新时代高考改革的大幕已经开启，语文学科作为所有基础学科的重中之重，面临全新的机遇和挑战。通过北大培训，东师附中语文组教师更新了教学理念，优化了知识结构，提升了科研能力。我们期待为全国最顶尖的高等学府输送更多优秀的学子，也期待有更多机会到全国顶尖学府深造提高。

（本文发表于《吉林教育》2020 年第 1、2 期合刊）

圆数载求学梦，做"三有"附中人

——东师附中 2022 级高一年级上学期开学典礼教师代表讲话

尊敬的各位领导，老师、亲爱的同学们：

大家早晨好！

"虎虎生威，蟾宫折桂"这八个字，是我送给刚刚毕业的附中 2022 届高三 5 班和 28 班的同学们的新春祝福。时至今日，同样属于红星学子的高三学长们，凭借对"志存高远，学求博深"这句箴言的挚爱，依托对"踔厉奋发，笃行不怠"这句祝辞的践行，为未来的人生画卷留下了出神入化、浓墨重彩的手笔，为自己心中的附中精神唱出了雄浑壮阔、响遏行云的赞歌。

亲爱的同学们，无论在座的学校领导，还是身边的全体教师，不管是教室里的一桌一椅，抑或是操场上的一草一木，由衷欢迎你们顺利加入附中大家庭，倾力祝贺你们真正成为红星附中人。

在七月流火的季节，在金风送爽的时刻，作为东师附中语文人的普通一员，作为在红星年级连续执教十五载的人民教师，能够以代表的身份和在座的红星学子们分享心声，我非常荣幸。我是李跃庭，我今天讲话的题目是——"圆数载求学梦，做'三有'附中人"。

晚清时代的中兴名臣曾国藩说过："盖士人读书，第一要有志，第二要有识，第三要有恒。此三者缺一不可。"我在此郑重地将自身对于"有志""有识""有恒"这所谓"三有"的认识和在座师生分享。

首先，红星附中人理应"有志"——所谓"志"，是"志向"的"志"。

众所周知，我校校训的前一句"志存高远"改编自古人诸葛亮的《勉侄书》中的"志当存高远"一句。是否在自己求学立身的成长进程中真正葆有高明远大的志向，这正是衡量我们能否成为名副其实的附中人的关键。"老骥伏枥，志在千里；烈士暮年，壮心不已"，古人对"老当益壮"的追求时刻激励着身处"黄金时代"的我们。王阳明曾对自己的学生说："志不立，天下无可成之事。"蔡元培先生就任北京大学校长时和师生分享的三句箴言的首句正是——"抱定宗旨"。

2022年北京冬奥会的单板滑雪男子大跳台冠军吉林少年苏翊鸣，从小看着国外顶尖选手的滑雪视频长大。每一次观赏，他都会为选手们一次次挑战极限的跳跃、腾空、旋转而感动。他说："但愿有一天我也可以和世界顶尖选手同台竞技，那正是我的梦想。"在奥运赛场上斩获一金一银的18岁的他如愿以偿。只有认识自我，才能实现乃至超越自我。

作为我校2018届优秀毕业生、北京大学2022届本科毕业生代表的吴清玉同学，在6月底的北大毕业典礼上坦言："我因北大而拥有了一种底气，一种放远目光、不拘泥于短期最优的底气，一种保持信念、不迷失于前方未知的底气，一种直面失败、不受困于内心恐惧的底气。"

在座的红星学子们，无论彼此身处自由还是青华，邵志豪校长名字中的"志"，姜远才校长名字中的"远"，时刻提示大家：作为拥有"底气"的附中人，我们必然勤力同心，我们始终志存高远。

其次，红星附中人自当"有识"——所谓"识"，是"认识"的"识"。

古人韩愈在《进学解》中强调的"业精于勤而荒于嬉，行成于思而毁于随"提示我们，在面对着新课程、新教材、新高考的"三新"挑战之际，"勤学好问，多思求是"这句附中人耳闻目见的八字学风，在高中各科的学习中始终发挥着举足轻重的作用。我校校训的后一句"学求博深"同样发人深省。

学习知识，积累经验，发展能力，是循序渐进的过程。求学时不但应追求视野广博，而且要力争钻研深入，这的确需要我们探索出适合自己的学习方法。听课时专心致志，练习时一丝不苟，最重要的是什么？是矢志不渝，知行合一。从"志存高远谱新篇，经世济民勇担当"的李文铎，到"怀才抱器，德才兼备"的孙梦悦，再到"洞察数理之趣，厚植人文情怀"的王瑞乾等等，诸多高三优秀学长堪称名副其实的有"识"之士。

最后，红星附中人亦需"有恒"——所谓"恒"，是"恒心"的"恒"。

显然，"有志"关乎学习态度，"有识"探求学习方法，但是仅仅拥有端正的学习态度、准确的学习方法依然不够，我们更加需要养成良好的学习习惯。这也正是曾国藩强调的最后一点——有恒。

古希腊哲学家亚里士多德说过："我们的习惯造就了我们。卓越不是一次行为，而是一种习惯。"

　　众所周知，我校 2022 届高三 26 班的王馨瑶同学在今年的高考中取得了文科 618 分的优异成绩，最终被北京大学中文系录取。年少时因意外受伤而只能以轮椅代步的她，始终没有放弃自己的梦想，坚持在校园中自然成长。虽然肢体不便，面临诸多艰难和挑战，但无论是在休息房、坡道还是台阶，即便荆棘丛生，她也未曾轻言放弃。她在三年历练中收获的——阳光、乐观、积极——这份特别的经验和难得的财富，也许同样来自于邵校长给予她的母亲的至高评价——"三年如一日"的"伟大的母爱"。由此可见，知行合一固然重要，但持之以恒同样关键。只有练就真正的毅力，才可能无限接近自己的梦想。在那有路的书山、无涯的学海中，我们只有真正做到持之以恒，才有可能无怨无悔。

　　书声琅琅，歌声飞扬；五洲四海，桃李芬芳。由衷希望红星学子们点燃你们的激情，践行你们的承诺，突破你们的极限，实现你们的梦想。你们的斑驳，与众不同；你们的沉默，震耳欲聋。在这个学习生长的地方，也许我们会对峙绝望，不肯哭一场；在这个终生难忘的地方，可能我们不借谁的光，创造属于自己的城邦。衷心祝愿每位红星学子都能在惊才绝艳、神采飞扬的艳飞主任和耿耿寸心、光明磊落的耿磊主任的引领下，在新学期里如虎添翼、再创佳绩，扬帆启航、续写辉煌！谢谢大家！

三载相伴，不见不散

——东师附中 2024 届初三年级下学期开学典礼暨中考百日励志大会家长代表发言

尊敬的各位领导、老师，亲爱的孩子们：

大家下午好。

作为初三四班的李思明同学的爸爸，能够以家长代表的身份参加今天的以"翔龙骋翼，振翮长风"为主题的初三年级下学期开学典礼暨中考百日励志大会，我感到非常荣幸。

作为已经在东北师大附中高中部从教 18 年的一名语文教师，明珠校区体育馆给予我的记忆的确历久弥坚。2007 年 9 月 10 日，就是在这里，我曾以新教师的身份，拜孙立权先生为师，正式开启自己的从教之旅。2019 年 9 月 10 日，还是在这里，我又以获奖者的身份，接过陶然人师的奖杯，收获难得的至高荣誉。2024 年 3 月 18 日，又是在这里，我将以家长代表的身份，在这弥足珍贵的时刻，和绿星学子们分享一份特别寄语。

初任北京大学校长的蔡元培先生，曾经为在场的师生提出了"抱定宗旨、砥砺德行、敬爱师友"这三条忠告。此时此刻，兼有家长和教师双重身份的我和大家分享三个希望，始终包含一个"心"字。

首先，"长风破浪会有时，直挂云帆济沧海"，希望你们——有信心。

众所周知，小米创始人雷军在武汉大学计算机系就读期间，坚信自己能在 2 年内修完 4 年的学分，实现夙愿的他收获了 2000 元的高额奖学金。回报母校的信心，让他在后来的 26 年间持续捐款，直到去年年底，他创造了全国高校校友个人现金捐赠的纪录——13 亿元。作为东师附中的绿星学子的你们，"勤学好问，多思求是"的学风，早已笃实践履；"志存高远，学求博深"的校训，向来身体力行。面对挑战，你们拒绝"摆烂"；身处逆境，你们永不

"躺平"。"竞争"远胜于"内卷","合作"有助于"共赢"。作为父母,永远分享你们的酸甜苦辣,始终关心你们的衣食住行。"海到无边天作岸,山登绝顶我为峰。"正如乔布斯在斯坦福大学演讲时所说的:正是信念,使我的人生与众不同。

其次,"书痴者文必工,艺痴者技必良",希望你们——肯专心。

马斯克曾说:"如果我要思考一些困难的问题,那么我所有的感官系统都会关闭。"什么是专心?全神贯注,心无旁骛。娃哈哈集团的创始人宗庆后也曾在房地产市场火热时"坚持发展主业","专心"成为"企业家"而非"资本家"。西湖大学校长施一公承认自己是应试教育的产物和受益者,"从初三开始拼命学习,几乎每天早晨7点到晚上11点,除去吃饭的时间,其他时间都在听课做题,对各类题型融会贯通"。作为绿星学子的你们,面对老师的引领,能否全神贯注?面对手机的诱惑,又能否心无旁骛?孟子说"不专心致志,则不得已",此言不虚。在百日冲刺阶段,相信每一位家长朋友,都能够用全情投入的陪伴、全力以赴的协助,让孩子们凭借专心,和我们实现彼此的双向奔赴。

最后,"新竹高于旧竹枝,全凭老干为扶持",希望你们——存爱心。

丘成桐先生始终感怀于父亲丘镇英和导师陈省身在为人、治学方面的引领和教诲。钱理群老师对导师王瑶先生和林庚先生在立身、钻研方面的启发和点拨,同样念念不忘。亲爱的同学们,三年以来,无论是丽君书记的奖掖引领,还是蒋礼校长的殷切希望;无论是晓梅主任的倾情勉励,还是李姝主任的语重心长,所有难忘的瞬间,都在眼前闪回,都令我们神往。身为思明的家长,我对于作为班主任的李丹老师举重若轻的管理钦佩不已,对她无怨无悔的付出感激不尽。向刘海昕、宋丽娜、郭宇、刘佳宁、张家伟、李忠强、杨欣悦、卢国峰、白晓珊、李国一、安婧,以及朱雨楠、张研博、李姝、佟坤卓、赵蕾、谢晓峰、刘爽等在过去、现在乃至未来给予孩子悉心指导和无私关爱的老师们,道一声真诚的感谢——老师,您辛苦了!请同学们记住自己的老师的名字,在未来的教师节那一天,常回家看看。从这里先后步入东师附中高中部,进而荣登吉林省文科状元的于佳弘,驻足于清华、北大的刘珂琢、李文铎,拼搏奋进始终捷报频传的程大伟……一系列优秀的学长,也同样期待在座堪称卧虎藏龙的学弟、学妹们能够龙腾虎跃,蟾宫折桂。

书声琅琅，歌声飞扬；五洲四海，桃李芬芳。由衷希望绿星学子们，点燃激情有信心，突破极限肯专心，知恩图报存爱心。你们的斑驳，与众不同；你们的沉默，震耳欲聋。在这个求学成长的地方，你们会对峙绝望，不肯哭一场；在这个终生难忘的地方，你们不借谁的光，也能创造属于自己的城邦。衷心祝愿每位绿星学子都能在杨晓梅和李姝二位主任的引领下，尽享扬眉吐气、桃李芬芳的幸福时光。

　　磨砻淬励，百炼成钢！勠力同心，续写辉煌！心向自由，剑指青华；今生今世，我爱我家！

　　孩子们想唱就唱，唱得响亮：我知道，我的未来不是梦，我认真地过每一分钟；我的未来不是梦，我的心跟着希望在动，跟着希望在动。

　　亲爱的孩子们，我在附高等你们！三载相伴，不见不散！

附 录

FULU

《栋栋小事记》选粹

吾儿思明（栋栋）满月，口占一绝，聊作庆生之意——

而立之年悲无获，书生意气半消磨。

无名鼠辈亦可喜，吾儿为吾从天落。

作于己丑年正月二十七

——题记

上 篇

老婆饼

某日清晨，栋栋说："爸爸，我要吃老婆饼！"爸爸说："有老婆的人才能吃，你有老婆吗？"栋栋说："有！"爸爸问："你老婆是谁呀？"栋栋一本正经地说："爸爸。"

咸鸭蛋

某日，栋栋拿着图画书指认上面的各种形状，大声说："三角形！正方形！圆形！菱形！……咸鸭蛋！"妈妈仔细一看，原来栋栋说的是椭圆形。

谁 的

某日，栋栋在玩小猪储钱罐和硬币，爸爸说："这么多钱，都是谁的呀？"栋栋说："是栋栋的。"爸爸又问："那栋栋是谁的呀？"栋栋说："爸爸的。"

问 价

某日，栋栋和爸爸一起去超市购物。栋栋蹲在地上，指着底层货架上的一盒橡皮抬头对爸爸说："爸爸，这不是橡皮吗？"爸爸忙说："对呀。"栋栋又问："橡皮多少钱一斤呢？"爸爸无语。

静 湖

某日，爸爸、妈妈带栋栋去东北师大校园里的静湖边看荷花。望着满池含苞待放的荷花与密密层层的碧绿的荷叶,爸爸对栋栋说:"栋栋,荷花好看吗?"栋栋摇头晃脑高兴地说:"好看,都开得乱七八糟的。"

想 我

某日早餐,爸爸感慨道:"栋栋,咱们有几天没吃葡萄干面包了吧?"栋栋一边点头一边说:"嗯,葡萄干面包都想我了。"

黄 书

栋栋最喜欢的颜色是黄色。某日,栋栋和爸爸一起去学人书店溜达。在门口儿童图书区域,栋栋指着书架上排放整齐的图画书说:"爸爸,学人书店怎么有这么多黄书呢?"

星月传奇

某日,栋栋拉粑粑。先拉出了一根长长弯弯的粑粑,栋栋看了一眼说:"我拉了一个月亮。"妈妈问:"栋栋拉完了吗?再拉点吧。"栋栋说:"那就再拉点星星吧。"

不要爸爸了

小区里有个小女孩叫豆豆。每次遇到她,爸爸妈妈都让栋栋和她打招呼,因为读音接近,有时也管栋栋叫豆豆。某日,爸爸和栋栋开玩笑:"你是叫豆豆吗?"栋栋满脸无奈地说:"她叫豆豆,我叫——栋栋,爸爸又说错了,爸爸咋总说错呢?"妈妈问:"那你还要爸爸吗?"栋栋立刻说:"不要了!"爸爸笑着问:"怎么不要呢?"栋栋想了想,掰着手指头说:"5、4、3、2、1,发射!"

悯 农

某日清晨,栋栋和爸爸一起吃早餐。爸爸看到栋栋把面包里的葡萄干抠出来吃了,把面包渣放在一边,就说:"栋栋,你不能浪费粮食呀。"栋栋看了看面包渣,若有所思,然后举起小手的食指,看着爸爸一板一眼地说:"就是那个粒粒皆辛苦吗?"爸爸笑着说:"对呀。"于是栋栋就把面包渣塞进嘴里,嘿嘿一笑。

毒 药

某日,栋栋和爸爸一起去买木子铁。爸爸看到其中一款叫"毒药",甚是好奇,自言自语说:"还有毒药呢!"卖饮料的女孩一笑。爸爸问栋栋:"你想喝什么口味的呀,是草莓还是杧果?"只见栋栋挥舞着小手,大喊:"要那个毒药！"女孩笑着问栋栋："你喝过吗？"栋栋认真地说："嗯，毒药可好喝了。"

棒棒糖

某日清晨，栋栋翻身下地，噔噔噔跑到厨房，顿时传来锅碗瓢盆交响曲。妈妈对爸爸说："你去厨房看看他干啥呢。"话音未落，只见栋栋噔噔噔跑回来，高举一个水淋淋的锅刷子大喊："爸爸，给你吃这个棒棒糖！"

糊 涂

某日中午，栋栋指着姥姥说："这是妈妈。"姥姥就问："那在厨房做饭的是谁呀？"栋栋看了一眼妈妈说："是姥姥。"姥姥说："你糊涂啦？！"栋栋漫不经心地说："难得糊涂。"

切西瓜

某日清晨，栋栋跑到厨房，蹲在地上，用手里的玩具小刀在地上的大西瓜上划来划去，还自言自语："切，切，切西瓜！"爸爸见状，甚觉有趣，索性蹲在栋栋身后，用手掌模拟水果刀在栋栋的大脑壳上也划来划去，也自言自语："切，切，切西瓜！"

毛豆与粑粑

栋栋两天没拉粑粑了，妈妈很担心。妈妈煮了好吃的毛豆，爸爸问栋栋："你想吃吗？"栋栋不假思索地说："想吃！"爸爸说："那你先拉粑粑，后吃毛豆，怎么样？"栋栋摇摇头说："先吃毛豆，后拉粑粑。"爸爸说："你能保证拉粑粑吗？"栋栋漫不经心地说："看我能不能给你挤一点出来吧。"

栗子的故事

某日晚间，正在备课的爸爸扭头向妈妈请教一个问题，妈妈说："你可以给学生举几个例子。"这时，趴在沙发上看书的栋栋突然抬头对妈妈说："妈妈，我要吃栗子。"妈妈笑着说："妈妈说的举例子不是你要吃的那个栗子。"栋栋更加急迫地说："妈妈，我要吃那个举例子！"

生日蛋糕

爸爸过生日了，单位给爸爸发了一个大大的生日蛋糕，一家人几天都吃不完。栋栋对蛋糕觊觎已久，每天都嚷着要吃。爸爸问他："今天谁过生日啊？"栋栋大言不惭地说："我！"午后睡醒时，栋栋睁开眼睛的第一句话就是"爸爸，可以吃蛋糕了吗？"。爸爸说："你就记着蛋糕呢！"栋栋说："我刚才都梦到蛋糕了。"爸爸笑着问:"然后呢?""然后蛋糕也梦到我了。"栋栋一本正经地说。

怕 啥

某日下班后,爸爸带栋栋去学人书店看书。回家的路上,爸爸对怀里的栋栋说:"栋栋,爸爸找不到回家的路怎么办啊?"栋栋用小手一拍胸脯,自负地说:"我在这呢,你怕啥呀?"

赏识教育

某日,栋栋玩完积木后,转而聚精会神地看动画片,无奈的爸爸只好自己帮他收拾积木。栋栋意识到这一点后,明知故问:"爸爸你干啥呢?"爸爸说:"我在替你收拾积木呢。"栋栋笑着说:"爸爸玩完了知道收拾,真是个乖宝宝啊!"

照相达人

近来天气多变,栋栋感冒了,没去幼儿园。某日,妈妈带栋栋去医院体检。做胸透时,栋栋总是乱动。妈妈就说:"栋栋你要好好站着,妈妈数10个数你就可以下来了,好吗?"栋栋点点头。于是,妈妈开始数"1——2——3",突然听到栋栋大声喊:"茄子!"

感 动

某晚,妈妈看到栋栋用来画画的彩笔多数都干了,就从书柜里给他拿出一盒新彩笔。栋栋看到新彩笔,激动得眉开眼笑,拿腔作调。接过彩笔后,栋栋把它搂在怀里,大声感慨说:"我都感动得要哭啦!"

樱桃小丸子

某晚,栋栋和爸爸一起看动画片《樱桃小丸子》。看完后,栋栋意犹未尽,笑着对妈妈说:"妈妈,我是那个爷爷,你是樱桃小丸子。"妈妈说:"好啊。"后来,栋栋在客厅里自己玩积木。妈妈在厨房做饭时,听到客厅里传来大声喊叫:"小丸子,快来呀,快来给爷爷擦擦鼻涕!"

模仿秀

某晚,爸爸正在书房备课,看到栋栋抱起爸爸放在凳子上的衣裤,步履蹒跚地往卧室走。爸爸问他:"栋栋,你把爸爸的裤子拿走干吗呀?"只听头也不回的栋栋自言自语道:"老公,告诉你多少遍了,脱下来的衣服裤子别放在凳子上,要放到衣柜里!"

尝 尝

某晚，一家三口吃完饭，按照惯例，由栋栋一趟趟地穿梭在厨房和客厅间——做什么？收拾碗筷。只见栋栋一手晃晃悠悠地端着一盘炒花生米，一手伸到盘里试图挑出一粒，慢慢走来。等候在厨房的眼尖的爸爸发现后，第一时间警告他："栋栋，不许偷吃花生米！"栋栋抬起头来，把盘子递给爸爸，漫不经心地说："我没偷吃，我就是想尝尝它坏没坏。"

拜 师

某日，爸爸、妈妈带着栋栋和卢建波叔叔一家人聚会。爸爸抱着栋栋下楼后来到卢建波叔叔的车前，对栋栋说："这个叔叔叫什么呀？"栋栋认真地说："卢建波！"卢建波叔叔听了嘿嘿一乐："这小家伙真乖啊。"谁想栋栋又自作主张地来了一句："卢建波教我画画。"卢叔叔和爸爸都愣了。

皮冻与乖宝

某日，爸爸看到栋栋自己在深情专注地玩耍，愈加发觉其可爱，就蹲在他身边，抱着他说："栋栋，爸爸中午要吃饺子、喝啤酒，就缺一盘小皮冻儿了。爸爸把你做成皮冻，倒点酱油、撒点蒜末吃了好不好啊？"栋栋听后认真地想了一会，头也不抬地一边玩一边说："你别吃我啦，我不是小皮冻儿，我是大乖宝，大乖宝不能吃。"

刮胡子

某日，爸爸在电脑前看自己以往的教学录像。栋栋蹭到爸爸身边，让爸爸抱着坐在腿上一起看。爸爸问栋栋："这些身上有五星的人是谁呀？"栋栋大声说："大哥哥大姐姐。"爸爸又问："那爸爸在干什么呢？"栋栋又说："讲课。"这时，屏幕上出现了立权师，栋栋好奇地说："这不是大爷吗？"爸爸说："是啊。"栋栋嬉皮笑脸地扭着身子说："我要把大爷胡子刮下来。"

附录：王玉杰《洞洞和栋栋》

我的儿子叫洞洞，李跃庭的儿子叫栋栋。

我儿子十一岁半，李跃庭的儿子两岁半。

洞洞和栋栋音同字不同，洞洞感觉很不舒服，因为不管谁喊栋栋，他都以为是喊他，并觉得栋栋有名字侵权之嫌，提起便愤愤。

栋栋很小，总自称栋栋如何栋栋如何，至于别人谁还叫 dòng dòng，他并不关心。

　　洞洞出生的时候，起小名还真费了心思，因为他属兔，想到狡兔三窟，父母给他一个家，名字补足两个洞穴，算是成全了一个典故。

　　问起跃庭，他的儿子为啥叫栋栋。他说，栋栋属鼠，鼠是梁上君子，给他个栋栋，让他成为君子，并进而成为栋梁之材。

　　有趣，妙趣。

　　愿洞洞和栋栋，两个相差九岁的小伙子，能带着父母的关心，不辜负父母的期望，将来有安稳的归宿，成为栋梁之材。

中　篇

衣　服

　　别人送给栋栋一件红色的 T 恤衫，栋栋指着胸前的 logo 问爸爸是什么。爸爸说："这是一个骑士骑着一匹马，是衣服的标志。可能是个名牌。"栋栋听后说："嗯，是个名牌。男孩就要穿得帅气，女孩就要穿得美丽。"

上　课

　　某日，栋栋把爸爸的皮带扎在自己的腰上（缠了两圈才系上），又拿起一摞汽车卡片，大声地说："我要去上班了。"于是噔噔噔走到桌子旁边开始假装上课："同学们，今天我教你们认识汽车。"

　　"这是出租车""这是挖掘机""这是小轿车""这是警车"……"好了，下课回家吧。"

　　这时，妈妈问："栋栋，你今天上班怎么样啊？"栋栋回答："还行吧，就是学生们总爱打断我的讲话。"妈妈奇怪："为什么呢？"栋栋说："他们总说话。"妈妈问："说什么话呀？"栋栋回答："他们就说这个老师讲得太好了！"

梳　头

　　某晚，栋栋拿着木梳对着镜子煞有介事地梳自己那短短的头发。妈妈见了问："栋栋，你想梳个什么样的发型啊？"栋栋一本正经地大声回答："圆形！"

药苦不苦

　　栋栋有点流鼻涕，妈妈决定给他吃点小儿感冒颗粒。栋栋看着药盒问妈妈："这个药是甜药还是苦药啊？"妈妈说："我也没吃过啊，你吃了就知道了。"栋栋又把药盒里的说明书拿出来看，妈妈问："你认识吗？上面写的什么啊？"栋栋认真地看了看，然后拿着说明书一本正经地念道："吃药是苦的，就要吃一个山楂片，然后嘴里面就甜啦。"

同音词

栋栋上幼儿园后，外教给他起的英文名是迈克（Mike），栋栋挺喜欢这个名字。某日，妈妈问爸爸："你们学校的老师在元旦联欢会表演时，唱歌的人身上用不用别着麦克啊？"还没等爸爸回答，一边玩玩具的栋栋连忙说："妈妈，你叫我的英文名干啥呀？"

潘阿姨送的巧克力

某晚，爸爸把同事潘阿姨送给栋栋的各种各样的巧克力拿给他。爸爸饶有兴致地告诉他："栋栋啊，这些都是潘阿姨送给你的巧克力，这一块是在瑞士买的，这一块是在巴拿马买的，这个大黄球是在意大利买的，你喜欢吗？"栋栋使劲点头，异常兴奋地说："真喜欢啊！"爸爸说："你一定要好好吃，它们可是漂洋过海来的呀！"栋栋随即接道："它们漂洋过海，来到了斜月三星洞！"爸爸当即被雷倒，这孩子怎么又拐到《西游记》上去了呢？

共同特点

某日，妈妈和栋栋一起写字玩。妈妈写了"鸡鸭鹅"三个字，问栋栋认不认识，栋栋摇头不语。妈妈说："这是鸡蛋的鸡，这是咸鸭蛋的鸭，这是大白鹅的鹅。"栋栋恍然大悟。妈妈又问："栋栋，你看看这三个字有什么共同特点？有没有什么地方是一样的？"栋栋仔细看了看三个字，说道："它们都会下蛋！"

为什么呢

某晚，妈妈和栋栋切西瓜吃。栋栋看见妈妈切完西瓜留了一块，就问："妈妈，这块为什么不吃啊？"妈妈答道："这块给爸爸留着。"栋栋又问："为什么给爸爸留着啊？"妈妈耐心地回答："爸爸上班多辛苦啊。"栋栋："啊，那为什么留这块啊？"妈妈继续解释："这块甜啊！"栋栋："为什么这块甜啊？"妈妈失去耐心："不为什么。"栋栋："妈妈，你为什么说不为什么啊？"妈妈……

缸的作用

最近栋栋很喜欢看动画片《巴巴爸爸》。

某日清晨，刚刚睡醒的栋栋问妈妈："为什么巴巴爸爸要变成消防车呢？"妈妈解释后，随即问栋栋："你知道《司马光砸缸》那个故事里，为什么要在院子里面放一个大缸吗？"栋栋说："这我可不知道啊。"妈妈启发道："刚才妈妈给你解释巴巴爸爸为什么要变成消防车了，你再好好想一想。"栋栋冥思苦想了一番，说："嗯，是因为要腌酸菜吧？"妈妈又问："那里面为什么只装满了水呢？"栋栋想了想十分肯定地说："因为得用水来腌酸菜啊……结果酸菜没腌上，把小孩儿给淹了。"

过小年

寒假里的一天早晨，爸爸告诉栋栋："今天过小年，再过几天就过大年了。"栋栋思索了一下说："过完大年再过几天就过中年了，过完中年再过几天就过老年了。"

生　活

某日，栋栋在电脑上看完最喜欢的动画片《神笔马良》之后，饶有兴致地对妈妈说："从此以后啊，马良就和乡亲们快快乐乐地生活在一起了。"妈妈好奇地问："你知道'快快乐乐'是什么意思吗？"栋栋说："就是很快乐的意思。"妈妈又问："那'生活'呢，你知道什么意思吗？"栋栋想了想说："生活啊，就是……嗯……这个我得上网查查……"

长　相

某日，栋栋认真地翻看《西游记》连环画，忽然说道："妈妈，我发现其实我和孙悟空长得挺像的。"妈妈惊异，忍笑问道："那你觉得哪里长得像啊？"栋栋一本正经地回答："你看，孙悟空耳朵长在两边，我的耳朵也长在两边。"

备　课

某晚，爸爸在备课，快上床睡觉的栋栋拿着故事书让爸爸讲。爸爸说："栋栋，再等几分钟，爸爸备完这一段就给你讲故事好不好？"栋栋踮着脚伸着头看着爸爸的教材说："你在备课啊。咦？你备课为什么要在书上画这么多小气球呢？"

酸　了

某日，妈妈和栋栋外出归来时，路遇堵车，只好下车步行。栋栋自己走了很长的路，可能有点累了，就央求妈妈背着走。回到家后，妈妈说："栋栋啊，你也太沉了，妈妈胳膊累得都酸了，你给妈妈按摩按摩吧。"栋栋就开始给妈妈揉胳膊，揉了一会儿，把鼻子凑到胳膊上使劲地闻了闻："嗯，好了，已经不酸了。"

晚饭后

晚饭后，妈妈突然一阵咳嗽，爸爸说："你去床上休息一下吧。"于是栋栋和爸爸开始收拾饭桌，栋栋把所有碗筷一一拣到厨房，接着把小饭桌立起来，把小椅子摆好，又把爸爸刷完的碗一一摆到橱柜里，一边摆一边还跟爸爸说："看我做了这么多事，我都累了，我还帮你摆碗呢。"

栋栋又给妈妈接了一杯水，来到卧室看妈妈，问："妈妈，你好点了吗？"说完噔噔噔跑到客厅，翻出自己的玩具听诊器，要给妈妈看病。栋栋问："妈妈，你的心脏在哪儿呢，我听听。"妈妈笑着指了指，栋栋把听诊器按在妈妈的心脏上，听了一会儿说："妈妈，你的心脏里好像有点肺泡音。"妈妈笑，又一阵咳嗽。栋栋说："妈妈，如果你实在难受，我和爸爸晚上就不睡觉了，带你去医院看病。"妈妈问："你去医院干什么啊？"栋栋笑嘻嘻地说："带你看病，我还能在自动售货机上买一瓶冰糖雪梨。"

张三丰

近日，栋栋疯狂地迷上《太极张三丰》这部电影，经常在家里拳打脚踢，手舞足蹈地沉浸在自己的太极世界里，乐此不疲。

某日，晚饭时间，栋栋问："妈妈，你看我练武功的时候像不像张三丰啊？"

妈妈："像！"

栋栋："和张三丰在一起的那个阿姨是不是也会武功啊？"

妈妈："是啊，那是一个女侠。"

栋栋："什么是女侠啊？"

妈妈："女侠就是用自己的武功去帮助那些弱小的人。你看妈妈其实就是一个女侠，呵呵。"

栋栋信以为真："那我就是一个男侠！"

妈妈："那爸爸是什么啊？"

栋栋："爸爸就是弱小的人。"

爸爸：……

下 篇

收 拾

某晚，爸爸和栋栋一起疯闹，爷俩互相追逐，从客厅跑到书房，又从书房跑到卧室，"战斗"异常激烈，以至于战场从地板发展到床上。一大一小两个脑瓜一起顶牛儿，栋栋被顶倒后四仰八叉地倒在床上嘎嘎乐。爸爸乘胜追击，又用"葵花点穴手"不断地胳肢他。满床打滚的栋栋笑得满脸通红，满头大汗，爬起来对着屋外大喊："妈妈，快来呀，快来收拾这个爸爸！"

大魔术师

某日，栋栋平时很喜欢玩的七个小彩球丢了两个，爸爸妈妈帮他一起到处找。爸爸费了九牛二虎之力找到了两个小球，对栋栋说："栋栋，想看爸爸给你变魔术吗？"栋栋聚精会神地看着爸爸。爸爸先把小球藏在身后腰间，然后摊开双手说："你看我的手里有小球吗？"栋栋说："没有。"然后爸爸把双手背到身后，暗中掏出小球，攥在手里，而后双手合十，做高手运功状，大喝一声"开"，摊开手掌，小球赫然入目。只见栋栋双目炯炯，兴奋异常，一把抓过小球，然后挤眉弄眼地跳跃不止。爸爸微微一笑，踌躇满志。只听身旁的栋栋急切地大喊："爸爸，你再给我变几个新球吧！"爸爸沮丧地嘟囔一声："哼，还变个球啊！"

爸爸和机器人

某日晚间，爸爸对栋栋说："看，我现在变成机器人罗宾一号啦！"言毕，爸爸手脚并用做机械状前行。栋栋见状，一把拽住爸爸，委屈地说："我要爸爸，不要机器人。"于是，妈妈告诉栋栋："爸爸和你闹着玩呢，爸爸不会变成机器人的。"栋栋将信将疑，欲言又止。妈妈就告诉栋栋："那你就对爸爸喊'爸爸，你不要变成机器人，你永远是我的爸爸！'这样就行啦。"栋栋赶忙对着爸爸大喊："爸爸，你不要变成机器人，我永远是你的爸爸！"爸爸无语。

以牙还牙

某日上午，栋栋和爸爸纵情玩闹，情急之下，发出了长久、刺耳的尖叫声。坐在一旁的妈妈立刻中招，表示难以接受，告诉栋栋说："你这么喊，妈妈心脏都受不了，可难受了。"栋栋听后立刻就不喊了。晚上，妈妈在厨房烧菜，栋栋自己在书房玩耍。听到炸锅的刺啦一声，栋栋赶紧把书房的门关上，自言自语地说:"哎呀,真闹挺啊,我的心脏都受不了啦!"

排名问题

某晚,爸爸照着栋栋的图画书《小小西游》封底给他画了师徒四人的画像,妈妈又给添上"小小西游"四个大字。栋栋看后非常兴奋,喜爱异常。爸爸就问他:"爸爸和幼儿园的任老师比,谁画的更好呢?"栋栋思考片刻说:"爸爸画的第一好,任老师画的第二好。"爸爸顺势又问:"那妈妈呢?"栋栋不假思索地说:"妈妈做饭。"爸爸大笑,又瞥了一眼正在厨房做饭的妈妈。不料栋栋又自言自语:"妈妈做饭第一好,厨师做饭第二好。"

生　气

某晚,栋栋和姥姥一起画画玩。因为选颜色的问题,栋栋激动地大喊大叫,姥姥说:"栋栋啊,话要好好说,不能因一点小事就生气,总生气就该生病了。"栋栋平静后认识到自己的错误,对姥姥说:"我知道了,以后我不生气了,你看爸爸妈妈就总生气,完了吧?生病了吧?!"姥姥问:"嗯?生啥病了?"栋栋说:"你看他俩都近视眼了,都戴眼镜了吧。"

自我认同

某晚,栋栋趴在床边用彩笔画画。在一旁观赏的奶奶问他:"你什么时候能比爸爸画得好啊?"栋栋自负地说:"我现在就比爸爸画得好啦!"奶奶撇撇嘴说:"你可真能吹啊,把天都吹漏了,哗哗下雨啊。"栋栋笑嘻嘻地说:"那是因为我画得太好了,老天爷都感动得哭啦,哈哈哈!"

脑筋急转弯

某日,奶奶陪栋栋一起玩猜玩具的游戏。栋栋把一个小玩具攥在手里让奶奶猜,奶奶猜了几次都猜对了。有一次,奶奶猜了两回都猜错了,正在她冥思苦想时,只听栋栋无可奈何地说:"奶奶,你该吃点核桃仁了吧。"奶奶哭笑不得。

同音字

某日清晨,爸爸和栋栋疯闹。栋栋一边挥拳踢腿摆 pose,一边振振有词地反复大喊:"少年强则国强!"(估计是春晚后遗症)爸爸一边与他"打斗",一边笑着说:"就你这小样儿还少年呢?顶多算个幼年!"栋栋气呼呼地转头就跑,撂下一句话:"我看你顶多算个左年!"

表 扬

某晚，栋栋给奶奶看他和爸爸合作完成的作品，爸爸负责画图案，栋栋负责涂颜色。奶奶故意感慨道："看我儿子画得多好啊。"栋栋听了默不作声。奶奶又说了一遍："看我儿子画得多好啊。"栋栋这时说道："你咋不说看我孙子涂的颜色多好啊？"

姥爷的生日礼物

姥爷的生日快到了，全家人都给他准备小礼物。爸爸对栋栋说："爸爸给姥爷买了蛋糕和啤酒，妈妈给姥爷买了毛衣，你给姥爷准备什么礼物啊？"栋栋想了想说："对啦！我给姥爷画一幅画吧。"于是，栋栋趴在床边，开始聚精会神地作画。只见他一边描画，一边振振有词地说："姥爷看到我的画，一定会心里乐开了花；姥爷看到我的画，一定会感动得都哭了。"一旁的爸爸笑着说："那你的礼物真是让姥爷哭笑不得啊。"后来，栋栋在睡前洗脚的时候，又自言自语道："姥爷抱着栋栋亲，甜甜的吻啊甜甜的心。"妈妈问他："你这是在哪里学的啊？"栋栋说："爸爸给我讲的《鼹鼠的故事》啊！"

敬语的使用

周末上午，妈妈带栋栋去动物园玩。刚回到家里，栋栋就嚷着："我要看动画片，你快让我看动画片！"妈妈说："栋栋，你没看见妈妈正忙着吗？要有耐心，而且你应该说——请——才有礼貌呢。"栋栋继续嚷着："我要看动画片，你快请我看动画片！"妈妈无语。

自我定位

某日午后，栋栋和爸爸一起看央视10套的《真相》节目。看完这期名为《寻蟒记》的节目后，爸爸用手模仿大蟒蛇蜿蜒前行的样子，跟在栋栋身后说："我是大蟒蛇哦！"栋栋转过身来，笑嘻嘻地模仿爸爸的手势说："那我就是蟒蛇宝宝哦！"

《中国汉字听写大会》

近日，栋栋经常和妈妈爸爸一起看《中国汉字听写大会》，虽然栋栋还不会写字，但是看电视中那些比赛的大哥哥大姐姐上台—写字—下台，也是饶有兴趣。

某晚，一家人正在看有东北师大附中代表队参加的一场比赛。妈妈问：

"栋栋啊，你以后也参加这样的比赛好不好啊？"栋栋说："我不参加了，我怕写错了。"妈妈鼓励栋栋："没事的，你看那些写错了的大哥哥大姐姐下台后也没哭啊，错了不要紧的，只要认真写就行，而且下台后就可以吃一个冰激凌了。"栋栋一听冰激凌，瞬间来了动力："我要看他们吃冰激凌，不看他们写字了。"

在接下来的比赛中，栋栋一直惦记着什么时候能演吃冰激凌的画面，一直等到比赛结束，广西大学附属中学代表队胜利后，队员们在台上拥抱庆祝。栋栋再次发问："现在能吃冰激凌了吗？"妈妈笑着说："能吃了，最后胜利的队每人能吃两个冰激凌呢。"

栋栋吃惊地问："啊？吃两个冰激凌啊！那不得拉肚子呀！"

安　慰

某晚，一家三口吃晚饭时，妈妈说："吃饭的时候要保持好心情，这样就能长胖。"栋栋说："就像我们班张释之那么胖。"妈妈："对啊，心情好，身体就好，就能长胖，你们班张释之总是很开心吧。"栋栋回答："没有，今天她就哭了。睡午觉的时候，她鼻子出血了，她就哭了。"妈妈说："那可能是有点害怕了，你没去安慰她一下啊？"栋栋说："没有，我也没有尿啊。"栋栋接着说："我得有尿的时候才能下床，才能顺路安慰安慰她。"

长庆街这条河

作者：刘蔚池（2019级高三28班）　　点评：李跃庭

"亲爱的
我永远不会对你讲
河水为什么这么缓慢地流淌"

长庆街是一条普通而又特殊的街道。说它普通，是因为它有着街道常有的元素：路灯，商店，车辆，以及行走着的人们。说它特殊，是因为它连接着三所学校。每天早上，熙攘的人群和火车厢一样的车辆挤在一起，从天上看，就像一条龙睡在了静止的河水里。而到了中午，一群群身穿紫色的印着星星图案校服的高中生们就会挤满整条街道，把长庆街织成一条紫色的河流，里面有红色绿色黄色的星星在饥饿地闪烁。晚上，人烟散去，长庆街恢复了它的原始面貌，只剩下不远处南湖传来的湖水荡漾的声音。

这就是长庆街，一条伸展在长春市的某个角落的街道。作为身穿

本句是西班牙诗人加西亚·洛尔迦的诗句，可能转引自苏童《河流的秘密》。以韵律富于美感的第二人称的诗句开篇，不但激发读者的阅读兴趣，而且为本文营造了一种朦胧神秘的氛围。

先总后分，由早及晚；行云流水，丝丝入扣。比拟的修辞（"挤""睡""织""饥饿"）、夸张的笔法（"挤满"）、视听的角度（"从天上看""荡漾的声音"），一系列形象而生动的描述，无不令作为读者的附中人感同身受。

紫色校服的一员，我几乎将每一天的全部时间都奉献给了它。我在这里学习与生活。无聊的时候，我就独自一人走在街上，把我的心声讲给它听（路人看我就像是在自言自语）。长庆街是一个虔诚而又寂静的倾听者，它总是沉默寡言。但偶尔我也会听到簌簌的树叶随风响动——那是它整齐简短的答复。

长庆街一头连着南湖——那是城市里为数不多的湖泊，一头被楼房挡住，只好分岔开成为两条小路。每到夏天的午后，南湖的风就要拥挤着叫嚷着跑过整条街，带来一阵阵有水草腥味儿的新鲜的水汽。就在一个极为平常的下午，这种气味飘进了我的梦里。

那是一个神奇又浪漫的梦。我梦见南湖的水疯狂地上涨，上涨，它像洪水一样漫过岸边的人行道和草坪，它冲出公园的大门直奔长庆街而来。它们争先恐后，兴致勃勃，它们把长庆街变成了一条河流。街上的人们狼狈地躲进楼房，手忙脚乱地绞着被淋湿的衣裳。就这样，长庆街成了长庆河，它在我的梦里拥有了水草、鱼虾，还有五颜六色的观光艇。

一条街，一个人，人的"心声"如此，料此街于他"应如是"。由此可见，《齐物论》中的庄周梦蝶和《郊居赋》里的物我两忘，今人同样心有戚戚。

从所见及所闻，无比沁人心脾；由现实到梦境，自然引人入胜。

行文至此，南湖水化作长庆河，带给作为读者的我一种似曾相识的奇幻之感，它来自苏童的散文《水缸里的文学》。那属于作家的从水缸里萌芽的文学梦，似乎也唤醒了作者如天马行空般的无边畅想，他笔下的"水草""鱼虾""观光艇"，不禁令我想到了水城威尼斯，这的确带给观者一种"奇幻的光芒"。

醒来之后的我立刻把脑袋伸出窗外——然而长庆街并没有比以往更湿润一丝。但梦里的激情依旧在我脑海里停留，我不厌其烦地回味品咂。"这是我创造的梦，是梦就有可能变成现实。"我不断地对自己说。于是，第二天我热切地把梦境分享给我的同学，然而他们却没有一丝兴趣，甚至可以说厌烦。一位理科很好的同学告诉我，南湖的水永远不可能溢出来，就算暴雨连下一周，溢出的水也不会涌进长庆街，它只会沿着工农大路倾泻而下。另一位喜欢研究心理的同学则引用了弗洛伊德的一句名言"梦是愿望的达成"，之后好心地指出我为什么不想着学习，而是整天去乱想一些异想天开的事情。还有一些同学批评我是虚伪文艺青年，甚至有人戏谑地问我的脑子是不是进了"长庆街的水"。总之，那一天我自己就像是一条被河流抛弃的鱼，搁浅在河岸边，忍受着太阳炽热的嘲笑。

知我者谓我沉醉，不知我者谓我颓废。读过这段文字，我不禁想起张爱玲。作为香港大学大一新生的18岁的她在《我的天才梦》里先后说过，"当童年的狂想逐渐褪色的时候，我发现我除了天才的梦之外一无所有——所有的只是天才的乖僻缺点"，"对于色彩、音符、字眼，我极为敏感"，"在现实的社会里，我等于一个废物"，"在待人接物的常识方面，我显露惊人的愚笨"，"生活的艺术，有一部分我不是不能领略。我懂得怎么看'七月巧云'，听苏格兰兵吹 bagpipe，享受微风中的藤椅，吃盐水花生，欣赏雨夜的霓虹灯，从双层公共汽车上伸出手摘树巅的绿叶。在没有人与人交接的场合，我充满了生命的欢悦"。之所以不厌其烦地引用张爱玲的自剖，我正是希望借此提示读者朋友们，这类看似"愚笨"的"废物"，是何等可贵！相信每一位如作者般的"知心一个也难求"的"少年的你"都能借此拥有一种难得的自信。他笔下的长庆河，也让我想到了在自己的课堂上曾经流淌于师生心间的那片湘江水。是屈子？是老杜？是沈从文？是余光中……每一个用心中所念、手中之笔编织的奇迹，都是值得我们珍藏的记忆。这条长庆河，也会令曾经被"抛弃""嘲笑"而短暂"搁浅"的鱼儿重获生机。

回家的路上,我一直在赌气地踢着长庆街上的石子。天空十分阴沉,像是被扣上了铁皮盖子。那些被我踢到的倒霉的石子有的滚进了井盖的小孔里,有的飞到了马路的对面,有的夹在风中没了去向。就在我马上要对下一个石子发力之时,一阵风使它发生了位移,我跟着惯性倒在了地上。屈辱,难过,压抑了一整天的沮丧齐刷刷地占有了我。我想哭,想叫喊,但又不想被路人所耻笑。我最后只好低沉地骂出一句话,"长庆街是个屁河流,它就是个屁,屁都不能让自己的鱼摔跟头"。

我对着脚下一字一字地骂道。我和长庆街在那一刻决裂了,我的梦境也在骂声中消失了踪影。如果不是天空发出了一声粗狂的怒吼,我和长庆街的情感真就到此结束了。但不偏不倚,随着那声粗放有力的雷声,长庆街开始下起了暴雨。

我从未见过那样猛烈的暴雨。身边的同学们举着书包从我身边疾驰而过。我有那么一刻想要和别人借一把伞,但我环视四周的工夫就已经被彻底淋湿了。街道里的叫喊声纷至沓来。人们都在惊叹雨势的凶猛,自己的新鞋又被雨水泡了,

比喻、排比、拟人,修辞的价值在于形象生动;动作、语言、心理,描写的功能在于穷形尽相。正所谓"情动于中而形于言",种种"屈辱""难过""沮丧"似乎只能以"赌气"的言行来宣泄。此时此刻的长庆街,在作者心中的地位一落千丈,在读者眼中的形象若隐若现。相濡以沫,不如相忘于江湖。也许,对于"相忘"而言,"江湖"的存在尤为重要,这无不令读者拭目以待。

魏秀仁在《花月痕》的点评中说"草蛇灰线,马迹蛛丝,隐于不言,细入无间"。行文至此,预期"决裂"的长庆街、渴求"消失"的梦境,重新成为作者目力所见、心神所感的存在。当骂声被雷声、雨声湮没,那片无声的眷恋,自然就此再现。正所谓"念念不忘,必有回响"。知音难求,江湖永在。

屈子云:悔相道之不察兮,延伫乎吾将反。荆公言:余亦悔其随之而不得极夫游之乐也。在人生之路的抉择上,二者一时萌生的"悔"意,后人无不感同身受。但是,二者最终的心志和实践,更加震古烁今。正如屈子云:亦余心之所善兮,虽九死其犹

书包里的作业又要湿掉了,明天如果感冒可怎么办。这时我才在心里暗暗忏悔——我不该那样呵斥长庆街的。

我在暴雨中走着。街道里的水越积越多,排水井早已不堪重负。水渐渐地没过了我的鞋带,而街上逐渐就剩下了我自己。那一刻,我重新想起了我的梦境,我惊讶地发现,那个关于长庆街变成河流的梦,那个被别人嘲笑过的梦,现在,就在我的眼前清清楚楚地变成了现实。

"长庆街变成河啦!它真的变成河啦!"

我早已变声的嗓子里竟然发出了稚童的声音。我像一个预言家又像一个胜利者在河里奔跑,挥舞着

未悔。荆公言:尽吾志也而不能至者,可以无悔矣。与古人相比,作者这番悔意的产生却是恰逢其时、合情合理。可谓不忘初心、方得始终。

对于作者而言,所谓的"梦想照进现实",并非虚妄的期许,而是真实的存在。也许老子的"上善若水"会带给此刻的作者一种崭新的希冀。

读至此处,我想起了自己观赏过的日本动画大师宫崎骏的电影《龙猫》。诚如宫崎骏所说,龙猫这种神奇的精灵"普通人是看不到它们的","只有小孩子纯真无邪的心灵可以捕捉它们的形迹"。就像电影中的小月和小梅两姐妹在梦醒时发现她们栽种的龙猫赠送的橡树果子在转瞬之间长成参天大树,她们又被大龙猫带着在天空遨游,进而坐在樟树顶上的树干上悠闲地吹埙。也许"长庆河"这个属于作者自己的"未来水世界"在此刻应运而生,也见证了作者对宫崎骏的创作灵感和艺术追求的钦敬与向往。

双臂。我沉浸在这种不可思议的现实之中。就在这时，我突然间发现校服上的星星不见了，我四处寻找，最终竟然在河流里找到了它们。它们闪烁着，跳跃着，它们像大珠小珠落玉盘那样起舞，后来我隔着模糊的眼镜看到，不止我的星星，还有那些刚刚奔跑回家的同学身上掉下来的星星，它们在这条河流里开着一场盛大的派对。它们为什么那样高兴，我猜它们应该是在庆祝我的梦境成真，它们在庆祝长庆街的灵魂向我显灵。我尝试向目光的尽头望去，我想看看南湖的水到底溢没溢出来，但是河流的雾气挡住了我的视线。虽然没看到，但我始终坚信南湖的水此时在迅猛地生长，生长，直到暴雨的停歇。

经历了那次神圣的洗礼之后，我坚信长庆街就是一条真正的河流。不论别人怎样质疑我的经历，我都会昂起头颅捍卫着属于长庆街的荣誉。每当我的笔尖落到纸上，我总会听到窗外的河流在缓缓流淌，那是一种和谐的声音，像母亲的爱抚，也像父亲的沉吟。从那以后，我和这条河流便开始了一段平静而又漫长的日子。

也许，作者笔下的那些"闪烁""跳跃""起舞"的"校服上的星星"和《龙猫》中名为"灰尘精灵"的神秘小煤球有异曲同工之妙。它们的存在，无不意味着作为"预言家"和"胜利者"的"我"能够发出的"稚童"的声音的意义。诚如李贽所说"夫童心者，绝假纯真，最初一念之本心也"，只有保留一颗真正的童心和可贵的"坚信"，我们才能切身感受到"显灵"的瞬间。

作为被赋予神性并被"坚信"的存在，这条河于"我"是一份亲子之爱。

直到有一天，一张惨淡的成绩单打破了这种平静。我拖着沉重的脚步回到了自习的教室。我不敢相信那是属于我的分数，几个月不知疲倦的努力在那张苍白的成绩单上失去了任何意义。我一会趴在桌子上，一会用双手捂着脸，一会看一眼那个早已被泪水浸透的纸单。我一时不知道该往何处去，我甚至萌生出堕落的念头，就像堕入河底的深渊一样，一去不返。忽然间，我隐隐约约地听到窗外有微弱的歌声传来，那歌声最开始微弱得像没有呼吸，后来渐渐清晰饱满，很快便飘到了我的窗户下。歌声里的歌词很简单，唱来唱去就是那几个字——

"我要飞啊飞，飞啊飞，飞啊飞……"

正是这个歌声，这个来自上世纪的沙哑收音机里的歌声，将我从深渊拯救出来。我的思绪顺着歌声仿佛在向天空飞翔。我好像看到一只海鸥在不停地扇动翅膀，它的下方就是长庆街这条小河在静静地流淌。在这歌声背后，我又分辨出了一种声音，它像是船夫吱哑吱哑地摇着船桨，当我伸出头望去，才发现那是一位老爷爷骑着生锈的自行车，车篮里的收音机播放着这首歌。他们吱哑吱哑地渐渐离我而去。

常言道：理想很丰满，现实很骨感。成绩单的湿润，自习室的空寂，无不令从希望的顶峰跌落失望的谷底的类似感受在同龄人的内心深处油然而生。人生中无时无刻不在酝酿或滋生着形形色色的"惨淡""沉重""苍白""堕落"。也许真正令内心获得拯救的，绝非眼中所见的每况愈下、不尽如人意的成绩，而是耳中所闻的渐行渐近、醍醐灌顶的歌声。

也许这歌声在作者听来恰如王勃所说的"爽籁发而清风生，纤歌凝而白云遏"，仿佛汪峰的那首《飞得更高》，无形中带给读者一种余音绕梁、备受鼓舞的感受。从"歌声"到"天空""海鸥"再到"小河"，作者从通感移觉的角度将自身的所见所闻细腻巧妙地传递给读者。老人的渐行渐远、歌声的不绝如缕无不令读者身临其境进而感到恍若隔世。

我才明白，这是长庆街的河流在为我摆渡。

长庆街的河流让我逐渐地相信它有某种灵性。现在的人们相信神灵的越来越少，而我却固执地相信长庆街的河底一定住着一位河神。这么多年过去，长庆街上的学校都上了年纪，以我所在的高中为例，它已经与长庆街陪伴了整整七十年。但是它创造的神话却从未停止。河底的那位河神一定是在孜孜不倦地为这些星星谱写传奇。那些红色绿色黄色的星星被这里的河流孕育了三年，纷纷飞向了远方。它们之中有的飞入了北京的未名湖，有的欣赏了荷塘月色，有的去到洞庭湖品尝了一盘青螺，有的飞进了牛顿的那棵苹果树，甚至飞到了火箭的身上。那些星星现在已经散布在天空的每一个角落，你若不信，你会在长庆街河流的底部找到一沓一沓的证书和荣誉，那些都是星星们送给河流的礼物。

一年过去了，长庆街这条河流不知不觉地陪我流过了三百六十多天。在这些天里，我总是在问自己一个看似没有答案的问题——长庆

恰如《坛经》所云：思量一切善事，即生善行。长庆河亦为"我"的摆渡人。

也许长庆河的河神也会于包括"我"在内的一年又一年、一颗又一颗的"星星"的用心呵护之下赐予诸生飞向心向往之的锚地的契机，正像《千与千寻》中被称为"腐烂神"的老者赠予荻野千寻的那颗拯救了赈早见琥珀主的丸子。

街这条河里流淌的到底是什么？我在街上走了一遍又一遍，试图感受出一点线索，但是却没有任何头绪。直到有一天，当我在痴痴地望着河岸边的一棵树时，我突然间找到了答案。这一次我没有叫嚷，也没有挥舞双臂，而是静静地注视着那棵树，注视着树梢上烧得正旺的火烧云一点一点隐退在黑夜里。那棵高大的树挺着沧桑的背影，像一座山，像一种职业，也像一个父亲。它的背影虽然消失在黑夜里，但我相信它始终矗立在那里，无声无息。

亲爱的，我永远都不会对你讲河水为什么这么缓慢地流淌，因为这是属于长庆街这条河流的秘密。而它的秘密是什么呢？它的秘密，就是那燃烧着的，沉默着的，流淌着的永恒的时间。

由此可见老子所说的"大象无形"的意义。"山"也好，"职业"也好，"父亲"也好，无论那"沧桑的背影"带给观者的感受如何言人人殊，它的存在始终是值得信赖的，它的形体永远是值得依托的，即使它的"矗立""无声无息"。

诚如张学友的歌曲《祝福》的首句"不要问，不要说，一切尽在不言中"，首尾照应的笔法的确让读者对"这条河流的秘密"愈加好奇，而答案亦点到为止。也许那份看似"永恒的时间"难以长久贮存于人们的心中，但是它那种"燃烧着""沉默着""流淌着"的状态却是值得人们珍视的，恰如王铮亮的那首《时间都去哪儿了》给予世人的启示：我们任何个体存在的价值和意义就在于认识并珍视这个秘密。

一群男生的朗诵，一个女孩的赠言
——来自文科实验班的节日大礼

啊，船长，我的船长
——辛丑年教师节献赠李跃庭老师
刘蔚池等（2019级高三28班）

刘蔚池：啊，船长，我的船长！您站在讲台之上，蓝色的背景闪烁着知识的光芒。自由的思想是白色的船帆，独立的人格是棕色的船桨。

卢星霖：啊，船长，我的船长！我爱你，如同爱我自己的父亲。黝黑色的皮肤让我感到亲切，让我想起出海航行的岁月里，我遥远的家乡。

陈禹璇：啊，船长，我的船长！我站在甲板上，背诵着唐宋诗词，古今文章。面向茫茫大海，我想起您亲切的面庞，就像想起上帝一样。

营国钦：啊，船长，我的船长！您的船只，比郑和的大，比哥伦布的宽，比麦哲伦的威武，更比美利坚合众国的航母还要坚固顽强。

姜雨桐：啊，船长，我的船长！我想起大约在冬季的温柔，想起莫斯科郊外夜晚的爱意缠绵，仿佛我的未婚夫已经出现，我的理想型已经近在眼前！

温贺童：啊，船长，我的船长！虽然纪巍叔叔想要独占您的爱意，多次炫耀与您在一起的点点滴滴，但您仍旧拒绝诱惑，将珍贵的爱同我们分享。

李文铎：啊，船长，我的船长！虽然我总是公务缠身，十分繁忙，虽然我也曾奋笔疾书，不太听讲，但其实，我所写下的每一句话，都满载着星辉斑斓——那是您发自内心的嘱托，是人民殷切的希望！

雷梓鑫：啊，船长，我的船长！虽然您曾在课上把我遗忘，但我从未怀恨在心。我挣扎着从睡梦中醒来，从疲惫虚弱的身躯中醒来，只是为了加深我在您心目中的印象。

陈柏同：啊，船长，我的船长！您让我拥有与世无争的情怀，波澜不惊的心境。在凌晨三点的南湖边，我独坐湖畔，等待鱼儿上钩。从今以后，如果遇到了三缺一的情况,请您不要忘记我。我一定不负期望,火速登门拜访!

合:Oh,captain! My captain! We wish you a happy teachers day!

赠李师序

郭宇芯(2019级高三28班)

愿明朝盛夏传捷报,燊燊学子跃龙门,桃李累累荫前庭。

北国春城,东师附中,人杰地灵,贤才济济。李师跃庭,传授国文。先生其才,超超然如皓月当空;先生其人,飘飘乎似遗世独立。

庚子之际,季夏未至。重返校园,始识先生,倜傥风姿,宛在昨日。蓝色背景,浪过瀚海,幽深无底,如先生之学识;金黄文字,灿若明星,熠熠生辉,如先生之才名。援授典籍,见解精辟,诸子百家,博闻强识;教习新文,旁征博引,纵横古今,学贯中西。或逢佳节,必备惊喜;偶有闲暇,影片赏析。名人专题,时文速递,先生之劳,戴月披星。

俄而晌午,瞌睡上涌,昏昏沉沉,不知其所。先生诵书,空谷清泉,泠泠动听,清涤浊心;抑扬顿挫,铿锵有力,曲径通幽,真理相待。以包拯之铁面,叙东方之戏言。师生同乐共欢颜,晏晏笑语冲霄汉。垂死病中惊坐起,惊破梦中干饭人。漫捋青丝去困意,方知流涎湿课本。重打精神诵圣贤,再入佳境聆教诲。满耳书声满眼诗,不知食堂佳肴成。无心向饭唯向学,半缘真理半缘君。

每至联欢,先生献唱,余音绕梁,涤荡尘心。昆山玉碎,箜篌无音相伴;冰泉冷涩,琵琶断弦作愧。先生歌声,巍巍乎若泰山;先生踪影,渺渺乎如云烟。稚子庸才,不曾感其情义;俗笔尘墨,无以书其风骨。

呜呼!得遇良师,学子之幸。不遇退之,蹉跎子蟠;永叔见黜,子瞻才没;世无苏子,孰叹鹊桥?得遇先生,稚子何德!诗书传李杜,辞赋现建安,怀情似屈子,侠义论苏辛。钟灵复毓秀,珂琢一君子。高山童子仰,俯首念师恩。

后　　记

"我只得走，我还是走好吧……"

15 年前，恰逢东北师范大学附属中学即将迎来建校 60 周年之际，我为自己有待出版的作为校庆献礼之一的首部专著《意义的追问：文学批评与文学教育论集》撰写自序时，不期然地想到了鲁迅先生的散文诗《过客》。时至今日，汪晖先生当年在自己的博士论文《反抗绝望：鲁迅及其文学世界》中写下的那段文字依然令我感同身受——"过客"心头的声音在前面回荡，那是一种诱惑？一种召唤？我只能跟跟跄跄地走去了……

之所以将这部汇集了自己与爱人月明在近 15 年来的教研成果的专著命名为"行走的过客"，正是缘于鲁迅先生笔下的经典形象"过客"，他始终是引领着生存在此岸的我们不断"反抗绝望"的先行者。

明年的此刻，东北师范大学附属中学即将迎来建校 75 周年大庆，作为附中的第三批"元晖教学名师"，有幸依托项目基金，将我们投身基础教育多年以来拥有的点滴创获以专著的形式留存和分享，的确是身为一线教师的我由衷欣慰而又无比荣幸之所在。感谢学校领导、专家的充分认同和真切期许。

由衷感念在甲辰新春拨冗为本书作序的钱理群老师和孙立权教授两位先生。

犹记从 1999 年考入东北师范大学中文系至今，我和钱理群老师的书信来往（或面谈）已有 25 年，本书收入的近 10 篇文章（如《"知识"表达与"情境"创设》《说不尽的经典》《别出手眼，通古今之不变》《类聚参较，别行立法》《"参较式阅读"的方法领悟和个人尝试》《"利己与利他"的取舍之道》《萧公权〈问学谏往录〉阅读札记九则》），均可见出作为"1980 年代以来中国最具影响力、最受关注的人文学者之一"的钱师的思想、语言乃至实践对于作为晚辈、后学的一名当代语文人的至深影响。借用钱师在序言中的表达，那正是"学术与教育的结合"。而钱师提出的"为学生终生信仰打基础，培养学生的好奇心、想象力与创造力，引领学生感悟汉语之美，学习、运用汉语"，亦作为彼此"心心相印"之处，矢志不渝。正如我在一次讲座收尾时引用钱师的那句名言：我存在着，我努力着，我们互相搀扶着，这就够了。作为"知己"，真正可贵的，正在于"携手"，在于"行走"。

我在本书收入的《静躁浮沉一任天》一文中回首了自身从 2007 年任教于东北师范大学附属中学伊始，到恩师孙立权教授任教于东北师范大学文学院为止，15 年来接受教诲指导、引领提携中的点滴小事，始终让人心潮澎湃、情难自抑。在本书序言中，立权师用"孜孜以求""精进不倦""任意挥洒"评价弟子的"意气风发"，这自然让依然坚守在基础教育教学一线的我备受鼓舞、感念非常。虽然所谓的"学者型教师"，实不敢当，但恩师"孜孜矻矻，上下求索"的评价，始终是值得弟子向往和追求的人生境界。时至今日，立权师在 10 年前的那番表达依然发人深省：所谓"匠"是经验的积累，"家"是理论的创造。先当教书匠，再做教育家，用做教育家的理想指引教书匠的实践。我也始终期待着在《孙立权语文教育札记》《孙立权语文教学实录（第一辑：公开课实录）》出版后，立权师依然葆有"年既老而不衰"的情怀，《孙立权语文教学实录（第二辑：平时课实录）》一定会早日面世，尽飨同人。

由衷感恩来自海内外的名家、学者在近年来对于自身线上求教的回应、指导。他们是任教于上海大学的王晓明先生，任教于清华大学的汪晖先生，任教于复旦大学的葛兆光先生，任教于浙江大学的彭国翔先生，任教于美国哈佛大学的王德威先生，任教于美国普林斯顿大学的周质平先生等多位前辈。也对著名作家严歌苓女士、艺术家陈丹青先生对我的学生的关爱特别致谢。挂一漏万，在所难免。

作为先后荣获东师附中"陶然人师奖"和"凯宏公益助教基金教学标兵奖"的语文人，感谢作为东师附中优秀校友的孙陶然先生、徐凯宏先生对于母校教育事业发展的鼎力支持。

感谢多年以来对于同人之谊、师生之情念念不忘的前辈、后学对我和月明一家人的学习、工作和生活一如既往的关心和助力。难以言表，在此一并致谢。作为东师附中语文人前辈的唐志强老师对于为晚生拙作的题签之请欣然应允，挥毫相赠，尤为感激。

我要特别致谢目前在东北师范大学出版社任职的陈国良先生。作为曾于同系求学的学长，国良兄在本书的策划、编辑、出版、运营等一系列事务中的提示和点拨，始终令人感怀，在此深致谢忱。

时至当下，由衷期待家母苏莉文女士以及岳父沈保信先生、岳母郑桂香女士在经历过来自疫情、病痛的重重考验之后，能够身体安康，心意顺遂；感受生活之美，尽享晚年之乐。

此时此刻，我和月明的另一个合作成果——思明同学，正在经历初三"百日誓师"之后的拼搏历练，为了迎接今夏的中考不懈奋战。由衷祝愿他能够在"翔龙骋翼，振翮长风"的期许中不忘初心、行稳致远。

是为后记。

李跃庭

2024 年 3 月 17 日